# NOUVEAU VOYAGE AUX ISLES DE L'AMERIQUE.

CONTENANT

L'HISTOIRE NATURELLE DE CES PAYS, l'Origine, les Mœurs, la Religion & le Gouvernement des Habitans anciens & modernes.

Les Güerres & les Evenemens singuliers qui y sont arrivez pendant le long sejour que l'Auteur y a fait.

Le Commerce & les Manufactures qui y sont établies, & les moyens de les augmenter.

Avec une Description exacte & curieuse de toutes ces Isles.

Ouvrage enrichi de plus de cent Cartes, Plans & Figures en Tailles-douces.

## TOME TROISIEME.

A PARIS, RUE S. JACQUES,

Chez GUILLAUME CAVELIER,
la ruë de la Parcheminerie,
à la Fleur de Lys.

M. DCC. XXII.

*Avec Approbation & Privilège du Roy.*

# TABLE
## DES CHAPITRES,
& des Titres de la troisiéme Partie.

Chap. I. L'*Auteur est élû Procureur Sindic de la Mission de la Martinique. Des diff.rens bois qu'on employe dans les Bâtimens. Maniere de couvrir les maisons avec des têtes de Cannes ou de Roseaux,* 1

Chap. II. *Des Habitations nouvelles. Comment on obtient les Concessions des Terres, & comment on les défriche,* 43

Chap. III. *Du Palma Christi. Du Corossolier. Du cœur de Bœuf. Des pommes de Canelle. Du bois Immortel. Du Medicinier,* 78

Chap. IV. *Des Bananiers. Des Figuiers, & des Balisiers,* 104

Chap. V. *Du Sucre, & de tout ce qui regarde sa fabrique, & ses differentes especes,* 120

*Des Cannes de Sucre,* 131
*Des Moulins à Sucre,* 176
*Des Sucreries, & de leur Equipage,* 259

## TABLE DES MATIERES.

| | |
|---|---|
| Des différentes espèces de Sucre, | 297 |
| Du Sucre Terré, | 325 |
| Du Sucre Passé, | 362 |
| Des Sucres de Sirop & d'Ecumes, | 365 |
| Du Sucre Raffiné, | 377 |
| Du Sucre Roïal, | 388 |
| Du Sucre Tappé, | 391 |
| Du Sucre Candi, | 393 |
| Produit d'une Sucrerie, | 395 |
| De l'Eau-de-Vie de Cannes, | 410 |
| Etat des Negres qui sont necessaires dans une Habitation, | 416 |
| Emploi des Negres, & des Negresses, | 417 |
| Dépense necessaire pour la nourriture & entretien de cent vingt Esclaves, | 438 |
| Compte de la dépense d'une Habitation fournie de cent vingt Negres, | 448 |
| Manufactures que l'on pourroit établir aux Isles, | 465 |
| Marchandises propres aux Isles, & sur lesquelles il y a un profit considerable à faire. | 510 |

# MEMOIRES
### DES
## NOUVEAUX VOYAGES
### FAITS
## AUX ISLES FRANCOISES
## DE L'AMERIQUE.
*TROISIÉME PARTIE.*

---

## CHAPITRE PREMIER.

*L'Autheur est élû Procureur-Syndic de la Mission de la Martinique. Des differens bois qu'on employe dans les bâtimens. Maniere de couvrir les maisons avec des têtes de cannes ou de roseaux.*

LE Jeudi 20. Decembre 1696. 1696. le Pere Superieur arriva au fond S. Jacques, & me dit que le lendemain après midi tous nos Curez voisins me viendroient prier d'accepter la Charge de Procureur-Syndic de nôtre Miſſion. Il m'en pria, & me convainquit par de bonnes raiſons que je devois faire ce ſacrifice. Le Pere Chavagnac m'en écrivit auſſi dans les termes les plus forts, de ſorte que je cedai aux prieres de nos Peres & à la neceſſité.

Le 21. je fus élû Syndic ſur la démiſſion du Pere Chavagnac; & le Pere Superieur me promit que ſi-tôt qu'il nous ſeroit venu quelque ſecours de France, je ſerois maître de quitter mon Syndicat, & de reprendre ma Paroiſſe.

Ce fut ainſi qu'au lieu de repos que je me preparois d'aller goûter au Macouba, j'entrai dans un labirinthe d'affaires & de charges dont je n'ai pû rompre l'enchaînement qu'à la fin de 1705. lorſque je fus député en Europe pour les affaires de nos Miſſions.

L'Intendant qui avoit ſuccedé depuis quelques mois à Monſieur du Metz de Goimpy, ſçachant la diſette où nous étions de Religieux, auſſi-bien que les Jeſuites & les Capucins, & que j'étois chargé de deux Paroiſſes & de nôtre temporel, eut la bonté d'ordonner que les Paroiſſiens de ſainte Marie & du

Marigot, se réüniroient à l'Eglise du fond saint Jacques qui est comme le centre de ces deux Paroisses, & qu'elle serviroit de Paroisse commune jusqu'à ce que nous eussions receu du secours de France. Cela me fut d'un grand soulagement.

Cet Intendant étoit Monsieur Robert frere du Procureur du Roi au Châtelet de Paris, trés-honnête homme, integre, vigilant, affable, sans prévention & fort expeditif : il a demeuré aux Isles jusqu'en 1703. qu'il fut rappellé pour occuper l'Intendance de Brest. On l'estimoit infiniment dans le païs, on l'aimoit de même, on l'a regretté quand il est parti, ce qui n'est pas fort ordinaire, mais qui fait son éloge.

*Monsieur Robert, Intendant des Isles.*

Il y a aux Isles une infinité de bois propres pour la charpente, dont on pourroit se servir indifferemment, s'il ne s'en trouvoit point quelques-uns qui sont durs & un peu difficiles à travailler, que nos ouvriers rebutent parce qu'ils sont la plûpart fort faineans.

*Bois propres pour la charpente.*

Les bois qu'on employe pour les poutres ou sommiers sont le bois lezard, qu'on appelle bois d'Agouti à la Guadeloupe, le bois Epineux, le Balatas, l'Acomas, l'Angelin ou le Palmiste franc. On employe les mêmes bois pour les soles, les sablieres, les entraits, les poinçons, les pannes, & les faitages. Pour le reste on se sert des bois que chacun a chez soi.

*Bois Lezard ou d'Agouti.*

Le bois Lezard ou d'Agouti est ainsi appellé, parce que ces deux especes d'animaux se retirent dans son tronc quand il est creux, ce qui arrive bien souvent. Il ne faut qu'une de ses branches être rompuë par le vent, ou par quelque autre accident pour donner lieu à l'eau de la pluye de s'y introduire, & de penetrer jusqu'au cœur, qu'elle gâte & pourrit absolument depuis le sommet jusqu'au pied, où elle ne manque pas de faire une ouverture, & neantmoins l'écorce & l'aubier demeurent tout entiers comme si l'arbre étoit parfaitement sain. La feuille de cet arbre est petite, longuette, mince, & d'un verd clair. Son écorce est grise, & assez mince, fort adherante quand l'arbre est sur pied, mais elle se détache facilement & s'enroule lorsqu'il est abbattu. Le bois est brun, & plus on approche du cœur, plus il se charge avec des teintes de differentes nuances. L'aubier est gris, & ne differe presque en rien de la bonté, de la dureté

& durée du cœur. Il a les fibres longues, fines & fort ferrées. Il est capable de porter quelque charge que ce soit, il ne se gâte ni dans l'eau, ni à l'air, ni dans la terre. On se sert de ses branches, quand elles sont trop petites pour être debitées en cartillage, à faire du bardeau ou esseutes dont on couvre les maisons : celles qui sont faites du cœur durent près de quarante ans. J'en ai vû de cet âge qui étoient encore bonnes. On employe au même usage les carcasses dont le cœur est gâté. On voit assez par ce que je viens de dire que ce bois est facile à travailler, sur tout à la hache & à la besaguë. Il est plus difficile à débiter en planches, parce qu'il en sort une matiere gommeuse qui engorge les dents de la scie, & qui oblige les scieurs à la limer souvent, ou s'ils sçavent leur métier, à jetter de l'eau dans la voye que fait la scie. Cette matiere est amere, & c'est ce qui fait que les vers & les poux de bois ne l'attaquent gueres qu'aprés qu'il a servi beaucoup d'années, & qu'elle est entierement dissipée. Les Isles étoient autrefois bien pourvûës de ces arbres & de beaucoup d'autres de pareille bonté & utilité : mais on en a fait une si prodigieuse dissipation, qu'ils sont à present très-rares, & que ceux qui en ont sur leurs terres les gardent avec soin, ou les vendent bien cher. J'en ai offert d'un soixante & dix écus, sans le pouvoir avoir; il est vrai qu'on me le garantissoit sain d'un bout à l'autre, & qu'il pourroit porter quatre pieds étant équarré, & près de quarante six pieds de tige, avec quantité de très-grosses branches.

Bois Caraïbe. Le bois Caraïbe a la feüille presque ronde, rougeâtre, & comme si elle étoit un peu brûlée, dure, cassante; son écorce se leve par longs filets, comme des cordes; elle n'est point du tout adherante, & paroît toûjours seche; elle est d'ailleurs fort mince. Il est difficile de distinguer l'aubier du reste du bois. Ses fibres sont longues, fortes & roides: quand on en fend une bille de cinq ou six pieds de long par le milieu, il est aisé de tirer des filets de toute cette longueur. Ce bois est de couleur de chair quand on le coupe; mais il devient blanchâtre à mesure qu'il se seche. Ce bois est fort & n'est pas sujet à se gâter, parce qu'il a peu d'humidité. On le trouve ordinairement dans des costieres, & rarement dans des terreins gras & aquatiques. Il est roide & capable d'un grand poids ; il faut qu'il plie beaucoup avant que de rompre ; il vient assez grand ; & il a peu de branches, qui ne viennent qu'à la tête. J'en ai trouvé qui avoient plus de quarante pieds de tige, presque toûjours fort droits ; ils ne viennent jamais fort gros ; les plus gros que j'aye trouvez n'arrivoient pas à quatorze pouces d'équarrissage. Les petits qui ne portent que cinq ou six pouces de diametre, servent à faire des fleches de charettes. J'en ai fait faire des essentes qui étoient très-bonnes & faciles à faire, parce qu'il se fend aisément, & que quand l'ouvrier sçait prendre son fil, il y a peu à doler. Il est vrai que ces essentes durent peu, sur tout dans un endroit humide. En general ce bois étant employé en charpente n'est bon qu'à couvert parce qu'il s'échauffe aisement.

*Usages qu'on fait du Bois Caraïbe.*

Le bois épineux est de deux sortes, mâle & femelle. La feuille de l'un & de l'autre est ovale, découpée sur les bords, rude, d'un verd pâle, & d'une odeur de verd assez forte quand on la broye dans la main. Son écorce est grise, assez épaisse, adherante, tachetée de pe-

*Bois Epineux.*

tites marques blanches, rayée & comme tailladée legerement : elle est couverte de beaucoup d'épines, plus à ses branches & son sommet qu'à son pied, d'où elles tombent à mesure que l'arbre grandit. Ce sont ces épines qui l'ont fait nommer Bois Epineux. Le peu d'aubier qu'il a ne differe en rien du cœur, sa couleur est jaune claire ; la femelle est plus pâle que le mâle, & c'est là toute la difference qu'on y remarque. Ce bois est compacte ; il a le grain fin & les fibres fort serrées ; il est liant & peut s'employer en toutes sortes d'ouvrages : il est pesant avant que d'être sec. Si on le débite en planches, il se scie fort bien, & prend bien le poli aussi-bien que quand on le travaille au tour. Il est bon en terre, dans l'eau, à couvert & à découvert. Comme il est doux, les poux de bois s'y engendrent aisément ; c'est le seul deffaut qu'on y remarque. On s'en sert souvent pour faire des jantes & des rais de roüe, dont le moyeu est de courbaril ou de savonnette. On s'en sert beaucoup pour les ouvrages de mennisserie. Il est fort sujet à être creux ; c'est pourquoi quand on les achette sur pied, il faut faire son marché à condition qu'il sera sain & entier.

Le Balatas est un très bel arbre ; il devient fort grand & fort gros. Son écorce est mince & peu adherante. C'est un bois sec, rougeâtre, qui a les fibres longues & pressées, & le grain gros. Il s'équarit plus facilement qu'il ne se scie. Il est capable de supporter un très-grand poids, parce qu'il est fort roide. On en trouve assez souvent qui portent jusqu'à trois pieds & demi d'équarissage, & j'en ai fait débiter un à la Guadeloupe qui avoit plus de cinq pieds étant équari, & quarante-deux pieds de tige. La feüille de cet arbre est petite, forte & raboteuse. Il croît pour l'ordinaire dans des costieres & en d'autres terres seches & pierreuses. On s'en sert pour toutes les grosses pieces de charpente, comme les poutres, les entraits & autres. On en fait aussi de l'essente, des rais de roües & des dents de moulin.

*Arbre appellé Balatas.*

*Grosseur prodigieuse d'un Balatas.*

L'Acomas, selon le langage des charpentiers, est le roi des arbres à bâtir. Il est admirable dans la terre, dans l'eau, dans l'air, comme à couvert. On en peut faire les plus grosses pieces de charpenterie & les plus petites de menuiserie. Il vient très grand & très gros. Son écorce est assez épaisse &

*Arbre appellé Acomas.*

adherante ; elle est brune & tailladée. L'aubier & le cœur ne se distinguent qu'avec peine ; ils sont l'un & l'autre de couleur d'écorce d'orange seche, mais il se décharge beaucoup en sechant. Ce bois est compact & plein ; il a le grain fin, aussi bien que les fibres qui sont fort serrées. Il est doux à travailler ; il se polit très-bien ; il est fort roide, ne s'éclate point, & n'est gueres sujet aux vers ni aux poux de bois. Ceux que l'on trouve dans les bonnes terres ou auprès des rivieres, sont plus gros que ceux que l'on rencontre dans les terres seches & pierreuses. Il pousse une tige fort haute avant que de se fourcher ; il pousse ensuite de très-grandes & de très-grosses branches. Sa feüille est ovale, assez grande, un peu dentelée vers la pointe, d'un beau verd & fort douce.

*Palmiste de deux especes.*

Le Palmiste est mâle & femelle. Le mâle se nomme Angolin. La femelle conserve le nom de Palmiste. La couleur seule fait la difference de l'un & de l'autre. Il ne faut pas confondre cet arbre avec le palmier ; il ne lui ressemble en aucune sorte. Le mâle est rougeâtre ; la femelle est un peu plus blanche. La feuille de cet arbre est assez grande, longue, forte & dure. L'écorce en est épaisse d'un demi pouce. Le mâle l'a rougeâtre, & la femelle l'a plus blanche. L'aubier de l'un & de l'autre tire beaucoup sur le blanc; il est sujet aux vers, & n'est pas trop bon; mais le cœur dure trés long-tems étant à couvert, ou tout-à-fait dans l'eau. On s'en sert aux grosses pieces, à quoi seulement il est bon, car il ne se travaille jamais poliment, parce que ses fibres se levent aisément, & rendent toûjours l'ouvrage inégal, & plein de petites esquilles qui s'attachent aux mains quand on les passe dessus. On trouve de ces Arbres qui sont fort gros & fort droits.

Les bois dont on se sert le plus à la Martinique pour le cartelage, les lattes & les planches, sont les bois de riviere, bois doux ou de montagne, bois amer, bois de rose, bois de cyprès & de l'acajou que les Espagnols appellent cédre. Ce dernier y est à present très-rare, & par consequent fort cher.

Le bois le plus commun est celui de riviere, qui se nomme bois resolu à la Guadeloupe. On en trouve par tout excepté sur les bords de la mer & dans les terres marécageuses. Cet arbre vient

*Bois de riviere ou resolu.*

fort grand & bien branchu. Sa feüille est de la grandeur de la main, assez pointuë par le bout. Ses nervûres sont fort élevées; elle est d'un beau verd par dessus, & plus pâle par dessous. L'écorce en est grise, mince, peu adherante hors le tems de la séve, car alors elle est très fortement attachée au bois qui est plus rempli d'eau qu'aucun autre arbre de l'Amerique, excepté l'acajou. Ses fibres sont longues, droites, médiocrement pressées aussi-bien que le grain. Ce bois est bon à tout ce qui est hors de terre. On en fait des planches, du cartelage, des essentes, des fonds de bariques. Il se scie & se fend bien, & quand il est travaillé avec soin, il se polit bien. Il est un peu pesant, & quand on le scie il est sujet à se fendre, sur tout vers le cœur, & quand les billes sont larges. Il faut alors que les ouvriers ayent soin de donner un coup de scie dans le milieu de l'épaisseur de chaque planche pour y faire entrer une lianne, dont les nœuds paroissant dehors des deux côtez, entretiennent le bois, & l'empêchent de s'éclater.

Bois de montagne.

Le bois de montagne, qu'on appelle bois doux à la Guadeloupe, se nomme ainsi, parce qu'on le trouve ordinairement dans les montagnes, & rarement dans les lieux plats ou aquatiques. Sa feüille est plus petite & plus étroite que celle du bois résolu ; elle est fort douce, fort pliante & en très-grand nombre. Son écorce est brune, assez épaisse, crevassée & peu adherante. Le bois en est gris, avec de grandes ondes de differentes teintes, depuis le gris jusqu'au brun. Il a les fibres longues & mêlées, ce qui le rend filasseux : par cette raison il est plus difficile à scier que le bois de riviere. Il est leger. Quand on le blanchit à la varlope, il faut prendre garde aux differentes couches de son fil pour les suivre, car autrement l'ouvrage seroit tout filasseux & comme égratigné. A cela près c'est un très bon bois & de beaucoup d'usage. Il s'en trouve de deux à trois pieds d'equarissage.

1696.

gne ou bois doux.

J'ai déjà parlé du bois amer. Je parlerai des bois de rose, de cyprès & d'acajou dans une autre occasion. Mais je ne dois pas oublier une chose qui est de consequence, non seulement pour l'Amerique, mais pour tous les païs du monde. C'est qu'il ne suffit pas de faire abbattre les arbres dont on veut se ser-

Remarque sur la coupe des arbres.

1696.

vir pour la charpenterie, & pour d'autres usages qui sont de durée, dans le décours, & même dans les derniers jours de la lune, si on veut les conserver long-tems, & les preserver des vers & de la pourriture: mais il faut prendre garde qu'ils ne soient point en seve, parce que dans ce tems là le bois est tout rempli d'humidité, ses pores sont ouverts, & ses parties éloignées l'une de l'autre, & par consequent très-susceptibles de recevoir la semence des vers, ou de les produire par la corruption de la seve qui y est renfermée. Les arbres des Isles ont deux seves par an; la premiere qui est la plus considerable, se remarque au commencement de la saison des pluyes, quand les nouvelles feüilles sortent en poussant dehors les anciennes: cela arrive vers le milieu du mois de Juillet. La seconde, qui est bien moins considerable, & qui n'est pour ainsi-dire, que le reste de la seve, qui sentant la saison seche, semble se presser de se répandre par tout l'arbre. On s'apperçoit de cette seconde séve vers la fin de Novembre. Les ouvriers ont une pratique assez ridicule, qui est que le premier Vendredi de la nouvelle lune est aussi bon que le décours pour

*Superstition ridicule des ouvriers.*

couper les arbres ; c'est une espece de superstition indigne de gens de bon sens.

La charpente de la purgerie étant posée, & me manquant d'essentes pour la couvrir, je pris la resolution de la couvrir de têtes de cannes, & pour cela je fis faire du sucre pendant une semaine. On se sert ordinairement de roseaux au lieu de lattes, pour cette sorte de couverture. On les éloigne l'un de l'autre de six pouces, en les attachant sur des chevrons avec du miby. C'est une petite lianne de la grosseur d'un tuyau de plume à écrire. Elle croît dans tous les buissons. Sa feüille est ronde avec une petite échancrûre qui la partage en deux du tiers de sa longueur. Ses feüilles sont toûjours couplées. Cette plante porte une petite fleur rouge, qui est suivie d'une silique de la longueur de deux pouces ou environ, où il y a de petites graines noires, plates & dures dont on ne fait aucun usage. L'écorce de cette lianne est fort déliée & si peu adherante qu'elle se leve sans peine aussi-tôt qu'on la touche. La peau qui se trouve sous l'écorce est verte. Le bois est gris, flexible, liant, spongieux,

*Lianne appellée Miby.*

rempli dans son milieu d'une moële brune. Cette lianne attache & lie fortement quand elle est verte; mais elle se relâche à mesure qu'elle seche. On se sert de cette lianne pour amarer les roseaux dont on palissade les cases, & pour faire les panniers à crabes, & ceux où l'on prend les rats; mais pour les ouvrages plus gros, & où il est besoin de plus grande force, on employe la lianne grise ou toute entiere, quand elle n'est pas trop grosse, ou fenduë en deux. On ne sçauroit croire combien ces sortes de liannes sont necessaires à une habitation pour amarer les barrieres & les hayes, pour faire des paniers & autres choses. Elle ne vient qu'aux pieds des grands arbres, sur lesquels elle s'appuye & s'attache en montant. Sa feüille est ovale, assez épaisse, d'un verd brun. Son écorce est grise & si adherante qu'elle ne se leve point que quand le bois en est bien sec. Le bois en est gris, fort & pliant : il a un peu de moëlle blancheâtre dans son centre.

*Maniere de couvrir les maisons avec des têtes de cannes.* Voici la maniere de couvrir les maisons avec des têtes de cannes. Après qu'on a roselé, c'est-à-dire attaché les roseaux tout le long des chevrons à

## Françoises de l'Amerique. 17

1696.

cannes ou de roseaux.

six pouces les uns des autres, en guise de lattes, on attache un roseau au bout de la troisiéme latte, en commençant par le bas, & on l'y arrête fortement avec une aiguillette de miby, ou même d'une espece de jonc qui croît en abondance dans les lieux marécageux & sur le bord des rivieres. Celui qui doit couvrir se tient sur les lattes, & reçoit de celui qui le sert les têtes de cannes ou de roseaux deux ou trois à la fois. Il passe la tête de la canne entre le roseau & la latte où il est attaché, & la tire jusqu'à ce que la moitié soit passée ; pour lors il la ploye sur le roseau, les bouts des feüilles demeurent dessous, & la tête de la canne dessus. Il continuë ainsi ayant soin de presser le plus qu'il peut les cannes les unes contre les autres, & de lier d'espace en espace le roseau avec la latte avec des aiguilles de miby ou de jonc, dont il a un paquet à sa ceinture, afin que le poids des cannes ne le fasse pas ployer, & qu'il demeure étendu bien droit le long de la latte.

Quand ce premier couvreur est avancé de six ou sept pieds à garnir le long du roseau qu'il a commencé, un autre ouvrier monte au dessus de lui,

1696. & attache le bout d'un roseau à la latte qui est dessus celle où le premier a commencé ; & à mesure qu'ils avancent on multiplie le nombre des couvreurs afin d'avancer l'ouvrage. On met pour l'ordinaire un serviteur pour deux couvreurs ; & s'ils travaillent bien il a assez de peine à leur fournir les têtes de cannes, quoiqu'il les ait en paquet à son côté.

*Durée de ces sortes de couvertures.*

Ces couvertures étant faites avec soin, sont bonnes & impenetrables à l'eau ; elles durent plus ou moins, selon la situation du lieu, selon la saison qu'elles sont faites, & selon la bonté des têtes de cannes ou de roseaux. Plus les cannes sont vieilles, & ont par consequent leurs feüilles grandes & fortes, plus elles resistent à l'humidité de l'air, à la pluye & à la chaleur du soleil. Surquoi il faut observer de ne les employer jamais quand elles viennent d'être coupées, parce qu'alors elles s'échauffent & se pourrissent en peu de tems. Il faut les laisser amortir & comme secher au soleil pendant trois ou quatre jours, étendües par terre & à couvert, ou du moins en monceau pendant la nuit, afin qu'elles ne soient point moüillées de la pluye, ou de la rosée qui est toû-

*Précautions qu'il faut prendre.*

jours très-abondante en ce païs-là. Il faut encore observer de ne les point employer pendant la pluye, à moins d'une extrême necessité, parce qu'elles s'échauffent & se gâtent aussi-tôt. Il faut encore remarquer que les couvertures qui sont dans des lieux humides comme à côté des rivieres, dans les bois, & en d'autres lieux où le soleil & le vent ne donnent pas beaucoup, durent bien moins que celles qui sont dans des lieux élevez, secs & exposez au vent & au soleil. On en voit assez la raison.

Le jonc dont on se sert quelquefois au lieu de miby, est appellé, Scripe, par ceux qui se mêlent d'imposer des noms aux choses, sans faire reflexion que ces noms nouveaux ne sont pas plus significatifs que ceux dont on se sert dans le païs dont les habitans ont ce semble plus droit de les imposer que ceux qui n'y demeurent pas. On appelle donc ce jonc communement Jonc à costelettes. Il croît jusqu'à la hauteur de quatre à cinq pieds, son écorce qui est fort mince & fort adherante est verte. Son bois, si on peut l'appeller ainsi, est souple, liant, & comme partagé en cinq côtez qui tien-

Jonc à costelettes ou Scripe.

nent ensemble & qui renferment une substance legere & poreuse. Ses fibres sont longues, déliées, flexibles. Cette plante porte des feüilles de six à sept pouces de longueur, sur un pouce ou environ de largeur, fort pointuës par le bout, & qui accollent la plante si juste, qu'elles renferment l'eau de la pluye ou de la rosée qu'elles ont reçuë. Sa flexibilité ne l'empêche pas de se tenir droite jusqu'à la hauteur que j'ai marquée ci-dessus. Lorsqu'on la laisse croître davantage, elle se ploye & tombe enfin à terre à moins qu'elle ne trouve des halliers ou autres choses pour s'appuyer. Elle porte de petites fleurs rougeâtres en maniere de campane, composées de cinq feuilles, qui renferment un petit bouton verd dans lequel est la semence de la plante. Je croi pourtant qu'on auroit plûtôt fait de la provigner de bouture que de semer sa graine. Comme elle n'est pas assez d'usage ni de consequence pour qu'on se donne ce soin, on se contente de celles qu'on rencontre sans penser à multiplier l'espece.

Nos Isles sont fournies d'une infinité de liannes differentes. J'ai déja dit que ce sont des especes d'oziers qu'on em-

Lianne de Persil.

ploye à bien des usages où il faudroit mettre des cordes. J'ai parlé de quelques-unes, il faut pendant que je suis en train dire un mot de celles qui sont les plus communes.

Celle qu'on appelle Lianne de Persil, se trouve presque par tout. Son écorce est grise, mince, assez adherante. Son bois est souple & liant. Elle jette quantité de branches longues, droites & toutes couvertes de feuilles aussi extraordinaires qu'on s'en puisse imaginer. Elles sont attachées aux branches par un pédicule d'environ un demi pouce de longueur, qui s'étend de lui-même, & forme une feuille qui auroit un bon pouce de largeur si elle étoit étenduë, mais la nature l'a plissée aux deux bouts par des nœuds, dont le premier jette de part & d'autre deux feuilles longues d'environ quatre pouces sur un pouce & demi de large, dentelées comme les dents d'une scie, & terminées en pointe. Ce même nœud pousse après cela une seconde feuille plissée comme la premiere, & arrêtée par un petit nœud ou bouton qui produit trois autres feuilles semblables aux deux premieres, dont celle du milieu est d'un bon tiers plus longue & plus large que

*Lianne de persil.*

les autres. Ces feüilles font d'un beau verd, affez fermes, charnuës & bien nourries. Ceux qui ont donné le nom de Lianne de Perfil à cette lianne ont crû voir dans la difpofition de fa feüille, quelque chofe d'aprochant de celle de perfil. On voit affez combien ils fe font trompez, & qu'ils auroient mieux fait de l'appeller Liannes à cinq feüilles. Mais comme elle n'eft pas connuë fous ce nom-là chez nos infulaires, je n'ai garde de le lui impofer ; mon autorité ne s'étend pas jufques-là.

Cette plante jette de petits rameaux qui fe chargent de petits boutons blancs qui en s'épanoüiffant produifent une fleur compofée de cinq feüilles de couleur blanche avec des filets & des points rouges, au milieu de laquelle il y a un bouton verd accompagné de quelques étamines blanches. Ce bouton s'allonge & produit une petite gouffe ronde terminée en pointe comme un coin, d'une couleur rouge qui étant meure s'ouvre en deux & fait une matiere blanche friable, feche, qui environne des graines rondes comme des pois, qui avant leur parfaite maturité font rougeâtres & qui à la fin deviennent toutes noires.

Ceux qui n'ont point de bois propre à enyvrer les poissons comme je l'ai décrit dans ma premiere Partie, se servent de ces pois ; ils les pilent & les mêlent avec de la farine de froment, de mahis ou de manioc, & en font des plotes qu'ils jettent dans les rivieres ou à la mer. Le poisson y court avec avidité, & dès qu'il en a mangé il s'enyvre, vient sur l'eau, se laisse prendre à la main & meurt. On ne doit pas oublier de l'ouvrir aussi-tôt, d'en ôter les entrailles, les œufs & autres parties internes qui ont été abreuvées de ce suc venimeux, qui corromproit le reste de la chair s'il y faisoit quelque séjour. On peut croire qu'il produiroit de mauvais effets dans les corps des hommes & des animaux qui en auroient pris.

On prétend que le suc de ses feuilles recentes est un baume souverain pour toutes sortes de blessures, soit qu'elles soient nouvelles, ou qu'elles ayent dégeneré en ulceres. Ce suc sert à laver la playe ou l'ulcere pour la mondifier, & le marc dont il a été extrait sert de cataplasme. Nous avons tant d'autres plantes vulneraires aux Isles, que je ne me suis jamais servi de celle-ci.

1696.

*Lianne à cordes ou lianne jaune.*

Nous avons dans les forests des Isles une autre sorte de lianne auſſi extraordinaire par ſa maniere de croître & de ſe multiplier, que celle que je viens de décrire l'eſt par ſes feuilles. Nos Negres ne l'appellent point autrement que Lianne à cordes. Quelques habitans la nomment Lianne jaune. Ils ont tous raiſon. Les premiers, parce que rien au monde ne reſſemble mieux à une corde que cette eſpece de lianne. Elle eſt toute unie ſans nœuds, ſans branches, ſans feuilles, forte, flexible, facile à manier. On s'en ſert pour attacher tout ce dont on veut faire des paquets. Son écorce eſt brune, fort adherante. Ses fibres ſont longues, déliées, ſouples; en un mot ce ſont des cordes naturelles. On en trouve de toutes ſortes de groſſeurs depuis celle du petit doigt juſqu'à celle de trois pouces de diametre. Ces groſſes ſont ordinairement cordonnées ou torſes deux enſemble comme les tourillons d'un cable de vaiſſeau. Quant à la longueur il eſt difficile de la déterminer, en voici la raiſon. Cette lianne ne vient jamais que dans les foreſts & aux pieds des plus grands arbres; elle s'appuye ſur eux pour monter, mais elle ne s'y attache

attache pas, & dès qu'elle a pû gagner une branche, elle quitte le tronc, se replie sur cette branche & descend en terre, où étant parvenuë elle reprend racine; puis resortant à quelques pouces de là, elle recommence à monter en s'appuyant de nouveau contre le tronc de l'arbre, jusqu'à ce qu'elle ait atteint les branches où elle se replie encore & descend en terre, en continuant toûjours le même manege. J'ai vû des arbres de plus de quarante pieds de tiges, si couverts de ces liannes de toutes sortes de grosseurs, qu'ils ressembloient à des mats de navires avec toutes leurs manœuvres. On voit par ce que je viens de dire, que ces liannes doivent être fort longues, & qu'il n'est pas possible d'en déterminer au juste la longueur.

Lorsqu'il arrive qu'on en coupe quelque morceau; on voit aussi-tôt que la partie qui est demeurée pendante en l'air pousse des filamens, qui en croissant assez vîte descendent en terre, y prennent racine & rétablissent bien-tôt la partie coupée, comme elle étoit auparavant.

Les fibres de cette lianne sont remplies d'un suc jaune qui coule en quanti-

1696. tité lorsqu'on la coupe ; & c'est ce suc qui la fait appeller lianne jaune. Ce suc est épais, visqueux, tenace ; il est amer & stiptique. Il a une odeur de verd aromatique assez agreable. On l'employe avec succès à guérir la galle qui vient à la tête des enfans, & même la teigne. On l'applique seul dans les commencemens, & lorsque le mal est netoyé, on le fait dissoudre dans de l'eau de-vie, & on l'applique ainsi sur la tête ; il acheve en peu de tems de guérir, de mondifier & de faire revenir la peau & les cheveux.

*Lianne à serpent.* J'ai parlé dans ma premiere Partie, de la lianne qui entre dans la composition du remede qu'on applique sur les morsures de serpent, sans en faire la description. La voici, elle est trop utile pour ne la pas faire connoître, peut-être même que si on en apportoit en Europe, elle pourroit être utile pour la guérison de ces accidens. Bien entendu toûjours que les crocs du serpent n'ayent pas percé quelque artere considerable, car quand cela se trouve, il n'y a ni lianne ni theriaque, ni aucune autre drogue que ce soit, qui puisse empêcher que le venin ne soit porté au cœur, à moins d'être puissamment secouru dans le moment qu'on a été mordu.

Cette lianne vient en quantité & sans culture dans toutes les hayes lisieres & halliers de nos Isles, & sur tout de la Martinique. Sa feuille est attachée aux branches par une queuë longue & déliée ; elle ressemble tellement à la tête d'un serpent, qu'il est difficile de s'y méprendre. J'ai déja dit que la tête du serpent est un triangle, dont les angles sont émoussez, attachée au corps par un col assez petit ; cette disposition fait que le serpent ouvrant la gueule, presente une ouverture beaucoup plus grande qu'elle ne devroit être selon sa grosseur & sa grandeur, & qu'il peut ainsi engloutir un membre beaucoup plus gros. J'ai vû en effet un Negre qui avoit été mordu au genou, que les crocs du serpent avoient percé des deux côtez, ce qui ne pouvoit être arrivé sans que le serpent lui eut englouti le genou tout entier, & cependant ce serpent n'étoit pas plus gros que le bras.

Les fleurs de cette lianne ne paroissent qu'a l'extrémité de ses branches, comme de petites grappes chargées de petits grains ronds, qui souvent produisent un bouton jaune environné de quatre petites feuilles de la même couleur, découpées, separées l'une de l'autre, & dont les extrémitez sont recourbées en dehors. Ce bouton se change enfin en un fruit de la grosseur d'un pois ovale, plus gros à un bout qu'à l'autre, & applati par les deux côtez. Ce fruit est verd au commencement, il jaunit dans la suite, & devient rouge quand il est meur. Il est couvert d'une petite peau mince & cotonnée. Sa chair est rouge, molle & pleine d'une liqueur aigre, aussi-bien que son bois, ses feuilles & ses racines. Cette lianne exhale une odeur forte qui surprend d'abord l'odorat, & qui augmente quand on froisse ou qu'on pile la racine, le bois, les feuilles & le fruit.

Le bois est gris-blanc, tirant un peu sur le jaune, marqueté de petits points blancs & argentez, spongieux, plein de suc, assez pesant quand il est verd, & très-leger lorsqu'il est sec, ce qui arrive assez facilement.

On pile la racine & le bois de cette lianne, & on en fait une tisanne avec deux tiers d'eau-de-vie que l'on fait prendre à celui qui a été mordu d'un serpent, & on applique le marc sur la blessure. Le marc attire le venin dehors, & la tisanne a la vertu d'empêcher qu'il ne gagne & qu'il ne corrompe les parties nobles.

On prétend que la tisanne faite avec la racine seule & de l'eau commune, est admirable pour la gravelle, & même pour la pierre.

1690.

Voici encore un autre remede pour la morsure des serpens C'est une liane qu'on appelle Laiteuse, & qu'il ne faut pas confondre avec le bois laiteux dont j'ai parlé cy-devant.

Lianne laiteuse.

Cette plante est si foible qu'elle ramperoit toûjours à terre, si elle ne trouvoit pas des arbres pour s'élever & se soutenir. Dès qu'elle en rencontre elle s'y attache & monte jusqu'à leur sommet; elle s'étend beaucoup, & lorsqu'elle trouve une bonne terre elle profite à merveille. Son écorce est grise, tailladée, lisse & même un peu lustrée. On pourroit dire qu'elle est revêtuë de deux écorces. La premiere qui est la superficie de ces découpures ou hachures, est seche & grossiere, & celle qui est au dessous est fine & douce; le bois est poreux, rempli d'un suc épais, visqueux & blanc comme du lait; en quelque endroit qu'on le rompe, il répand ce lait en abondance. Ses feuilles qui sont assez épaisses, d'un verd guai, deux fois & demi plus longues que larges & pointuës, en sont toutes remplies. Il suffit pour l'en faire sortir, de les détacher de la plante, de les rompre ou seulement de les égratigner.

On voit dans la saison de petits bouquets de fleurs qui sortent d'entre les feuilles. Ces fleurs sont composées de cinq feuilles, dont le dessus & le dessous est rouge avec des points de plusieurs couleurs, qui répandent une odeur aromatique fort douce & fort agréable. Ces fleurs produisent à la fin un petit fruit ovale, dont l'écorce ou enveloppe est rouge & seche, qui s'ouvre de lui-même quand il est meur, & qui renferme plusieurs petites graines oblongues assez dures, d'un gris lustré, & revêtuës d'un petit duvet blanc argenté.

Ceux qui ont été mordus d'un serpent succent le lait de cette plante, bois & feuilles tout est bon, & après avoir un peu ratissé la premiere écorce, ils mâchent la seconde avec le bois pour appliquer le marc en maniere de cataplasme sur la morsure qu'il faut avoir soin de scarifier legerement. Ce marc attire le venin que l'on voit comme une matiere verdâtre & virulente sur le cataplasme quand on le leve pour en mettre un autre, ce qu'il faut faire de six en six heures ; observant que ce soit le blessé

qui mâche l'écorce & le bois dont il est 1696. composé. On fait encore avec le même bois legerement pilé, une tisanne dont on lui donne à boire à discrétion.

J'ai remarqué que tous les remedes qu'on applique sur les morsures des serpens, peuvent être employez pour guerir les ulceres de quelque nature qu'ils soient. On prétend que le suc de cette lianne est souverain pour ces sortes de maux.

Les deux dernieres liannes que je viens de décrire ont leurs partisans. Quelques-uns préferent la seconde à la premiere, & ne manquent pas de raisons pour soutenir leur opinion, que les autres combattent puissamment. Comme je n'ai point acheté aux Ecoles de Medecine le droit de juger bien ou mal de toutes choses, je me garderai bien de rien décider sur cette dispute ; & en attendant qu'ils s'accordent, je vais décrire un arbre dont le fruit guérit parfaitement les morsures des serpens les plus dangereux ; & dont la vertu n'est contestée de personne. J'en puis parler comme témoin oculaire, m'en étant servi pour guerir un Negre de nôtre habitation de la Martinique, qui avoit été mordu à la jambe par un serpent très-gros. L'arbre qui

*Noix de serpent.*

porte ces fruits vient de l'isthme de Darien. On trouve dans cet endroit-là des serpens extrémement venimeux, qu'on appelle serpens à sonnette, parce qu'ils ont au bas de la queuë une peau roulée, seche comme un parchemin, qui fait du bruit pour peu qu'ils se remuent, ce qui sert à les faire découvrir. Nonobstant cet avertissement, plusieurs Flibustiers qui traversoient cet Isthme pour gagner la mer du Sud où ils alloient faire la course, furent mordus par ces serpens, & seroient péris infailliblement, si les Indiens qui les accompagnoient ne leur eussent fait connoître le remede unique qu'on peut apporter aux morsures de ces sortes de serpens, dont le venin est si puissant & si vif, qu'il tuë en moins de trois ou quatre heures ceux qui en sont infectez.

Je ne sçai pas comment les Indiens appellent cet arbre, ni si le Pere Plumier ou quelque autre Botaniste l'a baptisé & enrôlé dans quelque regiment d'arbres, suposez de même espece. Pour nous autres qui ne cherchons pas tant de façons, sans nous embarasser du nom de l'arbre, nous nous contentons d'appeller son fruit noix de serpent. On feroit peut-être bien mieux de les appeller amandes de serpent. On verra par la suite de mon discours si j'ai raison on non.

Je n'ai vû à la Martinique que deux ou trois arbres de cette espece, dont les graines avoient été apportées par nos Flibustiers. Ils étoient à peu près de la grandeur de nos abricotiers de France. L'écorce est grise, assez unie. Le bois, du moins ce que j'en ai pû voir en coupant une branche médiocre, m'a paru de la même couleur, assez tendre & médiocrement humide ; il est fort branchu, & fort chargé de feuilles. Elles sont comme des ovales allongez avec une petite pointe & plusieurs hachures ou dents à l'extrémité. Ces feuilles sont assez épaisses, charnuës, souples, d'un verd gai ; elles rendent un peu de liqueur onctueuse quand on les froisse, d'une odeur aromatique, mais pénetrante. Cet arbre dans les saisons pousse de petits scions qui se chargent de fleurs rougeâtres, composées de cinq petites feuilles veloutées avec quelques étamines autour d'un petit bouton verd, qui se change en une amande à peu près de la grosseur de nos plus belles amandes de Provence. Cette écorce renferme une noix ovale pointuë & mince par les deux bouts, environnée d'une ligne enfoncée qui semble la vouloir partager en deux dans sa longueur ou son plus grand diametre, & d'une autre qui coupe à angles droits cette premiere, & partage en deux parties égales la longueur de toute la coque. Cette coque qui est dure, d'une médiocre épaisseur, grise, lisse & fort vive, renferme une amande de la même figure, couverte d'une pellicule grise. Le dedans est très-blanc, & de la consistence des amandes ordinaires.

Dès qu'on se sent mordu, il faut casser la coque pour en tirer l'amande, la mâcher & appliquer le marc sur les trous que les dents du serpent ont fait, & s'ils sont éloignez, en mâcher deux & les appliquer sur les trous, après en avoir legerement scarifié les environs. On enveloppe ensuite la partie blessée, & au bout de deux heures, on leve l'appareil & on met un second cataplasme mâché & accommodé comme le premier. Ce marc fait élever de petites vessies qui sont remplies du venin comme une eau claire & roussâtre. On les perce pour l'en faire sortir; & on applique ce même cataplasme jusqu'à ce qu'il cesse de faire élever des vessies. Pour l'ordinaire il n'est pas besoin d'un troisiéme appareil. On met sur les scarifications un emplâtre d'onguent rosat ou divin pour refermer les petites blessures, & on se trouve parfaitement guéri. J'ai vû l'experience de ce que je viens d'écrire, & elle m'a été confirmée par tant de témoins oculaires, qu'il faudroit être un Pirrhonien declaré pour en douter.

J'ai dit dans ma premiere Partie qu'il falloit empêcher de dormir ceux qui ont été piquez ou mordus des serpens. Le remede que je donne ici exempte de ce soin, car cette amande mâchée par le blessé lui excite un si grand picottement dans la bouche, avec une si abondante salivation, qu'il n'a pas le tems de songer à fermer les yeux. Le Negre que je fis traiter avec cette amande, fut en état de travailler au bout de trois jours. J'ai goûté de cette amande, sa chair est blanche & ferme, mais je doute qu'il y ait rien au monde de plus amer & de plus cuisant.

Voici un fruit qui n'est pas si desagréable au goût que celui que je viens de décrire, mais aussi qui n'est pas d'une si grande utilité. La plante qui le produit est une lianne qu'on appelle Lianne à Concombre.

*Lianne à concombre.*

Il y a peu de plantes de cette espece qui s'étendent autant que celle-ci. Elle couvre en peu de tems par une infinité de branchages tous les environs du lieu où elle a pris racine. Sa feuille qui est rude est soutenuë par une queuë veluë & presque partagée en dix, dont chaque partie s'évasant jusqu'environ le milieu de sa longueur, qui peut être de trois à quatre pouces, se esserre ensuite & finit en pointe. Sa fleur est composée de cinq feuilles arrondies & courbées par leur extrémité, qui forment un calice rempli de petites étamines dont l'extrémité est ronde & rouge ; les feuilles sont jaunes, marquetées de points & de lignes orangées. Ces fleurs ont pour suport un bouton qui est le fruit de la plante à laquelle il est attaché par une queuë d'environ un pouce de longueur. A mesure que le fruit croît, la fleur se fletrit & tombe. Ce fruit est à peu près de la grosseur d'un œuf de pigeon & de la même figure. Il est couvert d'une peau ou écorce fine & comme vernissée, qui est verte au commencement, & violette lorsqu'il est mur. Le dedans qui est partagé en trois parties par une espece de zest, est rempli d'une matiere tirant sur le verd, de la

Françoises de l'Amerique. 37

consistence du dedans d'un concombre & de même odeur & saveur. C'est ce qui a fait donner à cette plante le nom de Lianne à Concombre. On trouve plusieurs graines ou semences enveloppées dans cette matiere. Elles sont blanches, tendres & de même goût qu'elle.

On se sert dans le besoin de ces fruits pour mettre dans la soupe. On les confit aussi avec le vinaigre & le sel comme les cornichons ; ils ont le même goût & sont fort délicats.

Nous avons dans toutes les Isles un arbrisseau qui est admirable pour les maux des yeux ; comme sont les rougeurs, les foiblesses, les larmes, les tayes, les blessures & autres accidens.

*Plante pour les yeux.*

Cet arbrisseau n'est jamais gueres de plus de quatre pieds de hauteur, & d'un pouce ou environ de diametre ; il est couvert d'une écorce mince & verte ; il est spongieux & cassant dès qu'il est sec. Il pousse quantité de petites branches, toutes chargées de feuilles d'environ trois pouces de longueur sur un pouce & demi dans leur plus grande largeur, terminées en pointe comme le fer d'une pique. Elles sont vertes par dessus, & blanchâtres par dessous. Elles sont molasses, cotonnées, assez épaisses & pleines de suc. Les queuës qui les attachent aux branches, sont longues, bien nourries & de couleur rouge.

L'extrémité des branches est chargée de grappes composées de petits boutons, qui en s'ouvrant produisent quatre feuilles blanches, accompagnées de petites étamines de même couleur, qui environnent un pistis qui se change enfin en un fruit rond, de la grosseur d'une groseille. La peau qui le couvre est mince, tendre, délicate & rouge, qui renferme une substance aqueuse de même couleur que la peau, au milieu de laquelle on trouve une petite graine noire & seche, de figure ronde, de couleur grise qui contient une amande blanche & farineuse.

Les fleurs & les fruits ne servent à rien. C'est dans les feuilles qu'est toute la vertu de cette plante. On les pile pour en exprimer le suc, dont on introduit une partie dans les yeux malades, & après en avoir bien baigné le dessus & les environs, on les couvre avec une compresse imbibée du même suc, ce que l'on réitere le soir & le matin, & en très-peu de tems on a vû des tayes & d'autres maux considerables parfaitement guéris.

Je ne crois pas devoir renvoyer plus loin la description de quelques arbres fruitiers de crainte de les oublier.

Le premier est le Cahimitier. Il vient de la grosseur & de la hauteur des plus grands Pommiers de Normandie. Rien n'est plus beau que cet arbre. Il est pour l'ordinaire fort bien fait ; ses branches bien partagées ; son écorce unie, lisse & point crevassée, brune & bien adherante au bois qui est brun, franc & rempli de beaucoup de seve. Ses feuilles longues de trois à quatre pouces, & d'environ deux pouces de large dans leur plus grande largeur, finissent en pointe par les deux bouts, sont épaisses & bien nourries. Elles rendent un peu de lait quand on les rompt. Le dessus est d'un verd vif & comme lustré ou vernissé, & le dessous peint de plusieurs couleurs, où le jaune doré, le feuille-morte, l'aurore & le citron, sont mêlez avec quelques petites taches de couleur de feu, ce qui fait le plus bel effet du monde. Ses fleurs viennent par bouquets entre les queuës, les feuilles & le bois. Elles sont composées de plusieurs boutons attachez à de petites queuës aurores. Chaque bouton qui est le fruit de l'arbre, pousse à son sommet une fleur double,

*Cahimitier, arbre fruitier.*

1636. chacune desquelles est composée de cinq feuilles ; les exterieures sont rouges avec des points dorez, & les cinq qu'elles renferment sont orangées & forment une espece de calice plein de petites étamines dorées. Le bouton en grossissant forme le fruit, & cette double fleur qui y demeure attachée lui sert de couronne. Le fruit est rond, de trois pouces ou environ de diametre. Son écorce ou peau est unie & lisse, d'un très-beau verd, mêlée de taches rouges & aurores. Sa chair est blanche, molle, spongieuse, pleine d'un suc doux & miellé, qui ne plaît pas d'abord aux Européens, mais qu'ils trouvent excellent dès qu'ils s'y sont accoûtumez. En effet, rien n'est plus agréable & plus rafraîchissant. On en donne sans crainte aux malades, & quelque quantité qu'on en mange, il est inoüi qu'il ait jamais fait de mal. On trouve dans ce fruit quelques graines plates & assez grosses, dont la coque seche, grise, unie & lustrée, renferme une amande blanche & ferme qui est amere, & qu'on peut employer comme les amandes ameres d'Europe.

Prunier d'Icaque. On a donné le nom de Prunier à l'arbre qui porte les fruits qu'on appelle Icaques. Quelques Auteurs ne laissent pas de le nommer Pommier, parce que sa feuille approche un peu plus de celle du Pommier que du Prunier ; mais pour son fruit, on le doit plutôt regarder comme une Prune, que comme une Pomme. Ainsi contre mon ordinaire je prendrai parti dans cette querelle, & je l'appellerai Pommier d'Icaque.

Cet arbre vient ordinairement sur les bords de la mer & sur les falaises qui en sont voisines. Il est rare de le trouver dans les hauteurs ou dans les savannes. Il n'est pas bien fait ni fort gros. Je n'en ai jamais trouvé dont le tronc eut plus de six pouces de diametre : il ne laisse pas de jetter quantité de branchages qui s'étendent beaucoup. Son écorce est brune, peu unie & peu adherante. Le bois est gris ; il a les fibres grosses & mêlées. On ne se sert de ce bois que pour brûler. Il y en a de plusieurs espèces, qu'on distingue seulement par la couleur du fruit, dont les uns sont rouges, les autres violets, les autres blancs, mais tous de même forme, même chair, même goût, même vertu.

La feuille de cet arbre est presque aussi large que longue, & par conséquent presque ronde ; elle est épaisse & ferme, d'un verd jaunâtre, assez luisante ; ses bords sont rissolez & grillez, ce qui est ordinaire à tous les arbres qui viennent au bord de la mer, où l'air marin, le sel que le vent emporte & qu'il répand sur eux comme une petite bruine, & l'ardeur du soleil ne manquent jamais de produire cet effet.

Sa fleur ne paroît d'abord que comme un petit bouton verd, qui en s'épanoüissant produit de petites feuilles blanches, minces & sans odeur, qui sont accompagnées de petites étamines jaunes.

Le fruit paroît à la chute de cette fleur ; il est rond, applati sur ses deux poles, & sa circonference partagée en cinq ou six côtes. L'écorce est assez unie & fine, de couleur rouge, ou violette ou blanche, selon l'espece du fruit, avec de petites taches de differentes couleurs qui font un très-bel effet.

La chair de ce fruit est blanche, assez ferme, & si adherante au noyau qui est au centre, qu'il n'est pas presque possible de l'en détacher qu'en la suçant. Elle est peu agréable au goût, sur tout dans les commencemens qu'on en use. On n'y trouve qu'un goût fade, avec une pointe d'aigreur qui prend à la gorge ; aussi n'use-t-on de ce fruit que comme d'un remede pour le cours de ventre & pour le flux de sang, parce qu'il est extrémement stiptique & astringent. Son amande pilée & réduite en lait avec un peu de sucre & d'eau de fleur d'orange, fait une liqueur agréable & qui produit le même effet. Ceux qui sont accoûtumez d'en manger le trouvent bon, & le mangent avec plaisir malgré son âcreté.

## CHAPITRE II.

*Des Habitations nouvelles. Comment on obtient les concessions des terres & comment on les défriche.*

Ceux qui n'ont point de terre & qui ne peuvent ou ne veulent pas en acheter, demandent la concession d'un terrain qui n'a point encore de maître, & qui par conséquent appartient au Roi. Ils s'adressent pour cela au Gouverneur General & à l'Intendant à qui ils presentent un Placet, dans lequel celui qui demande la concession expose sa qualité, le nombre de ses enfans & de ses esclaves & ses autres facultez. Il indique le terrain qu'il demande, avec les bornes de la hauteur & de la largeur. Il

1696.

y joint un Certificat du Capitaine du quartier & de l'Arpenteur Royal, qui assurent la verité du contenu dans le Placet, & sur tout que ce terrein n'est occupé ni concedé à personne. Sur cet exposé ces Messieurs font expedier la Concession du terrein demandé, dont ils reglent la quantité à proportion du besoin & des forces de celui qui le demande, & avec ces clauses, que l'exposant fera enregistrer sa concession au Greffe; qu'il fera sommer les plus proches voisins du terrein qu'il a demandé, d'être presens à sa prise de possession, & de declarer par écrit qu'ils n'y ont aucune pretention, & enfin que dans l'espace de trois années il défrichera & habituera du moins la troisiéme partie du terrein concedé, à peine d'en être depossedé & la Concession annulée. Ces clauses sont fort judicieuses; & si elles étoient observées avec autant d'exactitude qu'elles le devroient être, les Isles seroient bien mieux peuplées & habitées qu'elles ne le sont, parce que ceux qui viennent pour s'établir trouveroient du terrein, au lieu que les terres sont très-souvent concedées à des gens à qui il est impossible d'en défricher le tiers en cent ans. Il y a même des habitans qui ont des

*Conditions sous lesquelles on donne les concessions.*

Concessions en differens endroits d'une même Isle, où depuis un très-grand nombre d'années ils n'ont fait qu'un défriché de cent ou cent cinquante pas en quarré, seulement pour marquer leur possession, sans se mettre en peine de continuer le travail comme ils y sont obligez.

Il est vrai que les Gouverneurs Generaux & les Intendans font quelquefois réunir au Domaine du Roi ces terres concedées & négligées ; mais ce n'est le plus souvent qu'une ceremonie ou une peine qui ne tombe que sur quelque pauvre malheureux qui n'a pas assez de crédit pour s'exempter d'être la victime de la Loi ; puisqu'on voit que ces mêmes terres sont données à d'autres qui n'en font pas un meilleur usage, ou qui les vendent & en font comme un commerce continuel, malgré les défenses qu'il y a contre ce trafic odieux, & qui n'est pourtant que trop commun. Il ne me seroit pas difficile de prouver ce que je dis ici par beaucoup d'exemples.

La Concession étant accordée, enregistrée, les voisins dûement appellez & la possession prise, on choisit un endroit un peu élevé pour y bâtir la maison du maître, afin d'avoir plus d'air, une plus

*Choix qu'on doit faire dans un nouvel établissement.*

belle vûë, si on est en lieu d'en pouvoir avoir, ou du moins pour voir plus aisément le travail qui se fait sur l'habitation. S'il y a une riviere ou quelque ravine qui donne de l'eau toûjours ou une source, on s'en éloigne le moins qu'il est possible, à cause de la commodité qu'il y a d'avoir de l'eau pour les besoins de la maison, pour les Negres, pour les bestiaux, & pour remedier aux incendies qui peuvent arriver.

On commence d'abord par faire quelques cases de menu bois que l'on couvre avec des feuilles de palmistes, de latanier ou de roseaux, après quoi on abbat les arbres en commençant à défricher par l'endroit où l'on veut faire le principal établissement.

*Mauvaise coûtume des habitans dans l'abbatis des bois.* La plûpart des habitans ont la mauvaise coûtume d'abbatre les arbres les uns sur les autres comme font les Caraïbes, & d'y mettre le feu quand ils sont secs, sans se mettre en peine si ce sont des bois propres à bâtir ou non, ou si le tems est propre pour les abbatre & les conserver; mais ceux qui ont du bon sens & de l'économie aiment mieux n'aller pas si vite, & conserver tous les arbres qui sont bons à faire des planches, du cartelage, des poutres & autres bois de charpente, ce qui est un profit très-considérable, sur tout à présent que les bois à bâtir deviennent très-rares, & par conséquent très-chers. Il faut donc attendre le déclin de la lune pour abbatre les arbres qui sont bons à quelque chose ; les couper par tronses de la longueur qu'on juge à propos, les ranger les uns sur les autres & y faire un petit toit pour les défendre de la pluye, jusqu'à ce qu'on ait le loisir de les travailler. Après cela on amasse en plusieurs monceaux les branchages & les bois inutiles que l'on veut brûler : sur quoi il faut observer d'y mettre toûjours le feu sous le vent, c'est à dire, du côté opposé au vent, après avoir fait une trace ou chemin bien net pour séparer le terrein que l'on veut brûler, de celui qu'on veut conserver, & cela pour deux raisons. La premiere, afin d'être toûjours maître du feu, & empêcher quand on le juge à propos qu'il n'aille trop loin, ce qu'on ne pourroit pas faire si le vent chassoit la flâme devant soi, parce qu'il la pourroit chasser avec trop de violence, & embraser les endroits qu'on veut conserver. La seconde, parce que le feu ne passant pas avec tant de rapidité, & comme en courant sur les endroits que

*Maniere de brûler les bois abbatus.*

l'on veut brûler, il a plus de tems pour consumer les bois abbatus & leurs souches. Le terrein étant nétoyé on bâtit les cases ou maisons dont les poteaux se mettent trois à quatre pieds en terre avec une fausse sole. Le bout des grands & des petits poteaux est échancré pour recevoir le faîtage & les tablieres. On palissade ou environne les cases avec des roseaux ou des palmistes refendus, & on les couvre avec des feuilles de palmistes ou de roseaux.

On seme aussi tôt des pois, du mil, mahis ou bled de Turquie (ces trois termes sont synonimes & signifient la même chose) dans le reste du défriché, & s'il est un peu considerable, on y plante du manioc, des patates, des ignames & quelques herbages. Il est incroyable avec quelle facilité & quelle abondance ces terres vierges produisent tout ce qu'on y plante ou qu'on y seme.

On ne manque jamais de faire des pepinieres d'orangers & de citronniers. Les habitans habiles préferent les oranges de la Chine aux autres, parce que outre que les enfans, les Negres & les passans s'en servent pour se desalterer, les chevaux & tous les autres animaux en mangent & s'en engraissent, à quoi il

*Françoises de l'Amerique.* 49

il faut ajoûter que les arbres qui les portent sont bien meilleurs pour faire des clôtures, parce qu'ils sont armez d'épines bien plus longues & plus fortes qui s'entrelassent de maniere que les hayes ou clôtures qui en sont faites, deviennent impenetrables aux hommes & aux animaux.

Quand les pepins ont produit un jet de huit à dix pouces de haut, on les leve de terre pour les transplanter dans dans les lieux où l'on veut faire les lizieres. On choisit pour cela un tems de pluye, on laboure la terre de deux fois la largeur d'une hoüe à côté du cordeau qu'on a étendu afin de planter en ligne droite : on éloigne les jets que l'on plante de quatre à cinq pouces les uns des autres, & pour l'ordinaire on fait deux rangs éloignez l'un de l'autre de deux pieds ou environ. Les arbres ainsi plantez grossissent en croissant, & se pressent les uns contre les autres ; il arrive même ordinairement que le vent les faisant frotter les uns contre les autres, leurs écorces s'écorchant, se prennent ensuite, & s'unissent ainsi plusieurs ensemble comme s'ils ne faisoient qu'un seul

*Maniere de faire les lizieres.*

corps plat & uni presque comme une muraille.

*Origine des Orangers.*

Les Orangers & les Citronniers ne sont point originaires de l'Amerique. Ce sont les Espagnols & les Portugais qui les y ont apportez. Les Orangers viennent d'Asie, & la Chine est l'endroit qui produit les plus excellens. Il y a bien des siecles qu'on avoit des oranges en Egypte, en Palestine, dans l'Asie mineure, dans la Sicile, dans le Royaume de Naples, & sur presque toutes les côtes de la Méditerranée; mais il est assez difficile de sçavoir de quelle espece ils étoient. Celles qu'on appelle oranges de Portugal y sont plus nouvelles que les autres, au moins selon toutes les apparences. Elles sont les mêmes que celles que les Portugais appellent oranges de la Chine; qu'il est très constant qu'ils ont apportées les premiers de la Chine en Europe, & dont ils ont répandu l'espece dans tous les endroits de leur domination en Afrique & en Amerique, d'où les autres Nations les ont transportées dans les lieux de leurs dépendances.

Le climat de l'Amerique, du moins ce qui est entre les deux Tropiques & aux environs, s'est trouvé si propre pour les orangers, qu'ils s'y font naturalifez tant ils y viennent bien & facilement.

Nous avons aux Ifles quatre fortes d'oranges. Les aigres, les douces, les oranges de la Chine ou de Portugal, & celles de la Barbade qu'on appelle auffi Chadec.

*Quatre efpeces d'oranges.*

Les oranges aigres, ou comme on dit aux Ifles, les oranges fures, font les plus communes & les moins eftimées. On ne s'en fert que pour les faulces, & pour mettre fur la viande & le poiffon. Elles different des bigarades dont il me femble qu'elles peuvent être une efpece par le goût, la groffeur & la peau. Car ordinairement elles font fort groffes ; leur peau qui eft affez épaiffe eft toute unie, & leur goût, quoique fur ou aigre, n'approche point de celui des bigarades.

*Oranges aigres ou fures.*

On employe le fuc des oranges aigres avec un fuccès merveilleux & infaillible à guerir les ulceres, quelque vieux & opiniâtres qu'ils puiffent être & de quelque caufe qu'ils puiffent provenir, même de l'épian ( c'eft ainfi qu'on appelle le mal de Naples ou la groffe verolle aux Ifles. )

On coupe une orange en deux, &

C ij

après en avoir ôté les pepins, on en frotte l'ulcere jusqu'à ce qu'on ait ôté les chairs baveuses qui y sont, après quoi on lave la playe avec ce même suc, & on met dessus un plumasseau & des compresses bien imbibées de ce même suc ; on réitere ce remede trois ou quatre fois en vingt-quatre heures, & on est seur par mille experiences que des ulceres qu'on jugeoit incurables ont été gueries en très peu de jours. Plus on réitere souvent l'application de ce suc, & plûtôt on est guéri. Il est vrai qu'il cause de la douleur, mais la santé ne mérite-t elle pas un peu de peine ?

On se sert encore de ces oranges & de celles de la Chine pour faire du cedra. Quelques-uns ratissent avec une cuillier d'acier la superficie de l'orange, & reçoivent dans la cuillier ce qui sort de l'orange, qu'ils mettent dans une fiole longue ; on l'y laisse jusqu'à ce qu'elle se soit déchargée de ses parties grossieres qui s'amassent au fond de la fiole pendant que les plus subtiles & les esprits montent & demeurent en haut ; on verse par inclination cette huile spiritueuse dans de petites bouteilles que l'on bouche bien exactement à cause qu'elle s'évapore facilement.

Il y en a d'autres qui coupent legerement toute la superficie de l'orange en petits zests dont ils expriment l'esprit dans une fiole en comprimant le zest. Cette maniere est plus longue, mais on trouve au fond de la fiole bien moins de parties grossieres.

On se sert du cedra pour parfumer le tabac, & mille autres choses à qui on veut donner de l'odeur. On en met aussi dans quelques remedes. Si on juge de sa bonté par sa cherté, il doit être très-bon.

*Oranges douces.* Les oranges douces ressemblent assez à celles dont je viens de parler, excepté que leur suc est assez doux, on en mange & on les trouve bonnes quand on n'en a point d'autres; mais dès qu'on a mangé de celles de la Chine, on ne les peut plus souffrir.

*Oranges de la Chine ou de Portugal.* Celles de la Chine ou de Portugal sont de deux sortes. Il y en a dont l'écorce est épaisse & à gros grains, & d'autres dont l'écorce est extremement fine & unie. Les unes & les autres sont remplies d'un suc doux, sucré, agreable au de-là de tout ce qu'on peut s'imaginer. J'en ai mangé de cette espece en bien des endroits; en Europe, comme en Espagne, en Sicile, dans le Royaume de Naples & sur la côte de Genes, mais j'y ai toûjours trouvé autant de difference qu'on en trouve aux Isles entre les oranges douces & les veritables oranges de la Chine. Ce qui me fait dire que le terroir & le climat des Isles leur est aussi propre que celui d'où elles ont été transportées.

<small>Orange de la Barbade, son origine.</small>

Les oranges de la Barbade font la quatriéme espece de celles que nous avons aux Isles Françoises. On les appelle oranges de la Barbade, parce que les premieres nous ont été apportées de cette Isle Angloise, qui est environ à trente lieües à l'Est ou au vent de la Martinique. Quoiqu'elles nous soient venuës de la Barbade, il est certain qu'elles n'en sont pas originaires, elles viennent de plus loin : quelques-uns disent qu'elles ont été apportées de la Vermude, autre Isle Angloise, par les trente-trois degrez de latitude Nord ; d'autres prétendent qu'elles viennent de Madere, Isle Portugaise, par les trente-deux degrez de la même latitude, & je me range de ce dernier sentiment pour plusieurs raisons. Quoiqu'il en soit, l'arbre qui les porte est bien moins garni d'épines ou de pointes que ceux dont je viens de parler,

& dont je n'ai pas fait une description particuliere, parce qu'il n'y a personne qui ne sçache ce que c'est qu'un oranger.

L'oranger de la Barbade, qu'on nomme aussi Chadecq, du nom de celui qui l'a apporté à la Martinique, croît plus vîte & porte du fruit beaucoup plûtôt que les autres. On en a vû qui ayant été semez de graine ont rapporté à trois ans & demi. Il est vrai qu'ils étoient plantez seuls & non en liziere, ce qui fait une difference fort considerable, comme je le dirai ci-après.

*Description de l'Oranger de la Barbade, & de son fruit.*

La feüille de cet oranger est beaucoup plus grande que celles des trois autres especes. J'en ai trouvé qui avoient plus de six pouces de longueur sur trois bons pouces de largeur, sans compter la partie échancrée & coupée en forme de cœur qui la soûtient & l'attache à la branche. Elle est ferme, épaisse, bien nourrie, d'un verd foncé par dessus, plus pâle & tirant sur le jaune par dessous. Il n'est pas necessaire de dire que sa fleur est plus grande & plus grosse que celle des oranges ordinaires, c'est une consequence qui se presente d'elle-même. J'ai vû de ces fleurs presque aussi grosses que le pouce, qui exhaloient une odeur des plus agreables, quoique forte & proportionnée à la fleur d'où elle fortoit.

Le fruit qui fuccede à ces fleurs eſt très-gros. Rien au monde n'eſt plus beau en ce genre. J'en ai vû de près de dix pouces de hauteur fur près de vingt-quatre pouces de circonference; La plûpart reſſemblent aſſez à des poires de bon-chrétien. Leur écorce qui eſt femée de pluſieurs boutons & autres inegalitez, eſt de douze juſques à feize lignes d'épaiſſeur. La chair en eſt blanche, molle, legere, fpongieuſe & pleine d'un fuc acide, & peu agreable. Le dedans eſt diviſé en pluſieurs cellules pleines de grumeaux aſſez preſſez les uns contre les autres, excepté vers le centre du fruit, où l'on trouve ordinairement un vuide. Le goût de ces grumeaux eſt meſlé d'une douceur fade avec quelque choſe d'aigre; de forte qu'il s'en faut bien que la bonté de ces oranges réponde à leur beauté, ni qu'elle approche de celle des oranges de la Chine; auſſi ne les employe-t-on jamais qu'en confiture. Les gens qui s'en veulent donner la peine, les font confire toutes entieres, de la même maniere qu'on confit les

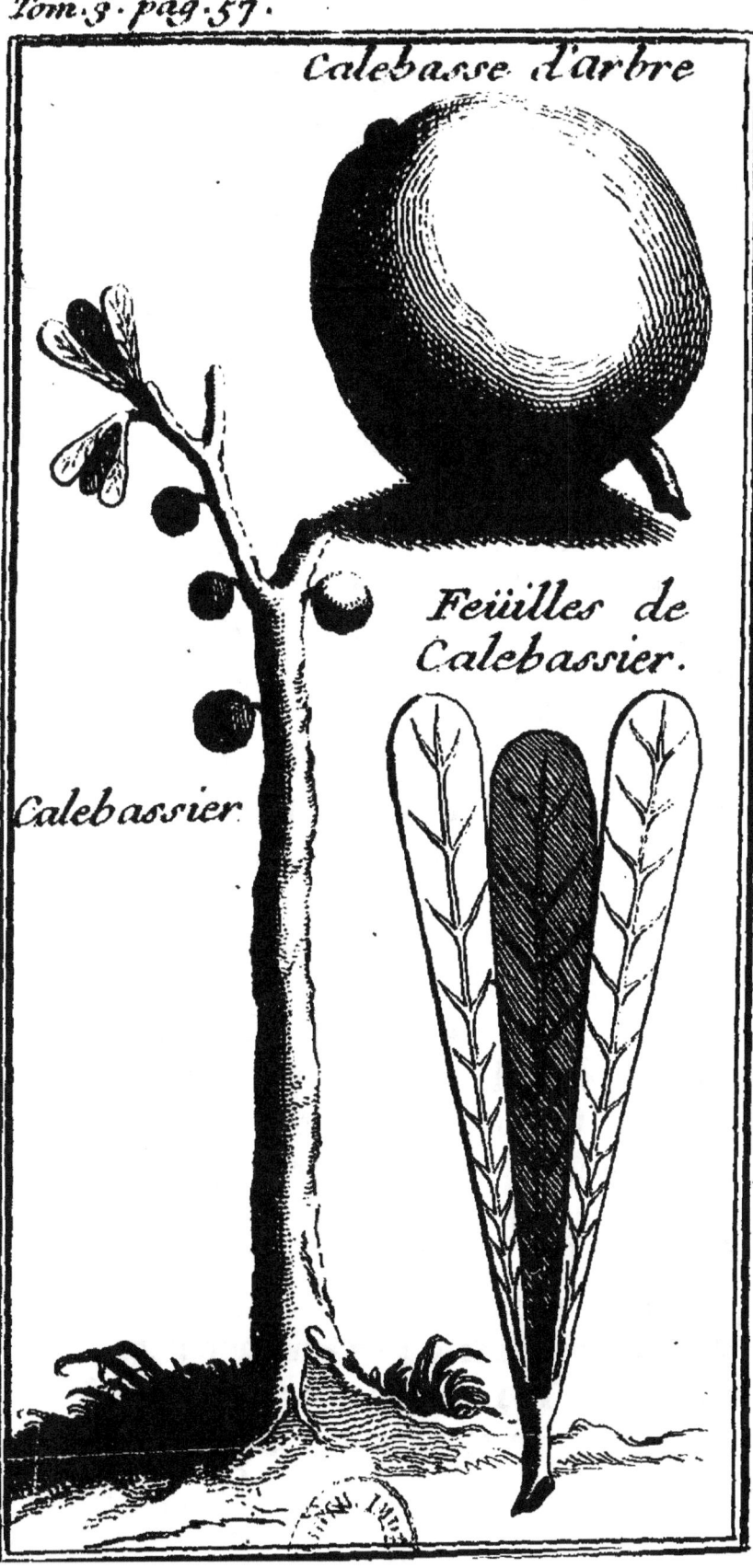

limes. J'en parlerai dans un autre endroit aussi-bien que des citronniers.

Lorsque les orangers sont plantez seuls, ils portent du fruit pour l'ordinaire au bout de cinq ou six ans; mais quand ils sont plantez en lizieres, ils sont huit à dix ans avant d'en rapporter. La raison en est aisée à trouver dans le premier cas, ils profitent de toute la substance de la terre, leurs racines s'étendent comme ils veulent, au lieu que dans le second ils se trouvent pressez, & il faut que leurs racines travaillent beaucoup sous terre & à côté pour y trouver de la nourriture & de la substance suffisamment pour les faire croître & leur faire produire des fruits.

Un arbre dont on ne peut se passer dans une habitation, est un calebassier. Les Espagnols l'appellent, Higuero. Son écorce est blancheâtre & raboteuse; son bois est plus coriace que dur, il vient mieux de bouture que de graine, & porte bien plûtôt; il se transplante aisément. J'en ai vû de très-grands & gros qu'on avoit changé de place deux ou trois fois sans qu'ils en eussent receu la moindre incommodité. Ses branches sont longues & toutes unies, c'est-

*Calebassier, Arbre. Sa description.*

à-dire qu'elles ne sont point garnies de menuës branchages. Ses feüilles qui sont en quantité ont quatre à cinq pouces de longueur, étroites par le bout qui les joint à la branche, plus larges, arrondies & comme une spatule au bout opposé, assez épaisses & d'un beau verd. Elles sont attachées le long des branches les unes après les autres, à peu près en distance égale. Ses fleurs sont de couleur bleuâtre qui approchent assez pour la figure, des roses sauvages à moitié écloses ; elles croissent sur le tronc comme sur les branches, aussi-bien que le fruit qui assez souvent touche à terre.

On en trouve de differentes figures & grosseurs. L'écorce est mince & ne passe l'épaisseur d'une piece de trente sols, cela ne l'empêche pas d'être très-forte, elle est fort lisse, & se polit admirablement bien en dehors & en dedans. Cet arbre qui vient grand & fort branchu, porte des fleurs & des fruits deux fois l'année, ou pour parler plus juste il a toûjours des fleurs & des fruits. On connoît que les calebasses sont meures quand la queüe qui les attache à l'arbre se flêtrit & se noircit, pour lors on les détache de l'arbre. Si on s'en veut servir pour mettre de l'eau ou d'autres liqueurs, on fait un trou d'une grandeur convenable auprès de la queüe par lequel on fait entrer de l'eau chaude pour macerer plus promptement la moüelle ou pulpe dont la calebasse est remplie. Après qu'elle est bien macerée on y fait entrer un petit bâton pour la rompre entierement & la faire sortir, après quoi on y met encore de l'eau chaude avec de gros sable que l'on remuë fortement pour achever de détacher ce qui reste, & polir le dedans, & quand elles sont ainsi nettoyées & seches, le vin & les autres liqueurs qu'on y met s'y conservent parfaitement, & ne contractent point de mauvais goût.

Lorsqu'on veut separer une calebasse en deux parties pour en faire deux coüis qui sont des especes de sebiles propres à une infinité d'usages, on l'environne avec une petite corde que l'on serre fortement à l'endroit où l'on la veut couper, & à mesure qu'on la serre, on frappe dessus pour la faire entrer. C'est ainsi qu'on la separe en deux, mais il faut pour cela que la calebasse ne soit pas seche, & qu'on ne vienne que de la détacher de l'arbre.

*Usage de Calebasses.*

Etant ouverte on la vuide facilement, & on gratte le dedans avec une coquille de moucle pour le polir.

Les Indiens deſſinent & gravent ſur la convexité des compartimens & des groteſques à leur maniere; ils rempliſſent les hachûres de differentes couleurs qui font un fort bon effet, & quoiqu'ils ne ſe ſervent ni de regle ni de compas, ces deſſeins ne laiſſent pas d'être fort juſtes & fort agreables. Ces coüis ſervent à une infinité d'uſages dans un ménage; quoiqu'ils ne ſoient que de bois, on ne laiſſe pas de les mettre ſur le feu, & d'y faire chauffer de l'eau. Lorſqu'ils ſont rompus leurs pieces ſervent à faire des cuilliers. On en fait des écumoires & des paſſoires en les perçant avec un petit fer rouge. C'eſt la vaiſſelle ordinaire & la batterie de cuiſine de nos Negres, des Caraïbes, & de la plûpart des petits habitans. On appelle ces calebaſſes, Calebaſſes d'Arbres, pour les diſtinguer de celles dont je vais parler, qu'on nomme Calebaſſes d'Herbe. Mais il faut auparavant rapporter les proprietez de ces fruits pour guerir quelques maladies ou accidens.

On ſe ſert de la pulpe des calebaſſes

pour guerir les brûlures, il ne faut pour cela que l'étendre sans la faire cuire ni chauffer sur la partie brûlée ou échaudée, avec une compresse par dessus, & avoir soin de changer cet espece de cataplasme de six en six heures. Non seulement la brûlure ne croît point, mais elle est bien tôt guerie.

*La pulpe des calebasses est un remede specifique pour la brûlure.*

On s'en sert encore pour guerir les maux de tête causez par des coups de soleil. On en couvre tout le devant de la tête jusqu'aux oreilles, & on change de deux en deux heures ce cataplasme. Le froid extrême de cette pulpe apaise les ardeurs que le soleil a causées dans le cerveau. Bien des gens en ont ressenti un prompt soulagement, & en très-peu de tems une parfaite guerison.

*Pour les coups de soleil.*

Rien n'est plus specifique pour la colique de quelque espece qu'elle puisse être, que les lavemens composez du suc de la pulpe de ces calebasses après qu'elles ont été cuites, ou au moins macerées dans les cendres chaudes.

*Pour la colique.*

Elles sont encore un remede assuré & confirmé par une infinité d'experiences, pour empêcher les accidens qui arrivent aux personnes qui ont fait des chûtes considerables. On choisit pour cet effet une calebasse qui ne soit pas encore tout-à-fait meure ; on la fait cuire toute entiere dans les cendres chaudes, après quoi on l'ouvre, on exprime le suc de sa pulpe dans un vase, & on le fait boire au malade. Rien au monde n'est si souverain pour empêcher l'hémoragie si quelque vaisseau étoit rompu, ou pour prevenir les abcès, ou resoudre les contusions, ou enfin dissiper les causes qui pourroient produire des sincopes, des défaillances & autres accidens.

Les calebasses d'herbe se sement toutes les années, ou même sans aucun égard à la saison, autant de fois qu'on en a besoin, comme on fait les melons & les concombres ; on seme ou plante les uns & les autres en pleine terre, l'usage des couches est inconnu aux Isles, & il y seroit tout-à-fait inutile. Ces sortes de calebasses sont très grosses & assez longues ; ordinairement elles sont plus larges que hautes. Elles sont de la même espece que celles d'Europe, dont selon les apparences on en a apporté la graine. Leur écorce est beaucoup plus épaisse que celles des calebasses d'arbres, avec tout cela elles durent beaucoup moins parce qu'elle

*Tome 3. pag. 63.*

*Cocotier.*

*Cocotier en fleur.*

*Racine de Cocotier.*

*Branche de Cocotier.*

*Cocotier Jeune.*

est plus spongieuse & plus molle ; ce qui fait encore qu'elles contractent aisément un mauvais goût, & qu'elles gâtent ce qu'on y met.

Nous avons encore des calebasses douces dont l'usage est si commun en Italie, en Provence, en Espagne, sur toutes les côtes de la Méditerranée & dans tous les païs chauds. Elles viennent de graine comme les melons & les concombres, ordinairement elles sont fort longues & peu grosses, leur écorce est blancheâtre quand elles sont meures, mince, facile à couper. Elles sont admirables dans la soupe, où elles font le même effet que les concombres, c'est-à-dire, qu'outre la saveur qu'elles donnent au boüillon, elles sont fort rafraîchissantes. Elles viennent si vîte & si parfaitement aux Isles, qu'il semble que ce soit leur païs natal, & bien des gens assurent qu'elles y sont meilleures qu'en Europe.

*Calebasses douces.*

Le calebassier n'est pas le seul arbre qu'on a soin de planter dans les nouvelles habitations. En voici d'autres qui n'y sont pas moins utiles, & que les bons habitans ne négligent jamais.

L'arbre qu'on appelle aux Isles Cocotier ou Cocos, est le même qu'on

*Du Cocotier ou Cocos.*

nomme Palmier dans les grandes Indes. Les gens qui ne sont pas accoûtumez au païs, confondent aisément le cocotier avec le cacoyer, & le cocos avec le cacao que l'on prononce simplement caco, quoiqu'il y ait une diference infinie entre ces deux arbres, & que leurs fruits n'ayent aucun rapport entre eux. On tireroit les mêmes avantages du cocos aux Isles qu'on en tire aux Indes, si on vouloit s'en donner la peine, & en planter un plus grand nombre ; mais on n'en plante le plus souvent que par curiosité, & pour en avoir le fruit, dont l'eau est agreable, la chair délicate, & l'écorce propre à faire des tasses & autres ustanciles.

On plante la noix toute entiere, c'est-à-dire avec son enveloppe. Elle est cinq ou six mois à pousser & à sortir de terre. On prétend que l'arbre est autant d'années à rapporter du fruit, qu'il a été de mois en terre avant de pousser son germe. Il peut y avoir du plus ou du moins dans cette observation, pour moi je n'en ai point fait l'experience.

On peut regarder cet arbre comme un faisseau de feüilles & de branches,

*Françoises de l'Amerique.*

1696.

*Description du Cocos.*

liées ensemble, qui se développent à mesure qu'il les pousse par son centre & par son sommet. Celles qui sont exterieures, c'est à dire, celles qui sont les plus proches de la circonference, se répandent en dehors comme des panaches qui se détachent du tronc les unes aprés les autres, en même tems que le centre en pousse de nouvelles, & que l'arbre croît. Celles qui tombent laissent sur le tronc qui s'est formé sous elles le vestige de l'endroit où elles étoient attachées; cela fait que l'arbre paroît tout couvert de hachûres à peu près comme celles qui restent sur la peau d'une carpe aprés qu'on en a enlevé les écailles. Les branches ont neuf à dix pieds de long, elles sont garnies de part & d'autre tout le long de leur nervûre, de feüilles droites, longues de plus d'un pied, fortes, liantes & d'un assez beau verd.

Cet arbre vient fort droit & fort haut, il croît toûjours. Il est moins gros dans son milieu qu'à ses extrêmitez. Il pousse peu avant en terre sa principale racine, mais elle est environnée d'une très grande quantité d'autres plus petites entrelassées les unes dans les autres qui font comme une motte autour d'elle pour la fortifier & soûtenir l'arbre. J'en ai vû que les pluyes & les avalasses avoient tellement dégradées qu'elles étoient toutes hors de terre. C'est ce qui fait que l'arbre a peine à resister aux coups de vent, sa tête chargée de quantité de branches longues & garnies de feüilles, donne plus de prise au vent que sa racine n'a de force pour y resister.

Quand on prévoit ces coups de vent extraordinaires & furieux qu'on appelle ouragans, on fait monter quelque Negre adroit au sommet de l'arbre pour en couper les branches les plus vieilles, & n'y laisser que la gerbe du milieu, afin que l'arbre ne donnant pas tant de prise au vent, soit plus en état de soûtenir son impétuosité. C'est de cette sorte qu'on les conserve.

Le sommet ou la tête du cocotier est si tendre qu'on le mange comme on fait le chou palmiste, qu'il surpasse en bonté & en délicatesse; effectivement il est plus tendre, & il a un certain goût de noisette ou d'amande que le palmiste n'a pas.

Le tronc du cocotier ne laisse pas d'être très-dur & très-difficile à couper, ou du moins à entamer, quoiqu'il n'ait gueres qu'un bon pouce d'épaisseur, le reste jusqu'au cœur n'est qu'un amas de fibres longues & pressées qui peuvent se tirer d'un bout à l'autre quand l'arbre est partagé ou fendu en deux, elles sont abreuvées d'une liqueur assez claire & aigrette. On ne fait aucun usage de ce bois, parce que sa rareté fait qu'on le conserve & qu'on ne l'abat jamais sans une necessité des plus pressantes.

J'ai mangé les choux ou les têtes de quelques-uns qui avoient été abbatus par le vent dans un ouragan, & je les ai trouvez bien meilleurs que ceux des palmistes ordinaires ; car je croi que tous ces arbres sont du même genre, & qu'ils ne different que par l'espece.

J'oubliois de marquer ici que quand les branches sortent du cœur de l'arbre, elles sont enveloppées d'une espece de tissu croisé ou de grosse toile, comme de la serpilliere grise qui suit le sort des branches qu'elle avoit enveloppées, & qui tombe avec elles. J'en ai trouvé des morceaux de près de deux pieds en quarré.

Le cocotier fleurit tous les mois, de sorte qu'il paroît toûjours couvert de

*Le cocos fleurit tous les mois.*

fleurs & de fruits qui meurissent les uns après les autres pendant toute l'année. Ses fleurs sont blanches, attachées par pelottons à un rameau qui sort du centre de l'arbre de la longueur de deux à trois pieds. Il paroît tout blanc quand il est chargé de fleurs, mais la plûpart tombent à terre, aussi sont elles en trop grand nombre pour pouvoir apporter du fruit. A celles qui restent succedent les fruits qui sont attachez de part & d'autre du rameau, à peu près comme on voit les grains de raisins aux vignes sauvages. Le rameau qui les soûtient est d'un bois extrêmement souple & liant aussi bien que les queües où le fruit est attaché. On s'en sert quelquefois pour châtier les enfans. Il n'y a point de verges ou de foüet qui se fasse mieux sentir.

Je n'ai pas remarqué exactement combien de tems le fruit demeure sur l'arbre depuis qu'il a succedé aux fleurs jusqu'à sa parfaite maturité ; parce qu'il est assez rare qu'on attende jusqu'à ce tems là pour le cueillir ; mais autant que j'en puis juger, il ne lui faut gueres moins d'une année pour meurir.

Lorsque le fruit est meur il a six à sept pouces de diametre dans son mi-

*Guaisnes de Cocos en fleur.*

Tom. 3. pag. 68.

Régime de Cocos.

Noix de Cocos dépoüillée de son Envelope.

lieu, & neuf à dix pouces de hauteur. Il n'est pas exactement rond, mais plûtôt triangulaire. Il y a deux choses à considerer dans ce fruit; son enveloppe, & sa noix. L'enveloppe qui environne la noix, est composée de grosses fibres comme une espece de grosse filasse fort adherante à la noix, couverte d'une peau mince lisse & dure, d'un verd d'autant plus pâle que le fruit approche de sa maturité. On se sert de cette filasse dans les grandes Indes pour faire des cordages. On la bat pour en ôter la poussiere & rendre les fibres plus souples, après quoi on la tille & on la file à peu près comme le chanvre. On prétend que ces cordes sont moins sujettes à se pourrir dans l'eau, que celles de chanvre.

La noix étant dépoüillée de son enveloppe a encore quatre à cinq pouces de diametre, & six à sept pouces de hauteur, elle est épaisse de trois à quatre lignes dans son milieu, & de cinq à six dans ses extrêmitez. Elle est fort dure, d'une couleur brune avec quelques filets d'un gris sale mêlez de petits points blancs. Le bout par lequel le fruit est attaché à la branche, a trois ouvertures rondes de deux à trois lignes de

*1696.*

Description du fruit.

diametre, qui sont fermées & remplies d'une matiere grisâtre, spongieuse comme du liege, par lesquelles selon les apparences le fruit tire sa nourriture de l'arbre.

Quand on perce la noix en débouchant ces trois ouvertures, il en sort une liqueur blancheâtre comme du petit lait, qui est sucrée, avec une petite pointe d'aigreur fort agreable. Lorsque la noix est jeune, c'est-à dire, longtems avant sa maturité, elle est toute pleine de cette eau ; mais à mesure qu'elle meurit, la quantité de cette eau diminuë. La noix étant sciée ou cassée, on la trouve revêtuë par dedans d'une matiere très-blanche, qui avant la perfaite maturité du fruit, n'a pas plus de consistance que du lait caillé, & environ deux lignes d'épaisseur. Pour lors on la prend avec une cuillier, on la met sur une assiette avec un peu d'eau de fleur d'orange & de sucre. C'est un manger délicat qui rafraîchit beaucoup. Mais quand le fruit est mûr, cette matiere prend la consistance d'un maron cuit ; on la trouve pour lors épaisse, de quatre à cinq lignes, blanche comme la neige. Son goût est comme un composé de la noisette & du cul d'artichant, aussi la mange-t-on avec du sel & du poivre. Elle est compacte, froide, & d'assez difficile digestion. On prétend qu'elle provoque l'urine, je n'en puis rien dire de positif, n'y ayant pas fait une attention particuliere. La noix dans cet état renferme très-peu d'eau ; il faut que cette liqueur se soit congelée peu à peu, & qu'elle ait servi de nourriture à la chair blanche dont la noix est revêtuë par dedans.

On se sert des noix pour faire des tasses, des cuilliers & autres meubles. On polit le dehors en le passant sur la meule, & on le lustre en le frotant d'huile de Palma Christi, avec un morceau de peau de requien ou de chien de mer, & ensuite avec du linge. Le dedans se polit avec un morceau de verre.

*Usage de la noix de Cocos.*

Les Espagnols en font des tasses pour prendre le chocolat. J'en ai vû de très-belles, bien travaillées, cizelées, enrichies d'argent sur un pied d'argent, & d'autres sur un pied fait d'un autre morceau de cocos bien cizelé.

Il y a une autre espece de cocotier qui porte des fruits de même forme que ceux que je viens de décrire, mais qui ne sont gueres plus gros que les noix ordinaires d'Europe. Il y a une

1696.

Cocos épineux.

difference très-considerable entre ces derniers cocotiers, & ceux que j'ai décrits ci devant. Le tronc de ceux ci paroît comme une colonne renflée extraordinairement, & plantée sur sa tête ou à la renverse: car le pied est assez petit, le milieu trois fois plus gros qu'il ne devroit être; & le haut une fois & demie plus gros que le pied. Il est avec cela tout couvert d'épines ou de pointes assez longues & fortes qui l'environnent depuis le bas jusqu'en haut en maniere de volutes très-regulieres. J'ai souvent admiré cet ouvrage de la nature. Les branches & les feüilles de cet arbre sont plus courtes de la moitié que celles du vrai cocos, mais elles sont plus larges & toutes herissées d'épines. La coque du fruit est mince, peu dure, & pleine d'une substance blanche, molle & qui a un assez mauvais goût d'huile. Cela n'empêche pas que les enfans à qui tout est bon, n'en mangent avec avidité. Mais la difficulté d'en avoir est grande, car il faut des échelles, & même fort longues pour aller cueillir ces fruits, les épines dont l'arbre est herissé, ne permettant pas d'y monter.

On trouve assez souvent au bord de la

*Palmier franc ou dattier avec un regime de son fruit.*

la mer des cocos de la grosseur d'un œuf de poule ou environ. Comme on n'en voit qu'après qu'il y a eu des vents de la bande du Sud, j'ai lieu de croire qu'ils viennent de la côte de Terre-ferme. Je n'ai jamais pû trouver dans aucune de nos Isles des arbres qui en portassent de semblables, & quelque diligence que j'aye pû faire, je n'ai pû en être éclairci. On se sert de ces cocos pour faire des tabatieres, avec une garniture d'argent. Ils reçoivent aisément un très-beau poli, & quoi qu'ils soient assez minces, ils ne laissent pas d'être forts par eux-mêmes; à quoi je dois ajoûter, que leur figure spherique ne contribuë pas peu.

*Petits cocos propres à faire des tabatieres.*

Nous avons des dattiers aux Isles, mais en petit nombre, & cela par la negligence des habitans, qui se privent d'un des meilleurs fruits qui soient au monde. Cet arbre que l'on nomme aussi Palmier dans le Levant & en Barbarie, vient à peu près comme le Cocotier. Il pousse ses branches comme une gerbe qui se répandent comme un parasol en penchant vers la terre, à mesure que le centre en pousse de nouvelles; elles sont assez semblables à celles du cocotier, mais elles sont chargées de pointes ou

*Palmier qui porte des dattes, ou Dattier.*

d'épines fortes & assez longues; elles sont aussi plus adherantes au tronc, de sorte que si on ne les coupoit pas, l'arbre auroit vingt pieds de hauteur avant que ses premieres & plus basses feuilles se fussent separées du tronc.

<small>Sentimét des Naturalistes sur les dattiers.</small>

On prétend que cet arbre est mâle & femelle, que le mâle fleurit sans rapporter de fruit, & qu'il laisse ce soin à la femelle : mais qu'elle ne rapporteroit point si elle n'avoit le mâle auprès d'elle, ou du moins dans une distance suffisante pour que le mâle la pût voir, c'est-à-dire, qu'ils soient en vûë l'un de l'autre. Je suis fâché de ne pouvoir pas souscrire au sentiment des Naturalistes, mais j'en suis empêché par une experience que j'ai très-sûre, opposée directement à leur sentiment, qui dément absolument ce que je viens de rapporter sur leur bonne foi ; car nous avions un dattier à côté de nôtre Couvent du Moüillage à la Martinique qui rapportoit du fruit, quoiqu'il fut tout seul. Qu'il fut mâle ou femelle, je n'en sçai rien, mais ce que je sçai très-certainement, c'est que dans le terrein où est le Fort Saint Pierre & le Moüillage & à plus de deux lieuës à la ronde, il n'y avoit & n'y avoit jamais eu de dattier:

d'où il me semble qu'on doit conclure que la presence du mâle n'est pas si necessaire à cet arbre pour le rendre fecond, que les Naturalistes le prétendent. A moins qu'on ne veuille dire que cet arbre fait comme les animaux qui sont en Afrique, qui se joignent ensemble sans beaucoup consulter s'ils sont de même espece quand la necessité les y oblige, & qu'ils ne trouvent point leurs semblables. En effet, nous avions quelques cocotiers assez près de nôtre dattier, qui auroient apparemment tenu la place du dattier mâle & rendu nôtre femelle feconde.

Les noyaux des dattes qui ont crû aux Isles étant plantez, ne levent point, & ne poussent point de rejetton; de sorte que ceux qui veulent avoir des dattiers sont obligez de planter des dattes de Barbarie qui ont le germe necessaire pour produire. C'est ainsi que nous voyons que les poules font des œufs sans le secours du coq, mais ces œufs n'éclosent point & ne produisent point de poulets, parce qu'ils n'ont pas le germe necessaire qui leur est communiqué par le coq. Il faut donc que Messieurs les Naturalistes prennent la peine de corriger ce qu'ils ont dit de la necessité

*Les noyaux des dattes des Isles ne levent point.*

du Palmier mâle pour rendre la femelle feconde ; ou qu'ils fe retranchent à dire comme moi, que la prefence du mâle fert feulement à perfectionner le germe du fruit, & à le rendre propre à produire un arbre femblable.

Les dattiers des Ifles fleuriffent une fois l'année. Ils pouffent pour lors de leur centre, un, deux & même jufqu'à trois rameaux de la groffeur du pouce, & de deux à trois pieds de long qui fe chargent dans toute leur longueur & de tous côtez de petites fleurs blanches, mais dont la plus grande partie tombe à terre ; les fruits fuccedent à celles qui reftent. On compte pour l'ordinaire cent quatre-vingt à deux cens dattes fur chaque rameau ou grappe, ou, pour parler le langage des Ifles, fur chaque regime. Comme ce fruit n'a rien de particulier aux Ifles, je ne croi pas me devoir arrêter à en faire une plus ample defcription. Ce que j'y ai remarqué & dont je n'ai pû connoître la caufe, c'eft qu'il ne meurit jamais fi parfaitement à la Martinique & à la Guadeloupe, qu'il fait en Afrique, en Afie & même à Saint Domingue ; car quoique nos dattes deviennent tendres & comme mielées, qu'elles jauniffent, en un mot qu'elles fem-

Françoises de l'Amerique. 77

1696.

blent parfaitement meures ; il est constant qu'elles conservent toûjours une certaine âpreté qui fait connoître qu'il leur manque encore quelque degré de maturité. Seroient-elles de la nature des nefles qui ne murissent jamais bien sur l'arbre, & qui ont besoin d'être quelque tems sur la paille pour avoir toute la bonté que l'on y peut desirer. Ce défaut est cause qu'on ne les mange point cruës ; on les employe en confiture qui est excellente pour la poitrine, qui aide la digestion, qui consume les cruditez de l'estomac, mais dont il faut user avec moderation, parce qu'elle échauffe beaucoup.

*Usage qu'on fait des dattes aux Isles du Vent.*

L'ouragan qui arriva au mois d'Octobre 1695. deracina le dattier qui étoit à côté de nôtre Couvent du Moüillage; on n'avoit pas eu soin de faire couper les branches quand on commença à sentir l'impetuosité du vent. Comme on vit que le mal étoit sans remede, parce que l'arbre étoit trop grand & trop gros, pour pouvoir être redressé & remis en terre ; on lui coupa la tête pour en tirer le cœur ou le chou. J'en mangeai & je le trouvai bien plus delicat que ceux des palmistes communs & épineux, & même des cocotiers. Il étoit un peu plus

*Chou de dattier.*

D iij

jaune, d'une grosseur extraordinaire & d'un goût qui avoit quelque chose de particulier.

## CHAPITRE III.

*Du Palma Christi. Du Corossolier. Du Cœur de Bœuf. Du Bois immortel, & du Medicinier.*

LE Palma Christi que les Caraïbes & les habitans de la Guadeloupe & autres Isles appellent Carapat, est un arbrisseau si utile, qu'on n'oublie jamais d'en cultiver un bon nombre dans les habitations. Son tronc ne vient jamais plus gros que le bas de la jambe. Son bois est leger, noueux, presque vuide, n'ayant qu'un peu de moüelle blanche comme le sureau, dont la quantité diminuë à mesure que l'arbre vieillit. Son écorce est grise, mince & polie. Ses feuilles approchent un peu de celles de la vigne, quoi qu'elles soient beaucoup plus petites, plus minces & plus rudes. Il porte deux fois l'année des bouquets comme des gousses de chataignes, plus petites à la verité & sans piquans. Quand quelque gousse d'un bouquet commen-

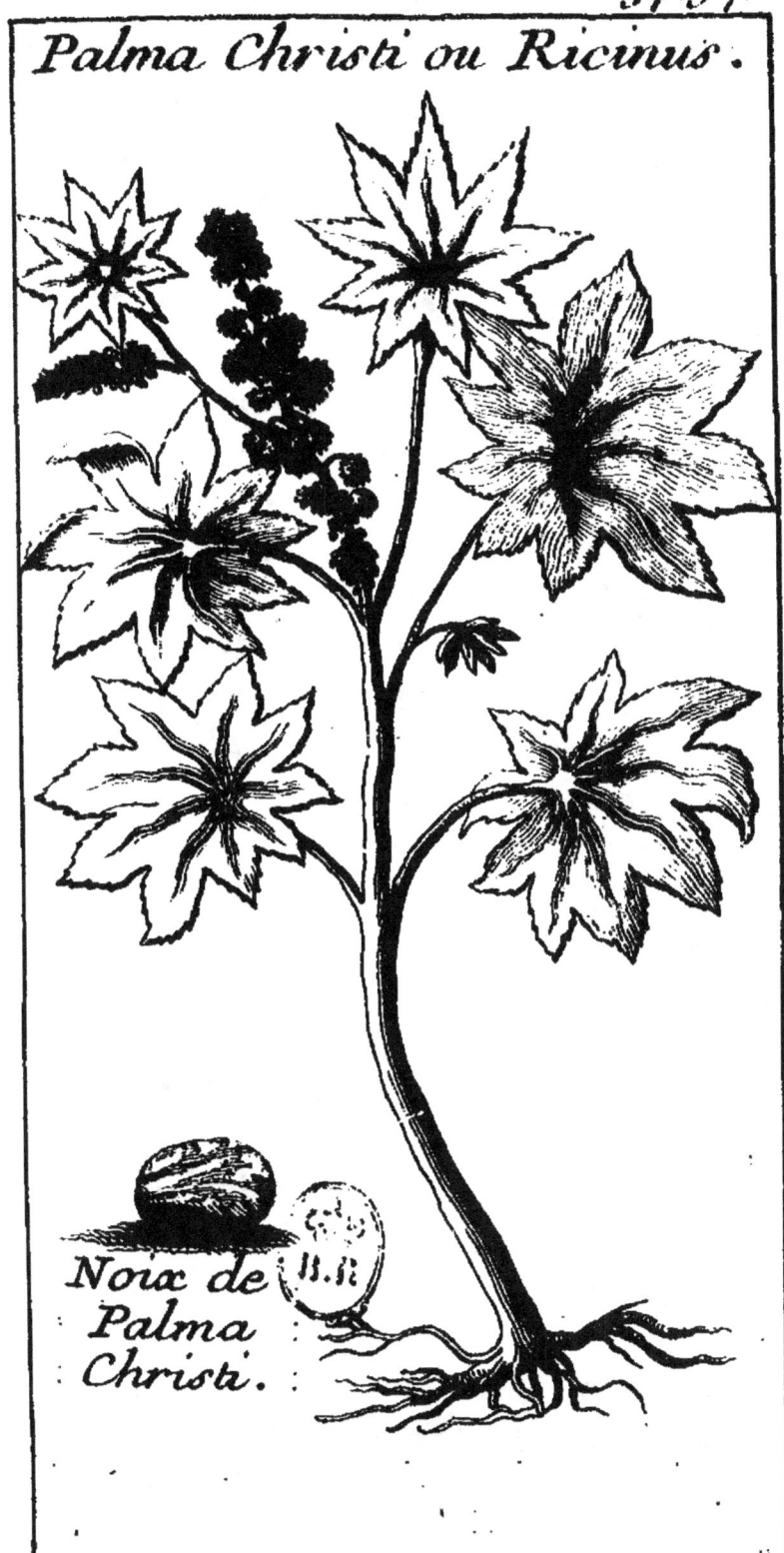

ce à s'ouvrir d'elle-même, c'est une marque que tout le bouquet est meur, & qu'il est tems de le ceuillir. Les gousses qui ne sont pas ouvertes, s'ouvrent facilement en les pressant entre les doigts ; il en sort une amande comme une feve ordinaire, un peu plus platte d'un côté que de l'autre, extrémement lisse, polie, luisante, de couleur brune, avec de petites lignes, filets & points qui composent comme une espece de feuillage qui paroît argenté. Quand l'amande est nouvelle, outre ces lignes argentées, on y remarque quelques petits points jaunes & noirs qui s'effacent à mesure que l'amande vieillit. Le dedans de cette amande est blanc, d'une consistence assez ferme & huileuse & d'un goût un peu amer.

1696.
Fruit du Palma Christi, ses usages.

On s'en sert à faire de l'huile en cette maniere. On pile dans un mortier de bois de goyac ou autre matiere les graines ou amandes dépoüillées de leurs gousses, après quoi on les fait boüillir dans de l'eau, & à mesure qu'elles boüillent, on enleve avec une cuillier l'huile qui surnage. Lorsqu'elles n'en rendent plus, on verse l'eau par inclination & on presse le marc enveloppé dans une grosse toile, afin d'achever de tirer ce qui y restoit.

Huile de Palma Christi ou de Carapat.

D iiij

Cette huile est douce, sans mauvais goût ni mauvaise odeur, aussi transparente que l'huile d'olive ; elle éclaire pour le moins aussi bien & ne fait point de fumée.

*Elle est bonne pour plusieurs maux.*

Elle est admirable pour oindre les membres qui sont engourdis par des douleurs froides, en la mêlant avec de l'esprit de vin, & ayant préparé la partie par de fortes frixions avec des linges neufs & chauds.

Elle soulage aussi très promptement & guérit les meurtrissures & les contusions, en mettant sur les endroits meurtris des compresses imbibées de cette huile la plus chaude qu'on la puisse supporter avec de l'eau-de-vie, qu'il n'y faut mêler que quand l'huile est hors de dessus le feu.

Elle est encore specifique pour toutes sortes de coliques. On en fait prendre au malade une cuillerée & demie dans sept ou huit cuillerées de boüillon. Elle excite à un vomissement qui emporte infailliblement le mal, outre qu'elle purge parfaitement bien.

Ceux qui veulent avoir cette huile plus parfaite, sans danger qu'elle rancisse jamais ou qu'elle contracte de mauvaise odeur, & la rendre aussi agréable au goût & à la vûë que l'huile d'amandes douces, la doivent faire par expression simplement sans eau chaude ni feu; on se contente de bien piler les amandes, après quoi on enveloppe ce marc dans une toile qu'on met sous la presse pour en exprimer l'huile. Je croi que celle qui est faite de cette maniere est meilleure que l'autre pour les médicamens.

Je suis faché de n'avoir pas experimenté pendant que j'étois aux Isles, si cette huile ne seroit pas bonne à manger en la tirant d'une maniere plus propre; car il me semble qu'elle le pourroit être. Peut-être que quelqu'un qui lira ces Memoires en fera l'expérience, & rendra ce service au public.

Ceux qui brûlent de l'huile préferent celle cy à l'huile de poisson & avec justice; car il est certain que celle-cy dure plus long-tems, fait une lumiere plus vive, sans fumée & sans la mauvaise odeur qui est inseparable de l'autre. Je m'en suis toûjours servi pour les lampes de nos sucreries & autres lieux de service, où l'on est obligé d'entretenir de la lumiere, quand j'ai eu le soin des biens de nos Missions, m'étant convaincu par plusieurs expériences que je dépensois beaucoup moins qu'en me servant d'huile de poisson, quoiqu'il semblât d'abord le contraire. Il n'y a qu'à comparer le poix de ces deux huiles & le tems qu'elles durent pour se convaincre de la verité de mes expériences.

Le pot mesure de Paris contenant deux pintes d'huile de Palma Christi, se vendoit quand je suis parti des Isles en 1705. trente sols à la Martinique, & vingt sols à la Guadeloupe. Mais quand on a un peu soin de ses affaires, on n'est point obligé d'en acheter. Il n'y a qu'à planter de ces arbrisseaux dans les lizieres & à côté des grands chemins & autres endroits peu occupez, on est assuré de recueillir de l'huile beaucoup plus qu'il n'en faut pour entretenir toute une habitation, sans que ce travail détourne presque personne ; rien n'est plus aisé, les enfans cueillent & épluchent les graines, & quelque vieille Negresse infirme ou estropiée fait l'huile sans beaucoup se fatiguer.

Il est étonnant que depuis plus de quatre-vingt ans qu'on a commencé à s'établir aux Isles, on ait négligé d'y planter des oliviers ; il est certain qu'ils y seroient très-bien venus, & qu'ils seroient le fond d'un commerce d'autant plus confiderable qu'il feroit plus affuré, puifque les arbres ne feroient point expofez à être gelez comme il arrive affez fouvent en Europe, & que fe naturalifant au pays, ils pourroient imiter ceux qui y ont pris naiffance & porter du fruit deux fois par an comme eux. D'ailleurs en les plantant dans les favannes, ils n'occuperoient point une place bonne à quelqu'autre chofe, ils ne nuiroient point à l'herbe, & donneroient de l'ombre aux beftiaux.

*Le terroir & le climat des Ifles très propre pour les oliviers.*

Je n'ai pas avancé fans fondement qu'ils viendroient parfaitement bien aux Ifles, puifqu'on fçait très-certainement qu'un ancien habitant de la Martinique nommé le fieur Dorange, dont l'habitation étoit à côté de nôtre Couvent du Moüillage, en avoit planté un pied dans fon jardin qui étoit venu très-beau en peu d'années. Ses Negres l'abbatirent par méprife, & on le trouva tout chargé de fruits. Cet exemple fuffit ce me femble pour prouver ce que j'ai avancé, mais ce n'eft pas la feule chofe de conféquence que les habitans négligent, ne s'attachant qu'à ce qui peut leur faire un profit prefent, fans fonger à ce qui en produiroit un bien plus confiderable, avec un peu de patience & de travail. Je

D vj

ferai dans un autre endroit le détail des manufactures qu'on pourroit établir dans nos Isles.

*Oliviers sauvages fort communs aux Isles.*

L'on trouve dans tous les bois, & sur tout dans les lieux secs & élevez, des arbres dont la feuille & le bois sont presque entierement semblables aux veritables oliviers ; aussi les appelle-t-on Oliviers sauvages. Leurs fruits sont de la grosseur de nos plus belles olives, de la même figure, de la même couleur, mais le noyau est beaucoup trop gros à proportion de la chair qui le couvre qui est très-mince & très-amere.

*Effet que produisent les olives sauvages sur les oiseaux qui s'en nourrissent.*

Les perroquets, les grives & les ramiers en mangent beaucoup dans la saison & s'en engraissent ; mais leur chair contracte aussi l'amertume du fruit. Il est vrai que cette amertume ne se répand pas par tout le corps, & qu'elle ne se trouve que dans les intestins & dans le croupion ; de sorte que si les chasseurs n'ont pas soin de vuider ces oiseaux dès qu'ils les ont tuez, & de leur couper le croupion, l'amertume se communique par tout le corps, & il est impossible d'en manger.

Je me souviens qu'étant Procureur de nôtre Mission de la Martinique en 1698. je voulus régaler deux de nos Peres nouvellement arrivez de France. J'envoyai pour cet effet à la chasse, bien seur que mon chasseur ne retourneroit pas les mains vuides, car c'étoit dans un tems où les ramiers donnoient très-fort; mais par malheur c'étoit aussi dans la saison des olives. En effet, mon chasseur fut heureux, il revint chargé de perdrix & de ramiers ; ce qu'il y eut de fâcheux, fut qu'il oublia d'arracher les croupions & les intestins de son gibier. Nous reconnûmes le mal quand il n'y avoit plus de remede. Je fis laver le gibier avec du vinaigre ; on mit des oignons dans chacun, on fit en un mot tout ce qui se pouvoit faire pour les rendre moins amers ; tout fut inutile, il ne fut pas possible d'en goûter, & nos Peres auroient fait un fort maigre repas, si je n'avois pas eu la précaution de faire servir de quoi suppléer à nôtre chasse gâtée.

Les habitans qui ne peuvent pas faire des lizieres ou hayes d'orangers, parce que leurs terres sont trop exposées au vent, en font de corrossolier, de bois immortel ou de medicinier ; & quand on apprehende que le vent n'empêche ces arbres de croître, on les couvre avec trois ou quatre rangs de bananiers ou de figuiers.

1696.

L'arbre que les François appellent Coroſſolier & ſon fruit coroſſol, ſe nomme Guanabo chez les Eſpagnols, Cachiman ou Monin chez quelques autres Européens qui habitent l'Amérique; pour moi je croi que le Coroſſolier eſt une des trois eſpeces de Cachiman que l'on trouve aux Iſles. Les François qui en trouverent beaucoup de cette eſpece en une Iſle Hollandoiſe près de la côte de Carac, appellée Curacao ou Curaſſo, ou Coroſſol par corruption, & qui en apporterent l'eſpece aux Iſles Françoiſes, lui ont donné le nom de cette Iſle au lieu du ſien propre, ſoit qu'ils ne le ſçuſſent point, ſoit pour quelqu'autre raiſon qui n'eſt point venuë à ma connoiſſance.

*Coroſſolier, arbre, ſa deſcription.*

Lorſqu'il eſt planté ſeul il vient de la grandeur & de la groſſeur d'un poirier médiocre. Son bois eſt blancheâtre, ſon écorce griſe, mince, unie. Ses branches qui ſont en grand nombre, droites, ſouples & ployantes, ſont garnies de quantité de petits ſcions couverts de feuilles qui y ſont attachées deux à deux par des queuës aſſez courtes. Les feuilles ont environ quatre pouces de longueur ſur un pouce & demi à deux pouces de large en maniere d'ovale allongée, avec une petite pointe à l'extremité.

Elles sont d'un verd un peu brun, assez fortes, roides & cassantes, & d'une bonne épaisseur. Cet arbre fleurit & porte du fruit deux fois l'année. Ses fleurs sont de petits boutons qui en s'épanoüissant deviennent un peu rouges. Le fruit qui leur succede étant dans sa parfaite maturité, a depuis quatre jusqu'à six pouces de diametre, & huit à neuf pouces de hauteur ; on en trouve qui pesent sept à huit livres. Sa figure approche toûjours de celle d'un cœur un peu mal formé. Il est couvert d'une écorce épaisse comme une piece de trente sols, d'un beau verd gai, marquée & partagée comme en écailles, garnies de petites élevations en forme de pointes émoussées & trop tendres pour faire du mal. On connoît que le fruit est meur, quand ces petites pointes commencent à noircir, & que la queuë qui l'attache à l'arbre qui a pour l'ordinaire trois à quatre pouces de long & de la grosseur d'un tuyau de plume à écrire, change de couleur & se fletrit ; pour lors si on ne le cueille pas il tombe à terre, & les bestiaux qui en sont fort avides, ne manquent pas de le manger. La substance renfermée dans cette écorce est toute blanche, de la consistence à peu près d'un melon bien meur, soutenuë par quantité de fibres longues & délicates ; elle est remplie d'un suc agréable, sucré avec un petite pointe d'aigreur qui rafraîchit & qui réjoüit le cœur. On en laisse manger quelques tranches aux malades, parce qu'on prétend qu'il tempere les ardeurs de la fiévre. Il est certain que c'est un remede specifique pour guérir la diarée lorsqu'elle est causée par la chaleur.

*Proprietez du fruit.*

La substance de ce fruit renferme quantité de graines noires comme de petites feves, si dures, qu'elles ne se digerent jamais ; c'est ce qui fait que les chevaux & les bœufs qui en mangent beaucoup deviennent malades, & souvent en meurent. On en a ouvert quelques-uns dont on a trouvé les intestins & même la vessie remplis de ces petites graines. A cela près, c'est un très-bon fruit, des plus agréables & des plus rafraîchissans.

*Differens usages qu'on fait de ce fruit.*

On le cueille souvent avant qu'il soit tout à fait meur ; on le pele, on le coupe par tranches, & après en avoir ôté les graines, on le frit avec l'huile ou le beure, ou le seing-doux que les Espagnols appellent Manteguë, & on le mange avec un jus d'orange. Quelquefois après qu'il est coupé par tranches bien minces, on le passe dans une pâte claire, & on le fait frire comme des bignets aux pommes, & on le mange avec le sucre & le jus d'orange.

Si on exprime le suc de ce fruit, on en fait une liqueur tout à fait rafraîchissante & agreable en y mettant un peu de sucre pour corriger la pointe de ses acides. Si on la laisse fermenter pendant trente à quarante heures, elle perd toute son acidité, & devient comme un petit vin gaillard & des plus agreables, mais qui donne furieusement à la tête. Ce vin demeure dans sa bonté pendant un jour & demi ou deux jours, après quoi il s'aigrit insensiblement, & en cinq ou six jours il devient un vinaigre des plus forts.

Le corossolier vient beaucoup mieux de graine que de bouture. Quand on en veut faire des lizieres, on plante les graines en pépiniere, & lorsque les jets ont quatorze ou quinze pouces de hauteur, on les leve dans un tems de pluye, & on les plante au cordeau comme j'ai dit cy-devant en parlant des orangers. Ces sortes de lizieres viennent fort vîte; elles sont très bonnes, couvrent bien les lieux qu'elles doivent garder. Leurs feuil-

*1696.*

*Vin de corossol.*

les qui sont fortes & en grand nombre, resistent facilement à l'impetuosité du vent, & leur bois qui est fort souple & ployant, est moins sujet à se rompre que des arbres plus roides & plus forts. Quand on veut donner à ces lizieres une force extraordinaire, on entrelasse les premieres branches des pieds qui sont voisins les uns des autres, & on les attache ensemble jusqu'à ce qu'elles ayent pris cette situation ; après quoi on les laisse monter environ deux pieds, & on recommence de nouveau à les entrelasser, ce qu'on continuë de faire jusqu'à ce qu'ils soient arrivez à l. hauteur qu'on veut donner, pour lors on les arrête en les étêtant, afin que le pied & les branches se fortifient & jettent une plus grande quantité de branches & de feuilles. Après les orangers rien n'est meilleur pour couvrir les cacoyeres & autres lieux qu'on veut défendre du vent, sur tout si on fait les lizieres doubles. Cet arbre porte du fruit à trois ans, lorsqu'il est seul, mais quand il est en liziere, il lui en faut six ou sept. C'est une regle generale que les arbres qu'on plante en liziere sont le double du tems avant de rapporter du fruit.

Le Cœur de Bœuf est assez semblable au corossolier quant à la feuille & à la fleur ; aussi le regarde-t-on comme une seconde espece de Cachiman ; il est vrai que la feuille est un peu plus grande & moins pointuë. Les Espagnols l'appellent *Guanabo Pintado.* Le nom de Cœur de Bœuf lui a été donné par les François, à cause de la figure & de la couleur de l'écorce de son fruit ; ces deux choses le faisant assez ressembler à un cœur de bœuf. L'écorce de cet arbre est brune, rude & peu unie ; le bois est brun, ses fibres sont longues & d'un assez gros grain. Il vient fort branchu & chargé de feuilles. Il fait par conséquent un fort bel ombrage, d'autant plus que ses branches sont assez ramassées. Le fruit qu'il porte n'est jamais si gros que le corossol ; je n'en ai point vû qui passât quatre pouces de diametre. Son écorce est verte au commencement ; elle devient d'un rouge foncé quand il est meur. En cet état elle a trois lignes ou environ d'épaisseur ; elle est forte & liante. La substance qu'elle renferme est blanche, tirant tant soit peu sur le jaune, de la consistence d'une crême bien épaisse ; elle est douce & un peu fade ; on corrige ce défaut avec un peu de sucre & d'eau de fleurd'orange. Elle est fort nourrissante, astringente & d'assez facile digestion ; elle provoque l'urine, mais il en faut manger avec moderation ; car le fruit est chaud & sec, & pourroit enflamer le sang & les parties nobles, ce qu'on connoîtroit bien-tôt par des rougeurs qui viendroient au visage, qui y causeroient une demangeaison violente & très-importune. Il est vrai que le remede est facile, & que l'usage du corossolier a bien-tôt racommodé par sa froideur, ce que le cœur de bœuf a gâté par sa trop grande chaleur.

On s'en sert avec succès pour arrêter les flux de ventre.

*Précaution qu'il faut prendre en coupant cet arbre.* Il faut prendre garde quand on coupe cet arbre de ne pas faire rejaillir le suc où l'eau qui se trouve dans son écorce & dans son bois dans les yeux, on coureroit risque de perdre la vûë. Le remede à cet accident est de se laver les yeux avec du jus de limon. Cela cause un peu de douleur, mais c'est un remede infaillible & peut être le seul.

Lorsque ce fruit est tout à fait meur, on le tire de son écorce avec une cuillier ; on le met sur une assiette, & après en avoir ôté les graines qui ressemblent assez à celles du corossolier, on répand rançoises de l'Amerique.  95  1696.

de celles de la vigne vierge &
un peu pâle. Il fleurit deux
ée. Ses fleurs sont longuettes
, d'un rouge fort éclatant ; el-
blent en quelque chose au che-
e. Les siliques qui succedent aux
nt à peu près comme celles des
de France, plus plates à la ve-
ssi ne sont-elles remplies que de
feves noires, plates, assez ten-
fort ameres. Je ne sçache pas
en ait jamais fait aucun usage.
seaux même qui mangent d'au-
raines fort ameres, ne touchent
à celles-là. On ne les seme point
multiplier l'espece de l'arbre, par-
il vient beaucoup mieux de bou-
que de graine. Quand il est planté
vient assez grand & gros. J'en ai
plus d'un pied de diametre, & de
ze à dix-huit pieds de tronc ; mais
st rare. Le dedans du bois est blanc,
fibres sont longues & mêlées ; &
ique deliées, elles sont fortes & si
les, qu'elles ne rompent que très-
cilement ; elles sont toûjours imbi-
s de beaucoup de seve, & c'est ce
lui donne tant de facilité à prendre
ine où l'on le transplante. C'est un
is fort coriace, & par consequent

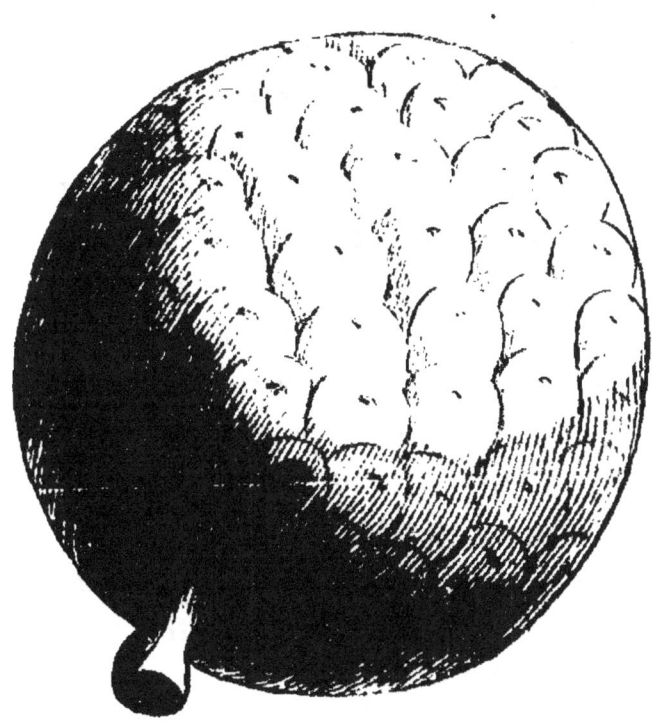

Pomme de Canelle

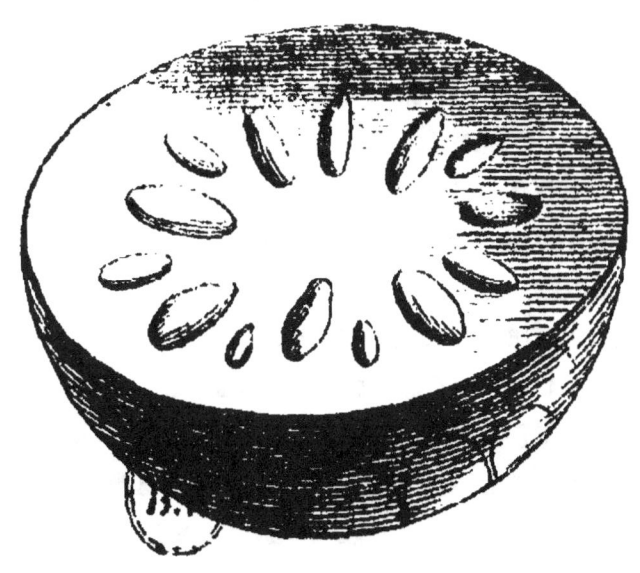

Françoises de l'Amerique. 93

1696.

dessus un peu d'eau de fleur d'orange, avec du sucre & de la poudre de canelle. C'est une marmelade bien-tôt faite & très bonne. On en fait aussi des pâtes très delicates. Quand on le cueille avant qu'il soit meur, on le coupe par tranches, & on le fait comme le corossol. Lorsqu'étant bien meur on le coupe par tranches, & qu'on le fait secher au four ou au soleil, après avoir été saupoudré de sucre & d'un peu de poudre de canelle, il se conserve long-tems & devient comme une pâte naturelle, très-bonne pour la poitrine, qui aide à la digestion, & qui resserre doucement ceux qui ont le ventre trop libre. Les Espagnols le mêlent avec l'abricot de Saint Domingue, dans la composition dont ils remplissent les oranges dont j'ai parlé cy-devant.

*Pommier de canelle, troisiéme espece de cachiman.*

La troisiéme espece de Cachiman est le Pommier de canelle. Il ne croît jamais assez pour être mis au rang des arbres, ce n'est qu'un arbrisseau très-peu different des deux premiers pour le bois, la feuille & la fleur. Son fruit qui n'excede gueres la grosseur d'un œuf d'oye, ressemble tout à fait à une pomme de Pin. La peau qui est de l'épaisseur d'une piece de trente sols, est toute partagée

94 Nouveau

1696.

*Qualitez du fruit.*

ou parsemée [...] médiocrement [...] verd au comm[...] flétrit à mesure [...] sa maturité. Le [...] que entierement [...] Bœuf; ce qu'il a [...] odeur de canelle [...] te de gerofle dont [...]

Ce fruit est cha[...] poitrine. On en fai[...] melades, & une esp[...] quel il ne faut ajoû[...] sence d'ambre pour [...] deur charmante & e[...] délicieux. On préten[...] de ce fruit concassées [...] dant vingt-quatre heu[...] blanc, lui donnent une v[...] se pour soulager ceux q[...] lez de la pierre ou de la [...]

*Bois immortel, sa description.*

Le Bois immortel est [...] lent pour faire des lizieres [...] né ce nom, parce qu'il d[...] tems, qu'il reprend aisém[...] l'a planté de bouture, & qu[...] endroit que ce soit qu'on le [...] rare qu'il n'y profite pas [...] Il porte des feuilles en quar[...] sont petites & délicates, de [...]

très-difficile à couper. Son écorce est mince, assez adherante, & d'un verd très-pâle. Elle est toute coupée du haut en bas par de petites lignes un peu enfoncées, qui par la reflexion la font paroître de loin comme grise. Le tronc & les branches sont chargez de beaucoup de petites épines.

Lorsqu'on veut faire des lizieres de ce bois, on ouvre la terre par un petit fossé ou rigole de sept à huit pouces de large, & de deux pieds de profondeur. On étête les branches qu'on veut planter, & on les réduit à une hauteur à peu près égale, après quoi on fait deux ou trois entailles vers le bout qu'on met en terre, pour déterminer plus aisément la seve à pousser des racines par ces endroits. On les met en terre à quatre ou cinq pouces les uns des autres. On doit observer d'entremêler les branches grosses avec les petites afin qu'elles se soûtiennent mieux, & on doit prendre garde en les plantant de ne point écorcher leur peau ou écorce, & de ne point trop fouler la terre dont on remplit la rigole, mais la combler seulement & l'affermir avec le pied, & sur tout de choisir un tems de pluye pour travailler à cet ouvrage. Quand le bois est repris & qu'il

*Methode à observer pour planter le bois immortel.*

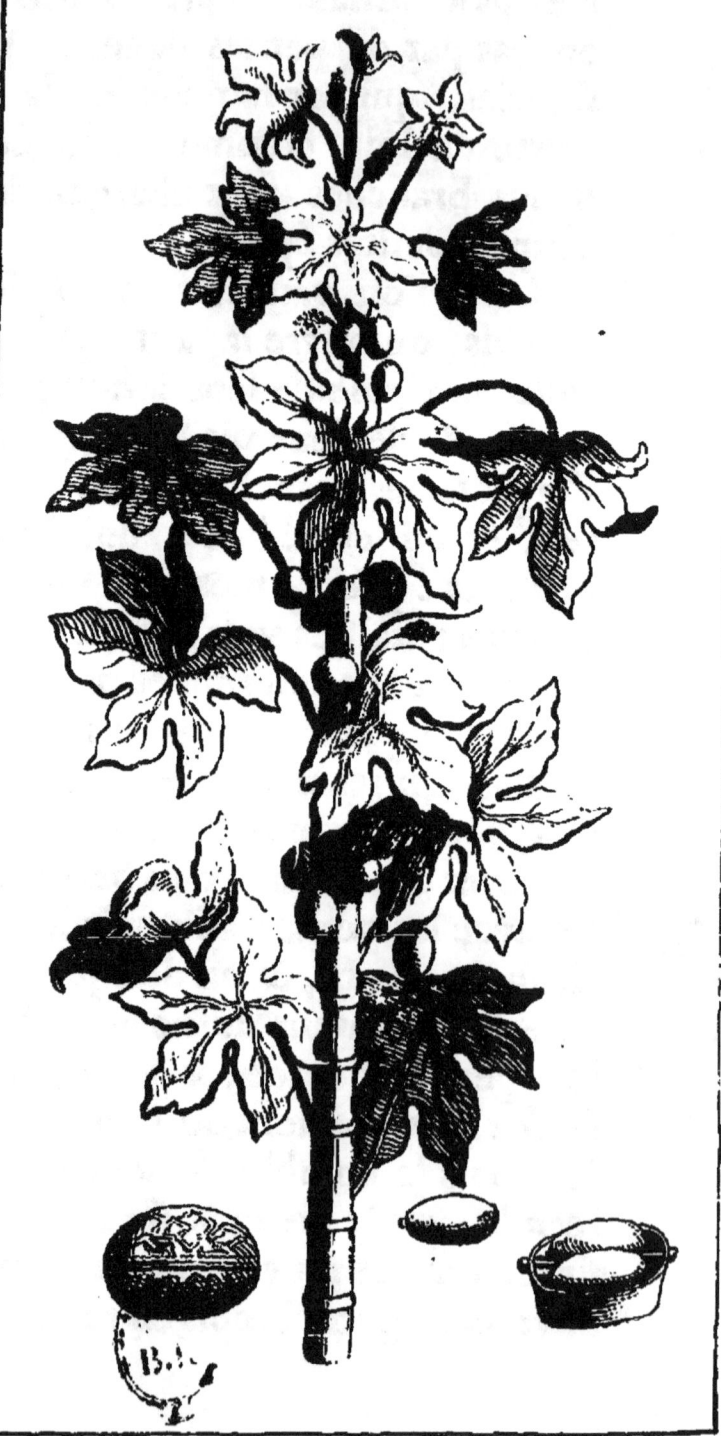

*Medicinier ou Pignons d'Inde.*

## Pomme de Canelle

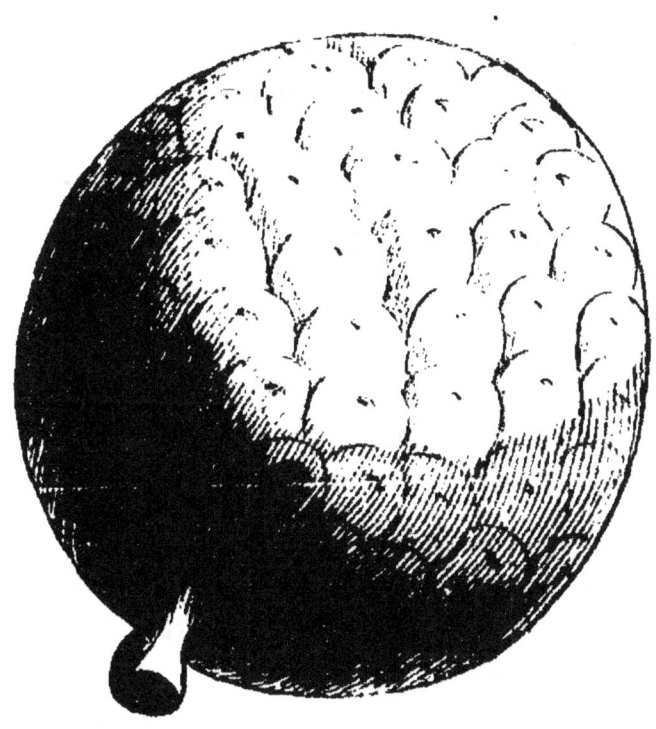

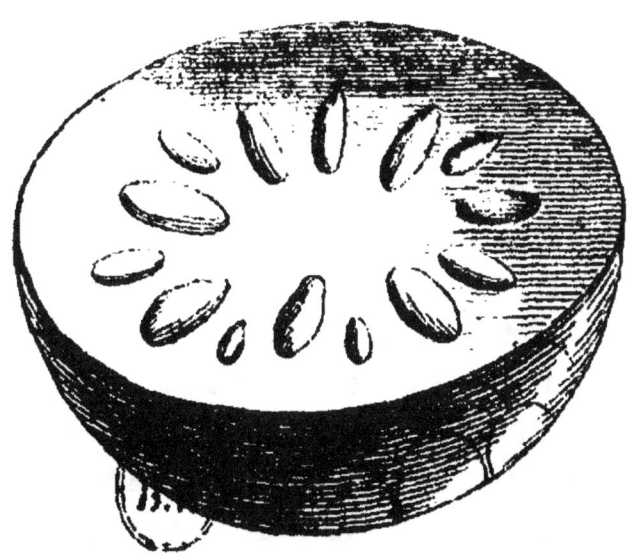

dessus un peu d'eau de fleur d'orange, avec du sucre & de la poudre de canelle. C'est une marmelade bien-tôt faite & très bonne. On en fait aussi des pâtes très delicates. Quand on le cueille avant qu'il soit meur, on le coupe par tranches, & on le fait comme le corossol. Lorsqu'étant bien meur on le coupe par tranches, & qu'on le fait secher au four ou au soleil, après avoir été saupoudré de sucre & d'un peu de poudre de canelle, il se conserve long-tems & devient comme une pâte naturelle, très-bonne pour la poitrine, qui aide à la digestion, & qui resserre doucement ceux qui ont le ventre trop libre. Les Espagnols le mêlent avec l'abricot de Saint Domingue, dans la composition dont ils remplissent les oranges dont j'ai parlé cy-devant.

La troisiéme espece de Cachiman est le Pommier de canelle. Il ne croît jamais assez pour être mis au rang des arbres, ce n'est qu'un arbrisseau très-peu different des deux premiers pour le bois, la feuille & la fleur. Son fruit qui n'excede gueres la grosseur d'un œuf d'oye, ressemble tout à fait à une pomme de Pin. La peau qui est de l'épaisseur d'une piece de trente sols, est toute partagée

*Pommier de canelle, troisiéme espece de cachiman.*

ou parsemée de petites écailles tendres, médiocrement élevées, d'un assez beau verd au commencement, mais qui se fletrit à mesure que le fruit approche de sa maturité. Le dedans du fruit est presque entierement semblable au Cœur de Bœuf; ce qu'il a de particulier, est une odeur de canelle avec une petite pointe de gerofle dont il remplit la bouche.

*Qualitez du fruit.*

Ce fruit est chaud. Il est ami de la poitrine. On en fait des pâtes, des marmelades, & une espece de cotignac auquel il ne faut ajoûter qu'un peu d'essence d'ambre pour lui donner une odeur charmante & en faire un manger délicieux. On prétend que les graines de ce fruit concassées & infusées pendant vingt-quatre heures dans du vin blanc, lui donnent une vertu merveilleuse pour soulager ceux qui sont travaillez de la pierre ou de la gravelle.

*Bois immortel, sa description.*

Le Bois immortel est encore excellent pour faire des lizieres. On lui a donné ce nom, parce qu'il dure très-long-tems, qu'il reprend aisément quand on l'a planté de bouture, & qu'en quelque endroit que ce soit qu'on le mette, il est rare qu'il n'y profite pas à merveille. Il porte des feuilles en quantité, qui sont petites & délicates, de la figure peu près de celles de la vigne vierge & d'un verd un peu pâle. Il fleurit deux fois l'année. Ses fleurs sont longuettes & rondes, d'un rouge fort éclatant ; elles ressemblent en quelque chose au chevrefeüille. Les siliques qui succedent aux fleurs sont à peu près comme celles des haricots de France, plus plates à la verité, aussi ne sont-elles remplies que de petites feves noires, plates, assez tendres & fort ameres. Je ne sçache pas qu'on en ait jamais fait aucun usage. Les oiseaux même qui mangent d'autres graines fort ameres, ne touchent point à celles-là. On ne les seme point pour multiplier l'espece de l'arbre, parce qu'il vient beaucoup mieux de bouture que de graine. Quand il est planté seul il vient assez grand & gros. J'en ai vû de plus d'un pied de diametre, & de quinze à dix-huit pieds de tronc ; mais cela est rare. Le dedans du bois est blanc, ses fibres sont longues & mêlées ; & quoique deliées, elles sont fortes & si souples, qu'elles ne rompent que très-difficilement ; elles sont toûjours imbibées de beaucoup de seve, & c'est ce qui lui donne tant de facilité à prendre racine où l'on le transplante. C'est un bois fort coriace, & par conséquent

Françoises de l'Amerique. 97

1696.

a poussé des jets assez grands & assez forts, on peut les entrelasser & les lier ensemble pour leur faire prendre cette situation qui fortifie extrêmement une liziere, ou les étêter afin qu'ils poussent plus de branches, & qu'ils deviennent plus forts.

Le Medicinier est fort commun aux Isles. On s'en sert assez souvent pour faire des lizieres.

Il y en a de trois especes. La plus commune que l'on trouve par tout, & dont on se sert plus ordinairement, est celle que je vais décrire.

Cet arbre vient de bouture bien plus vite & mieux que de graine. Sa grandeur ordinaire est de douze à quinze pieds, & d'environ cinq à six pouces de diametre. Je n'en ai point vû qui excedât ces mesures. Le bois est blanc, spongieux & assez tendre quand il est jeune; il devient dur à mesure qu'il grossit en vieillissant, sa moüelle diminuë & laisse un vuide dans son centre. Son écorce qui au commencement étoit tendre, unie, adherante & d'un verd pâle, devient blancheâtre, raboteuse & crevassée. Il sort de l'écorce & du bois lorsqu'on le coupe, aussi-bien que des feüilles quand on les arrache, un suc

*Medicinier de trois especes.*

*Description de la premiere espece.*

Tome III. E

de mauvaise odeur, blancheâtre & épais comme du lait qui fait une tache fort vilaine sur le linge & sur les étoffes, où il tombe, qu'il est impossible d'effacer. La feüille de cet arbre est grande, elle s'élargit par embas des deux côtez de sa principale nervûre, après quoi elle se retressit en faisant comme deux angles émoussez, & finit en pointe. Elle est assez épaisse, grasse, charnuë, d'un verd gai & luisant; elle est attachée aux branches par une queüe assez forte de trois à quatre pouces de longueur. Cet arbre dans sa médiocre grosseur ne laisse pas de pousser quantité de branches qui s'entrelassent facilement & ausquelles il est facile de faire prendre tel pli que l'on veut, ce qui convient pour faire des lizieres capables d'empêcher les bestiaux d'entrer dans les lieux qu'on veut conserver, & diminuer l'impetuosité des vents.

*Fleur & fruit appellé Noix de Medecine, ou Pignon purgatif.*

Sa fleur n'a rien de beau. Elle ne vient jamais seule, mais en bouquets composez de plusieurs fleurons d'un blanc sale tirant sur le verd. Chaque fleuron est composé de cinq feüilles en maniere d'étoile qui font comme un cul de lampe arrondi avec un col plus resserré & terminé par l'extrêmité des feüilles qui se renversent en dehors. Le fond du fleuron est garni & comme renfermé entre cinq petites feüilles. C'est du centre de ces fleurs que l'on voit sortir le fruit, ordinairement il est de la grosseur d'une noix commune d'Europe. Son écorce est verte & luisante avant qu'il soit meur; elle devient jaune, unie & molasse quand il est meur; & brune, legere, ridée & cassante quand il est sec. Elle renferme trois capsules presque triangulaires, dans chacune desquelles il y a une noix ou pignon enveloppé de trois differentes enveloppes. La premiere est une peau assez mince & frangible de couleur grise. La seconde est plus épaisse & plus dure, de couleur brune. La troisiéme est une petite pellicule blanche, tendre & adherante à la chair de la noix ou pignon qui est blanche, compacte, à peu près du goût des amandes. On lui a donné le nom de Noix de Medecine où de Pignon purgatif, à cause de la faculté qu'elle a de purger.

Lorsqu'elle est recente elle se partage naturellement en deux parties, entre lesquelles on trouve une petite pellicule à qui on attribuë une qualité

E ij

1696.

de purger plus violemment qu'à tout le reste de la noix. Cette noix peut avoir six à huit lignes de hauteur sur trois à quatre de diametre. Elle est plus ronde d'un côté que de l'autre.

Effets des Noix de Medecine.

Quatre à cinq de ces noix selon l'âge & le temperament des personnes qui s'en veulent servir, suffisent pour purger très bien. Mais quand on en prend une plus grande quantité, on s'expose à des vomissemens cruels, & à des évacuations trop grandes. Ceux qui arrivent aux Isles y sont souvent trompez, ou par la demangeaison qu'ils ont de goûter de tous les fruits qu'ils voyent, ou par la malice de ceux qui connoissent le païs qui leur en presentent sans les avertir de sa vertu purgative. Une regle generale qu'il faut observer à l'égard des fruits qu'on ne connoît point, est de n'y point toucher, à moins qu'on ne voye qu'ils ont été bequetez par les oiseaux. Ces animaux sont plus habiles que les hommes, qui avec toute leur raison sont trompez plus souvent & plus facilement qu'eux.

Il faut avoüer que ces noix sont excellentes pour ceux qui ont une trop grande repugnance à prendre des medecines, ce que je n'ose blâmer de

*Françoises de l'Amerique.* 101

1696.

crainte de me condamner moi-même; mais il faut qu'ils se servent de ce fruit avec moderation, & autant seulement que leurs forces & leur temperament le peuvent permettre, n'en mangeant d'abord que trois ou quatre, & augmentant le nombre si on voit que les premieres ne font pas assez d'effet.

Les Espagnols, nos Chasseurs ou Boucaniers, nos Flibustiers & autres gens qui ont la pratique du païs, se purgent d'une maniere encore plus facile, & sans courir le moindre risque. Ils ne font que prendre une orange de la Chine, ou à son défaut une orange douce, ils la coupent par le milieu & couvrent de sel battu les deux moitiez qu'ils remettent l'une sur l'autre, & les laissent ainsi pendant douze ou quinze heures, après quoi ils les mangent à jeun, & ils sont assurez d'être très bien purgez, & d'une maniere douce & sans dégoût.

*Maniere aisée de se purger.*

Le Medicinier de la seconde espece est un arbrisseau de sept à huit pieds de hauteur, & de la grosseur du bras. Ses feüilles sont larges, déchiquetées ou taillées en plusieurs parties. Il jette des bouquets composez de plusieurs fleurs à peu près comme celles du Me-

*Medicinier de la seconde espece.*

E iij

dicinier de la premiere espece, excepté qu'elles sont plus petites, d'une couleur de feu très vive, & que les queües qui les attachent aux branches sont moins grosses, moins longues, & de plusieurs couleurs. Le fruit qui succede à ces fleurs est plus petit & plus délicat que le premier, & cependant il ne laisse pas de purger aussi violemment lorsqu'on en prend une doze un peu trop forte.

*Salade purgative.* Il y a des gens qui mangent les feüilles de cette seconde espece en salade avec d'autres herbes, & qui prétendent qu'elles leur font faire autant de selles qu'ils ont mangé de feüilles. Ma curiosité ne m'a pas porté à en faire l'experience. Ainsi je laisse à la liberté du lecteur d'en croire ce qu'il lui plaira, ou d'en faire l'experience, s'il est en lieu de la pouvoir faire.

*Medicinier de la troisiéme espece.* Le Medicinier de la troisiéme espece est encore plus petit que celui de la seconde. Ce n'est qu'un arbrisseau de trois à quatre pieds de hauteur, gros à proportion ; ses feüilles sont grasses, huileuses & molles ; elles sont colorées de verd, de jaune & de rouge : elles sont plus entieres & bien moins refenduës que celles de la seconde espece,

& tous leurs bords sont semez de petits points jaunes.

La fleur est comme une petite rose à cinq feüilles, toute ronde, de couleur de ponceau, dont le centre est garni de quelques petites étamines couvertes d'une espece de poussiere dorée.

Le fruit n'est pas plus gros qu'une noisette dont le dehors est découpé & comme partagé en six parties égales qui composent trois capsules qui renferment trois petites amandes bien plus délicates que celles des deux premieres especes qui purgent plus doucement & avec bien moins de risques.

Je suis presque porté à croire que les feüilles de cette derniere espece sont meilleures en salade purgative que celles de la seconde. Du moins leur beauté semble inviter les curieux à en faire l'experience.

## CHAPITRE IV.

### Des Bananiers, Figuiers & Balisiers.

*Bananier, sa description, & celle de son fruit.*

ON peut dire que de tous les fruits de l'Amerique ceux qui sont d'un plus grand usage, sont la Banane & la Figue. Cette derniere est une espece de Banane. Les arbres, ou pour parler plus juste, les plantes qui les portent sont si semblables, qu'à moins d'avoir une très-grande connoissance du païs, il est presque impossible de les distinguer les uns des autres quand on ne voit pas leur fruit.

La Banane que les Espagnols appellent Plantain, a ordinairement un pouce ou environ de diametre, & dix à douze pouces de long. Elle n'est pas ronde, mais plûtôt comme un exagone dont les angles seroient émoussez & les côtez un peu convexes. Les bouts se terminent en pointe exagone un peu courbe. La peau qui est lisse & verte avant que le fruit ait atteint toute sa perfection & sa maturité, jaunit lorsqu'il est meur. Elle a environ deux lignes d'épaisseur,

*Tom. 3. pag. 104.*

*Bananier*

*Figuier*

elle est forte & souple comme une peau de chamois. Elle renferme une substance jaunâtre de la consistance d'un fromage bien gras, sans aucunes graines, mais seulement quelques fibres assez grosses qui semblent representer une espece de crucifix mal formé quand le fruit est coupé par son travers. Les Espagnols, du moins ceux à qui j'ai parlé, prétendent que c'est-là le fruit deffendu, & que le premier homme vit en le mangeant le mystere de sa reparation par la croix. Il n'y a rien d'impossible là dedans ; Adam pouvoit avoir meilleure vûë que nous, ou la croix de ces bananes étoit mieux formée : quoiqu'il en soit il est certain que ce fruit ne se trouve pas seulement dans l'Amerique, mais encore dans l'Afrique, dans l'Asie, & sur tout aux environs de l'Eufrate où on dit qu'étoit le Paradis terrestre. Quand la Banane passe un peu au delà de sa juste maturité, sa peau devient noire, & le dedans ressemble à du beure. On diroit pour lors que c'est un saucisson du moins par dehors. Je ne sçaurois mieux comparer le goût de la banane mûre qu'à celui du coing & de la poire de bon-chrétien joints ensemble, mais qui sont trop mûrs & qui commen-

*Sentiment des Espagnols sur ce fruit.*

cent à pourrir. Ce goût n'a pourtant rien de desagreable, on s'y fait aisément, & on en mange avec plaisir. C'est une très-bonne nourriture qui n'a d'autre deffaut que d'être un peu venteuse quand on la mange crûe.

L'arbre ou la plante qui produit ce fruit ne se plante point. Il ne porte jamais qu'une seule fois, après quoi, soit qu'on le coupe ou non, il décline peu à peu, se fletrit, se seche & tombe ; mais sa racine qui est une grosse bulbe ronde, massive, d'un blanc tirant sur la couleur de chair, a bien-tôt poussé d'autres rejettons qui dans douze à quatorze mois portent du fruit, meurent ensuite, & leurs racines ont soin d'en produire d'autres sans qu'il soit besoin d'en replanter. Lorsque le rejetton sort de terre il ne paroît d'abord que deux feüilles roulées ensemble, qui en se déroulant s'élargissent & font place à deux autres qui sortent du même centre roulées comme les deux premieres, qui s'élargissent ou s'épanoüissent comme les autres, & qui se succedant ainsi les unes aux autres en sortant toûjours du même centre, font croître l'arbre en l'enveloppant de plusieurs feüilles les unes sur les autres.

Je dis tantôt arbre & tantôt plante, car je ne sçai dans quelle espece je dois ranger le Bananier; il est trop tendre pour passer pour un arbre, il n'a ni écorce ni bois: mais aussi il est bien gros & bien grand pour être réduit à l'espece des plantes. Je vais continuer sa description en attendant que ceux qui y prennent plus d'interêt que moi s'accordent sur son sort. Je ne puis mieux le representer que comme un gros rouleau de plusieurs feüilles qui se couvrent les unes les autres, dont les exterieures servent d'écorce ou d'enveloppes à celles qu'elles renferment.

Quand cet arbre ou plante a atteint sa hauteur naturelle qui est pour l'ordinaire aux Isles de dix à douze pieds, les feüilles qu'il pousse changent de figure, elles ne servent plus à le grossir, elles sortent absolument hors du centre auquel elles ne tiennent plus que par une queüe d'un pouce de diametre, ronde d'un côté & platte de l'autre, avec un petit creux ou canal dans le milieu. Cette queüe a plus d'un pied de long: elle sert de nervûre à toute la feüille qui a sept à huit pieds de longueur, & quinze à dix-huit pouces de large. Les fibres qui soutiennent le reste de la feüille, partent toutes de cette nervûre & n'en sont distinguées que parce qu'elles sont plus fortes & tant soit peu plus grosses; la feüille en elle même est épaisse comme un bon parchemin, le dedans est d'un beau verd, le dehors est plus pâle & paroît comme argenté. La délicatesse de ces feüilles & leur grandeur sont cause que le vent les coupe aisément le long des fibres, ce qui fait qu'elles paroissent ordinairement comme des lanieres ou des éguillettes vertes attachées le long d'une branche.

Le Bananier a toute sa grandeur à l'âge de neuf mois. Il a pour lors neuf à dix pouces de diametre. Cette grosseur ne le rend pas plus difficile à couper ni plus dur. On voit assez par ce que j'ai dit ci-devant, qu'il doit être fort aqueux & fort tendre, aussi demande-t-il un terroir humide, gras & profond; car il lui faut beaucoup de nourriture, & pour peu que cela lui manque il ne profite pas & ne fait que des fruits avortez.

*Les Bananes sont plus grosses à*

J'ai vû des Bananiers à S. Domingue bien plus gros & grands qu'aux Isles du vent, & dont les fruits étoien

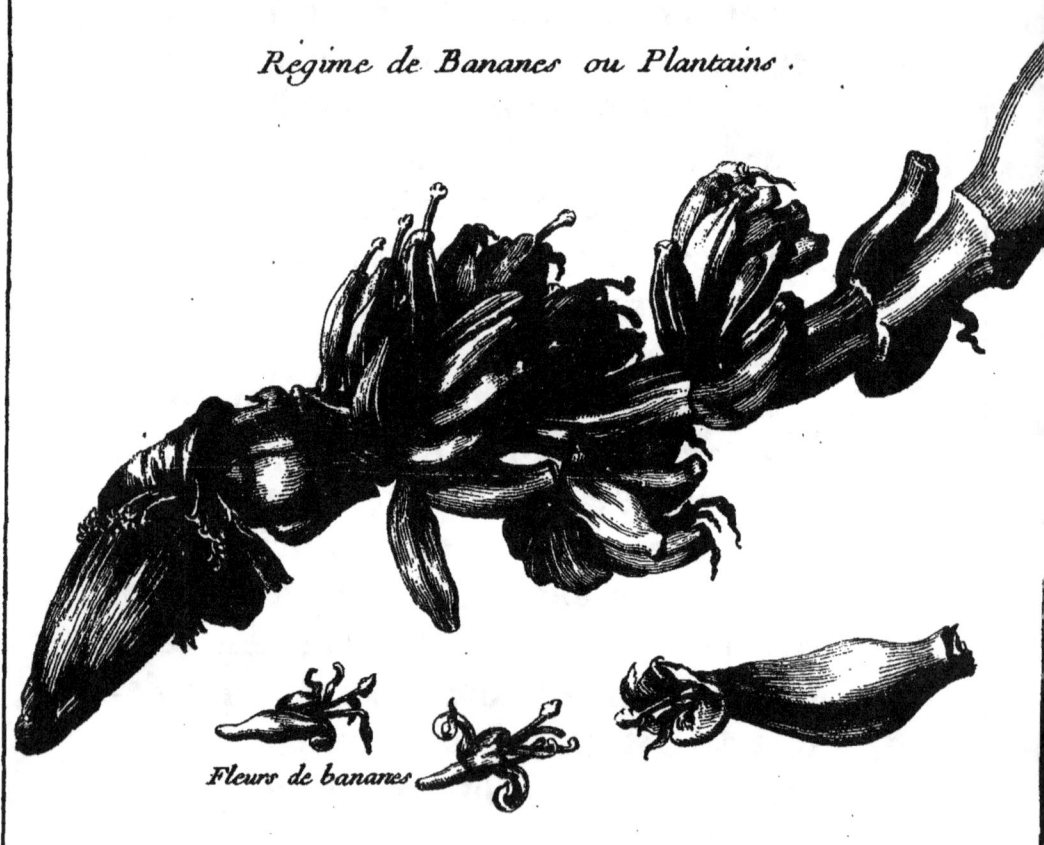

aussi plus gros, plus grands, mieux nourris, & avoient plus de saveur. Des gens dignes de foi qui ont frequenté la terre ferme de l'Amerique m'ont assuré que c'étoit encore toute autre chose dans ces quartiers là. Il faut que la terre de ces endroits soit plus profonde, plus grasse & plus humide.

*1696. la Terre ferme & à S. Domingue, qu'aux Isles du vent.*

Environ à neuf mois il pousse de son centre un jet ou tige d'un pouce & demi de diametre, & de trois à quatre pieds de long qui se couvre presque tout de petits boutons d'un jaune tirant sur le verd. Le bout de cette tige s'élargit & forme un gros bouton comme une espece de cœur de six à sept pouces de longueur, sur trois pouces de diametre dans son plus gros. Il est composé de plusieurs pellicules les unes sur les autres comme un oignon dont la derniere est rouge ; il est outre cela couvert d'une enveloppe de gris-de-lin assez forte & épaisse, qui s'ouvre & se partage en quatre pour laisser paroître le bouton.

Les fruits qui succedent aux petits boutons dont la tige est garnie, la font pancher vers la terre par leur pesanteur On appelle cette tige chargée de son.

fruit un regime de bananes. Il n'est entierement mûr que quatre mois après que la tige s'est couverte de boutons. Un regime contient ordinairement depuis trente jusqu'à cinquante bananes selon la bonté du terrein. C'est la charge d'un homme. Il s'en faut bien que tous les boutons portent du fruit, la plûpart tombent, sans quoi la tige ne les pourroit pas supporter, ni la plante leur fournir la nourriture necessaire. Elles sont attachées autour de la tige quatre ou cinq ensemble; & comme elles tiennent à une espece de nœud ou d'excroissance qui s'est faite sur la tige par l'union de plusieurs boutons, elle represente une main, que les Negres ont appellée une patte de bananes.

*Dans quel tems on cueille les Bananes.*

Il est rare qu'on laisse meurir le fruit sur le pied qui l'a porté. On prétend qu'il y contracteroit un goût trop âcre. Je suis pourtant sûr du contraire par plusieurs experiences, mais c'est une coûtume dans le païs qu'il n'est pas aisé de déraciner. Ainsi on les cueille, c'est à-dire qu'on coupe le regime tout entier, lorsqu'on juge que les fruits sont arrivez à la grandeur & à la grosseur qu'ils doivent avoir, ce qui se fait en coupant l'arbre par le pied, & cela est fort facile; car, comme on voit par ce que j'ai dit ci devant, il doit être fort tendre, n'étant qu'un composé de feüilles les unes sur les autres, aussi très-tendres & remplies de beaucoup d'humidité ; de sorte qu'un coup de serpe donné adroitement suffit pour le mettre par terre.

On suspend le regime dans la maison à l'air, & on se sert du fruit à mesure qu'il meurit, ce qu'on connoît à la couleur jaune que prend sa peau au lieu de la verte qu'elle avoit sur l'arbre, à quelques petites marques noires qui y paroissent, & parce qu'il devient plus mol au toucher.

L'arbre avant d'être coupé produit huit ou dix rejettons à son pied, & souvent avant que son fruit soit mûr, il y en a qui sont prêts à fleurir. Si on laisse les rejettons dans le lieu où ils sont nez, ils portent du fruit dans douze à treize mois : mais si on les arrache en déchirant un peu la racine qui les a produits & qu'on les transplante dans un autre endroit, leur fruit est retardé de trois ou quatre mois.

La banane est bonne de quelque maniere qu'on la mange. Avant qu'elle soit mûre, on la fait cuire comme les

*Différens usages qu'on fait des Bananes.*

navets & les carottes avec la viande, ou la tortuë, & elle est très-nourrissante. Les chasseurs, les Boucaniers, les Pêcheurs & autres gens qui frequentent les bois & les Isles, la mangent de cette maniere ; elle leur tient lieu de pain & de cassave.

Lorsqu'elle est mûre, on la mange cruë, elle n'a point d'autre deffaut que d'être un peu venteuse.

On la fait rôtir sur le gril, après quoi on leve sa peau & on la mange avec le sucre & le jus d'orange.

On la fait cuire sous la cloche comme les poires avec du vin, du sucre, de la canelle & un peu de gerofle. Elle devient pour lors d'un beau rouge, d'un goût, d'une odeur & d'une délicatesse admirable ; très-bonne pour la poitrine & très-nourrissante. On la fend en deux selon sa longueur.

Quelquefois on la coupe par tranches minces, & après l'avoir passée dans une pâte claire, on la frit & on en fait des bignets.

Lorsqu'on la veut conserver comme les figues, les raisins & autres fruits qu'on fait secher, on la laisse bien meurir dans la maison, après quoi on leve la peau qui dans cet état se leve très facilement; on la fend en quatre dans toute sa longueur, & on la fait sécher sur une claye au soleil, ou au four après qu'on en a tiré le pain; elle se couvre d'une petite poussiere blanche & sucrée qui provient de son suc. On la peut conserver les années entieres.

J'ai dit dans un autre endroit, que les Indiens en font une pâte qu'ils portent avec eux dans leurs voyages qui leur sert de nourriture & de boisson. Ceux qui veulent faire cette pâte avec plus de soin, font d'abord sécher les Bananes au four ou au soleil, puis ils les gragent, ils y mêlent ensuite du sucre pilé, avec un peu de poudre de canelle, de geroffle & de gingembre, tant soit peu de farine & un blanc d'œuf pour lier toutes ces choses ensemble après qu'elles ont été paitries avec un peu d'eau de fleur d'orange. On en fait des tablettes qu'on fait sécher au four ou au soleil, qui sont très-bonnes & très-nourrissantes.

Tous les animaux de quelque espece qu'ils puissent être, jusqu'aux chats mêmes, sont friands de ce fruit. Ce qui n'est pas une petite preuve de sa bonté.

§ 95.

Bananes musquées.

Il y a une autre sorte de Bananes qu'on appelle Bananes musquées. Elles sont beaucoup plus courtes, plus déliées que les Bananes ordinaires ; elles ne passent gueres six à sept pouces de longueur sur huit à dix lignes de diametre : leur peau est aussi plus mince & leur chair qui est incomparablement plus délicate, a une petite odeur de musc très agreable.

Figue de l'Amerique.

La figue de l'Amerique differe de la banane en grandeur, en goût, en qualité, bien que l'arbre qui la porte soit le même, ou à si peu de chose prés qu'il est trés-facile de s'y tromper, tant la difference qu'il y a entre le figuier & le bananier est peu considerable. La figue n'a jamais gueres plus de six à sept pouces de longueur sur douze à quinze lignes de diametre. Elle est plus ronde que la banane ; & comme elle est plus petite, son rezime en contient un bien plus grand nombre, & souvent jusqu'à quatre vingt & quatre-vingt-dix. Sa chair est plus blancheâtre & plus délicate, mais elle est pâteuse & a moins de saveur. Quand elle est meure & rotie sur le gril, elle fond dans la bouche comme une gelée. Elle n'est point du tout venteuse, quand même on la man-

Usage de la Figue.

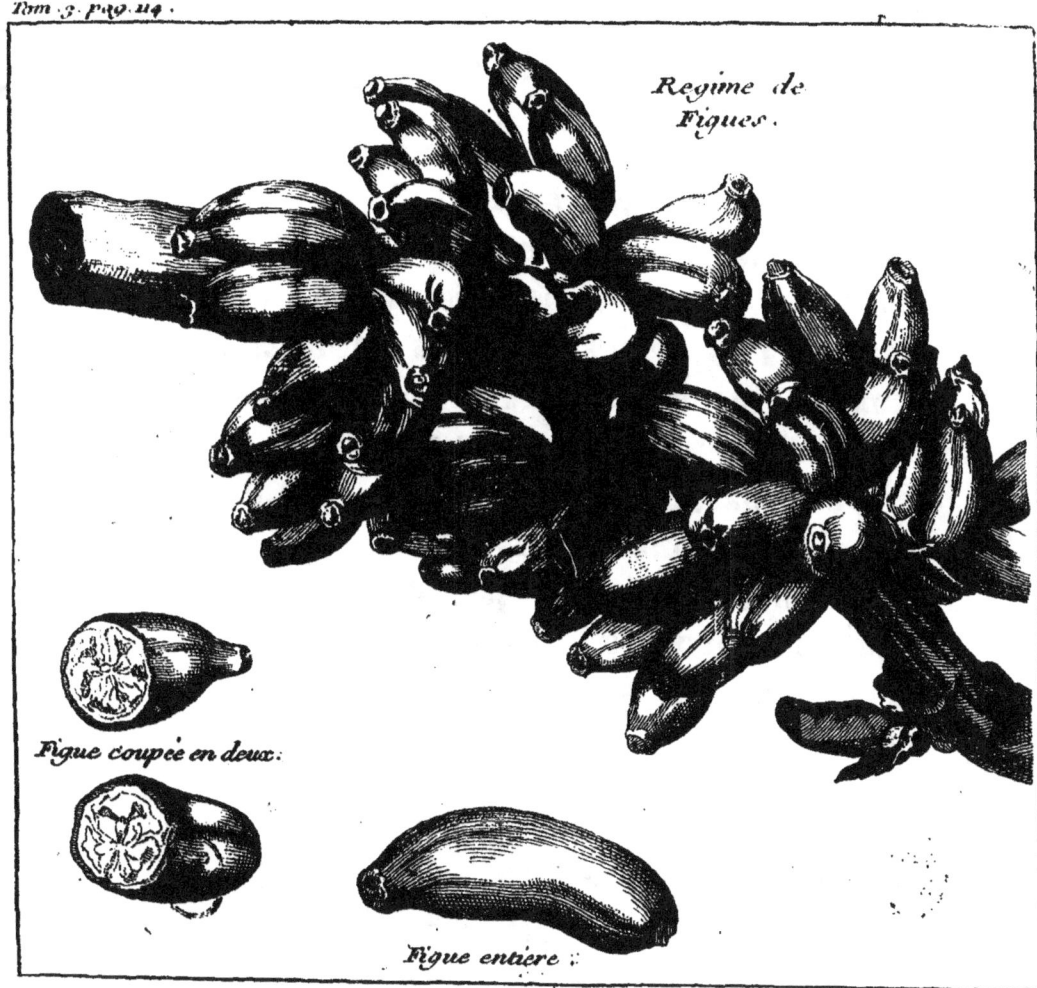

geroit crûë. Etant cuite elle est amie de la poitrine, & d'une digestion trés-aisée. Elle sert aussi-bien que la banane à faire des tartes en y mettant avec le sucre & la poudre de canelle un peu d'écorce de citron ou d'orange ; mais comme sa chair n'a pas à beaucoup prés tant de consistance que la banane, on ne peut pas l'accommoder en autant de différentes manieres.

Les Espagnols appellent Banane ce que les François appellent Figue, & Plantain ce que les François nomment Banane. Je ne sçai qui a plus de raison ; car pour le droit de nommer on ne peut pas raisonnablement le leur contester ; ils ont découvert l'Amerique les premiers, ils ont par consequent acquis le droit d'imposer aux fruits du païs les noms qu'ils ont jugé leur convenir.

Il croît dans toute l'Amerique une plante qui a tant de rapport au bananier & au figuier qu'il n'est pas possible de les separer. C'est le Balisier. Son tronc, ses feüilles, sa racine, ses rejettons, sa maniere de pousser sont les mêmes. Il n'a pas besoin d'être planté, il croît de lui-même & naturellement dans tous les lieux qu'on défriche. Sa feüille est bien plus forte que celle du bananier, & resiste bien mieux au vent. Il ne porte aucun fruit qui soit de quelque utilité connuë, du moins jusqu'à present. Il produit trois ou quatre fleurs qui dans le commencement sont vertes avec un peu de jaune sur les bords, qui change enfin en un rouge fort vif. Elles ne ressemblent pas mal à ces flammes qu'on met sur des vases pour servir d'amortissemens sur des frontons ou sur des colonnes, sur tout dans des apareils lugubres. Elles sont composées de cinq ou six vases en maniere de cornets évasez, attachez des deux côtez de la tige qui s'emboëtent d'environ un tiers de leur hauteur l'un dans l'autre, & qui se terminent en une pointe partagée en trois langues. Cette fleur toute entiere a prés d'un pied de hauteur, six à sept pouces dans sa plus grande largeur, & deux pouces & demi d'épaisseur. On trouve dans le fond des cornets de petites graines presque rondes, d'un trésbeau rouge, avec une petite tache noire à une des extrêmitez, qui y sont attachées par de petits filamens. Les côtez des cornets ont quatre à cinq lignes d'épaisseur dans le fond, & environ deux dans le haut. Je me suis souvent servi de

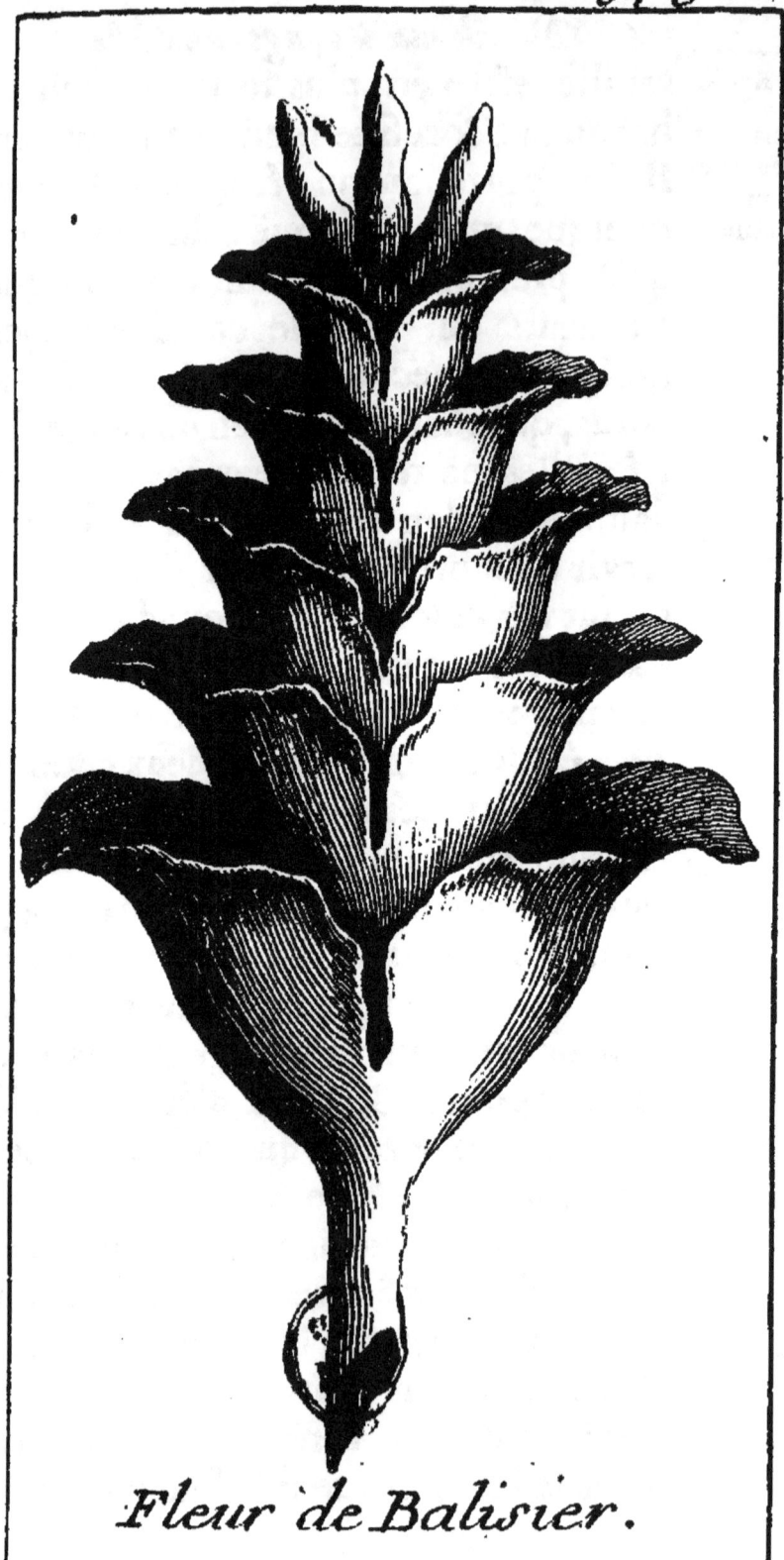

*Fleur de Balisier.*

ces fleurs pour orner les Autels & les portes des Eglises les jours de Fêtes. Elles font de loin un fort bon effet, sur tout quand elles sont accompagnées de fleurs & de feüilles d'orangers. Elles durent plus de quinze jours avant de se flétrir.

*1696.*

Quoique le balisier ne porte point de fruit, il ne laisse pas d'être d'une trés-grande utilité pour les habitans, & sur tout pour les chasseurs. Sa feüille étant amortie sur le feu devient souple, & ne se casse point. Elle sert à envelopper le roucou, les fromages, & une infinité de denrées où il faudroit employer du papier ou de la toile. Deux ou trois de ces feüilles suffisent pour faire un parasol pour garder une personne du soleil & de la pluye, & lorsqu'on est surpris de la nuit dans les bois, il n'y a qu'à couper une vingtaine de ces feüilles que l'on étend sur trois ou quatre gaulettes où on les attache par une hoche qu'on fait à leur queüe, & on se trouve logé & à couvert de la rosée & de la pluye.

*Usages qu'on fait des feüilles de Balisier.*

Les chasseurs sont asseurez de trouver de l'eau dans tous les lieux où ils trouvent des balisiers. Il suffit de les percer d'un coup de couteau, & presenter son chapeau ou un coüy pour recevoir deux ou trois pintes d'une eau trés-bonne,

*Il donne de l'eau.*

1696. très-claire, & toûjours très-fraîche, quelque chaleur qu'il fasse ; ce qui n'est pas un petit secours pour ceux qui se trouvent dans les bois éloignez des fontaines & des rivieres, qui périroient infailliblement de soif sans cette plante que l'on trouve presque toûjours par tout.

Il guérit les éresipelles.

On se sert avec un succès merveilleux du cœur du balisier pour guerir les éresipelles. Pour cet effet on coupe le balisier par tronçons, on dépoüille ses feüilles les unes après les autres ; & quand on est arrivé au cœur, on trouve des feüilles très-blanches, très tendres, très-fines, toutes humectées d'une eau claire & fort fraiche, on les étend sur la partie malade où on les laisse pendant trois ou quatre heures, après quoi on en met de nouvelles, & en très-peu de tems on guerit les éresipelles les plus inveterées.

Les Indiens font de la toile avec les filets ou fibres qu'ils tirent du balisier, du figuier & du bananier. Voici comme ils s'y prennent. Ils coupent le tronc de la longueur qu'ils veulent donner à leur toile, puis ils le fendent par quartiers qu'ils font macerer & amortir au soleil ou sur le feu ; après cela ils attachent une corde à un arbre, & lient avec un nœud coulant le morceau de balisier par le milieu, & le tirent de toute leur force par un des bouts, afin qu'en faisant passer l'autre par le nœud coulant, les fibres se trouvent dépoüillées de toute la matiere dont elles étoient revêtuës. Ils attachent une seconde fois le même morceau au nœud coulant, & tirant à eux la partie déja dépoüillée, ils font passer l'autre dans le nœud & la dépoüillent aussi de sa matiere ; de sorte qu'il leur reste dans les mains une poignée de filets assez fins, forts & souples qu'ils employent à peu prés comme nos Tisserans. J'ai vû un morceau de quatre à cinq pieds de long sur trois pieds ou environ de large qui étoit bien croisé, uni, fort, & qui paroissoit devoir être de bonne durée. Il est certain que cette toile est fraîche, tout ce qu'elle a d'incommode c'est qu'elle est un peu ferme. Je croi pourtant qu'on pourroit remedier à ce défaut.

## CHAPITRE V.

*Du Sucre & de tout ce qui regarde sa fabrique & ses differentes especes.*

LE sucre dont on fait une si grande consommation dans toutes les parties du monde, est le suc d'une canne ou roseau, qui étant purifié, cuit, blanchi & seché, se transporte par tout, & se conserve aussi long-tems qu'on le preserve de l'humidité ou de l'eau qui le fait dissoudre. Son extrême douceur pourroit le faire appeller un sel doux.

*Fausse origine des cannes de sucre.*

Les roseaux sucrez ou cannes à sucre sont originaires, à ce qu'on dit, des Indes Orientales. Je croi qu'on parleroit plus juste si on se contentoit de dire qu'elles y viennent naturellement & sans culture, comme les roseaux secs viennent dans les autres païs. C'est de-là qu'on prétend que les Espagnols & les Portugais en apporterent les premieres plantes, & qu'ils commencerent à les cultiver dans les Isles de Madere & de Canarie ; d'où ils en transplanterent l'espece à la nouvelle Espagne & au Bresil,

Bresil, après qu'ils eurent fait la découverte & la conquête du Nouveau-monde. C'est le sentiment de quantité d'Auteurs qui ont écrit de l'Amerique ; mais peut-être aussi n'est-ce que le sentiment de celui qui a écrit le premier que les autres ont suivi & copié, sans s'inquieter si ce qu'il avoit écrit étoit bien ou mal fondé.

L'Auteur de l'Histoire naturelle du Cacao & du Sucre, reproche à ceux qui ont écrit de la nature du Cacao, qu'ils n'ont fait que se copier les uns les autres, sans examiner si le sentiment qu'ils suivoient devoit être suivi ou rejetté, & il est tombé dans le même défaut en parlant des cannes de sucre. Il les fait originaires des Indes Orientales, & cite pour garands de ce qu'il avance Rauvolf & Jerôme Benzon ; il a la discretion de ne leur pas faire faire le voyage des Indes Orientales aux Occidentales tout d'un coup, ce long trajet les auroit fatiguées ; il se contente avec les Auteurs qu'il a fidelement suivis, de les planter & de les cultiver d'abord aux Isles de Madere & de Canarie, d'où il les tire enfin pour les transplanter en Amerique. Voilà ce que disent trois Auteurs ; je pourrois les suivre, & sur tout le dernier, si je n'avois appris de lui-même, ce qu'il n'a pourtant pas pratiqué; qu'il faut bien examiner les choses dont on veut instruire le public, avant que de donner pour certain ce qui ne le paroît être, que parce qu'il a été donné pour tel par plusieurs Ecrivains, qui ont suivi celui qui a écrit le premier, sans prendre les mesures necessaires pour se bien assurer de la verité du fait qu'ils veulent publier.

J'ai reconnu en effet que je serois tombé dans une erreur considerable, si j'avois dit que les cannes à sucre qui sont à l'Amerique, viennent originairement des Indes Orientales, & que c'est de là qu'elles ont été apportées aux Isles de Madere & de Canarie, & ensuite à l'Amerique. Je ne prétends rien dire de ce qui peut être arrivé aux Isles de Madere & aux Canaries, cela ne regarde point mon sujet; mais pour ce qui est de l'Amerique, j'ai trop de raisons & elles me paroissent trop évidentes, pour douter un moment que les cannes à sucre ne soient aussi naturelles aux Isles & à la Terre-ferme de l'Amerique, qu'elles le peuvent être aux Indes Orientales.

Thomas Gage Anglois qui a fait le Voyage de la nouvelle Espagne en 1625.

dit qu'étant à la rade de la Guadeloupe, les Sauvages leur apporterent plusieurs sortes de fruits, & entre autres des cannes à sucre. Or il est certain que jamais les Espagnols n'ont cultivé un pouce de terre dans les petites Isles que l'on appelle Antisles, parce qu'on les trouve en venant d'Europe, d'Asie & d'Afrique avant celles de Port-vic, de Saint Domingue, de Couve & de la Jamaïque, qu'on appelle les grandes Isles. Il est vrai qu'ils mirent des cochons dans toutes les petites Isles, lorsqu'ils les découvrirent au second voyage de Christophe Colomb, afin que leurs flottes s'arrêtant à ces Isles-là pour se rafraîchir, y trouvassent de la viande fraîche ; mais qu'ils y ayent planté des cannes à sucre, c'est ce qui n'entrera jamais dans la tête d'une personne de bon sens ; car planter des cannes dans un endroit & y mettre des cochons, c'est édifier d'une main & détruire de l'autre, puisqu'il n'y a point d'animal dont il faille preserver les cannes avec plus de soin que des cochons. D'ailleurs il faut un tems considerable pour défricher la terre, pour la netoyer, pour y planter les cannes, pour les sarcler & les entretenir jusqu'à ce qu'elles soient en état de se passer

1696.

Les cannes à sucre sont naturelles aux Isles & terre firme de l'Amerique.

F ij

de culture, comme on verra dans la suite de ce Traité ; & c'est ce qu'on soûtient que les Espagnols n'ont jamais fait, puisque tout le monde convient qu'ils n'ont jamais sejourné dans ces Isles qu'autant de tems qu'il en faut pour faire l'eau & le bois dont leurs bâtimens avoient besoin.

De plus, pour quelle raison les Espagnols auroient-ils planté des cannes dans des lieux où ils n'ont jamais eu dessein de s'établir, & encore moins d'y établir des sucreries. De dire que ce sont les Indiens qui les ont cultivées après le départ des Espagnols, c'est connoître bien mal le génie des Caraïbes qui sont bien éloignez de se donner la moindre peine pour cultiver une plante qu'ils ne connoissoient point ; eux qui ont peine à se resoudre à donner quelques momens à la culture de celles dont ils ne sçauroient se passer.

Voici un témoignage plus exprès, & qui prouve invinciblement, que les cannes à sucre sont naturelles à l'Amerique ; c'est celui de François Ximenes dans son Traité de la nature & des vertus des Plantes de l'Amerique, imprimé à Mexique : il assure que les cannes à sucre viennent d'elles-mêmes & sans culture aux environs de la riviere de la Plata ou d'argent, & qu'elles y croissent si considerablement, qu'elles ressemblent par leur grosseur & leur hauteur à des arbres dont la chaleur du soleil fait sortir le sucre par des crevasses qui se font en certains tems de l'année à l'écorce de la canne, comme nous voyons sortir la gomme de differens arbres qui s'en déchargent dans des saisons où la chaleur du soleil est plus violente que dans d'autres.

Jean de Lery Ministre Calviniste qui alla en 1556. joindre le Commandeur de Villegagnon au Fort de Coligny qu'il avoit bâti sur une Isle de la riviere de Janvier ou Janeiro au Bresil, par les vingt-trois degrez & demi de latitude meridionale; assure qu'ils trouvoient par tout aux environs de cette riviere une grande abondance de cannes à sucre. Or il est constant qu'elles n'y avoient pas été plantées par les Portugais, puisqu'ils n'étoient pas encore établis de ce côté-là, & qu'ils n'y vinrent qu'après le départ des François : il faut donc conclure qu'elles y étoient venuës naturellement & sans culture.

Le Pere Hennepin Recolet & autres Voyageurs qui nous ont donné des Relations du Miſſiſipi, rapportent qu'ils ont trouvé des cannes à ſucre très-belles & en abondance dans les terres baſſes qui ſont aux environs des embouchures de cette riviere.

Jean de Laët, livre premier page trente-trois de ſon Hiſtoire de l'Amerique, dit que les cannes à ſucre viennent naturellement à l'Iſle Saint Vincent, qui eſt une des Antiſles habitées par les Caraïbes, par les treize degrez de latitude du Nord.

Les premiers François qui ſe ſont établis à Saint Chriſtophle, à la Martinique & à la Guadeloupe, y ont trouvé des cannes de ſucre en differens endroits, & c'eſt de ces cannes naturellement cruës & nées dans le païs qu'on en a provigné & multiplié l'eſpece que l'on cultive aujourd'hui & dont on fait le ſucre. Je deffie qu'on puiſſe me prouver qu'elles ont été apportées de dehors. C'eſt le ſecret d'en tirer le ſucre dont nous ſommes redevables aux Portugais & aux Eſpagnols, & eux aux habitans des Indes Orientales ; ils l'avoient appris dans ces pays-là ; ils avoient vû comme les Indiens tiroient le ſuc des cannes, comme ils le purifioient, le cuiſoient & le reduiſoient en ſucre. Ils l'ont porté chez eux & l'ont mis en pratique, premierement aux Isles de Madere & de Canaries, & ensuite dans les endroits de l'Amerique où ils étoient établis avec assez de sûreté, pour pouvoir penser à cette manufacture qu'on a perfectionnée en un tel point, qu'il y a long-tems que les sucres fabriquez en Amerique surpassent infiniment en beauté & en bonté ceux des Indes Orientales.

Que diroit-on d'une personne qui assureroit que les vignes qu'il y a le long du Missisipi, de la riviere longue & de celle des Illinois ne sont point naturelles au pays, & qu'elles y ont été apportées de quelqu'une des trois autres parties du monde. Il seroit aisé de lui montrer le ridicule de son opinion, en lui demandant de quelle partie du monde elle prétend qu'elles ont été transportées ; à moins de remonter au tems des Carthaginois, qu'on prétend avoir connu l'Amerique & d'y avoir eu commerce, il est impossible de s'imaginer que les Afriquains y ayent transporté la vigne & l'y ayent cultivée ; mais comme ce commerce & cette connoissance des Carthaginois est un problême fort obscur, fort difficile à resoudre & fort sujet à caution ; on sera obligé de se retrancher aux deux autres parties du monde, l'Europe & l'Asie. Je conviens pour le bien de la paix & sans entrer dans la verité du fait, que supposé qu'elles soient jointes à l'Amerique par le Nord, on a pû y aller par cet endroit; mais quelle apparence que ce chemin ait été assez pratiqué pour y porter ces plantes délicates & dont le froid est l'ennemi capital; mais seroit-il possible que ceux qui les y auroient portées & cultivées, n'en eussent pas enseigné l'usage aux habitans du pays, ou qu'y demeurant eux-mêmes, ils eussent oublié à s'en servir, & n'eussent pas transmis à leur posterité la connoissance d'une chose si necessaire aux hommes. D'ailleurs qui auroit pû fermer ce chemin & le rendre impraticable comme il l'est aujourd'hui? la terre a t-elle changé de situation? les glaces se sont-elles multipliées plus qu'elles n'étoient autrefois? Il est plus aisé de proposer des difficultez sur cela que de les resoudre; d'où il faut conclure que les vignes sont naturelles dans tous ces vastes pays, & que si elles ont degeneré & sont devenuës sauvages, c'est le défaut de culture qui en est cause, & qu'il arriveroit la même chose aux meilleures vignes de Champagne & de Bour-

gogne, si on cessoit pendant quelques 1696.
années de les tailler & de les cultiver.
Disons donc qu'il n'y a pas plus d'inconvenient à reconnoître que les cannes à sucre sont naturelles à l'Amerique, que les vignes à la Loüisiane, &
que tout ce qu'on doit aux habitans des
Indes Orientales, c'est le secret d'en tirer le suc & d'en faire du sucre.

Les Espagnols & les Portugais ont
fait du sucre à la nouvelle Espagne & *Epoque*
au Bresil long-tems avant que les autres *des su-*
Européens se fussent établis aux Anti- *creries*
*Espagno-*
lles. On peut sans se tromper beaucoup *les.*
mettre l'époque des sucreries Espagno-
les & Portugaises vers la fin de 1580.
car avant ce tems ils n'avoient songé
qu'à conquerir le pays, à découvrir les
mines d'or & d'argent, à faire pêcher
les perles & à travailler au tabac ; la
culture des cannes à sucre suivit celle du
tabac ; & comme cette derniere plante
mange beaucoup le terrein, il fallut défricher de nouvelles terres pour la planter, & on employa à la culture des cannes à sucre, celles qui devenoient de
jour en jour trop maigres pour produire
du tabac.

Les François & les Anglois ne
sont établis entre les deux tropiques

1696.

Époque des Sucreries Françoises & Angloises.

qu'en l'année 1625. il s'est passé bien du tems avant qu'ils ayent été en état de penser à faire du sucre ; ils ne s'appliquoient qu'au tabac, ensuite à l'indigo & au cotton. Les Anglois furent les premiers en état de faire du sucre à S. Christophle : les histoires de leurs colonies marquent que ce fut en 1643. Les François de la même Isle ne furent pas long tems sans les imiter. On n'en fit à la Guadeloupe qu'en 1648. sous la direction des Hollandois qui s'y refugierent après leur déroute du Bresil. On en fit à la Martinique un peu plus tard qu'à la Guadeloupe, & à la Barbade environ le même tems qu'à S. Christophle.

Le nombre des sucreries s'augmente tous les jours dans les Isles, & la fabrique des sucres se perfectionne de plus en plus. Je vais donc en écrire ce qu'un travail assidu de dix années m'a donné de connoissance sur cette matiere.

# DES CANNES DE SUCRE.

LE roseau ou canne de sucre ne diffère des roseaux ordinaires qu'on trouve sur les bords des étangs & en d'autres lieux marécageux, qu'en ce que la peau ou l'écorce de ces derniers est dure & seche, & leur pulpe sans suc ; au lieu que la peau des cannes de sucre n'a jamais beaucoup de dureté, & que la matiere spongieuse qu'elles renferment, est pleine de beaucoup de jus ou de suc, dont la douceur & l'abondance sont proportionnées à la bonté du terrein où elles sont plantées, à son exposition au soleil, à la saison où on les coupe & à leur âge. Ces quatre circonstances sont les causes & les principes de leur hauteur, de leur grosseur, de leur bonté & de la facilité ou difficulté que l'on trouve à purifier & à cuire leur suc & à le réduire en sucre : de sorte que suivant la qualité du terrein, les cannes sont grosses ou menuës, longues ou courtes ; selon qu'elles sont exposées

*Difference des cannes & les roseaux.*

*Qualitez qu'elles doivent avoir.*

au soleil, elles sont plus ou moins sucrées. La saison où on les coupe les remplit de plus ou de moins de suc ; & leur âge les rend plus ou moins propres à produire de bon sucre.

*Description des cannes à sucre.*

La feuille de la canne est longue & étroite ; elle n'a qu'une nervûre qui la partage par le milieu dans toute sa longueur. Cette nervûre est assez cassante, quand la feuille est seche, mais quand elle est verte ou seulement amortie, elle est fort liante. Les deux côtez de la feuille sont tranchans & comme armez de petites dents de scie presque imperceptibles, qui coupent la peau quand on passe la main par dessus à rebours. Les feuilles ne viennent ordinairement qu'à la tête de la canne ; celles qui sortent aux differens nœuds où la canne s'est arrêtée en croissant, tombent aussi-tôt que la canne est montée plus haut. C'est une marque que la canne est mauvaise, ou du moins qu'il s'en faut beaucoup qu'elle soit meure, quand on en voit les nœuds garnis de feuilles. Celles qui sont bonnes n'ont qu'un bouquet de sept ou huit feuilles à leur sommet.

La canne n'est pas toute unie dans toute sa longueur ; elle est partagée par des nœuds qui sont l'origine & comme

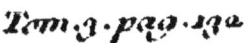

Partie d'une Canne a Sucre.

Feuille de Canne.

la naissance des feuilles. Ces nœuds sont durs & ont très-peu de substance. Les deux parties de la canne qui sont separées par un nœud, ont communication par un vuide qui est au milieu du nœud, qui est rempli de la même matiere spongieuse que le reste de la canne, mais elle est plus pressée, plus dure, plus colorée; & quand on la mâche elle a plus de saveur que le reste, & semble plus meure & plus cuite. Il n'y a aucune regle pour la distance que ces nœuds gardent entre eux; plus le terrein est bon, plus ils sont éloignez les uns des autres, & plus par conséquent la canne contient de suc, parce que les nœuds en contiennent moins que le reste : de sorte que plus leur nombre est grand, & moins il se trouve de place pour le suc.

On a vû des cannes qui avoient vingt-quatre pieds de long, la tête étant coupée, & qui pesoient vingt-quatre livres, mais cela est extraordinaire. Ce n'est pas une marque de la bonté du suc que la canne renferme ; c'est plutôt une preuve que le terrein est gras & aquatique, & qu'il produit abondamment un suc crud, très peu sucré, plein d'eau, & qui par conséquent consume beaucoup de bois & de tems sans rendre jamais beaucoup de sucre ni fort bon.

*Qualités d'une canne parfaite.*

Lorsque les cannes ont depuis sept jusqu'à dix pieds de longueur ; qu'elles ont depuis dix jusqu'à quinze lignes de diametre ; qu'elles sont bien jaunes ; que leur peau est lisse, seche & cassante; qu'elles sont pesantes ; que leur mouëlle est grise & même un peu brune ; que leur suc est doux, gluant & comme un peu cuit ; on peut dire qu'elles sont dans leur perfection, & l'on peut assurer qu'on en tirera sans beaucoup de peine du sucre très-beau & en abondance.

*Terre'n propre pour les cannes.*

La terre la plus propre pour porter des cannes, telles que je viens de dire, est celle qui est legere, ponceuse & profonde, qui est assez en pente pour que l'eau de pluye ne s'y arrête pas, & qui est exposée au soleil depuis qu'il se leve jusqu'à ce qu'il soit prêt de se coucher.

Les terres grasses & fortes produisent des cannes grandes & fort grosses, mais elles sont presque toûjours vertes, pleines d'un suc aqueux & peu sucré. Leur jus est gras ; il est difficile à purifier & à cuire ; & le sucre qui en provient est toûjours molasse, peu grené, & sujet à se décuire & à devenir en marmelade ou en cendre.

Les terres qui n'ont pas de fond, & où les racines de la canne trouvent bientôt le tuf ou le roc, comme sont la plûpart des terres usées, des basses terres de la Martinique & de la Guadeloupe, ne produisent que de petites cannes, comme des rottins, pleines de nœuds; elles durent peu, parce que leur racine se seche & se brûle. Cependant lorsque ces terres ont de la pluye dans les premiers mois que les cannes sont plantées, & de tems en tems jusqu'à leur parfaite maturité; elles ne laissent pas de se remplir d'un très-bon suc, extrémement doux & gluant, mais il faut être habile pour en fabriquer de bon sucre, parce qu'étant presque cuit avant que d'être exprimé de la canne, on n'a pas le tems de le purger & de le clarifier, qu'il a déja toute la cuisson qui lui est necessaire; de sorte qu'on est obligé de mettre de l'eau dans les chaudieres, afin d'éloigner sa cuisson, & de donner le loisir à la lessive de dissoudre les immondices qui sont attachées au suc, & de les pousser en écume à la superficie.

Il faut faire cette manœuvre dès la premiere chaudiere, & observer de ne mettre jamais d'eau froide dans le jus qui a boüilli, parce que la froideur de l'eau fait conglutiner les ordures avec le grain qui commence à se former, & rend ainsi le sucre gras & absolument hors d'état de pouvoir être blanchi.

Les terres basses, marécageuses & qui sont comme de niveau avec le bord de la mer, comme sont celles de la grande terre, & des culs-de-sac de la Guadeloupe, quelques endroits de la Martinique & presque toutes les Isles Angloises & Hollandoises, excepté Saint Christophle, la Jamaïque & quelques autres lieux ; toutes ces terres, dis je, produisent de belles cannes, longues, grosses & pesantes ; mais comme ces terres ne manquent jamais d'être salées & nitreuses, elles communiquent leur défaut aux cannes qu'elles portent, dont le sucre ne peut jamais devenir bien blanc. Son grain qui dans les premiers jours qu'il est fait est gros, clair & transparant, s'amolit peu à peu, se décuit & devient cendreux ou comme en boüillie, & diminuë beaucoup quand on vient à le fondre pour le raffiner.

Les terres rouges & fortes, comme sont celles qu'on trouve à la Cabesterre de la Martinique, depuis la riviere Rouge jusqu'à celle du cul-de-sac Robert, & à la Guadeloupe depuis la grande riviere de la Cabesterre jusqu'à la riviere du Lezard, portent de belles cannes, longues, grosses & pleines d'un suc assez sucré, quand on les coupe dans la bonne saison, c'est-à-dire, depuis le commencement de Janvier jusqu'à la fin de Juillet. Il est vrai qu'elles sont dures à cuire ; & si on néglige de les tenir bien nettes, ou qu'on les coupe hors de leur maturité, leur suc est verd & crud, & par conséquent difficile à degraisser. Ce qu'elles ont de commode, est qu'elles peuvent durer vingt à trente ans sans avoir besoin d'être replantées, leurs rejettons étant aussi bons au bout de ce tems-là que la premiere fois qu'on les a coupées. Quand on employe ces cannes en sucre brut, elles rendent un sucre grené, capable de supporter la mer & le raffinage, & qui bien que gris, rend du sucre très blanc & en quantité. Je sçai par une longue expérience que deux livres & un quart de sucre brut, fait à nôtre habitation du Fond Saint Jacques, rendent une livre de sucre raffiné, sans compter les sirops ; ce qui est une preuve évidente de la bonté de ces sucres, & du grand profit que les Raffineurs en peuvent tirer.

Les terres qui sont environnées de bois

ou qui sont dans les hauteurs des montagnes, sont fort sujettes aux pluyes; aux grandes rosées & aux fraîcheurs de la nuit; & comme elles ne sont gueres échauffées des rayons du soleil, elles ne produisent que de grosses cannes fort acqueuses, vertes & peu sucrées; leur suc est gras & crud, difficile à cuire & à dégraisser, & consume beaucoup de tems & de bois. A cela près le sucre qui en provient a du corps; son grain est gros, dur, conserve sa cuisson, & supporte très-bien le transport & le raffinage.

{.sidenote}*Ce qu'on doit faire des cannes plantées dans une terre neuve.*

Toutes les terres en un mot qui sont neuves, c'est-à-dire, qui n'ont jamais été plantées ni semées, dans lesquelles on met des cannes aussi-tôt qu'on a abbatu les arbres qui les couvroient, portent des cannes très-grosses & en quantité, remplies de beaucoup de suc, mais gras, crud, peu sucré, très-difficile à cuire & à purifier. Je me suis trouvé quelquefois dans ces circonstances, & particulierement à la Guadeloupe, où ayant fait défricher une terre neuve à plus d'une lieuë du bord de la mer, & l'ayant plantée en cannes, c'étoit quelque chose de surprenant de voir le nombre, la grosseur & la hauteur de ces cannes, lorsqu'elles n'avoient encore que six mois ; cependant je les fis couper à cet âge, & après que j'eus retiré ce dont j'avois besoin pour planter, je fis faire de l'eau-de-vie du reste, & je fis mettre le feu au terrein pour consumer les pailles, dont la pourriture n'auroit servi qu'à augmenter la graisse de la terre. Quatorze mois après cette coupe je fis employer en sucre blanc les rejettons qui étoient crûs, dont la bonté répondit parfaitement à la beauté qui ne pouvoit être plus grande. J'ai compté jusqu'à soixante-sept rejettons sur une seule souche ; leur longueur étoit depuis dix jusqu'à dix-sept pieds, & leur diametre d'un pouce jusqu'à vingt lignes : de maniere que je les faisois charger tout entiers dans les charettes ou cabroüets, sans les amarrer comme si c'eut été des perches. Elles produisirent en abondance le plus beau sucre qui eût encore paru dans le quartier, quoiqu'il soit en réputation de faire le plus beau qui se fabrique dans les Isles. J'ai fait la même chose à la Martinique, & je m'en suis toûjours bien trouvé, ainsi que ceux à qui je l'ai conseillé. Il est vrai qu'on avoit d'abord un peu de répugnance à suivre mon conseil, parce qu'on regardoit comme une perte évidente la coupe de ces cannes. Mais quand on considere la chose de plus près, il est aisé de voir que le profit y est très-clair & très-considerable ; premierement, parce que les cannes plantées dans une terre neuve ne peuvent être meures qu'à dix-huit ou vingt mois. Or les ayant coupées à six mois, & les recoupant quatorze ou quinze mois après, ce ne font tout au plus que deux mois de différence ou de retardement, qui ne doivent pas entrer en parallele avec le profit que l'on trouve à faire de bon sucre & en quantité, au lieu du mauvais que l'on auroit fait avec bien de la peine, & en confumant une infinité de bois.

En second lieu, les cannes que l'on coupe à six mois ne sont pas entierement perduës ; on s'en sert à faire de l'eau-de-vie, qui est une très-bonne marchandise, & à replanter d'autre terrein, à quoi elles sont bien plus propres que d'autres cannes, à cause de leur grosseur & de la force de leur suc qui est en plus grande quantité.

Et en troisiéme lieu, on dégraisse la terre, & on la rend dès cette premiere coupe propre à produire de bonnes cannes, ce qu'on ne feroit peut-être pas en cinq ou six autres coupes, parce que les feuilles dont les cannes se dépoüillent à mesure qu'elles croissent, se pourrissent avant qu'on les coupe, & engraissent de nouveau une terre que l'on a interêt de dégraisser.

Avant que de planter les cannes, il faut soigneusement netoyer la terre où l'on veut les mettre. Il ne suffit pas de couper les liannes que l'on y trouve ; il faut les arracher entierement, parce que ces mauvaises plantes pullulent beaucoup, s'attachent aux cannes, les couvrent & les abbattent. A l'égard des souches des arbres il n'est pas necessaire de prendre cette peine, à moins que ce ne soit des bois mols, dont les souches poussent des rejettons ; il faut arracher celles-cy, ou les brûler d'une maniere à secher entierement toute l'humidité qu'elles renferment, qui serviroit à les faire pousser.

*Préparation de la terre pour planter les cannes.*

La terre étant bien nette, si elle est unie ou en pente très-douce, le meilleur parti qu'on puisse prendre est de la partager en quarré de cent pas quarrez chacun, & laisser entre les quarrez un chemin de dix-huit pieds de large pour le passage des cabroüets ou charettes qui vont chercher les cannes à mesure qu'on

*Il faut partager le terrein que l'on veut planter en cannes.*

les coupe pour les porter au moulin.

*Premiere raison.* Plusieurs raisons m'ont porté à partager ainsi mon terrein toutes les fois que je l'ai pû faire. La premiere, que ces separations du terrein en plusieurs pieces empêchent que le feu qui seroit allumé dans un quarré ne se communique aux autres, parce que ne trouvant point de matieres dans ces chemins, par le moyen desquelles il puisse joindre le quarré voisin, il est forcé de s'arrêter; & quand même le vent l'y porteroit, on auroit toûjours plus de tems qu'il n'en faut pour y remedier.

*Seconde raison* La seconde raison est pour empêcher les cabroüets d'entrer dans les pieces de cannes, comme ils font pour y charger les cannes qu'ils portent au moulin. Rien n'est plus pernicieux & ne détruit tant les cannes que les pieds des bœufs & les roües des charettes qui passent sur les souches, dont on vient de couper les rejettons, sur tout quand il pleut & lorsque la terre est molle. On voit par experience qu'on est obligé de planter des cannes dans les routes que les cabroüets ont faites, & que ces cannes ne venant pas aussi vîte que les rejettons qui poussent d'une souche qui a ses racines, elles se trouvent suffoquées par celles qui

*Françoises de l'Amerique.* 143

1696.

sont auprès d'elles, qui croissant plus vîte, leur dérobent l'air & les font mourir; d'où il arrive que les pieces de cannes se dégarnissent & déperissent tout à fait par ces chemins que l'on fait tout au travers sans discretion & sans jugement; au lieu que la piece n'ayant que cent pas en quarré, il est aisé de porter les paquets de cannes au bord du chemin, puisque du milieu de la piece jusqu'au chemin il ne peut y avoir que cinquante pas, ce qui n'est pas une fatigue considerable, eu égard à l'avantage que l'on trouve d'avoir toûjours ses cannes en bon état, & n'être pas obligé de les replanter sans cesse.

La troisiéme raison est, que le maître peut plus facilement visiter le travail de ses gens, & voir si les Commandeurs & les Negres ne le trompent point, comme ils ne manquent gueres de faire, quand ils en trouvent l'occasion, se contentant de sarcler & de rechauffer les cannes qui sont sur les bords des chemins, pendant que le milieu où la vûë ne peut penetrer & où l'on ne peut pas aller, demeure negligé, plein d'herbes, de liannes & de vuides, ce qui attire avec le tems le déperissement total des cannes.

Troisième raison.

Une quatriéme raison est, l'embellissement d'une habitation, où tout homme de bon sens ne doit pas negliger d'y procurer le plaisir, quand il peut-être joint avec l'utile : car on peut planter le long des chemins des pois d'Angole ou des pois de sept ans, qui sont des arbrisseaux fort agreables & fort utiles, qui forment des allées & des promenades. L'habitation de Monsieur de Rochefort au petit cul-de-sac de la Guadeloupe, étoit toute partagée de cette maniere. Je l'ai pratiqué dans tous les endroits où le terrein me l'a permis.

Lorsqu'on ne veut pas laisser inutile toute la largeur de ces chemins, on se contente de laisser un petit sentier de chaque côté pour pouvoir visiter le travail & pour cueillir les pois ; & on plante tout le reste en manioc ou en patates, selon le besoin que l'on a de l'un ou des autres ; observant seulement de ne planter que du manioc blanc ou du manioc d'ozier, afin qu'il soit meur, & en état d'être arraché avant qu'on vienne à couper les cannes.

Quoique les cannes soient plantées sur des mornes ou dans des revers de costieres trop droites pour s'y aller promener, il ne faut pas negliger ce partage
pour

pour les trois premieres raisons que j'ai marquées ci-dessus. Il faut seulement observer de faire ces chemins dans les endroits les plus commodes pour le charoi.

Le terrein étant ainsi partagé, il faut l'aligner, c'est-à-dire qu'il faut étendre une corde de toute la longueur du terrein, & marquer avec la pointe d'un piquet sur la terre le trait de la corde afin de planter les cannes en droite ligne; selon la bonté de la terre on fait les rangs plus ou moins éloignez les uns des autres. Quand elle est tout-à-fait bonne, on peut laisser trois pieds & demi de distance d'un rang à l'autre en tous sens. Mais quand la terre est maigre & usée, & qu'on est obligé de replanter tous les deux ans, il suffit de laisser deux pieds en tous sens entre chaque rang.

Cette maniere de disposer la terre consomme un peu plus de tems que quand on fait les rangs & les fosses à l'avanture & sans regle; mais elle a cela de commode, que les cannes étant plantées à la ligne, sont plus faciles à sarcler, parce qu'en disposant les Negres entre les rangs, ils voyent mieux les

*Il est bon de planter les cannes au cordeau.*

herbes & les liannes, il leur est plus facile de découvrir les serpens qui ne sont que trop communs à la Martinique, & de s'en garantir. Le Maître ou son Commandeur voit d'un bout à l'autre d'une piece de cannes ce qu'il y a à faire, comment les Negres travaillent, & s'ils ne quittent point le travail pour dormir; ce qui n'est pas aisé à observer quand les touffes de cannes sont pêle mêle, parce qu'elles se cachent les unes les autres, & cachent en même tems les défauts du travail & des ouvriers. D'ailleurs quand les Negres sont une fois accoûtumez à cette maniere, ils la pratiquent aussi aisément & aussi promptement que l'autre. Je l'ai fait pratiquer par tout où j'ai fait travailler, & je m'en suis toûjours bien trouvé.

*Maniere de planter les cannes.* Après que le terrein est aligné, on dispose un Negre ou une Negresse vis-à-vis de chaque ligne. On marque sur le manche de leur houë la distance qu'ils doivent laisser entre chaque fosse qu'ils doivent faire, & on commence le travail. Chaque fosse doit être de quinze à vingt pouces de long, de la largeur de la houë, qui est pour l'ordinaire de quatre à cinq pouces, & la profondeur n'excede jamais sept à huit pouces. A mesure que les Negres qui font les fosses avancent chacun sur sa ligne, quelques jeunes Negres ou autres qui ne sont pas capables d'un plus grand travail, les suivent & jettent dans chaque fosse deux morceaux de canne de quinze à dix-huit pouces de long. Ces semeurs, pour me servir de ce terme, sont suivis d'autres Negres avec des houes qui ajustent les deux morceaux de canne l'un à côté de l'autre, de sorte que le bout qui vient du côté de la tête de la canne, soit hors de la terre de trois pouces, & que le bout de l'autre morceau fasse le même effet à l'extrêmité opposée : après quoi ils emplissent la fosse de la terre qui en a été tirée.

Les morceaux de canne que l'on met en terre, se prennent ordinairement à la tête de la canne, un peu au dessous de la naissance des feüilles ; on leur donne quinze à dix-huit pouces de long. Plus ils ont de nœuds ou de bourgeons, ou comme on parle aux Isles, plus ils ont d'yeux, & plus on peut esperer qu'ils pousseront de rejettons & prendront plus promptement racine.

G ij

Les voisins ne se refusent jamais les uns aux autres des cannes pour planter. Mais comme il faut du tems pour couper les bouts des cannes, & pour les amarrer en paquets, celui qui en a besoin, envoye ses Negres chez le voisin qui les lui donne, afin qu'ils aident aux siens à couper les cannes pour le moulin, & à accommoder ensuite les têtes pour planter. Je n'ai jamais voulu avoir cette obligation à personne, quoique je ne refusasse pas de rendre ce service à ceux qui me le demandoient ; mais quand j'avois besoin de plan, je faisois couper une piece de cannes, étant persuadé que les têtes de cannes plantées ne produisent jamais d'aussi belles cannes que les tronçons que l'on coupe dans le corps de la canne, qui ayant plus de suc & de séve, ont par consequent plus de force pour pousser des racines & des rejettons gros & vigoureux.

Le tems propre pour planter est la saison des pluyes, depuis son commencement jusqu'à ses deux tiers. La raison en est si évidente qu'elle n'a pas besoin de démonstration ; car pour lors la terre étant molle & imbibée d'eau, les racines & les germes que le plan pousse, y entrent facilement, & l'humidité les fait croître, & leur fournit toute la nourriture dont ils ont besoin ; au lieu que si on plante dans un tems sec, la terre qui est aride & comme brûlée, attire & consume tout le suc qui est dans le plan, qui en peu de tems devient aussi sec que si on l'avoit mis dans un four. C'est à ces differences de saisons qu'on ne sçauroit assez prendre garde, & de qui dépendent les bons & les mauvais sucres des cannes.

Au bout de cinq ou six jours que le plan est en terre, on le voit lever & pousser ; & suivant la bonté du plan, du terrein & de la saison, on le voit produire à vûe d'œil des feuilles & des rejettons. C'est alors qu'il ne faut pas negliger de sarcler les herbes & les liannes qui ne manquent jamais de venir en abondance dans des terres nouvelles, ou dans celles qui sont nettes & humides. C'est en cela principalement que consiste la culture des cannes. Si elles sont seules à profiter du suc de la terre, elles croissent & grossissent en perfection ; mais si elles sont accompagnées d'herbes ou de liannes, elles viennent petites & comme avortées, parce que les mauvaises herbes ont confumé toute la graiffe de la terre. Sur toutes chofes il ne faut jamais laiffer grener les herbes, parce que dès que les graines peuvent être emportées par le vent, elles fe répandent par tout, & gâtent toute une terre.

Il faut avoir un extrême foin des cannes jufqu'à ce qu'elles couvrent toute la terre aux environs d'elles, & qu'elles étouffent les herbes qui pourroient naître. Les liannes font encore plus à craindre, parce qu'elles s'attachent aux cannes, s'élevent par deffus & les fuffoquent; de maniere qu'il ne fuffit pas de les couper avec la houe, il faut en arracher les racines & les emporter hors de la piece, car pour peu qu'on en laiffe à terre elles reprennent & pullulent extraordinairement.

Lorfque les cannes ont été farclées deux ou trois fois felon le befoin dans les commencemens qu'elles ont été plantées ou coupées, on les laiffe en repos jufqu'à l'âge de cinq ou fix mois. Pour lors on leur donne la derniere façon en faifant paffer les Negres dans les rangs pour en arracher & emporter les herbes & les liannes qui pourroient être crûes malgré les foins qu'on s'étoit donnez pour les empêcher : aprés 1696. quoi on ne touche plus aux cannes jusqu'à leur parfaite maturité.

Ce terme ne peut avoir de regle fixe, & c'est en cela que la plûpart des habitans se trompent. Ils s'imaginent que quand il y a quatorze ou quinze mois qu'une piece de cannes a été coupée elle est en état de l'être encore une autre fois ; sur ce fondement ils la coupent, & il en arrive que ces cannes n'étant pas meures ne donnent qu'un suc gras, verd & difficile à purifier & à cuire. Cet inconvenient que j'avois remarqué chez mes voisins avant que d'être chargé du soin de nos biens, me fit faire differentes reflexions. J'avois vû une année qu'une piece de cannes avoit fait le plus beau sucre qu'on pouvoit souhaiter, & je remarquai l'année suivante que les mêmes cannes faites par les mêmes ouvriers ne produisirent que du sucre très-médiocre. J'en parlai à quelques Rafineurs qui me dirent que les cannes étoient comme les autres plantes, & comme les arbres dont les fruits ne sont pas toûjours de la même bonté. Cette réponse ne me contentant pas, je cherchai quelle pourroit être la cause de

*Tems ou âge que doivent avoir les Cannes peut être coupées.*

C iiij

ce changement, & il ne me parut point qu'il pût y en avoir d'autre que le défaut de maturité. Quand je fus en état de rectifier mon sentiment par l'experience, j'y travaillai avec soin. Je fis couper & cuire le suc de plusieurs sortes de cannes de differens âges, & je me confirmai dans mon sentiment par les divers essais que je fis. Je remarquai qu'il étoit plus difficile de faire de bon sucre avec des cannes qui ne sont pas encore arrivées à leur maturité qu'avec celles qui l'ont passée de beaucoup, parce qu'à celles-ci il y a un remede qui ne convient point aux premieres, qui est de ne pas employer la vieille canne, c'est-à-dire, celle qui après avoir fleché & fleuri s'est renversée par terre, où elle s'est attachée par des filamens comme par autant de racines ; mais d'employer seulement les rejettons qu'elle a poussez de tous ses nœuds. Cette précaution ne se doit pourtant prendre que pour la fabrique du sucre blanc ; car pour le sucre brut, les vieilles cannes y sont également bonnes & font un beau grain, & cela suffit : Mais les cannes prises avant leur maturité ne sont bonnes à rien, elles n'ont qu'un sucre crû & gras, semblable à un mauvais chile indigeste, qui ne peut se changer en grain, ni être purifié.

Il faut donc observer avant que de couper les cannes, quel est leur degré de perfection & de maturité, plûtôt que leur âge, parce que les cannes qui ont été coupées en Janvier, ont eu à essuyer toute la chaleur & toute l'aridité de la saison seche qui dure jusques bien avant dans le mois de Juillet, ce qui les a arrêtées pendant la plus grande partie de tout ce tems-là, où faute d'humidité elles n'ont pû produire que de foibles rejettons. Il ne faut donc pas compter leur âge du tems qu'elles ont été coupées, mais de celui qu'elles ont commencé à pousser vigoureusement, & qu'elles n'ont plus été arrêtées ou retardées. Il est vrai que dès qu'elles sont coupées, elles poussent des bourgeons & des rejettons : mais on doit regarder ces foibles productions comme le reste du suc ou de la séve qui étoit en mouvement pour nourrir & pour augmenter toute la canne quand elle étoit entiere, qu'il continuë lorsqu'elle a été coupée, & qu'il continuëroit aussi vivement & aussi regulierement, si la terre qui enferme la racine & qui la nourrit, se trouvoit défenduë des ardeurs du soleil, & humectée par les pluyes ou par les rosées abondantes ; au lieu que n'étant plus couverte par les feuilles, la chaleur l'a penetrée, a desseché son humidité, & lui a ôté le moyen d'entretenir ou de pousser ses rejettons. Je sçai que les pailles, c'est à-dire les feuilles qu'on laisse sur le lieu, après que les cannes sont coupées, servent à deffendre la souche des ardeurs du soleil ; mais il faut avouer que ce secours est bien foible & de peu de durée : supposé même qu'on n'enleve pas ces pailles pour les brûler sous les chaudieres, comme il se pratique en une infinité de sucreries, en moins de deux ou trois jours elles sont seches & retirées d'une maniere à ne pouvoir pas empêcher le moindre rayon du soleil ; & tout le service qu'on a dû en attendre, a été d'empêcher pendant ces deux ou trois jours que la chaleur n'ait agi directement sur l'endroit de la canne qui venoit d'être coupé, qui auroit pû consumer absolument toute la moüelle & toute l'humidité qui y restoit, d'où seroit infailliblement suivie la perte de toute la souche.

Mais les cannes qui sont coupées sur la fin de la secheresse, c'est-à-dire, dans les mois de Juin & de Juillet, reçoivent 1696. le secours des pluyes qui humectent la terre & qui la rafraîchissent presque aussi-tôt qu'elles en ont besoin, qui donnent à la souche le moyen de fournir toute la séve & tout le suc nécessaires pour pousser & pour nourrir les rejettons. De là vient que dans les mois de Septembre & d'Octobre on voit les cannes coupées en Juin & Juillet aussi grandes & aussi fournies que celles qui ont été coupées en Janvier & Fevrier. Or comme ce seroit une erreur en voyant ces cannes, de dire qu'elles ont été coupées en un même tems, c'en seroit aussi une autre de dire que les premieres coupées sont en état de l'être une autre fois, parce qu'il y auroit quatorze ou quinze mois qu'elles l'auroient été, ou de dire que les dernieres coupées, sont dans la perfection, parce qu'elles sont aussi hautes & aussi grandes que les premieres, quoiqu'elles ayent six mois moins. Il est donc du devoir d'un Sucrier ou d'un Rafineur, de n'employer les cannes qu'après les avoir bien examinées, après les avoir goûtées & après les avoir exactement visitées. Je ne dis pas seulement sur les bords de la piece, où le soleil donnant

G vj

sans obstacle, a pû les faire mourir plûtôt ; mais dans le centre & en differens endroits où l'ombrage qu'elles se font les unes aux autres, empêche le soleil d'agir aussi vivement que sur les bords. Quand aprés ces recherches & ces examens il reste encore quelque doute, on doit faire une petite épreuve, quand ce ne seroit que dans un chaudron, afin de ne pas entamer une piece de cannes, & pour ne pas être ensuite obligé d'en entamer une autre, ce qui ne se peut faire sans un notable préjudice de l'habitation, parce que dès qu'une piece de cannes est entamée, les rats y viennent plus volontiers qu'à celles qui sont entieres, dont n'ayant pas goûté ils ne se portent pas si facilement à les entamer, à moins qu'elles ne soient couchées par terre, comme il arrive quand les coups de vent les renversent, ou quand la négligence à les sarcler les a laissées environner d'herbes & de liannes qui les ont suffoquées, & qui les ont fait pancher peu à peu, & qui enfin les ont renversées par terre. Car dans cette situation les rats les attaquent plus facilement, parce qu'ils se mettent dessus, & tenant la canne avec leurs pattes, ils rongent plus commodement

la rondeur de sa superficie, que quand 1696.
elle est droite, à cause qu'ils sont alors
obligez de se dresser sur leurs pieds de
derriere, & de ronger de côté. Il faut
donc conclure que le tems de couper
les cannes ne doit pas se compter de
celui de leur coupe, mais de celui de
leur maturité, sans s'arrêter à autre chose.

Entre les soins que l'on doit pren- *On doit*
dre des cannes, celui d'avoir un pre- *avoir un*
neur ou un chasseur de rats, ne doit *preneur*
pas être negligé. On donne ordinai- *dans cha-*
rement cet emploi à quelque Negre *que ha-*
fidele & diligent, mais qui n'est pas *bitation.*
capable d'un plus grand travail. On
l'oblige d'apporter tous les matins les
rats qu'il a trouvez dans ses attrapes,
& afin de l'encourager on lui donne
quelque petite recompense. Je donnois
à celui de nôtre habitation deux sols six
deniers de chaque douzaine : mais je
voulois avoir les rats tout entiers, parce que je sçavois que le chasseur les
vendoit aux Negres de l'habitation
ausquels je ne voulois pas permettre
d'user de cette viande, sçachant par- *On doit*
faitement que l'usage trop frequent des *empê-*
rats, des serpens & des lezards, subtili- *cher les*
se tellement le sang qu'il fait à la fin *Negres*
tomber en phtisie. Il y a des habitans *de man-*
*ger les*
*rats.*

qui se contentent que le preneur de rats leur en apporte les queües ou les têtes. C'est une mauvaise methode, parce que les preneurs voisins s'accordent ensemble, & portent les queües d'un côté & les têtes de l'autre, afin de profiter de la recompense que les maîtres donnent, sans se mettre beaucoup en peine de tendre les attrapes. Pour éviter cet inconvenient, il est bon que les voisins s'accordent, & qu'ils se fassent apporter les rats tout entiers, & les fassent enterrer sur le champ dans un lieu où il ne soit pas facile au preneur ou aux autres Negres de les aller dérober, ou pour les manger, ou pour les vendre : par ce moyen ils éviteront d'être trompez par leurs chasseurs, ils empêcheront leurs Negres & ceux de leurs voisins de se servir de cette mauvaise nourriture, & ils tiendront leurs chasseurs allertes & diligens, ou par l'esperance de la recompense, ou par la crainte du châtiment : quoique le premier motif m'ait toûjours semblé le meilleur & le plus convenable, ayant toûjours eu pour maxime de faire faire plûtôt par la douceur & par une petite recompense, ce que j'aurois pû faire executer par la rigueur & par le châtiment.

Françoises de l'Amerique.

L'instrument dont on se sert pour prendre les rats, est fort simple. Ce n'est qu'un petit panier fait en cône, de sept à huit pouces de long sur trois pouces ou environ de diametre à son ouverture : on le fait de mibi ou de petites liannes grises refenduës. Il y a à sa pointe une verge ou baguette assez roide qui y est entée, longue de deux pieds & demi à trois pieds ; au bout de la baguette est attachée une petite ficelle de pite ou de mahoc, bien filée & bien torse, de moindre longueur qu'elle : on passe l'extrêmité de cette ficelle ajustée en nœud coulant, entre le second & le troisiéme tour de la lianne qui compose le panier, & on l'y fait tenir bien tenduë avec deux petits bâtons coupez en quatre de chifre. On met dans le fond du panier quelque morceau de manioc ou de crabe roti, dont l'odeur se répandant au loin, attire les rats, qui entrant dans le panier ne peuvent manquer de faire remuer les petits bâtons qui tiennent la ficelle tenduë, qui se débande aussi-tôt par le ressort que fait la baguette, & le rat se trouve pris dans le nœud coulant & étouffé contre le panier.

Selon la grandeur de l'habitation ou

1696.

Panier pour prendre les rats.

la quantité des rats, on employe un ou deux Negres à cette chasse. Ils ont soin de tendre leurs attrapes sur le soir & de les mettre en differens endroits, non seulement au bord, mais aussi dans le milieu des cannes; & pour reconnoître les lieux où ils en ont mis, ils font un nœud à la tige de la canne, au pied de laquelle ils ont mis le panier. Il est du devoir du Commandeur de voir souvent si les nœuds qui sont aux cannes sont garnis d'attrappes, si les panniers sont en bon état & fournis d'amorce; & d'avertir les chasseurs des endroits où il a remarqué que les rats font du dommage, sur tout aux lizieres des bois, aux endroits qui sont proche des cases des Negres ou des ravines, & à côté des pieces de cannes que l'on a brûlées dans l'habitation, ou chez les voisins. Comme ces chasseurs sont exempts de tout autre travail, on les oblige de se pourvoir de crabes pour amorcer leurs attrapes, & de liannes pour entretenir leurs paniers, & pour accommoder les barrieres conjointement avec les cabrouettiers, quand ils en ont le tems. Surquoi il ne faut pas toûjours les en croire à leur parole, mais veiller soigneusement sur leur travail & sur l'emploi qu'ils font de leur tems.

Le nombre des paniers se regle selon la quantité de rats dont on est incommodé, non seulement dans les cannes, mais encore dans le manioc, dans le mil, dans les cacaoyeres & en d'autres endroits, où il ne faut pas negliger de mettre des attrapes, parce que ces animaux multiplient infiniment; & ils ont cela d'incommode à la Martinique qu'ils attirent les serpens dans les lieux où ils s'assemblent, parce que les serpens s'en nourrissent, & imitent même leur cri pour les faire venir: mais cela n'est pas capable de les détruire, parce que le serpent ne digerant ce qu'il a avalé que par la corruption & par la dissolution de l'animal même, il est assez long-tems sans avoir besoin de nourriture quand il a deux ou trois rats dans le corps.

On s'étonnera peut être pourquoi on n'entretient pas des chats pour détruire les rats: surquoi il faut sçavoir que les Negres sont autant ennemis des chats que les chats le sont des rats. Il n'y a rien qu'ils ne fassent pour les attraper & pour les manger. D'ailleurs il semble que les chats se sentent de la douceur du climat, qui porte à l'indolence & à la faineantise:

*Les chats ne valent rien aux Isles.*

comme ils trouvent assez d'anolis pour se nourrir & pour se divertir à leur chasse, ils s'en contentent & ne touchent point aux rats. On éleve en leur place des chiens qui font merveille à poursuivre & à prendre les rats. Au reste les cannes ratées, c'est-à-dire celles qui ont été entamées par les rats, s'aigrissent presque aussi-tôt; le dedans devient noirâtre ; elles sont absolument inutiles à faire du sucre, & ne peuvent servir tout au plus qu'à faire de l'eau-de-vie.

On voit par ce que je viens de dire ci devant, l'attention qu'on doit avoir pour la culture des cannes, & combien il importe de les garantir des rats; mais il faut encore avoir un très-grand soin qu'elles ne soient pas ravagées par les chevaux, les bœufs, les moutons, les cabrittes & par les cochons, & même par les Negres qui y font souvent de grands degats, soit pour eux, soit pour donner à leurs cochons quand on leur permet d'en nourrir.

A propos des Negres & des cochons, je me souviens de deux avantures, qui m'arriverent, l'une à la Martinique, & l'autre à la Guadeloupe, où les cannes de nos habitations étoient en proye depuis plusieurs années aux Negres & aux cochons, avec un dommage si considerable qu'on trouvoit souvent des pieces de cannes absolument ruinées.

Nous avions une trop proche voisine au fond Saint Jacques, qui nourrissoit quantité de cochons à nos dépens. Elle ne se contentoit pas d'un canton de cannes qu'on lui avoit abandonné par pure honnêteté, & des têtes qu'on lui laissoit prendre à discretion, quand on faisoit du sucre : elle avoit la malice de faire sortir la nuit ses cochons du parc où ils étoient enfermez, d'où ils alloient dans nos cannes qui étoient à la liziere de sa savanne ; ils y passoient toute la nuit, & le matin ils revenoient chez elle au son d'un cors ou d'un lambis avec quoi on les rappelloit. Mes predecesseurs avoient fait tout leur possible pour reprimer cette licence, sans en pouvoir venir à bout. Je ne manquai pas de faire la même chose dés que je fus Syndic, pour l'obliger à retenir ses cochons. Je la pressai du côté de la conscience, & voyant que cela ne produisoit aucun effet, je me servis du droit commun qu'ont tous les habitans de faire tuer les cochons de leurs voisins qu'ils trouvent dans leurs terres, & prennent pour

*Histoire de la veuve la Tomeraye.*

eux la tête pour le prix de la poudre & du plomb que l'on a employé à les tuer. Le remede fit son effet pendant quelques jours ; elle retint ses cochons ; mais voyant qu'ils maigrissoient dans son parc, parce que ces animaux aiment fort à courir, elle recommença à les laisser aller dans nos cannes. Je recommençai à faire tuer & sur tout les truyes, afin de me délivrer au plûtôt de ces fâcheux voisins. Ce manege dura un an ; à la fin je me mis en colere, & je resolus d'employer un remede plus violent. Je désistai de faire tuer les cochons ; mais je fis faire un chemin dans une de nos pieces de cannes qui étoit à côté de la cacaotiere de cette bonne voisine : & quand on m'avertissoit qu'il y avoit des cochons dans les cannes, je les faisois compter, & aussi-tôt j'envoyois autant de bœufs par le chemin que j'avois fait faire dans sa cacaotiere. On peut aisément s'imaginer le dommage qu'ils y faisoient. Nôtre voisine ne manquoit pas de venir s'en plaindre, & le faisoit quelquefois avec beaucoup d'emportement. Je ne manquois pas aussi de lui faire des excuses de la negligence de mes gens, & la payant de mêmes paroles dont elle m'avoit souvent payé, je lui disois qu'entre voisins il ne falloit pas regarder de si près, & qu'il falloit souffrir quelque chose les uns des autres. A la fin elle comprit que mes bœufs se trouvant toûjours en nombre égal à celui de ses cochons, ce n'étoit pas le hazard qui les conduisoit, & que si cela duroit, sa cacaotiere seroit bien-tôt ruinée. Elle vint enfin me demander la paix, & me promit de retenir ses cochons, & moi je l'assurai que nos bœufs n'entreroient jamais chez elle que par les chemins que ses cochons leur ouvriroient. Ce fut ainsi que je me délivrai de ces visites ruineuses.

L'autre avanture m'arriva à la Guadeloupe. Je remarquai dès que je fus chargé du soin de nos biens, que les cannes que nous avions auprès du chemin par où les Negres alloient à la montagne des diables, étoient entierement ruinées par le passage de ces chasseurs, qui ne manquoient pas d'emporter avec eux leur provision de cannes, & d'en manger à discretion à leur retour. Je les avertis de ne plus toucher aux cannes, ou que je leur interdirois le chemin. Mais comme je sçavois que ç'auroit été un procès que j'aurois eu peine à gagner, parce que la chasse étant

*Autre histoire sur le même sujet.*

libre à tout le monde, le chemin pour y aller doit l'être aussi ; je pensai à un autre expedient. Je fis épier quand il seroit passé un bon nombre de chasseurs, & je mis en embuscade une trentaine de nos Negres le long du bois dans un passage escarpé, qu'on appelle le détroit, & je me postai au commencement des cannes à l'heure que les chasseurs devoient revenir de la montagne. J'avois donné ordre aux Negres embusquez de ne se point découvrir que quand ils entendroient le signal que je leur en donnerois par un coup de sifflet, & de sortir alors & de prendre les chasseurs qu'ils trouveroient devant eux, en prenant sur tout bien garde qu'il n'en échapât aucun. Les premiers qui sortirent du bois ne s'épouvanterent pas me voyant tout seul. J'en appellai deux qui vinrent à moi, desquels ayant apris le nombre des chasseurs, & qu'ils se suivoient tous à la file, je sifflai, & aussi tôt mes gens embusquez parurent & en prirent dix-huit. Je les interrogeai en particulier les uns après les autres ; ils se convainquirent tous les uns les autres d'avoir dérobé des cannes plusieurs fois, & d'être entrez dans le milieu des pieces, afin que leur larcin fut plus caché, pour réparation de quoi je leur fis distribuer à chacun cinquante à soixante coups de foüet, avec confiscation des diables pour les frais de la justice. Cette execution fit grand bruit dans le quartier. Les maîtres des Negres se plaignirent que je voulois empêcher la chasse des diables en empêchant ainsi le passage pour aller à la montagne. Ils demandoient la restitution des diables confisquez, puisque j'avois fait foüeter leurs Negres, & que je ne m'opposasse plus à l'avantage que l'on retiroit de cette chasse. Le Gouverneur à qui ils avoient porté leur plainte, & qui étoit du nombre des interessez, parce que deux de ses Negres avoient été de celui des fustigez, m'en parla d'une maniere à me faire croire qu'il trouvoit fort justes les demandes des plaignans. Je le priai de se souvenir des plaintes que je lui avois faites plusieurs fois des desordres de ces chasseurs: & comme je vis qu'il insistoit beaucoup sur la liberté de la chasse qu'il sembloit que je voulois ôter, je lui répondis que ce n'étoit point du tout mon dessein; que le passage seroit toûjours ouvert, & les foüets toûjours préparez pour ceux qui endommageroient les cannes ; & qu'à l'égard de la restitution des diables, je croyois n'y point être obligé, parce qu'il y avoit deux choses dans le peché, la coulpe & la peine, ausquelles j'avois remedié par la confiscation & par les coups de foüet. L'affaire se passa ainsi en raillerie, & les Negres chercherent un autre chemin pour aller à la chasse aux diables : ainsi ils conserverent nos cannes, & m'épargnerent la peine de les faire foüeter. Je reviens à mon sujet.

<small>Quand il faut replanter les cannes.</small> Lorsque les cannes sont bien entretenuës, elles durent sans avoir besoin d'être replantées, selon que le terrein est bon & profond. Celles qui sont dans des terres maigres, usées & de peu de profondeur, veulent être replantées après la seconde coupe ; car d'attendre à la troisiéme, on n'y trouveroit pas son compte, ce ne seroit que de petits rejettons grillez, pleins de nœuds, & presque sans suc.

Les terres neuves, grasses & fortes fournissent abondamment de la nourriture aux souches, & les entretiennent pendant quinze & vingt ans & plus, sans qu'on s'apperçoive d'aucune diminution, ni dans l'abondance, ni dans la bonté, ni dans la grandeur, ni dans la grosseur des rejettons : au contraire, plus les souches vieillissent, plus elles s'étendent, & conduisent plûtôt leurs rejettons à une parfaite maturité, pourvû qu'on ait soin de rechauffer les souches, quand à force d'être coupées, & d'avoir produit, elles se trouvent beaucoup hors de terre, ou lorsque quelque avalasse d'eau, ou quelque autre accident les a dégradées.

On appelle rechauffer, mettre de la terre rapportée au tour des souches qui se trouvent découvertes, après en avoir coupé les endroits que l'on voit se gâter, & se pourrir, de crainte que la pourriture ne se communique au reste de la souche. *Ce que c'est que rechauffer.*

J'ai dit ci-devant qu'on étoit obligé de replanter les chemins, où le passage des Cabroüets a fait mourir les Cannes, & j'ai fait voir la difficulté qu'il y a à repeupler ces endroits. Le remede que j'ai apporté à cela, a été de faire arracher des touffes, & des souches toutes entieres aux bords des piéces, & de les faire enterrer dans les lieux où il en manquoit dans ces sortes de chemins ; il est certain, que ces souches reprennent plus vîte, & regarnissent les endroits qui étoient gâtez, & que l'on mettoit du plan où l'on avoit arraché les souches, bien seur qu'il reprendroit aisément, parce qu'il ne pouvoit pas être étouffé par les Cannes qui ne l'entouroient pas de tous côtez.

*En quel temps les Cannes fleurissent.*

Toutes les Cannes qui se trouvent âgées de onze ou douze mois, lorsque la saison des pluyes arrive, ne manquent jamais de pousser à leur sommet un jet d'environ trois pieds de long. Les Roseaux font la même chose ; mais comme leur matiere est plus dure que celle des Cannes, leurs jets sont aussi plus durs, & plus forts. C'est de ces jets-ci, dont les Sauvages font leurs Fleches. On appelle aussi fleches les jets que poussent les Cannes, & on dit qu'elles sont en fleche, ou qu'elles ont fleché, quand elles ont actuellement leur jet, ou quand ce jet est tombé de lui-même après avoir fleuri.

*Fleurs des Cannes.*

Cette fleur n'est autre chose qu'un panache de petits filets, dont les extrêmitez sont garnies d'un petit duvet gris & blanchâtre, qui s'épanoüissent, & font comme une houpe renversée. Depuis que la fleur a commencé à sortir de la Canne jusqu'à ce qu'elle tombe, il se passe dixhuit à vingt jours ; dans les derniers desquels le bout de la Canne qui a produit la fleche, se seche, & la fleche ne recevant plus de nourriture, se détache & tombe à

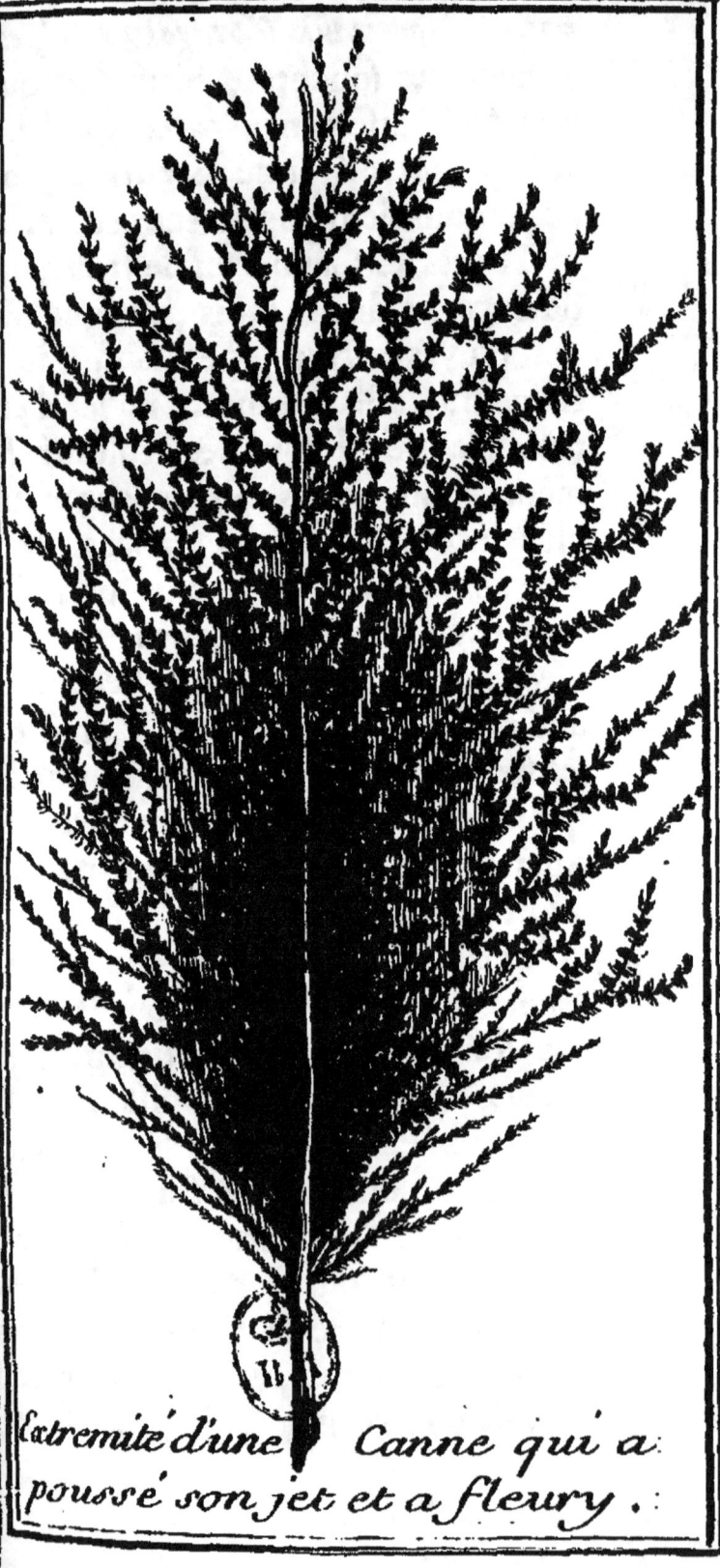

Extremité d'une Canne qui a poussé son jet et a fleury.

terre, & la Canne cesse de croître & de grossir. Jamais une même Canne ne fleurit deux fois. Si on ne la coupe pas un mois ou deux après qu'elle a fléché, elle s'abaisse peu à peu, & enfin se couche par terre, où jettant des filets qui prennent racine, elle pousse une grande quantité de rejettons. Avant que la Canne pousse sa fleche, & environ un mois après qu'elle a fléché, elle a très-peu de suc, son milieu est creux, parce que toute la substance qui gonfloit ses fibres, étant montée en haut pour produire la fleche & la fleur, les fibres se sont raprochées les unes des autres, & ont laissé vuide la place qu'elles occupoient lorsqu'elles étoient pleines de suc. Les Cannes en cet état ne valent rien, & on ne doit pas songer à les couper, ni pour faire du Sucre, ni pour faire du Plant, ni même pour faire de l'Eau-de-Vie, parce qu'étant alors presque seches, elles n'ont ni le suc necessaire pour produire du Sucre, ni pour pousser des rejettons, ni pour communiquer à l'Eau la douceur & la force qui la fasse fermenter pour produire l'Esprit qui compose l'Eau-de-Vie.

1696.

Lorsque les Cannes sont meures, & en état d'être coupées, on dispose les Negres & les Negresses le long de la piéce

Comment on doit couper les Cannes.

que l'on veut entamer, afin de la couper également, sans qu'ils entrent dans la piéce les uns plus que les autres. Quand elles n'ont que sept ou huit pieds de hauteur, on commence par abattre les têtes des rejettons de toute une souche, les uns après les autres, avec un coup de serpe, & cela à trois ou quatre pouces au dessous de la naissance de la fëüille la plus basse. Il y a des Habitans qui veulent profiter de tout, & qui croyant beaucoup gagner ont peine à souffrir cette perte apparente ; mais ce n'est pas en cela seul qu'ils se trompent ; & pour en être convaincu, il n'y a qu'à faire reflexion, que le haut de la Canne pousse toûjours jusqu'à ce qu'elle ait fleché, & qu'ainsi ce haut est toûjours verd, & rempli d'un succrud, ou pour ainsi dire, d'un chile indigeste, & qui n'est destiné qu'à l'augmentation de la Canne. Or à quoi peut servir cette matiére, sinon à augmenter la quantité du jus, sans accroître sa bonté, & à faire un mêlange d'un bon suc, cuit, & perfectionné par la chaleur du Soleil, avec un autre que la nature n'a destiné qu'à l'accroissement de la Plante ? Je n'ai jamais pû donner dans cette économie mal entenduë, & j'ai toûjours voulu que les Negres coupassent la tête à l'endroit où il ne paroissoit plus de verd

Après que la touffe qu'un Negre a commencé d'éteter, est achevée, il coupe les Cannes par le pied. Sur quoi il y a une remarque à faire, qui est, de les couper, sans taillader la souche ; parce toutes ces hachûres la gâtent, & ne servent qu'à donner entrée à la chaleur du Soleil, & à faire consumer plûtôt l'humidité & la séve qui est dans la souche, ce qui n'aide pas assûrément à lui faire pousser des rejettons. Il faut que le Commandeur, c'est-à-dire, l'Homme blanc ou noir, qui a soin de commander, & de conduire les Negres au travail, de veiller sur leurs actions, de les faire assister aux Priéres, & exécuter les ordres qu'il a reçûs du Maître. Il faut, dis-je, que le Commandeur en instruise les nouveaux Negres, & qu'il prenne garde que les anciens ne négligent pas cette précaution. Un peu d'exercice les y accoûtume, & un peu de vigilance du Commandeur les empêche de l'oublier.

<small>Office du commádeur.</small>

Selon la longueur de la Canne, le Negre qui l'a coupée de sa souche, la coupe en deux, ou en trois parties, après avoir passé la serpe tout du long pour en ôter les barbes qui pourroient y être attachées. On ne laisse guéres les Cannes plus longues de quatre pieds, & on ne leur en donne jamais moins de deux & demi, à

H iij

moins que ce ne soit des Rottins produits dans des terres maigres & usées, qui ne sont pas plus longs ordinairement.

Quatre ou cinq Negres qui sont voisins, jettent toutes les Cannes qu'ils coupent, en un monceau derriere eux, afin que ceux qui les amarrent, les trouvent assemblées, & qu'il ne s'en perde point sous les feüilles, & les têtes que l'on continuë de couper, & dont la terre est bientôt entierement couverte.

*Cóment il faut amarrer les Cannes.*

On met ordinairement de jeunes Negres ou Negresses, ou autres, qui ne peuvent faire un plus grand travail, à amarrer les Cannes, & à en faire des paquets, que l'on charge dans les Cabroüets. On se sert pour l'amarrage, des extrêmitez des têtes de Cannes, qu'on appelle l'œil de la Canne. On le tire du reste avec trois ou quatre feüilles, & il vient assez facilement. On amarre premierement les feüilles de deux yeux ensemble, pour faire le lien plus long, puis selon la longueur des Cannes on étend deux liens à terre environ à deux pieds l'un de l'autre, & on couche les Cannes dessus en travers, au nombre de dix ou douze, selon leur grosseur : on serre ensuite ces Cannes avec les deux liens, en les tortillant, & passant l'un des bouts entre les Cannes & le lien, comme on voit que les Fagots & les Cotterets sont liez à Paris. Quand le Commandeur juge à propos, il fait quitter la coupe, & fait porter au bord du chemin les paquets de Cannes, afin que les Cabroüets arrivans, les Cabroüettiers les chargent promtement, & les portent au Moulin.

Au reste, il ne faut jamais couper de Cannes que ce qu'on juge pouvoir en consommer dans un espace de vingt-quatre heures. C'est une faute très-considerable d'en couper pour deux ou trois jours, parce que dans cet espace de tems elles s'échauffent, se fermentent, s'aigrissent, & deviennent par consequent inutiles pour faire du Sucre, sur tout du Sucre blanc. Quand on est sûr que le Moulin ne manquera pas de Cannes, il vaut mieux occuper les Negres à quelques autres travaux, dont un habile Commandeur ne manque jamais, que de leur faire couper des Cannes pour deux ou trois jours, sous pretexte de les employer durant ce tems à d'autres ouvrages.

*Quelle quantité de Cannes on doit couper.*

On a coûtume de couper les Cannes le Samedy, pour commencer à faire tourner le Moulin le Lundy à minuit. Quand on ne fait que du Sucre brut, on peut prendre cette avance, de porter les Cannes au Moulin, sans oublier de les bien couvrir avec des feüilles, de peur qu'elles ne s'échauffent trop.

Mais quand on travaille en Sucre blanc, il vaut mieux retarder le travail de quelques heures, que de l'avancer au risque de le gâter par des Cannes échauffées.

*En quel temps il les faut couper.* Il est donc plus à propos de ne couper les Cannes que le Lundy de grand matin, & employer tous les Negres à cet ouvrage afin de l'avancer, & cependant faire du feu sous les Chaudieres à demi-pleines d'eau pour les échauffer, afin que le jus qui se tirera des Cannes, trouve les choses disposées pour une prompte cuisson; ce qui est très-important pour sa perfection, comme je le dirai en son lieu.

Voilà, à mon avis, tout ce qui se peut dire sur la culture des Cannes. Il faut à present parler des instrumens, dont on se sert pour les écraser, & pour en tirer le jus, le suc, le vin, ou le veson, qui sont des termes sinonimes usitez en differens lieux, mais qui tous signifient toûjours la même chose. Nous les appellons des Moulins à Sucre, & les Espagnols les appellent Ingenios d'Azucar.

## DES MOULINS A SUCRE.

Il y a trois sortes de Moulins, dont on

se sert pour moudre, & pour briser les Cannes, afin d'en exprimer le suc. Les uns tournent par le moyen de l'eau, les autres sont tirez par des Bœufs ou par des Chevaux, & les troisièmes sont meûs par le moyen du vent. Ces derniers sont rares. Je n'en ai vû que deux, quoiqu'on en puisse faire très-commodément dans toutes les Cabesterres, où l'on est assûré que les vents de Terre & de Mer se succedent immanquablement, & où les calmes sont presque aussi rares que les Eclipses du Soleil. L'un de ceux que j'ai vûs, étoit à Saint-Christophle, dans la partie Angloise, auprès du grand Fort. Je n'entrai point dans ce Moulin, & je me contentai de l'examiner par dehors, pouvant le faire très-facilement, parce que la cage étoit toute à jour. L'autre appartenoit à un Habitant du quartier du Fort-Royal de la Martinique.

On m'a assûré que depuis la prise de l'Isle de Saint-Christophle les Anglois en ont fait faire à la maniere des Moulins à Bled de Portugal, sur les desseins que le Comte de Gennes en avoit donnez au Colonel Codrington General des Isles Angloises sous le vent.

Les deux Moulins à vent que j'ai vûs, ne differoient presque en rien de ceux qui l'on voit en Europe, & à l'entour de Paris, pour moudre le Bled, excepté qu'il y avoit un Tambour revêtu de fer, au lieu de la Meule. Il y en a d'une autre maniere à la Barbade : comme je ne les ai point vûs, je n'en peux rien dire.

*Moulins à [...] à la Barbade.*

Les Moulins que l'on fait à la maniere de ceux dont on se sert en Portugal pour moudre le Grain, ont les aîles horizontales, au lieu que les autres Moulins les ont verticales ou perpendiculaires. L'Essieu ou l'Arbre, comme on voudra l'appeller, à l'extrêmité duquel la Meule ou le Tambour est enchassé est posé perpendiculairement sur un Pivot qui tourne sur sa Platine. Il est retenu dans cette situation par deux demi-Collets de Bronze, enchassez dans deux traverses de bois, qui se meuvent dans les couisses du chassis pour serrer l'Arbre, & pour le tenir droit, & pour le laisser libre, quand il y a quelques reparations à y faire. Cet Arbre est assez long pour sortir au-dessus de la plateforme, qui sert de couverture à toute la Machine. Cette partie est longue d'environ neuf pieds ; elle est percée de huit mortoises par haut, & autant par bas, dans lesquelles on fait passer huit traverses, qui excedent l'Arbre ou l'Essieu de quatre à cinq pieds de chaque côté, &

qui forment ainsi huit bras, sur lesquels on cloüe des planches minces & legeres, qui composent les huit aîles de ce Moulin. Elles ont, comme on voit, huit pieds de haut sur quatre à cinq pieds de large. L'Essieu, ou le reste de la longueur de l'Arbre qui excede la hauteur des aîles, est diminué dans sa grosseur, & reduit à trois ou quatre pouces de diametre, pour être emboëté plus facilement dans une ouverture ronde, pratiquée dans l'une des traverses qui se croisent, & qui sont soûtenuës par les potteaux arc boutez sur la plateforme, afin de soûtenir l'Arbre & pour le tenir droit. Mais comme il arriveroit que le vent frappant dans l'entre-deux de deux aîles, rendroit le Moulin immobile, & qu'il est necessaire, pour le faire tourner, que le vent frape les aîles de côté, on l'a determiné à produire cet effet, en faisant de petites cloisons de planches au devant de l'ouverture, que forme chaque entre-deux d'aîles, qui soient paralleles à la troisiéme aîle qui précede celle, dont on couvre l'ouverture : & comme il y a huit aîles, & huit ouvertures, ce sont aussi huit cloisons qu'il y a à faire, qui sont éloignées de trois ou quatre pouces de la circonference du cercle, que les aîles décrivent en tournant. Ces cloisons sont aussi hautes que les aîles, & leur largeur égale la distance qu'il y a d'une aîle à une autre. Elles empêchent le vent de fraper à plomb entre deux aîles, & le determinent à suivre le biais qu'elles lui presentent, & à fraper avec violence l'aîle qui lui est opposée, & à la faire tourner, & imprimer le même mouvement successivement à toutes les autres, à mesure qu'en tournant elles se presentent devant la même ouverture. Or y ayant huit ouvertures, il est aisé de comprendre que de quelque Rhumb qu'il souffle, il trouve toûjours une entrée pour fraper quelqu'une des huit aîles, & pour faire agir le Moulin.

*Maniere d'arrêter le mouvement de ces Moulins.*

La difficulté d'arrêter le mouvement du Moulin, quand la necessité le requiert, ou quand on n'a plus besoin qu'il tourne, est plus considerable : car la violence de son mouvement est très-grande, & il ne faut pas esperer de la pouvoir surmonter avec quelque cheville de fer, ou avec un autre arrêt, parce qu'on se mettroit en danger de voir briser les aîles, de sorte qu'il faudroit attendre, ou que le vent cessât, ou qu'il changeât de Rhumb, mais on a trouvé une espece de porte en maniere de coulisse, de la hauteur de la cloison, & un peu plus large qu'il ne

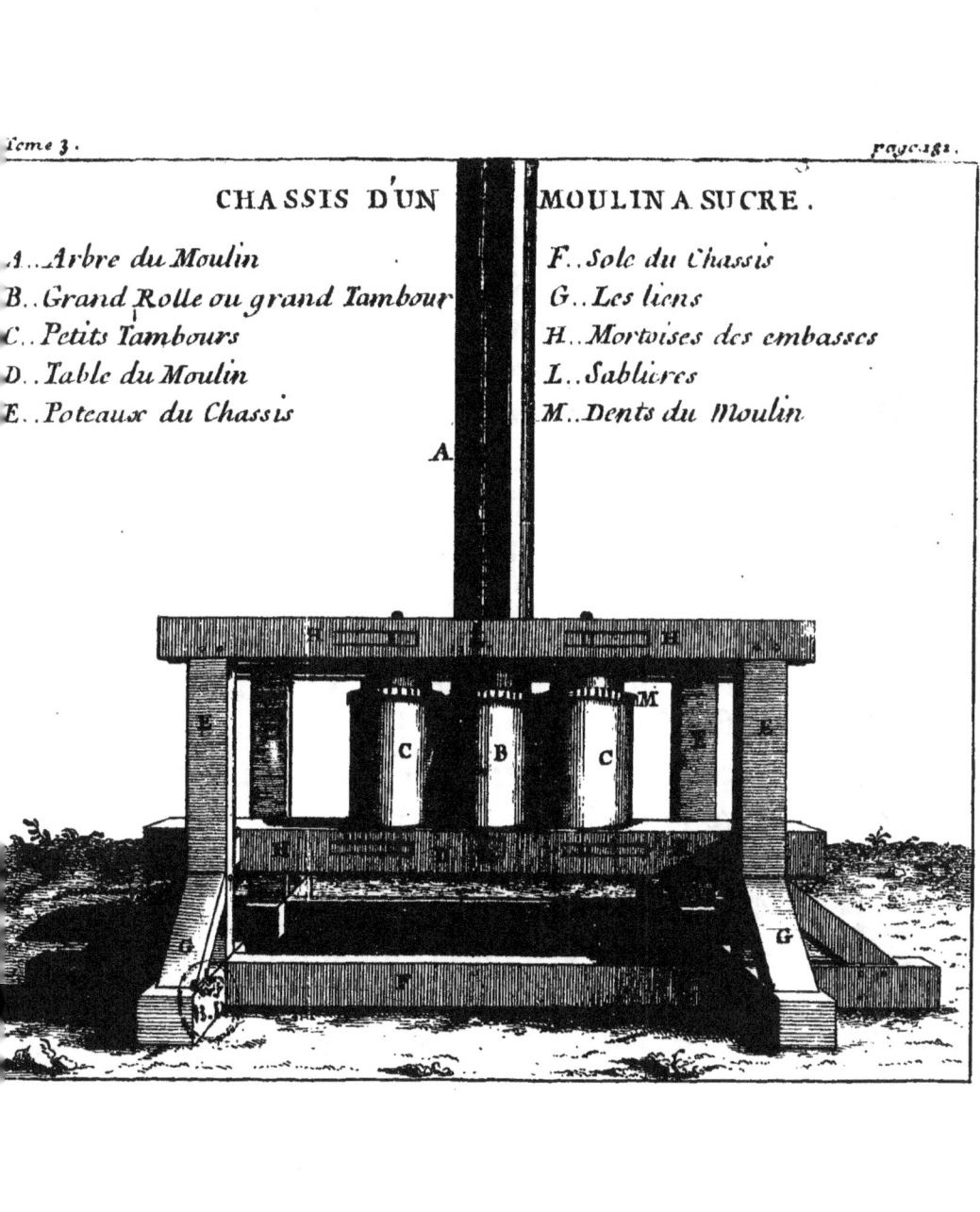

faut, pour fermer toute l'ouverture. On la pousse devant celle où le vent souffle, & le vent ne pouvant plus agir sur les aîles, il est facile d'arrêter le reste du mouvement qu'il y avoit imprimé.

La maniere de porte qui me plairoit davantage, seroit celle qui seroit attachée à chaque cloison avec des gonds & des pentures, qui s'ouvriroit en dehors, & qui se plaqueroit contre la cloison, parce qu'on n'auroit qu'à pousser la porte pour empêcher le passage du vent, & pour arrêter ainsi le mouvement des aîles.

On voit assez qu'un Moulin de cette façon doit aller très-vîte, & qu'il n'est pas d'une dépense considerable, ni pour la fabrique, ni pour l'entretien. Le reste de la construction de ces Moulins est semblable à ceux que je vais d'écrire : ainsi j'y renvoye le Lecteur.

Les Moulins que l'on fait tourner par le moyen des Bœufs ou des Chevaux, sont très-simples, & bien plus communs que ceux dont je viens de parler.

*Moulins qui sont meus par les Bœufs ou Chevaux.*

Ils consistent dans un Chassis de douze pieds de longueur sur quatre pieds de largeur, composé de quatre poteaux de huit ou dix pouces en quarré, sur dix à douze pieds de long, quand on met en terre une partie de ces poteaux, & seulement de sept pieds quand on ne les y enfonce pas. De quelque maniere que ce soit, les bouts des poteaux sont emmortoisez dans une sole de la même grosseur des poteaux. Les soles des longs côtez sont unies ensemble par des entre-toises : & quand on met en terre tout cet assemblage, on a soin de bien fouler la terre, afin que le tout ait la plus grande fermeté qu'on puisse lui donner. Lorsqu'il n'est pas dans la terre, les soles & les entretoises debordent les poteaux d'environ trois pieds, afin de recevoir le tenon d'un lien, dont l'autre extrêmité est emmortoisée dans le poteau, à qui il sert de contre-boutant, de contre fiche, ou de jambe de force : de maniere que chaque poteau est appuyé par deux liens. Outre les deux petites entretoises de la sole, il y en a une autre à chaque bout du Chassis, qui est emmortoisée dans les poteaux environ à deux pieds de terre Ces deux entre toises servent à soûtenir la table du Moulin. Cette table est une piéce de bois, plus longue de deux pieds que le Chassis, épaisse de quinze à dix-huit pouces, dont la largeur ne peut être moindre de vingt pouces. Le milieu de ses côtez est percé de part en part d'une mortoise de six pouces de large sur huit pouces de hauteur, & le dessus

Françoises de l'Amérique.   183

1696.

de la table est percé dans son milieu d'une ouverture qui répond au milieu de cette mortoise. On enchasse dans cette ouverture une piéce de fonte, appellée collet d'environ trois pouces de hauteur, qui est percée dans son milieu d'une ouverture ronde de quatre pouces de diametre, par laquelle passe le Pivot de fer, qui est dans le centre du grand Tambour ; ce collet sert à le tenir, & l'empêche de s'écarter. Le bout du Pivot est percé d'une ouverture barlongue de dix sur quinze à seize lignes, dans laquelle on fait entrer la queuë d'un morceau de fer, gros comme la moitié d'un œuf d'Oye, & fait à peu près de la même façon, dont la pointe qui est acerée, pose sur une platine de fer aceré, longue de six pouces, & large de trois, sur le milieu de laquelle on a pratiqué deux ou trois petits enfoncemens pour déterminer la pointe de l'œuf à s'y arrêter, sans varier de côté, ni d'autre en oulant ; la longue mortoise qui perce oute la largeur de la table, sert à passer ette platine de fer, à la poser, à la changer de place, quand la pointe de l'œuf a sé un des enfonecmens. Elle sert même à hanger l'œuf après qu'on a levé avec des inces le grand Tambour, pour donner eu à la queuë de sortir de la mortoise,

Oeufs & platines de Moulin.

où elle est engagée. Le dessus de la table est ouvert par deux échancrûres, l'une & l'autre également éloignées de l'ouverture, où passe le pivot du tambour du milieu, qu'on appelle le grand Tambour. Cet éloignement se mesure par le demi-diamétre du grand Tambour, & par le demi-diamétre de celui qui est à côté : la valeur de ces deux demi-diamétres est la distance qui doit être du milieu de la table au commencement de chacune des deux échancrûres. Mais comme il faut donner un peu de jeu aux pivots des tambours qui sont à côté du grand, on les commence à quatre pouces plus près qu'elles ne devroient être du grand tambour : on leur donne la même hauteur qu'à la mortoise du milieu, leur largeur est ordinairement de dix-huit à vingt pouces ; mais la partie échancrée qui coupe toute la largeur de la table, n'en a que neuf à dix, & le reste est coupé en maniere de mortoise, qui est couverte par le bois même de la table, à qui on laisse une épaisseur d'environ deux pouces. Cette épaisseur sert à maintenir une piéce de bois large de huit à dix pouces, & d'autant d'épaisseur que la mortoise a de hauteur, mais de façon à y pouvoir entrer, & en sortir facilement. Elle deborde la largeur de la table de quatre ou cinq pouces de chaque côté; dans le milieu de sa longueur & de son épaisseur on taille une mortoise, dans laquelle on enchasse une piéce de fonte de trois pouces d'épaisseur sur six pouces de large & douze de longueur, dont les extrêmitez sont coupées en demi-cercle: le bout qui est dans la mortoise, sert quand l'autre est usé, en la changeant bout pour bout: ce demi-cercle sert à embrasser le bout du pivot de chaque petit tambour, au-dessus de l'œuf, qui tourne sur une platine de fer aceré comme le grand tambour. On appelle cette piéce de bois, garnie de ce demi-collet de fonte, une Embasse; mais comme le mouvement violent du grand tambour ou Rouleau, ou Rolle, qui est la cause du mouvement des deux autres, pourroit la faire mouvoir, & aller & venir de côté & d'autre, & que quand on a besoin d'éloigner ou d'aprocher les petits tambours de celui du milieu, cela seroit impossible, si l'Embasse remplissoit exactement toute la largeur de la mortoise ou de l'échancrûre de la table. On a remedié au premier de ces inconveniens, en faisant un trou à chaque bout de l'Embasse qui deborde la table, dans lequel on fait passer une cheville de fer qui accolle la table,

*Embasse de la table.*

& qui empêche l'Embasse de se remuer, & au second, en ne faisant pas l'Embasse aussi large que l'échancrûre ou la mortoise, où elle est posée, & on acheve de remplir le vuide qu'elle laisse avec des coins, dont on augmente ou diminuë le nombre, selon le besoin que l'on a de presser, ou d'élargir, c'est-à-dire, d'approcher, ou d'éloigner les petits tambours de celui du milieu.

*Allettes de la table & leur usage.*

Le bas de la table, c'est-à-dire, la partie qui porte sur les entre-toises, est garnie de chaque côté de deux allettes ou planches d'un pouce d'épaisseur, qui y sont bien jointes & bien calfatées, & qui par leur largeur remplissent exactement le vuide qui est entre la table & les poteaux du Chassis. Ces allettes sont inclinées vers la table, & panchent en même-tems vers le bout qui regarde la Sucrerie, où le jus des Cannes doit être conduit. Le bout de la table, qui déborde la longueur du Chassis, fait comme une espece de Gargouïlle avec les extrêmitez des deux allettes qui s'y joignent, par où le jus des Cannes tombe dans une Gouttiere de planches, dont le dessus est de niveau avec le Sol du Moulin, & sur lequel marchent les Bœufs ou les Chevaux qui le font tourner. On doit avoir soin que cette

Gouttiere soit bien close, afin qu'il n'y entre aucune ordure. On se sert des meilleurs bois pour faire les tables, comme le Balatas, l'Acomas, l'Angolin, ou le Bois-Lezard.

Le dessus de la table est chargé de trois tambours, posez en ligne droite selon sa longueur; ils sont de fer fondu de l'épaisseur de deux pouces ou environ ; leur hauteur n'est jamais moindre de seize pouces, & n'excede point vingt-deux pouces. Leur diamétre par dedans est depuis quinze jusqu'à dix-huit pouces. Leur vuide est rempli d'un Rouleau de bois de Balatas, d'Acomas, ou d'autre bon bois dur, plein, liant, & qui ne soit pas sujet à se gâter, après qu'il est tourné & poli, & reduit à une grosseur qui laisse entre lui & le tambour un demi-doigt de vuide tout au tour, on l'y pose bien à plomb, & on garnit le vuide avec des serres de fer d'espace en espace, afin que le tambour tienne bien au Rouleau, sans pouvoir en sortir, & sans pancher de côté ni d'autre.

*Tambours de Moulin.*

On appelle Serres, des Lames de fer ou de bois, longues d'environ un pied, larges d'un pouce & demi, & épaisses de quatre à cinq lignes à un bout, & fort minces à l'autre. Après que le tambour est

*Ce que c'est que des serres, leur usage.*

ainsi arrêté d'un côté autour de son Rouleau, on le tourne bout pour bout, en sorte que la partie qui doit être du côté de la table, soit en haut pour avoir la liberté de travailler à son aise, & ainsi on garnit avec des serres de bois tout le vuide qui est entre la circonference du Rouleau & le dedans du tambour, observant de laisser déborder le Rouleau d'un bon pouce hors du tambour ; après quoi on fait entrer des serres de bois, autant qu'on en peut mettre, & tout le vuide étant exactement rempli, on y pousse à coups de masse, des serres de fer ; de maniere qu'il est impossible au tambour de monter ou de descendre, ni de remuer. Après cela on le change de situation, on le remet à plomb sur l'autre bout, & après qu'on l'a garni de serres de bois autant qu'il y en peut entrer, on y met à force, comme à l'autre bout, des serres de fer, observant seulement de laisser deux ouvertures, comme deux abbreuvoirs, par lesquelles on acheve de remplir tout ce qui pourroit rester de vuide entre le tambour & le Rouleau avec du Bray boüillant, dont on couvre tout le reste du bout du Rouleau, tant dessus que dessous, afin que l'eau, l'humidité, & le jus des Cannes ne pénétrent point dans le bois, parce qu'elles le pourriroient infailliblement.

Les Tambours étant ainsi assûrez autour de leurs Rouleaux, on fait une mortoise quarrée dans le centre des deux petits Rouleaux, qui en perce toute la longueur, pour y placer les pivots de fer.

*Pivots de fer qu'on fait entrer dans les Tambours.*

Quand on parle de petits Rouleaux ou Tambours, on entend simplement ceux qui sont à côté de celui qui est au milieu, qu'on appelle le grand Tambour ou le grand Rolle. On les appelle petits, parce que les premiers Moulins, qui avoient été faits aux Isles, avoient le Tambour du milieu beaucoup plus gros que les deux autres. On prétendoit avoir de bonnes raisons pour cela, & on disoit que sa grosseur donnant moyen d'y placer une fois plus de dents qu'aux deux autres, les deux petits faisoient deux tours pendant qu'il n'en faisoit qu'un ; ce qui étoit une acceleration de mouvement très considerable ; mais comme on a reconnu depuis que cette grosseur causoit plus d'incommodité qu'elle n'apportoit de profit, on fait à present les trois Tambours égaux, & d'une grosseur raisonnable : cependant ceux des côtez ont toûjours conservé le nom de petits Tambours.

*Quelle difference il y a entre les Tambours.*

On détermine la longueur des Rouleaux par la hauteur du Chassis, c'est-à-dire, que le Rouleau a autant de longueur qu'il y a de distance, depuis le niveau du dessus de la table, jusqu'au niveau du dessous des entre-toises, qui joignent les potteaux par le haut. Cette distance est ordinairement de trois pieds ou environ. La largeur de la mortoise qui est dans le Rouleau, est de quatre pouces en quarré; elle égale celle du pivot qui doit la remplir: il est de fer, ses deux extrêmitez sont rondes, & cette rondeur est d'environ trois pouces de diamétre à chaque bout. Celui d'en-bas est percé dans son centre, comme je l'ai dit ci dessus, d'une mortoise barlongue, pour recevoir la queuë de l'œuf. Celui d'en-haut est plein. Le meilleur cependant seroit qu'il eût une mortoise semblable à celle d'en-bas, afin de pouvoir s'en servir, quand l'autre seroit usée à force de servir, comme cela arrive assez souvent. On assûre le pivot dans le Rouleau avec des serres de fer dessus & dessous, & on en enfonce même quelques-unes dans l'épaisseur du Rouleau, haut & bas, pour tenir le pivot plus fortement attaché au Rouleau. Mais comme le bois pourroit éclater par le bout, on le garnit d'un cercle de fer de deux pouces de large, & de neuf à dix lignes d'épaisseur, que l'on fait entrer dans le bois, de maniere qu'il ne deborde point: il sert à l'entrenenir, & à empêcher qu'il ne fende par l'effort des serres que l'on y fait entrer pour affermir le pivot.

La longueur du Rouleau qui remplit le grand Tambour, surpasse beaucoup celle des deux autres ; elle arrive jusqu'à l'enrayeûre du comble du Moulin, qui est ordinairement douze ou quinze pieds au dessus du Chassis. C'est pour cette raison qu'on l'appelle l'Arbre du Moulin ou du grand Rolle. Mais comme il seroit impossible & inutile de mettre dans son milieu un pivot de fer de toute cette longueur ; après que le Tambour est assûré autour du Rouleau, on se contente de creuser une mortoise dans son centre, dans laquelle on enchasse fortement un pivot de fer, de quinze à dix-huit pouces de longueur, dont la partie ronde du bas est percée dans son milieu d'une ouverture barlongue, pour recevoir la queuë de l'œuf.

Le reste de la longueur de l'Arbre depuis le dessus du Chassis jusqu'à l'enrayeûre, est taillé à huit pans, tant pour décharger un peu du bois, que pour y faire plus facilement les mortoises, dont nous allons parler. Son extrêmité est coupée & arrondie de maniere, qu'elle est

*Arbre de Moulin ou grand Rolle.*

1696.

réduite à quatre pouces de diamétre, pour former comme un pivot, qui s'emboëte dans une des piéces de l'enrayeûre, ou dans une piéce de bois qui y est jointe & attachée avec des cheville de fer, qu'on appelle une Demoiselle ; ce qui sert à tenir l'Arbre droit, sans qu'il puisse aller ni venir, ni pancher de côté ou d'autre en tournant.

*Demoiselle, son usage.*

A un pied au-dessous de ce pivot, on fait quatre mortoises dans quatre faces opposées de l'Arbre ; on les creuse en aboutissant, pour recevoir les queuës coupées en tenon de quatre piéces de bois de trois pouces de diamétre assez longues pour arriver jusqu'à deux pieds près de terre, faisant un angle de 50. à 55. degrez avec l'Arbre. C'est au bout de ces piéces de bois, qu'on appelle les bras, qu'on attache la volée, où l'on attele les chevaux, qui font tourner l'Arbre. Mais comme ce simple tenon n'auroit pas assez de force, pour résister aux efforts que font les Chevaux en tirant le bras où ils sont attachez, on fait deux mortoises dans l'autre, environ un pied au-dessus du Chassis, dans lesquelles on passe deux traverses de trois à quatre pouces en quarré, dont la longueur arrive jusqu'aux bras : on les joints ensemble par des tringles avec des chevilles

*Bras de Moulin, leur usage.*

chevilles de fer, ce qui affermit les bras, sans qu'ils courent aucun risque d'être emportez par le mouvement des Chevaux. Mais comme il ne serviroit de rien de faire tourner l'Arbre & le grand Tambour, si ceux des côtez demeuroient immobiles, on les garnit tous trois de dents qui s'engrenant les unes dans les autres, font que les petits Tambours se meuvent dès que le grand est en mouvement. Ces dents s'enchassent sur la circonference des Rouleaux dans des mortoises de trois pouces de haut sur deux pouces de large, dont le commencement de l'ouverture est à trois pouces au-dessus des Tambours. Avant que de marquer où les dents doivent être placées, on partage toute la circonference en parties égales, de deux en deux pouces, afin qu'il y ait autant de plein que de vuide, c'est-à-dire, autant de dents que d'espaces vuides entr'elles. La hauteur & la largeur des mortoises font les dimensions des dents, dont la situation dans la mortoise doit être telle, que la ligne qui les partage en deux, tombe perpendiculairement sur le centre du Rouleau. La profondeur des mortoises doit être de cinq pouces, & la longueur entiere de la dent de neuf, de maniere qu'elles sortent hors du Rouleau de quatre pouces. Ce qui suffit afin

*Dents de Moulin leur necessité, leur nombre, leur matieres & leur usage.*

qu'elles s'engrenent suffisamment les unes dans les autres, sans cependant toucher à la circonference des Rouleaux, parce que les deux Tambours ayant chacun deux pouces d'épaisseur, c'est justement la longueur que l'on donne aux dents hors du Rouleau ; afin de faciliter leur mouvement & leur rencontre, on coupe leurs vives arrêtes, & on les arrondit un peu selon leur hauteur, de sorte que leur bout fait comme un demi-cercle ; & comme leur situation perpendiculaire au centre du Rouleau fait que l'ouverture qu'elles laissent entr'elles à leurs extrêmitez, est bien plus grande que celle qui est entr'elles sur la circonférence du Rouleau, cela fait qu'elles ne se touchent guéres que dans le milieu de leur saillie ; ce qui suffit pour imprimer tout le mouvement necessaire au Moulin. On se sert de Balatas, de Courbary, de Bois rouge, ou de Bois d'Inde, pour faire les dents, & on a soin que les divisions des mortoises soient bien égales dans les trois Rouleaux ; & s'il se trouvoit quelque chose de plus ou de moins dans quelqu'un d'eux, on régale ou répartit exactement ce défaut, ou cet excès sur toutes les autres parties pleines & vuides, afin qu'il y ait entre toutes les dents le plus d'égalité qu'il est possible.

*Raisons de l'égalité qui doit estre entre les dents, & leurs vuides.*

parce que s'il y a un plus grand espace d'une dent à l'autre, la plus éloignée sera frapée plus violemment que si elle avoit été toûjours presque adhérente à celle qui la pousse. Or l'effort que celle-ci fait contre celle qui est plus éloignée, ne peut manquer d'être plus grand, parce qu'il vient de plus loin, & par consequent de comprimer davantage ses parties ; & comme elle reçoit successivement la même augmentation d'effort de toutes les autres dents qui la touchent, il faut qu'elle cede enfin à la violence, son bois s'éclate, & elle se rompt en piéces. Celle qui la suit, a encore plus à souffrir, parce que l'effort que les autres dents font contre elle, est augmenté par la distance où elle se trouve, de sorte qu'elle est bien plûtôt rompuë ; & si on n'arrêtoit pas promtement le mouvement du Moulin, on auroit le chagrin de voir sauter toutes les dents, les unes après les autres. La même chose arrive quand quelqu'un des Rouleaux n'est pas à plomb, parce que pour lors les dents se frapent de biais, & ne pouvant plus être toutes d'égale force, il faut que la plus foible cede & se rompe ; ce qui entraîne necessairement la perte de toutes les autres. Il faut dans ces occasions arrêter promtement le Moulin : cela est aisé aux Moulins qui sont tournez par des Bœufs, ou par des Chevaux : mais il n'en est pas de même des Moulins à eau, où le mouvement de la grande Roüe ne cesse pas d'abord qu'on a détourné l'eau qui la fait mouvoir, dont la continuation de mouvement, pour peu qu'il dure, est capable de rompre & d'édenter tout un Moulin.

Ce n'est pas un petit embarras que de remettre ces dents, sur tout quand elles sont rompuës au ras du Rouleau. J'ai été quelquefois obligé de les faire hacher à coups de cizeau, & de les retirer par esquilles. D'autres fois on les retire en y enfonçant un gros Tirefond dans l'anneau duquel on passe une corde pour suspendre le Tambour en l'air, & pour faire lâcher la dent par la pesanteur du Tambour : mais on ne peut se servir de ce remede qu'aux petits Tambours, & non pas au grand, à cause du trop grand embarras qu'il y a à le descendre. On est donc reduit à les tirer par morceaux avec le ciseau, ou à faire une espece de Renard, comme les Charpentiers le pratiquent pour retirer les chevilles qui sont trop enfoncées.

*Maniere de remettre les dents.*

Au reste c'est une précaution indispensable dans une habitation d'avoir toûjours une trentaine de dents prêtes à mettre en place, afin de les employer dès qu'on s'apperçoit que quelqu'une commence à se gâter.

On a soin trois ou quatre fois le jour de frotter les dents avec de la graisse, tant pour les faire couler plus facilement l'une contre l'autre, que pour les empêcher de s'échauffer par excès.

*Precaution pour empêcher que les dents ne s'échauffent.*

J'ai dit ci-devant de quelle maniere les petits Tambours étoient affermis à côté du grand par le moyen des collets ou crapaudines de fonte, qui sont enchassées dans les Embasses. Le haut est arrêté de la même manière par un autre collet ou crapaudine enchassée dans une Embasse, que l'on fait passer dans une grande mortoise taillée dans la sabliere, qui joint le haut des poteaux dans leur long pan. On fait cette mortoise beaucoup plus longue qu'il n'est necessaire, pour le passage & pour le mouvement de l'Embasse, afin de pouvoir abaisser le Tambour, quand on le juge necessaire, en reculant seulement l'Embasse, sans l'ôter tout-à-fait de sa place. Le haut du Chassis n'a point d'entre-toises par les bouts; outre qu'elles seroient inutiles, puisque les deux entre-toises qui soûtiennent la table, le lient assez, elles seroient embarrassantes, quand

I iij

il faut abaisser le grand Rolle pour reparer quelque chose au Tambour, parce qu'on est obligé de le coucher sur la table après en avoir ôté les petits : ce qui seroit impossible, si les bouts du Chassis étoient fermez par des sablieres ou entre-toises. Mais afin de ne rien negliger de tout ce qui peut contribuer à la solidité du Moulin, on taille de telle sorte les entre-toises qui portent les crapaudines du haut des petits Tambours, qu'on laisse à une de leurs extrêmitez une épaisseur de deux pouces de leur même bois, & on arrête l'autre par le moyen d'une cheville de fer, qui la traverse, & qui l'accolle de telle sorte, qu'elle fait l'effet d'une entre-toise. On remplit le reste du vuide de la mortoise avec des coins, dont on augmente ou diminuë le nombre à proportion que l'on veut tenir le Rolle serré ou lâché ; pourvû qu'il soit bien à plomb : car sans cela on s'exposeroit à voir sauter toutes les dents, & à faire gâter les œufs & les platines, sur lesquelles ils roulent.

*Tables volantes, ou établis qui accompagnent la table du Moulin.*

A chaque bout du Chassis & au-dedans des poteaux on cloüe deux tringles de bois de deux pouces d'épaisseur sur trois à quatre pouces de large, dont un des bouts pose sur la table, & l'autre est plus élevé de deux pouces que le niveau de la même table. Elles servent à porter des tables ou établis, qui couvrent toute la supeficie de celle du Moulin, y compris même l'épaisseur des poteaux & davantage. Ces tables ou établis sont des deux côtez des Tambours; elles se joignent & s'attachent ensemble avec des crochets plats de fer. Ce qui s'en trouve au-devant des Tambours, est échancré selon leur circonference ou leur tour; & la pointe que forment les deux échancrûres, penetre entre les Tambours aussi avant qu'elle le peut faire. La largeur de ces établis doit être telle, que les Negres ou Negresses qui servent le Moulin, c'est-à-dire, qui presentent les Cannes entre les Rouleaux, ou qui repassent les mêmes Cannes dèja pressées entre le premier & le second Rouleau, entre le premier & le troisiéme, ne puissent pas toucher avec les doigts à l'endroit, où les Tambours se touchent, à cause des accidens funestes, & du danger presque sans remede, qu'il y a de passer, & d'être écrasez comme les Cannes entre les Tambours. Ces accidens sont plus frequens, & plus à craindre aux Moulins à Eau, qu'aux Moulins à Chevaux, parce qu'on est plus maître d'arrêter le mouvement de ces derniers, que des autres, dont la Roüe ne laisse pas de faire encore quel-

I iiij

ques tours après qu'on a détourné l'eau qui la faisoit agir, parce que le mouvement violent, dont elle étoit agitée, continuë encore, après que son principe a cessé d'agir.

On met sur chaque établi un bloc de bois d'environ un pied & demi en quarré, dont l'un des côtez est coupé en pointe, & échancré de manière qu'il pénétre entre les deux Tambours autant qu'il peut s'approcher du point de leur jonction. La pointe qui entre dans les Tambours, est plus haute que le reste du bloc. On pose les Cannes dessus, & il sert à les diriger, ou à les conduire entre les Tambours, & empêche que celles qui se rompent, ne tombent dessous.

*Manière de servir, ou de donner à manger au Moulin.*

Lorsque le Moulin tourne de gauche à droite, on met les Cannes entre le premier Tambour & le second, c'est-à-dire, entre celui qui est à la droite du grand, qui est toûjours le second, de quelque côté que l'on commence à compter.

Comme le grand Tambour, c'est-à-dire, celui du milieu, est le principe du mouvement des deux autres, son mouvement allant de gauche à droite, ses dents qui s'engrenent dans celle du Rouleau qui est à sa droite, le font tourner de droite à gauche, & par une suite nécessaire font tourner celui qui est à sa gauche, de gauche à droite ; de sorte que les deux superficies voisines concourent l'une avec l'autre à attirer puissamment, & sans esperance de leur faire lâcher prise ce qu'elles ont une fois mordu, jusqu'à ce qu'il ait tout-à-fait passé entr'elles. L'action que l'on fait en presentant des Cannes entre les Tambours, s'appelle donner à manger au Moulin. Il n'est pas nécessaire de pousser beaucoup les Cannes entre les Rouleaux pour les y faire passer. Quoiqu'ils soient polis comme une glace, & si pressez l'un contre l'autre, qu'on n'y peut faire passer un Ecu sans l'applatir ; dès que le bout de la Canne est au point de leur jonction, les deux Rouleaux le serrent, & l'attirent en le comprimant d'une maniere, qu'ils en font sortir tout le suc, & avec une vîtesse proportionnée au mouvement du grand Rolle. Les Cannes ayant été ainsi pressées en passant entre les deux premiers Rolles, sont appellées Bagaces ; elles sont reçûës de l'autre côté par une Negresse, qui les plie en deux selon leur longueur, & les presente sur le bloc entre le premier & le troisiéme Rolle, où elles passent, & achevent de rendre tout le reste du suc qui pourroit encore y être.

*Ce que c'est que les Bagaces.*

Le jus, ou suc, ou vin, comme on

l'appelle en quelques endroits, tombe le long des Tambours sur les échancrûres de la table, & de-là sur les deux allettes qui sont à côté, dont la pente le conduit dans la gouttiere, qui le porte à la Sucrerie.

*Combien il faut de gens pour servir un Moulin, & leur employ.*

On met quatre Negresses pour le service d'un Moulin, & quelquefois cinq, sur tout quand c'est un Moulin à Eau, qui mange beaucoup de Cannes, ou quand les Cases où l'on serre les Bagaces, après qu'elles ont passé au Moulin, sont un peu éloignées.

Une de ces Negresses est occupée à prendre les paquets de Cannes du lieu où les Cabroüets les ont déchargez, qui doit être toûjours le plus proche qu'il se peut du Moulin, & à les approcher & arranger les uns sur les autres à la gauche de celle qui donne à manger au Moulin. Celle-ci les prend les uns après les autres, les pose sur l'établi, les délie, ou pour avoir plûtôt fait, quand on est un peu pressé, elle coupe d'un coup de serpe les deux amarres, & pousse les Cannes dans l'entre-deux des Tambours. Souvent dans les Moulins à eau elle ne se donne pas la peine de délier les paquets, elle les met tous entiers ; c'est pourtant ce qu'on ne doit pas permettre, parce que cette trop grande quantité de Cannes fait faire de trop grands efforts au Moulin, oblige les Tambours de s'éloigner, & presse moins les Cannes. Il faut que les Tambours soient toûjours remplis, & ne pas attendre que celles qui y sont soient entierement passées pour y en substituer de nouvelles; mais comme elles ne sont pas toutes d'égale longueur, dès que les plus courtes sont passées, il faut remplir leur place par d'autres.

La troisiéme Negresse reçoit de l'autre côté des Tambours les Cannes qui ont passé; elle les ploïe en deux, & les fait repasser entre le premier & le troisiéme Tambour, observant qu'ils soient toûjours garnis de bagaces, comme les autres sont fournis de Cannes : par ce moyen le grand Rolle demeure bien perpendiculaire; il presse également, & fait que les Cannes restent sans jus, & que les bagaces sortent presque toutes seches.

La quatriéme Negresse & la cinquiéme, où il y en a cinq, prennent les bagaces à mesure qu'elles sortent des Tambours, & se répandent sur l'établi; elles en font des paquets, qu'elles portent dans de grandes Cases, comme des Hangarts, où on les met en pile, pour les conserver, & pour s'en servir à faire du feu sous les premieres Chaudieres, quand elles sont seches.

I vj

Celles qui se trouvent brisées & reduites en trop petits morceaux pour être liées en paquet, sont emportées dans de grands paniers de liannes, & jettées un peu à côté du Moulin avec les restes des liens, où les Chevaux, les Bœufs, & les Cochons ne manquent pas de les venir manger.

Usage qu'on fait des bacaces.

On voit ainsi, que les bagaces ne sont pas inutiles: quelquefois même quand on est pressé de chauffage, on ne fait que les étendre au Soleil en sortant du Moulin, trois ou quatre heures suffisent, & souvent même il n'en faut pas tant, pour les rendre propre à brûler. Il y a des endroits, comme aux basses-terres de la Martinique, & de la Guadeloupe, presque dans toute l'Isle de Saint Christophle, de la Barbade, de Niéres & autres, où l'on ne se sert point d'autre chose pour chauffer les deux dernieres Chaudiéres, les premieres l'étant seulement avec les pailles ou feüilles de Cannes; Mais aux Cabestieres des Isles, & en d'autres endroits, ou les terres sont plus neuves & plus fortes, les Cannes sont plus dures & plus aqueuses, & ordinairement on ne manque pas de bois dans ces endroits-là, on n'y employe guéres les pailles, on se sert seulement des bagaces sous les deux

premieres Chaudiéres. On chauffe la troisiéme avec du menu bois, comme sont
les branchages que l'on met en fagots, &
les deux dernieres en gros bois, afin de
faire un feu plus violent & plus continuel,
comme il est necessaire pour achever la
cuisson du Sucre.

La facilité que les Tambours ont de
mordre les Cannes, dès qu'elles sont proches du point de leur jonction, & de les
attirer entre-eux, fait voir combien il est
important d'empêcher que les Negresses
qui donnent à manger au Moulin, ou
qui repassent les bagaces : ( car ce sont ordinairement les femmes qu'on employe à
ce travail, ) ne puissent toucher avec le
bout des doigts à l'endroit où les Tambours le touchent ; ce qui pourroit arriver, si la largeur des établis ne les en empêchoit, principalement la nuit, quand
accablées du travail de la journée & du
sommeil, elles s'endorment en poussant
les Cannes, & se penchant sur l'établi
elles suivent involontairement les Cannes
qu'elles tiennent en leurs mains, elles se
trouvent prises & écrasées avant qu'on
puisse les secourir, sur tout quand c'est
un Moulin à eau, dont le mouvement est
si rapide qu'il est physiquement impossible d'arrêter assez-tôt pour sauver la vie

*Accidens funestes qui arrivent à ceux qui servent les Moulins.*

à celle dont les doigts se trouvent pris. En pareilles occasions le plus court remede est de couper promtement le bras d'un coup de serpe; & pour cela on doit toûjours tenir sur le bout de la table une serpe sans bec, bien affilée, pour s'en servir au besoin. Il est plus à propos de couper un bras, que de voir passer une personne au travers des Rouleaux d'un Moulin. Cette précaution n'a pas été inutile chez nous au Fons S. Jacques, où une de nos Negresses s'étoit laissée prendre au Moulin, heureusement pour elle dans le tems qu'on venoit de détourner l'eau. Un Negre qui tenoit une pince de fer pour lever un des Rolles, quand le Moulin seroit tout-à-fait arrêté, la mit entre les dents, arrêta le Moulin assez de tems pour donner le loisir de couper la moitié de la main qui étoit prise, ce qui sauva le reste du corps.

Une Negresse appartenant aux Jesuites, ne fut pas si heureuse; elle voulut donner quelque chose à celle qui étoit de l'autre côté des Tambours; le bout de sa manche se prit entre les dents, & y entraîna le bras, qui fut suivi du reste du corps dans un instant, sans qu'on pût lui donner aucun secours. Il n'y a que la tête qui ne passe pas, elle se separe du col, & tombe du côté que le corps a commencé d'entrer.

Ce qui arriva à la Guadeloupe dans l'année 1699. est encore plus funeste. Une Negresse du sieur Gressier Habitant du quartier des trois Rivieres, s'étant prise au Moulin, & criant de toutes ses forces, le Rafineur courut à son secours; il prit & tiroit fortement les deux bras de cette femme, qui avoient été pris successivement, parce que se sentant une main prise, elle y avoit porté l'autre pour se soûlager. Un Negre qui vouloit mettre une pince de fer dans les dents pour arrêter le mouvement pendant qu'on détournoit l'eau, se pressa trop, & mit la pince trop bas, de sorte qu'une dent se rompit, & la pince glissa entre les Tambours, qui la repousserent si violemment contre celui qui la tenoit, qu'un des bouts lui creva l'estomach, & l'autre lui fracassa la tête : cependant la Roüe s'étant chargée d'eau, son mouvement redoubla, & le Rafineur se trouva pris avec la Negresse qu'il avoit voulu secourir, & passa entre les Rouleaux, & fut fracassé avec elle.

*Accident arrivé à la Guadeloupe.*

Quoique de pareils accidens n'arrivent pas tous les jours; comme ils peuvent arriver, on ne doit rien negliger pour les prévenir.

1696.

Avis quand il arrive de pareils accidens.

Je ne dois pas remettre à une autre occasion un avis important que j'ai à donner, qui est que quand on a le bonheur d'arrêter un Moulin où quelque membre est pris, il faut bien se garder de faire retrograder les Tambours pour retirer la partie qui y est engagée, parce que c'est une nouvelle compression, à laquelle on l'expose, qui acheve de concasser, de briser les os, & de déchirer les nerfs de la personne; mais il faut desserrer les Rouleaux, & retirer doucement la partie offensée.

Les Anglois se servent de ce tourment pour faire mourir les Caraibes & leurs Negres.

Les Anglois se servent de ce tourment pour punir les Negres qui ont commis quelque crime considerable, ou les Indiens qui viennent faire des descentes sur leurs terres. Je n'ai point vû ces sortes d'executions; mais je les ai apprises de témoins oculaires & dignes de foi. Ils lient ensemble les pieds de celui qu'ils veulent faire mourir, & après lui avoir lié les mains à une corde passée dans une poulie attachée au Chassis du Moulin, ils élevent le corps, & mettent la pointe des pieds entre les Tambours, après quoi ils font marcher les quatre couples de Chevaux attachez aux quatre bras, & laissent filer la corde qui attache les mains, à mesure que les pieds & le reste du corps passent entre les Tambours. Je ne sçai si on peut inventer un supplice plus affreux. Je reviens à mon sujet.

Outre la largeur des établis, on doit défendre aux Negresses qui servent le Moulin, de monter sur des pierres ou sur autre chose pour s'élever davantage, & pour servir plus aisément, particulierement en repassant les bagaces. Et comme le sommeil est souvent le principe des accidens qui leur arrivent, on doit les obliger de fumer, ou de chanter; & le Rafineur qui est de quart à la Sucrerie, doit prendre garde que ni les Negresses du Moulin, ni les Negres qui ont soin d'entretenir le feu aux Fourneaux, ni ceux qui écument les Chaudiéres, ne s'endorment pas, non-seulement à cause que le travail seroit retardé ou mal fait ; mais encore parce que les Negres en écumant peuvent se laisser tomber dans la Chaudiére qui est devant eux, & s'y brûler, ou y être suffoquez, comme cela est arrivé plus d'une fois.

*Precaution pour les empêcher de s'endormir.*

Qu'on dise tout ce qu'on voudra des travaux des Forges de fer, des Verreries, & autres; il est constant qu'il n'y en a point de plus rude que celui d'une Sucrerie, puisque les premiers n'ont tout au plus que douze heures de travail, au lieu que ceux qui travaillent à une Sucrerie,

*Travail d'une Sucrerie extrêmement rude.*

en ont dix-huit par jour, & que sur les six heures qu'ils ont en deux fois pour dormir, il faut qu'ils en ôtent les tems de leur soupé, & souvent celui d'aller chercher des Crabes pour se nourrir : car il y a beaucoup d'Habitans qui se contentent de donner seulement de la farine de Magnoc à leurs Esclaves.

*Partage du tems dans une Sucrerie.*

Voici comme on partage le tems dans une Sucrerie. On fait lever les Negres pour assister à la Priére environ une demie heure avant le jour, c'est-à-dire, sur les cinq heures du matin ; il se passe presque une heure avant qu'ils soient assemblez, & que la Priére soit faite, parce que dans les maisons bien reglées on fait un petit Catechisme pour les nouveaux Negres qu'on dispose au Baptême, ou aux autres Sacremens, quand ils sont baptisez. Quelques Maîtres leur donnent à boire un peu d'Eau-de-Vie, avant que d'aller au Jardin ; c'est ainsi qu'on appelle le terrain planté de Cannes ou d'autres choses, où l'on va travailler.

Ceux qui doivent entrer au service de la Sucrerie des Fourneaux, & du Moulin, y entrent, & y demeurent sans en sortir jusqu'à six heures du soir. Ils s'accommodent ensemble pour trouver un moment pour déjeûner, & pour dîner, mais de telle maniere, & si promtement, que le travail n'en soit ni suspendu, ni negligé.

Ma coûtume a toûjours été d'envoyer à l'heure du dîné aux Negres & aux Negresses de ces trois endroits un grand plat de farine de Magnoc trempée avec du boüillon, avec un morceau de viande salée, des Patates & des Ignames, le tout accompagné d'un coup d'Eau-de-Vie, & cela sans aucune diminution de la ration ordinaire qu'on leur donne le Dimanche au soir, ou le Lundy matin, pour toute la semaine. Par ce moyen je les tenois contens & assez bien nourris pour supporter la fatigue du travail, que je ne voulois point du tout voir languissant, ni les Negres foibles & chancelans, faute d'un petit secours.

*Ce que l'Auteur pratiquoit pour nourrir ses Negres grands & petits.*

Je pratiquois encore une autre chose, dont je me suis toûjours bien trouvé. C'étoit de donner à dîner à tous les petits enfans de l'habitation. Cela soûlageoit beaucoup les peres & meres, les délivroit de ce soin, & leur ôtoit le pretexte de manquer à quelques heures de leur travail, sous pretexte d'avoir besoin de ce tems pour songer à leurs enfans. Ils étoient quittes de tout ce soin en leur donnant le matin avant que d'aller au travail une poignée de farine dans leur

Cony avec quelque petit morceau de viande ou de Crabe, ou des fruits, sans plus s'en mettre en peine que le soir pour les coucher. Ces enfans s'assembloient à la maison un peu avant l'heure du dîné, sans qu'il fût besoin de sonner la cloche pour les appeller. La Negresse de la cuisine, ou quelque autre, leur faisoit le Catechisme, & après leur avoir fait dire les Priéres, dont ils étoient capables, elle les partageoit de six en six autour d'un plat de farine trempée avec du boüillon, puis on leur donnoit à chacun un petit morceau de viande avec des Patates & des Ignames. Ce repas leur suffisoit pour le reste de la journée, parce que pendant le reste du jour ils s'amusent à manger des Cannes & d'autres fruits, & vont à la Sucrerie, où ils boivent du Vesou, c'est-à-dire, du jus de Cannes qui a boüilli, & qui a été écumé, & même clarifié, lequel est très-nourrissant : de sorte que quand leurs parens revenoient le soir du travail, ils n'avoient que la peine de les ramasser dans le Moulin, ou sous les appentis des Fourneaux, où ils les trouvoient endormis, pour les porter coucher à leurs cases.

Il y a des Habitans qui ne permettent pas à leurs Negres d'entrer dans la Sucretie, & d'y boire du Vefou, s'imaginant que cela fait une grande diminution à leur recolte. C'eſt une pure leſine, une économie mal entenduë, & même une dureté de les empêcher de joüir de cette petite douceur, qui eſt le fruit de leur travail. L'Ecriture ne défend-elle pas de lier la bouche du Bœuf qui foule les Gerbes de blé ? Ce qu'on doit exiger d'eux, c'eſt qu'ils en demandent la permiſſion au Rafineur, ou à celui qui tient ſa place, afin de conſerver le bon ordre, & la ſubordination qui doit être dans une habitation.

Les Negres qui travaillent au Jardin, portent avec eux ce qu'ils veulent manger à déjeûner, parce qu'on ne revient à la maiſon que pour dîner. Il y a des Maîtres qui leur donnent une demie heure pour déjeûner ſur le lieu du travail, & qui la rabattent ſur les deux heures qu'on leur donne à dîner. Il me ſemble qu'on peut bien leur laiſſer ces deux heures entieres, qui leur ſervent à ſe repoſer, & à faire ce qu'ils ont beſoin dans leur menage : & pour ne rien perdre du tems du travail, on peut les y faire aller un peu plus matin, & les en rappeller un peu plus tard.

*Partage du tems dans l'habitation.*

A onze heures on revient à la maiſon pour dîner, excepté quand on travaille dans les Bois, ou en d'autres lieux fort éloignez, où l'on perdroit une partie du tems à aller & à venir. On avertit alors les Negres de porter leur dîné avec eux, & l'on occupe à des travaux aux environs de la maison les Negresses qui ont des enfans à la mammelle, afin qu'elles soient plus à portée d'en avoir soin.

Quand on revient dîner à la maison, on retourne au travail à une heure après midy jusques sur les six heures du soir, qu'on quitte le travail du Jardin, pour revenir à la maison, & commencer celui qu'on appelle la veillée, qui dure encore deux ou trois heures ; mais auparavant on fait la Priére : après quoi ceux qui doivent travailler à la Sucrerie, aux Fourneaux, & au Moulin à minuit, relevent ceux qui y sont actuellement, & demeurent à leur place jusqu'à huit heures ; ce qu'on appelle le petit quart. Mais il vaut mieux ne point faire ce partage, & envoyer coucher ceux qui ont travaillé à la Sucrerie depuis minuit, afin qu'ils ayent six heures à se reposer, & faire entrer à leur place ceux qui n'ont travaillé au Jardin, ou autre part, que depuis six heures du matin. Quant aux autres qui ne sont point occupez à ces trois postes, ils passent leur veillée à grager du Magnoc, ou à d'autres travaux voisins de la maison, dont on ne manque jamais.

Le Samedy on quitte le travail sur les neuf à dix heures du soir; & comme tous les Ouvriers des deux quarts se rencontrent ensemble, on les employe à porter à la Purgerie les formes de Sucre, qu'on a fait les jours précedens, quand on travaille en Sucre blanc, ou à d'autres, lorsqu'on fait du Sucre brut. On emplit d'eau les Chaudieres, à mesure qu'on les vuide du Sucre, ou du Vesou, dont elles étoient remplies, parce que la chaleur extrême, dont les Fourneaux sont embrasez, après même qu'on en a tiré tout le feu, ne manqueroit pas de les brûler si elles étoient vuides. Quand on fait du Sucre brut, on ne remplit d'eau que les deux dernieres; & on laisse les autres pleines de Vesou, mais on ne peut pas prendre cette avance en faisant du Sucre blanc, comme je le dirai dans la suite.

Le Dimanche matin après la Prière on porte à la Purgerie les formes qu'on a remplies pendant la nuit, ou bien on met en Barrique le Sucre brut qui étoit dans les rafraichissoirs, que l'on n'a pas pû y mettre plûtôt, parce qu'il étoit trop chaud.

Si on a apporté des Cannes au Moulin

le Samedy au soir, on ne manque pas d'éveiller les Negres qui doivent y travailler le Lundy à minuit, afin que le travail soit discontinué le moins qu'il est possible, & qu'on puisse profiter de la saison seche, pour faire son Sucre, sans se laisser surprendre par la saison des pluyes.

On voit par ce que j'ai dit ci-dessus, ce que c'est que le travail d'une Sucrerie, & combien il est difficile que des Negres le plus souvent mal nourris puissent le supporter, sans y succomber. L'expedient que je pris, dès que je fus chargé du soin de nos affaires, fut de partager en deux Escoüades les Negres que je trouvai propres au travail de la Sucrerie, où que je fis instruire à cet effet, afin qu'une Escoüade eût pendant une semaine les dix-huit heures de travail, & que la semaine suivante elle n'en eût que six ; mais pendant ce tems-là elle travailloit à la Purgerie, quand on faisoit du Sucre blanc, ou au Bois. Et à l'égard des Negres des Fourneaux, & des Negresses du Moulin, je les divisai en six bandes, dont une entroit chaque jour en exercice, de maniere que le travail étant ainsi partagé, il étoit plus facile à supporter, & j'étois en droit d'éxiger de mes gens un travail prompt, assidu & vigoureux.

Une

Une des choses qu'on ne sçauroit assez recommander aux Negresses qui servent le Moulin, est de le tenir propre, en le lavant souvent. Les Rafineurs ou ceux qui tiennent leur place, doivent être exacts jusqu'au scrupule sur ce point-là, duquel dépend toute la beauté de leur Sucre, sur tout du Sucre blanc : car si le Moulin est sale & gras, le jus qui sort des Cannes, contracte aussi tôt les mêmes défauts, & devient aigre avant que d'arriver aux Chaudieres, ce qui de tous les défauts est le plus à craindre, & où il n'y a point de remede. On lave ordinairement les Moulins deux fois par jour ; le matin dès qu'il fait jour en prenant le quart, & un peu avant la nuit. Il faut pour cela arrêter le Moulin, lever les établis, & frotter avec de l'eau & de la cendre les Embasses, & tous les endroits où le jus s'est répandu en tombant des Rouleaux : car il n'y a rien qui engraisse tant, & qui porte plus d'ordures & plus gluantes que le jus de Cannes. Après la cendre on lave avec de nouvelle eau la table, les allettes, les établis & la gouttiere qui porte le jus à la Sucrerie. Et comme tout cela ne se peut faire sans consommer beaucoup de temps, parce que chaque fois qu'on lave le Moulin, on est obligé de lever les Em-

*1696.*

*Soin extrême qu'on doit avoir de tenir le Moulin bien propre.*

basses & leurs coins, & de les remettre. Je me mis en tête d'abreger toutes ces ceremonies, en faisant des tables plus commodes, plus solides, & qui se pussent laver sans arrêter le Moulin, & sans consumer un demi-quart d'heure de tems. J'en fis d'abord pour les Moulins de nos habitations, & dans la suite j'en ai tracé pour plusieurs personnes qui en avoient reconnu l'utilité. La longueur de ces tables étoit la même que de celles que j'ai décrit ci-dessus ; mais leur largeur excedoit celle du Chassis de six pouces, de sorte qu'elles avoient quatre pieds & demi de large. Comme il n'est pas facile à tout le monde d'avoir des bois de cette épaisseur, & que même quand on en peut avoir, une table de cette grandeur, & de ce poids est difficile à remuer, & à poser dans un Chassis, je la faisois faire de trois piéces selon leur longueur ; celle du milieu étoit toûjours la plus large, & les deux autres qui la cantonnoient, achevoient les quatre pieds & demi qui en font toute la largeur, & lui servoient comme d'alaises : elles étoient entaillées au droit des poteaux qu'elles embrassoient & accolloient très-juste, ce qui affermissoit considerablement le Chassis, dont les poteaux ne pouvoient se mouvoir, quand même leur Sole auroit été gâtée, puisqu'en ce cas la table leur auroit tenu lieu d'entre-toise, avec laquelle ils auroient été fortement liez ou par une longue cheville de fer, ou par plusieurs chevilles de bois.

La mortoise du milieu perçoit toute la largeur de la table, & comme cette grande largeur auroit empêché de placer commodément l'œuf & la platine du grand Rolle, je lui faisois donner plus de hauteur & de largeur qu'aux tables ordinaires, & je faisois encastrer la platine sur une planche posée en coulisse dans la mortoise, par le moyen de laquelle la platine se posoit facilement sous l'œuf, sans pouvoir varier le moins du monde.

Au lieu des échancrûres qui étoient aux tables ordinaires, pour donner passage aux pivots des petits Rolles, je faisois faire des mortoises pareilles à celle du milieu ; & au milieu de ces trois mortoises on pratiquoit des ouvertures rondes pour le passage des pivots.

A six pouces des bords de la table on creusoit dans son épaisseur jusqu'à la profondeur d'un pouce au bout qui est vers le Tambour le plus éloigné de la Sucretie ; venant en pente douce jusqu'à trois pouces à l'autre bout de la table, afin que le jus en tombant des Rouleaux coulât facilement sur la table, & de-là dans la gouttiere ; & pour l'empêcher de couler sur les Embasses, où il auroit été perdu, je faisois laisser autour des ouvertures des pivots, un bordage en forme de bourlet, pratiqué dans toute l'épaisseur du bois, aussi élevé que les bords de la table, qui rejettoit le jus sur la table, & l'empêchoit de passer par ces ouvertures. Les Embasses des petits Rolles peuvent être arrêtées à chaque côté de la table, avec des chevilles plattes, quoique cela ne soit pas d'une grande necessité.

*Utilité de ces tables.* Outre l'utilité que j'ai remarquée de ces sortes de tables, dont la pesanteur, la largeur, & la coupe rendent le Chassis immobile, elles procurent encore deux avantages considerables.

Le premier est d'élever le jus des Cannes de plus de quinze pouces plus haut qu'il n'en auroit eu, s'il fut tombé des tables ordinaires : ce qui est un avantage pour les Moulins à eau, dont les Sucreries & les Fourneaux sont souvent enterrez à cause de la contrainte, où l'on est ordinairement pour le canal qui porte l'eau sur la grande Rouë.

Le second qui est le plus considerable, est la facilité de laver, & de nettoyer la table, puisqu'on le peut faire sans arrêter le Moulin, & cela dans un moment. Il suffit de lever les établis, & de jetter sur la table de la cendre & de l'eau, & de la frotter avec un balay plat, pendant qu'une Negresse reçoit dans une Baille au bout de la table l'eau & la cendre qui ont servi à la laver. On doit aussi jetter de l'eau sur les Tambours, & les frotter avec le balay : car bien qu'ils soient fort unis, il peut toûjours s'y attacher de la graisse, & un certain suc acide, qui peut gâter le jus, auquel il se communiqueroit : & comme ce jus ne tombe plus entre les Embasses, où il servoit à rafraichir les œufs & les platines, il faut avoir soin de les graisser quand on graisse les dents des Tambours, de peur qu'elles ne s'échauffent, & ne se détrempent par la chaleur, qu'elles contractent en tournant.

Les tables pour être bien propres, doivent être couvertes d'une nappe de plomb, qui tombe deux ou trois pouces en dehors de tous côtez, & qui remplisse exactement toute la profondeur, en suivant exactement le trait & la pente qu'on y a donnée. Cette dépense n'est pas considerable, ou du moins elle n'augmente pas de beaucoup celle qu'on seroit obligé de faire pour le bois, dont les tables ordi-

K iij

naires sont composées ; puisqu'on peut faire celles que j'ai inventées, de toute sorte de bois, même des plus communs, en les couvrant de plomb, au lieu que les autres ne peuvent être faites que de bois très-bons, comme sont le Balatas, l'Acomas, le Bois-d'Inde, l'Epineux, ou le Bois-Lezard, qui étant fort rares, sont aussi fort chers.

<small>Comble de Moulin.</small> Le Châssis du Moulin, avec tout ce qu'il renferme, comme je viens de le d'écrire, est couvert d'un comble fait en Cône, de trente à trente-six pieds de diamétre. La sabliere qui le soûtient, est posée sur des poteaux de douze à treize pieds de long, dont le tiers est enfoncé en terre. Chaque poteau est emmortoisé dans une Sole de sept à huit pieds de long, aux deux bouts de laquelle on ente deux contre-fiches qui s'emmortoisent dans le poteau : celle de dedans le Moulin ne vient qu'à fleur de terre ; mais celle de dehors monte à quatre pieds plus haut : elles servent à tenir les poteaux bien droits, & les empêchent de pencher en dedans ou en dehors. La sabliére est emmortoisée & chevillée dans le bout des poteaux. Les piéces principales qui portent l'assemblage de l'enrayeure, portent droit sur les poteaux, & les autres sur la sabliére.

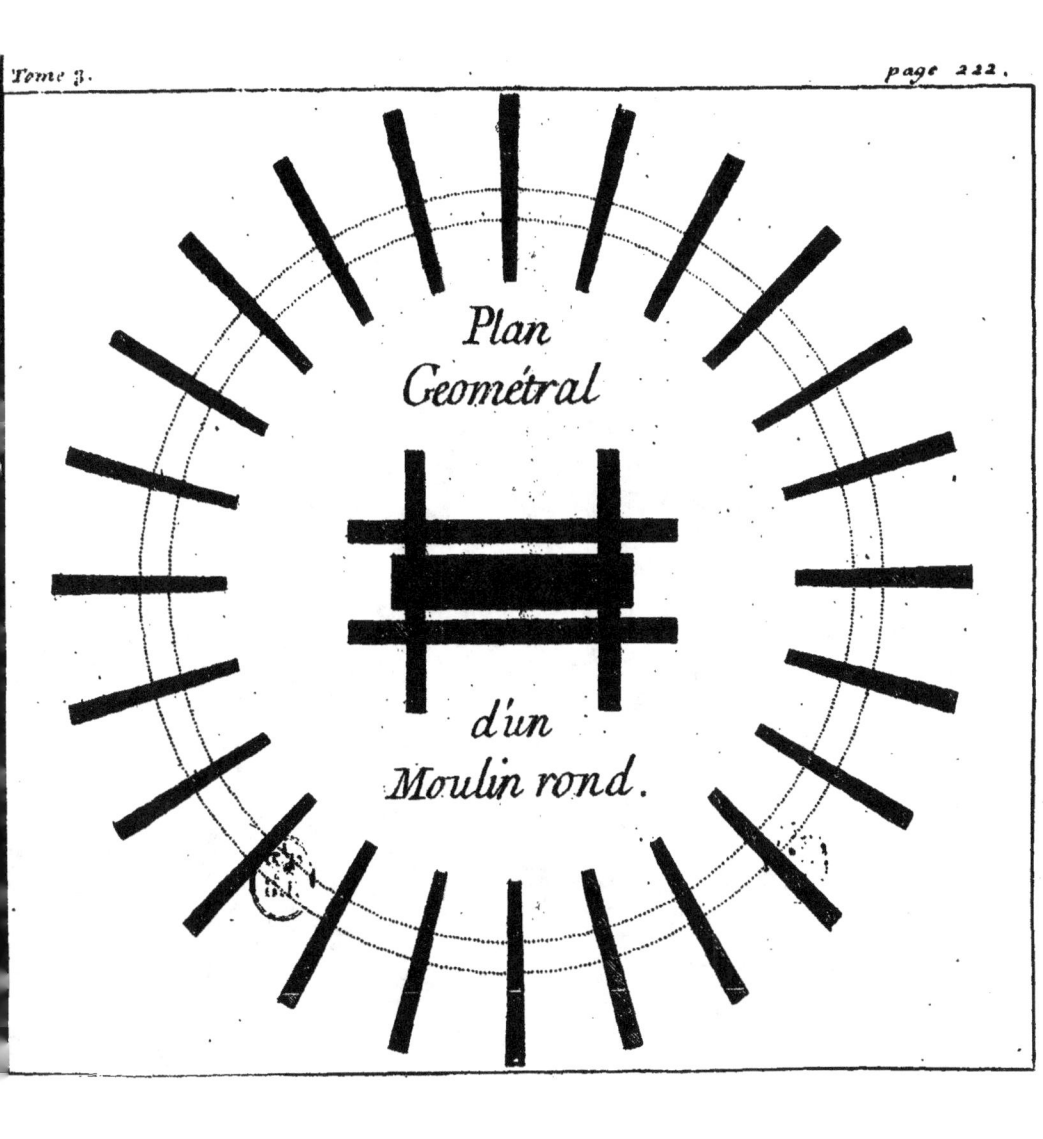

## COMBLE DE MOULIN

A..Chassis avec les Tambours
B..Poteaux
C..Sablière
D..Les Forces
E..L'Entrait
F..Les Chevrons
G..Les Coyaux
H..L'Enrayeure
L..Le Poinçon
M..La Damoiselle
N..Bras de Moulin
O..Chevaux qui tirent le Moulin.

Ceux qui ne craignent pas la dépense, font une double enrayeure, pour lier davantage tout l'assemblage. D'autres se contentent d'une seule. Ce qu'il y a à observer, est que l'ouverture qui reçoit le bout de l'Arbre, où est le Tambour du milieu, ne doit point se trouver dans le centre de la croisée de l'assemblage, ni à côté; mais que ce centre doit être vuide, afin que le bout de l'Arbre y passe librement, sans faire tort à la charpente, & il doit être reçû dans une piéce de bois, appellée Demoiselle, de quinze à seize pouces de large sur cinq à six pouces d'épaisseur, attachée sur le centre vuide de l'enrayeure avec des chevilles de fer à clavette, afin que dans le besoin d'élever ou d'abaisser le grand Rolle, il n'y ait qu'à détacher la Demoiselle, pour être maître de l'Arbre du grand Rolle. Il est bon d'avoir des crampons de fer, attachez au poinçon, pour y mettre les palans, afin de s'en servir pour lever l'Arbre, sans être obligé de les attacher aux chevrons de l'enrayeure qui n'ont pas tant de force que l'enrayeure, pour porter un si pesant fardeau. On peut mettre aux chevrons les crampons, dont on se sert pour les petits Rolles qu'on veut descendre de leur place, ou les y remettre, sans se fatiguer, comme on fait ordinairement, en les roulant sur des piéces de bois appuyées sur la table, aux risques de la gâter, & souvent d'estropier les Negres qu'on employe à cet ouvrage.

*Observation sur le mouvement qu'on imprime au Moulin par le moyen des Chevaux.*

J'ai dit qu'on attachoit les Chevaux au bout des bras du Moulin pour le faire agir. Sur quoi il faut observer que quand on a un nombre considerable de Chevaux ou de Bœufs destinez à ce travail, il vaut mieux en mettre deux couples, & les y laisser plus long-tems, que de n'en mettre qu'une, & l'y laisser moins. La raison est, que quand il n'y a qu'une couple de Chevaux attachez à un bras, ils sont toûjours pancher l'Arbre du côté qu'ils sont attachez : ce qui ne se peut faire sans ôter le grand Rolle de son à plomb, & rendre le mouvement plus rude. Les Negres, grands ou petits, qui chassent les Chevaux attachez au Moulin, ont coûtume de s'asseoir sur la cheville de fer qui traverse le bras où est attachée la volée qui tient les traits des Chevaux. C'est un abus qu'on doit empêcher, parce que c'est un nouveau poids qui attire l'Arbre, & qui le fait pancher davantage. Mais quand il y a deux couples de Chevaux, comme ils sont attachez aux deux bras opposez, ils tiennent les deux bras en équilibre, &

pour lors il importe peu que les Negres prennent ce petit soulagement. Pour fortifier davantage les bras on joint celui où les Chevaux sont attachez, à celui qui est derriere, par le moyen d'une perche de trois à quatre pouces de diamétre, qui est chevillée sur les deux bras. Les Chevaux qui sont attachez au Moulin, n'ont d'autres harnois que de simples coliers composez de deux bourlets de grosse toile, remplis de bourre qu'on leur passe dans le col, & qui s'arrêtent aux épaules. L'un des bourlets passe dessus le col, & l'autre tombe en maniere de poitrail: aux endroits où ces bourlets se joignent, il y a deux morceaux de cuir avec un œil au milieu, où l'on fait passer le bout du trait qui y est retenu par un nœud: & pour empêcher que les traits qui sont de corde, n'écorchent les cuisses des Chevaux par leur frottement, on les éloigne le plus qu'il est possible l'un de l'autre, en les attachant aux bouts de la volée, & en faisant croiser les traits du milieu. Ils ont outre cela un licol assez long, pour être attaché au bras qui est devant eux, afin qu'ils tirent droit, & qu'ils ne s'écartent point de leur route.

*Harnois des Chevaux qui font tourner le Moulin.*

Dans les Moulins, où l'on se sert de Chevaux, & de Bœufs, on employe ces derniers la nuit plûtôt que le jour, parce qu'ils resistent moins à la chaleur que les Chevaux; mais comme leur allûre est lente, ils font moins d'ouvrage que les Chevaux. On les attelle avec un joug qui est attaché à leurs cornes avec des courroyes. Le milieu du joug est percé pour recevoir le bout d'un long bâton, dont l'autre extrêmité est garnie d'un crochet de fer qui s'attache au bout du bras.

Quand on ne met qu'une couple de Chevaux, on les change de deux en deux heures ; mais quand on en met deux couples, on les fait travailler quatre heures, quoiqu'à mon avis il seroit plus expedient de partager ces quatre heures en deux, afin de ne pas tant fatiguer les Chevaux.

Les Moulins où les Tambours sont perpendiculaires à la table, s'appellent Moulins droits, soit qu'ils aillent par le moyen des Chevaux ou de l'Eau. Il y a encore deux autres especes de Moulins qui sont meûs par les Chevaux.

*Moulins dont on se sert au Bresil.*

Les premiers dont se servoient les Portugais au commencement de leur établissement au Bresil, & dont on dit qu'ils se servent encore en quelques endroits, sont tout-à-fait semblables à ceux, dont on se sert en Normandie pour briser les pommes à faire le Cidre, & dont on se sert aux

Païs où il y a des Oliviers pour écraser les Olives, ou pour mettre en poussiere une espece de Gland qui vient du Levant, qu'on appelle Valonnée, dont on se sert en Italie pour passer les Cuirs. Comme il se peut faire que bien des gens n'ont pas vû cette machine, en voici la description en peu de mots.

L'Aire du Moulin est ronde ; elle est faite de pierre de taille, coupée en pente, depuis le centre jusqu'aux bords, qui sont relevez de quelques pouces. Cette Aire a encore une autre pente tout le long de son rebord, afin que le suc des Cannes, des Pommes, ou d'autres fruits qu'on écrase, coule vers un endroit, où le bord a une ouverture, par laquelle le suc tombe dans un bacq, ou dans un autre vaisseau, qui est destiné à le recevoir.

Le centre de l'aire est percé d'une ouverture ronde, dont le fond est garni d'une platine de fer acerée, pour recevoir la pointe de l'œuf ou du pivot, dont est armée une piéce de bois de six à sept pouces en quarré, dont l'autre extrêmité taillée en maniere de pivot, passe dans une ouverture ronde, pratiquée dans une Demoiselle, ou autre piéce de bois, fortement attachée à la charpente.

A un pied & demi, ou deux pieds au-dessus de l'aire, l'Arbre, dont je viens de parler, est percé d'une mortoise quarrée, dans laquelle on passe & on arrête une autre piéce de bois de quatre à cinq pouces de diamétre, & de neuf à dix pieds de long. Une meule de trois à quatre pieds de diamétre, d'un pied ou plus d'épaisseur, de pierre dure, est enchassée dans cette traverse qui lui sert d'axe, autour duquel elle se peut mouvoir, mais sans s'écarter du lieu où elle est posée, parce qu'elle y est arrêtée par des rondelles & par des chevilles plates de fer, de maniere qu'en tournant elle écrase tout ce qu'on presente sur sa voye, en dedans du rebord de l'aire. Les Chevaux qui la tournent, sont attachez à l'autre extrêmité de l'axe, & dans le même tems qu'ils font tourner l'axe autour de l'Arbre, la meule tourne autour de l'axe. On presente les Cannes ou autres choses qu'on veut écraser, sur le passage de la meule, & on les y met en differentes situations, jusqu'à ce qu'on ait exprimé tout le suc qui est dedans.

Je croi que cette espece de Moulin est meilleure pour les Pommes, pour les Olives, & pour la Valonnée, que pour les Cannes, & qu'il n'avance pas le travail comme ceux que j'ai décrit ci-devant, ou que je décrirai ci-après.

Les seconds ont la longueur des Tambours, parallele à la superficie de la table. On les appelle Moulins couchez. Le Tambour du milieu est enchaßé dans l'Arbre, qui sert en même-tems d'axe à une Rouë de quinze à dix-huit pieds de diamétre, assez large pour contenir un Cheval ou un Asne qu'on y fait entrer, & qui la fait tourner par son poids, & par son mouvement. Le Tambour du milieu est garni de dents à l'ordinaire, qui s'engrenent dans celles des autres Tambours, & qui leur impriment le mouvement à mesure que celui du milieu se meut.

On voit bien que ces deux Tambours doivent être, l'un dessus & l'autre dessous celui du milieu. Ils sont retenus dans cette situation par des entre-toises, où les crapaudines qui portent leurs pivots, sont enchaßées. Ces entre-toises doivent se mouvoir dans les coulisses pratiquées dans l'épaisseur des montans du Chassis, afin qu'on puisse approcher les petits Tambours de celui du milieu, autant qu'on le juge à propos, par le moyen des coins, dont on le garnit.

On fait passer les Cannes entieres entre le Tambour le plus bas & celui du milieu,

*Moulins couchez.*

& les bagaces entre celui du milieu & le plus haut.

<small>Utilité & inconveniens de ces Moulins & le remede.</small>

Ces Moulins travaillent à proportion du mouvement qui est imprimé à la Roüe par l'animal qui est dedans. Ils peuvent être sujets à trois inconveniens. Le premier est, que les Cannes se trouvant horizontalement peuvent glisser facilement le long des Tambours, & s'embarasser dans les dents. Le second, que quand le mouvement est violent, comme il arrive dans ceux, dont la Roüe est mûë par l'eau, le jus des Cannes circule autour des Tambours, & coule le long des dents & des pivots, ou jaillit hors de la table. Le remede qu'on pourroit apporter en partie à cet inconvenient, seroit de mettre au bout des Tambours de petites allettes de bois mince ou de fer blanc, qui resserreroient le jus des Cannes, & les empêcheroient de s'écarter des Tambours. Le troisiéme est, que les bagaces sortant du même côté, qu'on presente les Cannes, elles doivent tomber sur elles, & causer de la confusion. Il est vrai, qu'on peut ajuster une planche vis-à-vis le milieu du grand Rolle, qui soit inclinée en dehors, sur laquelle les bagaces glissent, sans se mêler parmi les Cannes ; mais cela ne peut pas empêcher que la Negresse qui donne à manger au Moulin, ne soit toûjours couverte de bagaces ; ce qui n'est pas une petite incommodité.

J'ai vû un Moulin de cette façon à la grande terre de la Guadelouppe ; il appartenoit à un Menuisier, qui ayant gagné de quoi acheter quelques Negres, se mit en tête de devenir Sucrier : il avoit construit son Moulin, qu'il faisoit tourner par des Asnes : il étoit propre, bien fort & bien entendu ; & celui qui l'avoit fait, avoit voulu montrer son habileté, en n'y employant point de fer : l'ouvrage me plût beaucoup.

Il y en avoit un autre au Fond de Cananville près le Fort Saint Pierre de la Martinique qui appartenoit à un Habitant nommé Pierre Roi : il étoit aussi tourné par des Asnes, un desquels fut cause d'un procès assez singulier.

C'est la coûtume des Negres de donner aux animaux que leurs Maîtres achetent, les noms de ceux dont on les a achetez. Ce Pierre Roi avoit acheté un Asne d'un Sergent exploitant, nommé Durand, à qui les Negres ne manquerent pas de donner le nom de Durand. Ce Durand Asne étant un jour attaché auprès du Moulin en attendant que son heure d'entrer dans la Roüe fut venuë, se détacha & s'enfuit

*Procès arrivé à la Martinique au sujet d'un Asne & d'un Sergent.*

dans la Savane : & comme cela lui arrivoit souvent, parce qu'il étoit fort malin, soit de sa nature, soit pour avoir été élevé par un Sergent, le Maître qui le vit fuïr, resolut de le faire châtier d'une maniere qui lui fît perdre cette mauvaise habitude. Il cria aux Negres qui étoient aux Fourneaux, de courir à Durand, de l'amarrer, & de lui donner cent coups de bâton, il arriva dans le moment que le Maître donnoit cet ordre, que Durand Sergent étoit dans la Savanne, venant à la maison de Pierre Roi pour y faire quelque signification, qui s'entendant nommer, crût que ce commandement le regardoit, & n'en douta plus du tout, quand il vit que trois ou quatre Negres se détachoient armez de bâtons, & couroient vers lui, parce que Durand l'Asne étoit aussi de ce côté là ; il craignit tout de bon qu'on n'en voulût à sa peau, & se mit à fuïr de toutes ses jambes. Durand l'Asne en fit autant, & les Negres qui crioient, & couroient après lui à toutes jambes, les épouventerent tellement tous deux, que Durand Sergent courut près d'une demie-lieuë, sans oser regarder derriere lui. Il trouva enfin une maison, dans laquelle il se jetta tout hors d'haleine. Il ne manqua pas de prendre à témoins de sa fuite les gens qu'il y trouva, & de leur dire, que Pierre Roi avoit fait courir ses Negres après lui pour l'assommer à coups de bâton, comme il avoit entendu qu'il leur en donnoit ordre. Il fit son procès verbal de rebellion, qu'il fit signer à ses témoins, & se fit saigner dès qu'il fut arrivé chez lui, de crainte que la course qu'il avoit faite, & la peur qu'il avoit eûë, ne lui causassent quelque maladie. Il presenta Requeste au Juge, il y joignit son procès verbal de rebellion, & se flattoit par avance que cette affaire lui vaudroit quelque centaine d'Ecus. Le Juge informa, & après l'audition des témoins il decerna un adjournement personnel contre Pierre Roi. Celui-ci ayant comparu, & étant interrogé à qui il avoit ordonné de donner cent coups de bâton, répondit que c'étoit à un de ses Asnes; qu'il s'étonnoit qu'on le fît venir en Justice pour cela; qu'il avoit crû jusqu'à present qu'il lui étoit permis de faire châtier ses Negres & ses Asnes, quand ils manquoient, sans en demander permission. Le Juge lui dit, qu'il ne s'agissoit pas d'un Asne, mais d'un Officier de Justice qui étoit allé chez lui; qu'il avoit ordonné à ses Negres de le prendre, de l'amarrer, & de lui donner cent coups de bâton. L'au-

tre nia le fait, & demanda qu'on lui re-
présentât cet Officier de Justice qui se
plaignoit. Sur quoi Durand Sergent ayant
paru, & lui ayant soûtenu que son alle-
gué étoit veritable, & qu'il avoit entendu distinctement, qu'il l'avoit nommé en
ordonnant à ses Negres de le prendre, de
l'amarrer, & de lui donner cent coups
de bâton, & voyant un des Negres de
Pierre Roi qu'il reconnut être un de ceux
qu'il supposoit avoir couru après lui, il
l'indiqua au Juge, qui l'ayant fait approcher du Tribunal, & l'ayant interrogé sur
le fait, reconnut clairement que les coups
de bâton n'avoient pas été ordonnez pour
Durand le Sergent, mais pour Durand
l'Asne. Il fit une reprimande au Sergent,
& renvoya Pierre Roi déchargé de l'action
intentée contre lui, avec permission de
faire donner à Durand l'Asne tant de
coups de bâton qu'il jugeroit à propos;
& Durand Sergent condamné aux dépens.

*Moulins à eau.* Les moulins à eau sont de deux sortes;
il y en a de droits, & de couchez.

Les derniers ne different de celui que je
viens de décrire qu'en ce que la Roüe qui
le fait agir, est faite avec des Godets qui
reçoivent l'eau, qui par son poids, &
par son mouvement imprime celui qu'elle

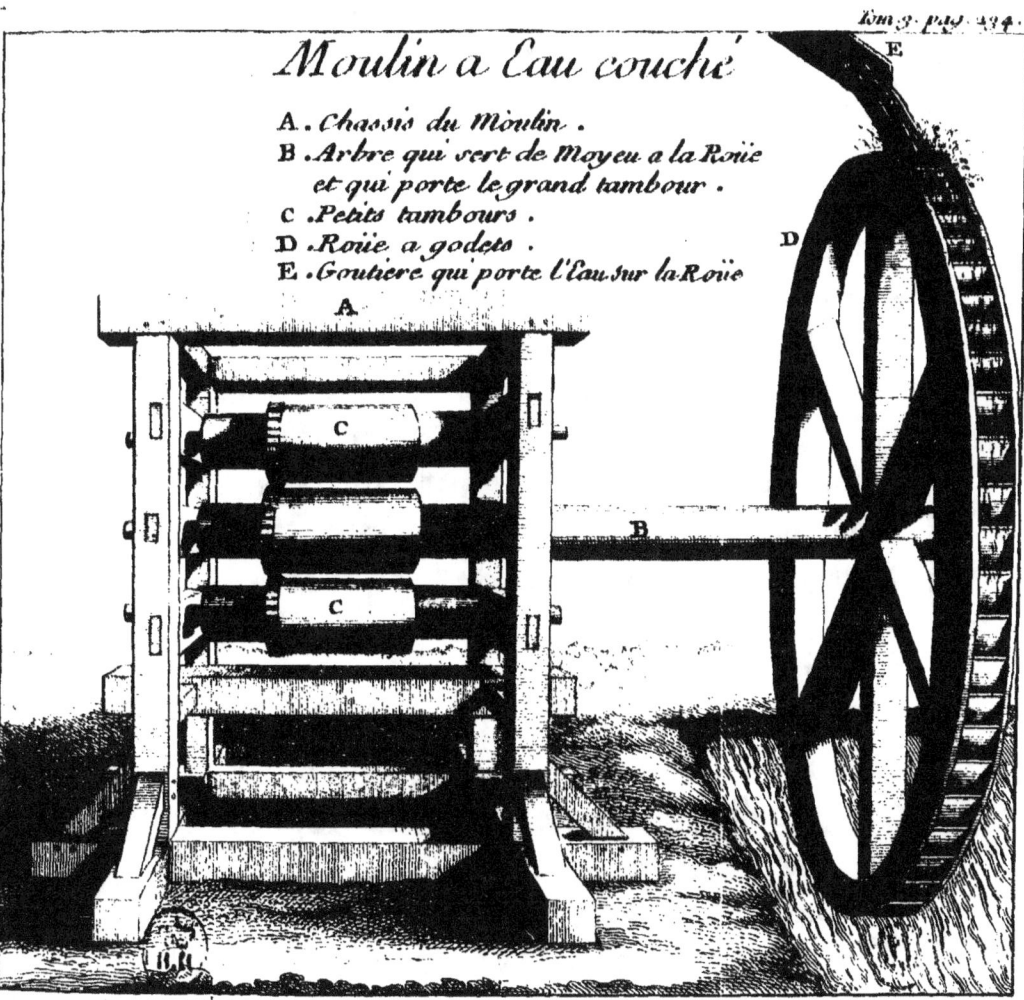

doit avoir pour tourner. Le diamétre de ces Rouës est depuis dix-huit jusqu'à vingt-deux pieds. L'Arbre où le grand Tambour est enchassé, & qui sert d'essieu à la Rouë, a pour l'ordinaire dix-huit pouces de diamétre, il est taillé à huit pans depuis les dents jusqu'à un demi-pied près de son extrêmité. Ses deux extrêmitez sont percées d'une mortoise quarrée de quatre pouces de face sur dix-huit pouces de profondeur, qui servent à recevoir les pivots de fer, sur lesquels la Rouë tourne ; les deux bouts de l'Arbre sont environnez de deux cercles de fer d'une largeur, & d'une epaisseur suffisante pour l'empêcher de se fendre, quand on fait entrer par force les serres de fer qui affermissent les pivots dans leurs mortoises, & les y rendent immobiles.

Pour faire ces Arbres on doit prendre du meilleur bois qu'il y ait, & afin de le conserver davantage, on doit lui donner une couche de quelque couleur à l'huile, de crainte que l'eau qui tombe sans cesse dessus, ne le pourrisse. C'est une mauvaise methode de le gaudronner au lieu de le peindre. Le Gaudron échauffe le bois & gâte sa superficie ; & quand la croute qu'il fait, vient à s'éclatter, comme il ne manque jamais d'arriver, l'eau entre par les

*Precaution pour empêcher l'Arbre de se gâter.*

fentes, penetre le bois & le pourrit. Les couleurs à huile n'ont pas ce défaut, elles ne font point de superficie épaisse sur celle du bois ; elles penetrent ses pores & les remplissent, & la graisse qu'elles y répandent, fait couler l'eau, sans lui donner le loisir de séjourner sur le bois, ou de s'y introduire.

Les deux pivots sont posez sur des crapaudines de fonte, enchassées dans de bonnes traverses ou entre-toises de bon bois, arrêtées immobilement d'un côté dans le Chassis du Moulin, & de l'autre dans le mur qui soûtient la charpente.

*Construction de la grande Roüe.*

A deux pieds ou environ de l'extrêmité de l'Arbre, on perce deux mortoises, qui se croisent à angles droits, & a deux pieds & demi plus loin on en perce deux autres paralleles aux deux premieres. On leur donne trois pouces sur un sens, & quatre sur l'autre ; elles servent à passer quatre pieces de bois bien polies, & d'une grosseur à remplir exactement les mortoises : leur longueur est égale au diamétre qu'on doit donner à la Roüe, dont elles sont les bras ; elles servent à soûtenir, & à embrasser les courbes qui font la circonference de la Roüe, & qui soûtiennent les godets, où l'eau tombant imprime par son poids, & par sa violence le mouvement necessaire. Mais comme ces quatre bras ne suffiroient pas pour contenir & embraffer une si grande circonference, on les soûlage en augmentant leur nombre par le moyen de quatre pieces de bois de même longueur & groffeur que les precedentes, que l'on croife en les entaillant l'une sur l'autre, de maniere qu'elles renferment l'Arbre dans leur milieu, duquel on les empêche de s'éloigner par des tringles de bois de deux pouces en quarré, que l'on cloüe sur l'Arbre à côté d'elles. On fait la même chose pour les deux côtez de la largeur, qu'on donne aux godets renfermez entre les courbes qui composent la Roüe, de sorte qu'au lieu de quatre bras qui auroient soûtenu la Roüe de chaque côté, il s'en trouve douze; ces huit derniers sont un peu courbez pour arriver au même point que les autres qui sont droits; mais cette courbure n'est pas sensible à un pied ou quinze pouces près de leur extrêmité. On les joint ensemble deux à deux avec de petites entre-toises. On fait les bras & leurs entre-toises d'un bois fort & liant, comme le bois épineux ou semblables; on en fait aussi les courbes; quoiqu'il soit meilleur de les faire d'Acajou, à cause qu'il est plus leger. Elles ont ordinairement quinze pouces de large, &

trois pouces d'épaisseur. On les assemble à queuë d'hirondes recouvertes, & on les cheville l'une sur l'autre, quelquefois avec des chevilles de fer à tête plate, & à goujons, ou avec des chevilles de bois garnies de coins croisez.

Les courbes sont enchassées dans des entailles pratiquées aux bouts des bras, & retenuës dans cette situation par des chevilles de fer à tête ronde, qui vont d'un bras à l'autre. Les trous par où elles passent, doivent être garnis d'une plaque de fer, qui tapisse toute l'épaisseur du bois, & qui le recouvre par dehors, afin que la tête de la cheville ne la consomme pas, l'autre bout de la cheville qui est percé, se serre contre une semblable plaque, qui couvre le bois avec des rondelles & des goupilles. On met des chevilles à tous les bras, la tête & la pointe alternativement de part & d'autre. Le fond interieur ou la partie des courbes qui regarde l'axe, est garnie de planches d'un pouce d'épaisseur, de six pouces de large, & d'une longueur suffisante, pour fermer tout le vuide qui est entr'elles. C'est ce qu'on appelle le fond de la Rouë. Le peu de largeur de ces planches fait qu'elles ne gâtent point la rondeur de la circonference, & comme il doit être étanché pour retenir l'eau qui tombe dans les godets, dont il fait le fond, on calfate tous les joints, & on y passe du suif dessus & dessous. Le vuide qui reste entre les deux courbes & leur fond, est partagé en parties égales par des planches d'un pouce d'épaisseur que l'on coule dans des rainures pratiquées dans l'épaisseur intérieure des courbes, tracées de maniere qu'elles font un angle de quarante-cinq degrez avec le fond où elles sont retenuës sur le bord extérieur des courbes par des tringles de bois qui y sont clouées : elles sont éloignées l'une de l'autre de dix-huit pouces ; c'est ce qu'on appelle les godets de la Rouë. Cette façon de Rouë sert pour tous les Moulins, soit qu'ils soient droits ou couchez, soit que l'eau tombe sur le plus haut de la Rouë, ou seulement vers son axe ou son arbre.

Dans toutes nos Isles je n'ai point vû de Moulins à pallettes, ni aucun qui fût fabriqué sur le bord des Rivieres pour profiter du courant de l'eau ; quoiqu'on en pût faire de cette espece en differens lieux, & même avec moins de dépense que ceux dont on se sert, pour lesquels on détourne une partie de l'eau de la Riviere que l'on coupe avec une chauffée en quelque endroit où l'on est assûré de trouver assez de pente pour la conduire au lieu où

*1695.*

Godets de la grande Rouë.

Il n'y a point de Rouës à palettes aux Moulins des Isles.

l'on propose de faire le Moulin, & assez d'élevation pour la faire tomber sur la Rouë. Or si on suppose que la Rouë a vingt-deux pieds de diamétre, & que son Arbre soit quatre pieds au-dessus de terre, il s'ensuit que le Canal qui passe au-dessus de la Rouë, doit être élevé de dix-sept pieds pour avoir deux pieds de chûte au-sus de la Rouë; mais comme l'ouverture de la gouttiere n'est pas directement sur le plus haut de la Rouë, mais un peu plus loin, il suffit que la gouttiere soit élevée de seize pieds, c'est-à-dire, un pied plus haut que le diamétre de la Rouë, & on pourra encore compter que l'eau ne laissera pas d'avoir deux pieds de chûte. La gouttiere qui porte l'eau, doit être plus étroite de moitié que la Rouë, en sorte que si la Rouë à deux pieds de largeur, la gouttiere n'en doit avoir qu'un, du moins à l'endroit où est l'ouverture, par où l'eau tombe sur la Rouë. Cette ouverture pour être bien faite, doit être taillée en portion de cercle, afin que l'eau ne se répande pas en nappes, ce qui diminuë considerablement sa force; au lieu qu'elle se ramasse davantage, & son poids joint à la violence de son mouvement & de sa chûte, imprime plus de force au mouvement de la Rouë, à mesure que les godets se remplissent.

*Hauteur que doit avoir l'eau pour faire agir la grande Rouë.*

*Françoises de l'Amerique.*

remplissent. La hauteur de l'eau dans la goutiere ne peut pas être toûjours la même : car bien que l'Ecluse qui est à la tête du Canal, soit toûjours la même, il n'y passe pas toûjours la même quantité d'eau, quoiqu'elle paroisse toûjours également remplie.

Ceux qui sçavent un peu d'Hidraulique, connoissent assez la verité de ce que je dis ; & pour en convaincre ceux qui ne voudroient pas se donner la peine d'en chercher la raison, je leur dirai que supposé que la superficie de la Riviere demeure toûjours à la hauteur de l'entrée de l'Ecluse, l'eau qui y passera, sera toûjours en égale quantité, & en pareil degré de vîtesse ; mais dès que la hauteur de la Riviere augmentera par quelque crûë, son mouvement augmentera aussi, & les parties de l'eau se trouveront pressées, & comme comprimées à l'entrée de l'Ecluse, & ne pouvant rompre l'obstacle qu'elles trouvent, elles s'éleveront jusqu'au niveau de la superficie du reste de la Riviere, & pour lors leur hauteur augmentant aussi-bien que leur mouvement, elles pésent davantage sur les parties qui se trouvent à l'ouverture de l'Ecluse, elles les compriment, & les obligent de se resserrer, pour ainsi dire, les unes contre les

1696.

Remarque sur la quantité d'eau necessaire à un Moulin.

Tome *III.* L

autres pour passer plus vîte, & en plus grande quantité : ce qvi paroît évidemment : car si la goutiere est égale à l'ouverture de l'Ecluse, & qu'elle fût entierement remplie, quand l'ouverture l'étoit, on voit que l'eau se répand de tous côtez, quand il y a quelque crûë à la Riviere, & si la goutiere a ses bords plus hauts que l'ouverture de l'Ecluse, l'eau augmente son volume, & monte jusqu'à ce qu'elle soit de niveau avec celle de la Riviere qui est à l'entrée de l'Ecluse : ce qui ne peut arriver sans une augmentation considerable au volume d'eau qui va par la goutiere, & à la rapidité de son mouvement. On peut se convaincre de cette verité par une experience fort aisée à faire. Percez un tonneau rempli de quelque liqueur, six pouces au-dessus, & six pouces au-dessous de la barre, avec le même foret, quoique les ouvertures soient égales, celle d'en-bas donnera le double, & même plus de liqueur que celle d'en-haut; de sorte que si dans trois minutes on emplit une bouteille par l'ouverture d'en-haut, on en remplira deux, & même davantage à l'ouverture d'en-bas dans le même espace de tems : ce qui ne peut venir d'autre cause que de ce que les parties de la liqueur contenuë dans le tonneau, se trouvant plus comprimées par le poids & par la quantité en bas qu'en haut, elles sont forcées de se comprimer, & de se presser les unes contre les autres pour sortir avec plus de vîtesse que celles d'en-haut qui sont moins chargées, & par consequent moins comprimées.

Lorsqu'il arrive une crûë considerable à la Riviere, d'où l'on tire l'eau pour un Moulin, le plus sûr est de fermer une partie de l'ouverture de l'Ecluse, afin que la Roüë ayant toûjours à peu près la même quantité d'eau, ait aussi un mouvement plus uniforme. J'ai souvent experimenté que dans un canal d'un pied de large, il suffit qu'il y ait huit pouces de hauteur d'eau pour faire tourner un Moulin uniment, & d'une maniere à rendre tout le service qu'on en peut souhaiter. Cependant quand il peut y avoir un pied cube d'eau, il est certain que le Moulin n'en va que mieux, & qu'il est en état de faire plus d'ouvrage.

Il est rare qu'on fasse soûtenir les goutieres, où le canal qui porte l'eau au Moulin, sur des arcades, ou sur des murs de maçonnerie, quoique cela seroit beaucoup mieux, parce qu'on y pourroit adosser des appentis, qui serviroient de Purgerie ou de Boutiques pour les dif-

*Goutieres qui composent le canal.*

ferens Ouvriers qu'on doit avoir dans les habitations : j'avois resolu d'en user ainsi dans nôtre habitation de la Guadeloupe ; mais l'irruption que les Anglois y firent en 1703. m'obligerent à remettre cette entreprise à un autre tems pour penser à des choses plus pressées. Pour l'ordinaire on soûtient les goutieres avec des doubles poteaux, plantez en terre, assemblez par deux ou trois entre-toises, dont la derniere éloignée seulement d'un pied du bout des poteaux, sert à porter les goutieres ; elles s'emboëtent les unes dans les autres à joints recouverts ; quand on ne les fait pas d'une seule piece creusée comme on fait les canots, on se sert de madriers, dont celui qui compose le fond, doit avoir trois pouces d'épaisseur, & ceux des côtez un pouce & demi à deux pouces : à l'égard de leur longueur, on peut leur donner jusqu'à dix pieds ; quand on leur en donne davantage, on court risque de les voir se courber & se ployer au milieu. Il n'est pas necessaire de leur donner beaucoup de pente ; un pouce suffit sur quinze ou vingt toises; il faut reserver toute la pente pour la goutiere, où est l'ouverture qui laisse tomber l'eau sur la Rouë, il est bon de donner à celle-cy autant de pente qu'on

Françoises de l'Amerique. 245

peut, afin d'augmenter la force de l'eau & de l'obliger à se precipiter, pour ainsi dire, avec plus d'impetuosité sur la roüe. L'ouverture de la goutiere se ferme avec une planche attachée à des couplets à l'extrêmité, qui est sous le cours de l'eau, elle doit s'encastrer en tombant, dans une entaille pratiquée dans l'épaisseur du dessous de la goutiere : sur cette planche on attache un bloc de plomb assez pesant pour lui faire surmonter la force de l'eau par sa pesanteur, quand on lâche la corde qui la tient levée ; car c'est en fermant cette ouverture qu'on arrête le mouvement du Moulin, en empêchant l'eau de tomber dessus ; mais comme il y a toûjours des Godets pleins d'eau, qui par leur poids font encore tourner la roüe, le mouvement violent qui lui avoit été imprimé, ne cesse pas aussi-tôt que la cause qui l'a produit a cessé d'agir, & ne laisseroit pas d'écraser ceux qui auroient le malheur d'y être pris, même après que l'ouverture est fermée. J'ay fait faire à quelques Moulins une ouverture semblable à la precedente ; mais à quelques pieds avant elle, qui en s'ouvrant faisoit tomber l'eau sur l'autre côté de la roüe & rompoit son mouvement, ce qui donnoit le moyen de retirer ou de couper

*Comment on peut arrêter le mouvement de la grande roüe.*

L iij

les membres engagez entre les Tambours & d'empêcher la perte du reste du corps.

*Moulins droits.*

La roüe & les goutieres que je viens de décrire, sont les mêmes pour tous les Moulins à Eau, droits ou couchez, il faut à present marquer ce que les Moulins droits ont de particulier.

Le bout de l'arbre qui sert d'axe à la grande roüe, ne porte point de Tambour, mais une autre roüe, qu'on appelle roüet ou lanterne, qui sert à communiquer le mouvement de la roüe au grand Tambour: cette extrêmité est soûtenuë sur un chassis planté en terre à un pied de distance du bout de celui qui porte la Table & les Tambours, faisant une ligne droite avec eux. Ce chassis est composé de deux montans & de deux entre-toises, dont celle d'en haut porte la crapaudine, dans laquelle le pivot de l'Arbre tourne; elle est mobile & se peut hausser & baisser par le moyen des coins que l'on met dans la rainure qui est pratiquée en dedans des deux montans: environ à deux pieds du pivot l'Arbre est percé de deux mortoises de quatre sur

*Roüe de rencontre autrement Roüet ou Lanterne.* cinq pouces, pour recevoir deux pieces de bois de mêmes dimensions, qui font la croisée, & qui servent à soûtenir les ceintres ou courbes, qui composent une

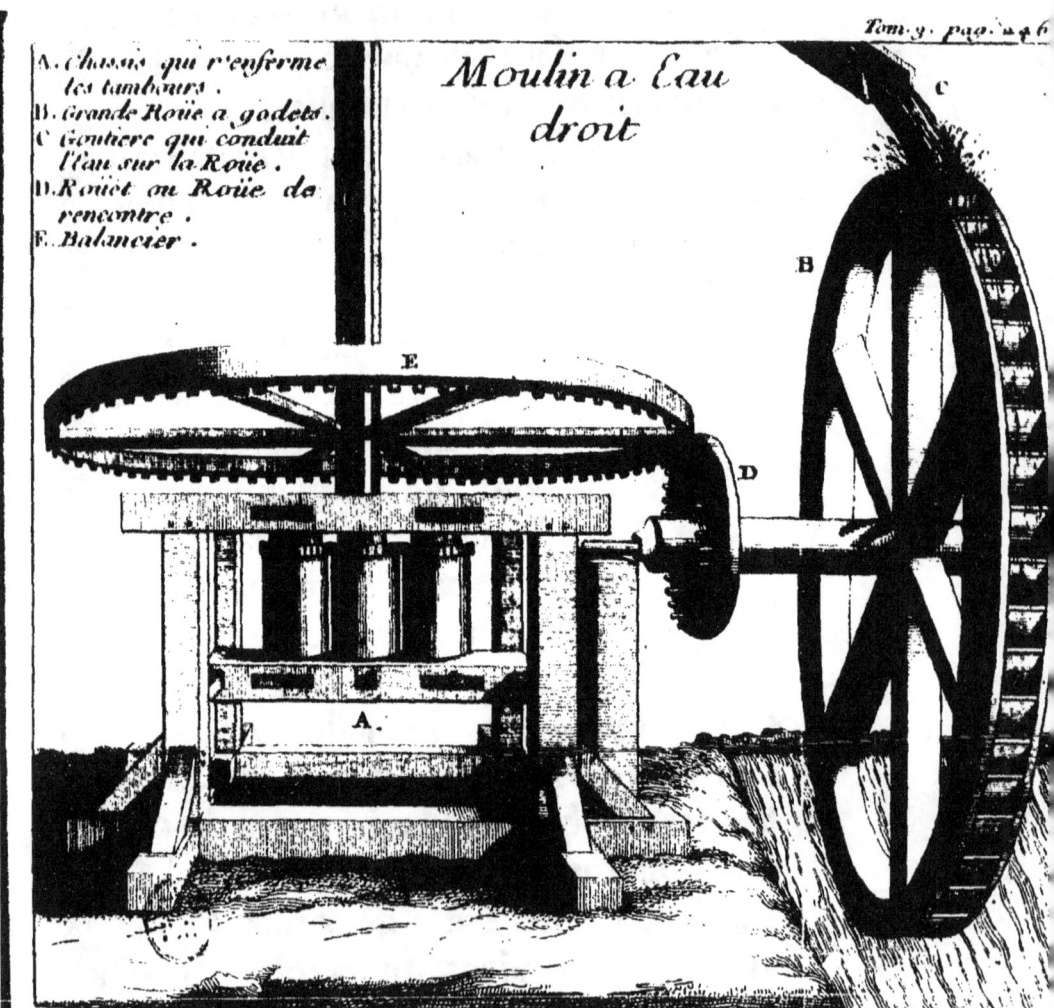

A. Chassis qui renferme les tambours.
B. Grande Roüe a godets.
C. Goutiere qui conduit l'eau sur la Roüe.
D. Roüet ou Roüe de rencontre.
E. Balancier.

Moulin a Eau droit

roüe de quatre à cinq pieds de diametre, qui sert de roüe de rencontre, qu'on appelle roüet, quand elle est simple, & lanterne quand elle est double, le diametre de cette roüe depend de la hauteur qu'on veut donner au chassis qui renferme les Tambours. Outre ces quatre principaux bras, elle est fortifiée, comme la grande roüe, d'une double croisée qui soûtient les courbes qui sont attachées & chevillées sur ses douze bras avec des chevilles de fer, les courbes ont trois pouces d'épaisseur ; & comme la roüe est petite, on ne les coupe point circulairement en dedans ; on se contente de les ceintrer en déhors, & on les joint ensemble en coupant la moitié de l'épaisseur de l'une & de l'autre pour les assembler fortement l'une sur l'autre. On ajoûte des pieces ceintrées du côté des bras pour remplir les vuides qu'ils laissent, & pour fortifier les courbes, en augmentant leur épaisseur, à trois pouces près du bord exterieur, on perce les mortoises, où doivent entrer les queuës des dents, dont le roüet doit être garni, on n'y en met ordinairement vingt-quatre leur longueur est de douze à quinze pouces ; on leur donne trois pouces de diametre, & on les arrondit dans toute la longueur qu'elles doivent avoir hors des courbes, qui est de cinq pouces : tout le reste est coupé en quarré de deux pouces en tous sens, pour remplir exactement la mortoise qu'on a faite dans les deux ceintres, qui étant épais de six pouces laissent encore déborder la queuë de la dent de trois à quatre pouces, le reste est percé d'une petite mortoise barlongue pour porter une clef de bois, que l'on enfonce autant qu'il est necessaire pour bien serrer les dents contre les courbes & pour les affermir.

Lorsqu'au lieu d'un rouët on fait une lanterne, qui n'est autre chose qu'un rouët à deux paremens éloigné l'un de l'autre de douze pouces, on se contente de quatre bras de chaque côté, sans les fortifier par des croisées. On ne met point aussi de faux ceintres pour remplir les vuides des bras, parce que les courbes seules sont suffisantes pour porter les dents. On fait les mortoises dans les paremens, où on les enchasse par des queuës quarrées, une à chaque bout, le reste entre les paremens demeurant rond & de trois pouces de diametre, on les apelle fuseaux : ils s'engrenent aussi-bien que les dents du rouët, dans celle du balancier qui est au dessus du grand tambout, & c'est par leur moyen que le mouvement de la roüe se communique au grand Rolle, & par lui aux deux petits. J'ai toûjours plus estimé les roüets que les lanternes, non pas que ces dernieres soient moins fortes ; mais à cause de la facilité qu'il y a à remettre les dents du roüet, quand il en manque, ce qui n'est pas si facile dans les lanternes, qu'il faut démonter entierement pour remettre les fuseaux, parce qu'elles sont enclavées entre les deux paremens. Pour le service, la force, la durée & la dépense, c'est à peu près la même chose.

*Raison pourquoi les roüets sont preferables aux lanternes.*

L'arbre du grand rolle est percé de deux mortoises, à un pied ou environ au-dessus du chassis pour porter deux traverses de quatre sur trois pouces qui se croisent l'une dans l'autre au centre de l'arbre ; pour cela la mortoise de dessus est une fois plus haute que celle de dessous, afin de donner passage à la traverse, dont le dessous étant entaillé se renferme dans l'entaille qui est dessus la traverse de dessous. On fait quelquefois la même chose aux bras de la roüe, mais cela les affoiblit. Le reste de la hauteur de la mortoise est fermé avec un coin, qui assujettit les deux traverses l'une sur l'autre. Ces deux traverses font quatre bras, que l'on

*Roüe appellée balancier.*

fortifie encore par deux doubles croisées, taillées de maniere que leurs extrêmitez penchent assez pour se trouver de niveau avec les bouts des bras. La longueur de ces bras est déterminée par la distance qu'il y a depuis le grand rolle jusqu'au milieu des dents du roüet ou de la lanterne. Cela peut aller depuis sept jusqu'à huit pieds, de sorte que le diametre entier du balencier, dont ces bras sont les rayons, peut-être de seize à dix-sept pieds. C'est sur ces bras qu'on attache les courbes qui composent le balancier. On leur donne quatre pouces de haut, sur cinq pouces de large ; elles sont assemblées à queuë d'hironde, recouvertes, bien chevillées. On les attache au bout des douze bras par des chevilles de fer, dont la tête plate est dans la partie inferieure, & le bout est percé pour recevoir une goupille sous une ou plusieurs rondelles, pour les serrer, & pour les faire bien accoller les bras : elles sont percées sur leur largeur de mortoises de deux pouces en quarré, tracées en distances égales à celles du roüet ou lanterne, dans lesquelles on enchasse des dents de même grandeur, de même grosseur, de même figure, & attachées de la même façon que celle du roüet ; mais dont le nombre est quatre fois plus grand, ou peu s'en faut, c'est-à-dire, que quand le roüet a vingt-quatre dents, le balancier en a quatre-vingt seize, ce qui fait que la grande roüe fait quatre tours, pendant que le grand rolle n'en fait qu'un. Ce mouvement ne laisse pas cependant d'être très-vif. On pourroit augmenter sa vîtesse, en faisant le balancier plus petit, & de même diamétre que le roüet, il ne faudroit pour cela que tourner le chassis du Moulin, & mettre son plus long côté vis-à-vis le diamétre de la roüe; pour lors le grand rolle seroit autant de tours que la roüe; mais il faudroit aussi une plus grande quantité d'eau, parce qu'il faut augmenter la force du mouvement, à proportion qu'on veut augmenter sa vîtesse.

On ne sçauroit trop prendre garde que les Ouvriers fassent bien juste la repartition de toutes ces dents, & qu'elles s'engrenent & se touchent dans leur milieu. Il faut encore observer qu'elles soient toutes de même bois, & avoir soin de les graisser tous les jours, non-seulement pour les faire couler plus facilement, mais encore pour nourrir le bois, & pour l'empêcher de s'échaufer.

J'oubliois de remarquer que l'arbre du grand rolle n'est pas si long dans les Mou-

*1696.*

*Nombre des dents du roüet & du balancier.*

*Calcul du mouvement.*

*Observation sur les dents.*

L vj

lins à eau que dans les autres. On ne lui donne que six ou sept pieds au-dessus du chassis. Son extrêmité arrondie, ou portant un pivot de fer, passe dans une Demoiselle, qui est soûtenuë & attachée avec quatre chevilles de fer, des rondelles & des goupilles, sur les deux traverses d'un grand chassis de douze à quinze pieds de haut, composé de quatre poteaux d'un pied en quarré, enfoncez en terre de sept à huit pieds, bien appuyez sur une solle aussi en terre, & liez ensemble par de fortes entre-toises.

Voilà les differens Moulins, dont on se servoit dans l'Amerique dans le tems que j'y ai demeuré.

J'avois commencé d'en faire un d'une autre maniere, à peu près comme sont ceux, dont on se sert en beaucoup de lieux de France, d'Italie, & entre autres à Toulon, pour moudre le grain ; mais avec des changemens qui les auroient rendus plus vifs & plus forts : ce qui est d'autant plus necessaire, qu'il y a une grande difference entre moudre du bled, qui est toûjours à peu près d'une même grosseur, & d'une même dureté, & qui tombe toûjours sous la meule en même quantité ; & briser des Cannes, dont la grosseur & la dureté sont fort differentes, & que les Negresses qui donnent à manger au Moulin, ne mettent pas toûjours en égale quantité, les presentant quelquefois en une quantité raisonnable, & souvent en y mettant les paquets tous entiers, quand on a besoin de jus à la Sucrerie, ou lorsqu'elles veulent avoir de l'avance, afin de pouvoir ensuite se reposer.

*Projet de l'Auteur pour une nouvelle espece de Moulins.*

La descente des Anglois à la Guadeloupe, où je le construisois, m'empêcha de le finir, & je n'ay pû le reprendre depuis ce tems-là, en ayant été empêché par plusieurs occupations qui se sont succedées les unes aux autres jusqu'à mon retour en France. Cependant si quelqu'un en vouloit faire une épreuve, en voici en peu de mots la construction.

L'arbre qui porte le grand tambour, ne s'éleve pas au-dessus du chassis ; son extrêmité arrondie ou garnie d'un pivot de fer, est arrêtée à la hauteur des entretoises du chassis par une Demoiselle qui porte un collet de fonte, ou entre le pivot, qui est attaché sur le chassis avec des chevilles de fer mobiles. Le tambour est enchassé à l'ordinaire, & afin d'être mieux affermi, on le fait porter sur une croix de fer qui passe dans le centre de l'arbre, & qui se termine à la circonference du tambour. Ensuite on diminuë le diamétre de l'arbre, & on le reduit à sept ou huit pouces, afin qu'il puisse passer plus aisément par une ouverture pratiquée au milieu de la table qui doit être de deux pieces, & de la façon que j'ay décrite ci-devant. Le reste de l'arbre qui est encore de huit à neuf pieds, est reçû dans une fosse dessous la table, où passe l'eau qui doit le faire agir : il est porté sur un œuf enchassé dans le pivot qui est à son extrêmité, qui tourne sur une platine acerée, bien encastrée dans un petit chassis qui est au fond de la fosse, ou canal, & pour le tenir toûjours bien à plomb, ce même pivot est accollé de deux crapaudines enchassées dans des embasses mobiles qui servent d'entre-toises à ce petit chassis. Environ à un pied du pivot on fait quatre mortoises, & trois pieds plus haut on en fait quatre autres qui servent à passer les bras ; sçavoir, quatre par le haut, & autant par le bas, sur lesquelles on clouë des planches minces & legeres qui composent huit ailerons ; mais ces planches ne doivent pas être posées à plomb, c'est-à-dire, sur les bras qui sont perpendiculairement l'un sur l'autre ; mais si on attache le haut de la premiere planche au haut du premier bras, il faudra attacher le bas de

Tom. 3 pag. 255.

Couppe d'une Sucrerie, de ses Fourneaux, citernes et appentis

Appentis qui couvrent les fourneaux

Citernes — Citernes

Plancher pour mettre les formes

Portes — Portes

La grande Chaudiere
la Propre
la Lessive
le Flambeau
le Sirop
la Batterie

A. Limandes pour porter les bariques.
B. Fenestres.
C. Bac pour recevoir le Jus des Cannes.

la même planche au bas du second bras, & ainsi successivement l'eau est conduite par une goutiere qui la dégorge impetueusement contre le milieu des ailerons, & qui leur imprimant un grand mouvement, fait tourner le Moulin avec une vitesse extraordinaire.

Les avantages qu'on peut tirer de ces Moulins, sont considerables : 1°. Ils coûtent beaucoup moins que ceux que j'ay décrits ci-devant : 2°. Ils vont bien plus vite, puisque le grand rolle, & par consequent les petits font autant de tours que les ailerons. 3°. Il est plus facile de conduire l'eau sur la surface de la terre, que de la faire monter à seize ou dix-sept pieds de haut, comme il est necessaire, dans les autres Moulins. 4°. Ils s'arrêtent plus facilement, puisqu'on peut boucher tout d'un coup l'ouverture du conduit, ou rejetter l'eau sur l'autre côté de la rouë.

*Avantages de ces Moulins.*

## DES SUCRERIES & de leur équipage.

Les Sucreries sont de grandes salles voisines des Moulins, & qui y sont quelquefois attachées, où sont scellées les chaudieres, dans lesquelles on reçoit, on purifie & on reduit en Sucre par le moyen de la cuisson le suc des Cannes qui ont été écrasées au Moulin.

*Disposition des fourneaux des Sucreries.*

Quand les Sucreries ont des Moulins à eau, elles y sont d'ordinaire attachées; autant qu'on le peut, on les doit faire de maçonnerie, & on les doit disposer de maniere, que les bouches des fourneaux soient toûjours sous le vent, c'est-à-dire, qu'elles doivent être couvertes par l'épaisseur du bâtiment, pour n'être point exposées au vent alisé, qui souffle toûjours depuis le Sud-Est jusqu'au Nord-Est. Elles doivent être hautes & bien percées, afin que la fumée & les exhalaisons qui s'elevent des chaudieres ayent la liberté de sortir, y étant aidées par l'air qui entre par les portes & par les fenêtres. Leur grandeur doit être proportionnée à la quantité de Sucre que l'on peut fabriquer en deux ou trois semaines.

Soit qu'elles ne fassent qu'un corps de bâtiment avec le Moulin à eau, ou qu'ayant un Moulin à Chevaux, elles en soient éloignées de cinq ou six toises au plus; elles doivent toûjours avoir une porte ou une fenêtre qui regarde dedans, afin que le Rafineur ou Sucrier puisse voir ce qu'on y fait, & y donner commodement les ordres necessaires; & une autre porte pour en sortir les Sucres, & pour les autres usages. Autant qu'on le peut, il faut qu'il y ait une fenêtre qui éclaire la dernière chaudiere où le Sucre acheve de se cuire, parce que c'est dans celle-là & dans sa voisine qu'il reçoit sa dernière perfection, & où par consequent il est absolument necessaire d'avoir du jour.

Quand les Sucreries sont de bois, on ne peut se dispenser de faire de Maçonnerie le côté où les chaudieres sont montées avec deux retours de la largeur des mêmes chaudieres. C'est ordinairement le pignon du bâtiment que l'on choisit pour cet usage.

Si l'on suppose qu'une Sucrerie ait cinq chaudieres, elles peuvent être montées à un pignon, mais si elle en a davantage, on doit les placer sur un long côté, parce que chaque chaudiere occupant sept pieds de terrain, c'est un espace de trente cinq pieds pour cinq chaudieres, qui est considerable pour la largeur d'un Bâtiment, & qui croîtroit exorbitamment, si on excedoit le nombre de cinq chaudieres.

Supposons donc une Sucrerie à cinq chaudieres montées au pignon, elle aura trente-cinq à trente-six pieds de large dans œuvre, & on pourra lui donner cinquante pieds de long, pour la rendre commode & propre à tous ses usages, comme on va voir par le partage que je vais faire de ce terrain.

*Partage du terrain d'une Sucrerie.*

La largeur du pignon sera occupée par les cinq chaudieres qui entreront six pieds dans la Sucrerie, tant pour leur diametre, que pour l'espace qu'on laisse entre elles & le mur, que pour celui qui est entre leur bord & le petit mur qui les renferme au-dedans de la Sucrerie parallelement au pignon. C'est tout l'espace renfermé entre ces deux murs, qu'on appelle le glacis des chaudieres. On laisse ensuite un chemin ou espace de neuf à dix pieds de large, tant pour le passage ou chemin d'une porte à l'autre, que pour mettre les canots où le Sucre brut se refroidit avant que d'être mis dans les barriques, ou pour planter les formes que l'on remplit de Sucre aussi-tôt qu'il est sorti de la batterie, que pour la place necessaire à ceux qui travaillent aux chaudieres. Tout le reste de l'espace jusqu'au pignon

*Cîternes pour recevoir & conserver les sirops.*

opposé à celui où sont les chaudieres, est creusé jusqu'à la profondeur de cinq à six pieds, & revétu dans le fond & aux côtez de bonne maçonnerie, pour en faire une cîterne bien étanchée, c'est-à-dire, qui conserve bien les sirops qui y tombent, sans qu'ils puissent couler & se perdre dans la terre. On couvre ce vuide avec des soliveaux de quatre pouces en quarré, éloigné l'un de l'autre de six pouces, & entretenus dans deux soles adossées, l'une au pignon, & l'autre au mur qui termine la cîterne, & on les éleve de maniere qu'elles soient un demi pied, ou environ, au dessus du niveau de l'aire du reste de la Sucrerie. On les entaille de toute l'épaisseur des soliveaux où elles sont encastrées; mais on ne les y cheville point, afin de les pouvoir lever pour prendre ce qui se trouve dans la cîterne. C'est sur ces soliveaux qu'on met les barriques de Sucre brut pendant qu'elles purgent, c'est à dire, pendant que le sirop qui est toûjours joint au grain du Sucre, s'en sepere & tombe dans la cîterne. On l'y conserve, ou pour faire de l'eau-de-vie, ou pour faire du Sucre, selon l'habileté du Rafineur. Mais quand on travaille au Sucre blanc, on couvre les soliveaux avec des planches, sur lesquelles on arrange les pots qui portent les formes, où l'on met le Sucre que l'on veut blanchir, que l'on laisse d'ordinaire dans la Sucrerie jusqu'au Samedi au soir ou Dimanche matin, qu'on le transporte à la Purgerie; car de le laisser plus longtems dans la Sucrerie, on courroit risque

1696.

de le voir s'engraisser par les fumées & par les exhalaisons onctueuses qui sortent sans cesse des Chaudieres. On fait encore des fenêtres à ce pignon, qui sont attachées & qui s'ouvrent en dehors pour ne rien ôter de l'espace du dedans, où elles s'attachent avec des crochets quand elles sont fermées.

Le pignon où les Chaudieres sont montées doit être partagées en autant d'arcades qu'il doit contenir de Chaudieres, afin d'y pratiquer les bouches & les évens des fourneaux. On fait ces arcades de pierre de taille de toute l'épaisseur du mur : elles servent à le soûtenir, quand on accommode les fourneaux ou leur entrée, parce qu'on est obligé d'ouvrir tout le dedans des arcades pour les accommoder. On voit assez de Sucreries où l'on est obligé de creuser en terre pour trouver l'aire des fourneaux, ce qui est une grande incommodité qu'il faut éviter, parce que dans le tems des pluïes les eaux s'y amassent, gâtent les cendres, & empêchent les Negres de faire leur devoir. Quand on bâtit une Sucrerie, il faut prendre tellement ses mesures, que la bouche des fourneaux soit à trois pieds hors de terre, afin que l'ouverture du cendrier soit élevée d'un pied au-dessus

*Fourneaux, leur matiere & leur proportion.*

du rez de chauffée de l'appentis qui couvre les fourneaux. La bouche de chaque fourneau doit avoir vingt pouces en quarré. Le feüil est composé d'une pierre de taille d'un pied d'épaisseur & de la largeur du mur; & pour la conserver plus long-tems, & empêcher que les bois qu'on passe dessus en les jettant dans les fourneaux, ne la rompent, on garnit son dessus de deux ou trois bandes de fer. Ce feüil est porté sur deux pieds droits de même matiere, ou de brique qui laissent entr'eux une ouverture aussi de vingt pouces en quarré; c'est par cette ouverture qu'on retire les cendres & charbons qui tombent du fourneau en passant au travers des grilles: & c'est aussi par-là que l'air s'introduit dans le fourneau pour allumer le bois. Le feüil dont je viens de parler, porte deux pieds droits de pierre de taille de même largeur, de même épaisseur, & de vingt pouces de hauteur, sur lesquels est appuyé le linteau qui forme la bouche du fourneau. Il faut prendre garde que toutes les pierres de taille qu'on employe dans la construction des fourneaux, soient douces, & ne soient pas sujettes à s'éclatter ou à se calciner. L'aire ou l'âtre du fourneau est composé de pierres de taille d'un pied en quarré, entre lesquelles on laisse trois pouces de vuide pour le passage des cendres & de l'air. On le fait quelquefois de fer fondu de quatre pouces en quarré, que l'on éloigne l'un de l'autre de deux pouces. Mais cette dépense est considerable & dure peu, parce que le fer se consomme aisément par l'ardeur continuelle du feu qui est allumé nuit & jour. L'aire du fourneau est ronde, & son diametre par le bas est égal à celui du haut de la chaudiere qui doit y être placée. Le reste du fourneau est composé de pierres de taille taillées en ceintre de voute spherique, & fait à peu près la même figure, si elle étoit parfaite, que fait la chaudiere qu'elle renferme : mais comme la chaudiere n'y entre qu'à moitié, elle rend la figure du fourneau imparfaite & tronquée. Les meilleures pierres qu'on puisse employer pour faire ces ceintres, que les Maçons appellent Serces, sont les pierres de taille grises, tendres, qui ne s'éclattent point au feu, & qui tiennent de la nature de la pierre-ponce. On se sert de briques qui durent assûrément plus que les pierres quand elles sont bien faites. A huit ou neuf pouces au-dessus des grilles, & à un pied & demi de distance de chaque côté de la bouche, on coupe dans les serces des ouvertures de quatre à cinq pouces en quarré, qui servent d'entrées à un canal qui se communique avec celui de la chaudiere voisine, & n'en compose plus qu'un dont l'issuë est dans le mur entre les bouches des fourneaux, mais environ deux pieds plus haut : c'est ce que l'on appelle les évens, par où la fumée des fourneaux s'exhale. On les fait de bonnes briques, & on fait avancer huit ou dix pouces en dehors une pierre au-dessus de leur ouverture, pour rabattre la flâme qui en sort, quand ils sont bien échauffez, & pour empêcher qu'elle ne monte jusqu'à la charpente de l'appentis.

Le fourneau étant élevé à une hauteur suffisante, pour que le vuide qui reste au milieu de sa route soit exactement rempli, en y posant la chaudiere, & l'y faisant descendre du tiers de sa hauteur ; on l'y arrête après l'avoir bien mis de niveau, & on la scelle tout autour avec des tuileaux & des briques, sans y laisser aucun vuide : sur quoi il faut bien prendre garde que les Maçons garnissent bien la circonference de la chaudiere, depuis son entrée dans la voute du fourneau, jusqu'à ses bords, avec de bons materiaux qui resistent au feu, sans se fondre & sans s'égrener, comme font les cailloux & le

*Maniere de monter les Chaudieres.*

tuf parce que quand cela arrive, il se fait des vuides où la flâme entre, & qui re trouvant point d'issuë, comme elle fait autour de la partie de la chaudiere qui est dans le fourneau, brûle la chaudiere. C'est à quoi on ne peut être trop exact, non-seulement à cause de la perte de la chaudiere, mais encore par le retardement que cela cause, quand on est obligé d'arrêter le Moulin & de cesser à faire du Sucre dans la bonne saison, pour démonter une chaudiere, & pour raccommoder un fourneau; ce qui est un retardement & une perte de quinze jours au moins, parce qu'il en faut du moins douze à la Maçonnerie nouvelle pour se sécher, avant que de pouvoir en sûreté y allumer le feu.

*Noms & grandeurs des Chaudieres.*

La grandeur des chaudieres est differente: elles diminuent de diametre & de profondeur à mesure qu'elles s'approchent de celle où le Sucre reçoit sa derniere cuisson: dans un Equipage de cinq chaudieres, y compris la batterie, la première qu'on appelle la grande, & qui l'est en effet plus que les autres, a quatre pieds de diametre, & la quatriéme n'en a que deux & trois quarts. Leur profondeur suit à peu près les mêmes proportions, de sorte que si la grande a trois pieds

pieds de profondeur, la quatriéme n'en aura que deux. On ne les met pas toutes de niveau. On observe de donner un pouce & demi de pente à chacune, commençant à la batterie, afin que le sirop qui s'éleve en boüillant, & s'extravase, coule vers celle qui est à côté, sans la pouvoir gâter par son mêlange, comme cela arriveroit si la pente alloit des premieres chaudieres, où le vesou ou jus de Cannes est moins purifié, & s'il tomboit dans celle où il l'est davantage, ou entierement.

Ainsi dans une Sucrerie de cinq chaudieres la batterie est plus haute que la grande d'environ sept pouces, de maniere que si le glacis qui environne les chaudieres, est de deux pieds & demi plus haut que le pavé de la Sucrerie devant la batterie, il ne sera pas élevé de deux pieds devant la grande. L'aire des fourneaux n'est pas non plus de niveau, parce que la distance depuis l'aire jusqu'au fond de la chaudiere, doit être plus grande à la batterie, qu'aux quatre autres chaudieres, en diminuant de deux pouces à chacune.

Ainsi dans la supposition d'une Sucrerie à cinq chaudieres, la batterie doit avoir vingt-huit pouces de feu, c'est-à-dire, que depuis la superficie des grilles jusqu'au fond de la chaudiere, il doit y avoir vingt-huit pouces de distance, pendant que la grande qui est la premiere, n'en aura que dix-huit. La raison de cette diminution vient de deux causes: la premiere, que la grande chaudiere n'étant pour l'ordinaire chauffée qu'avec des pailles ou des bagaces, & la seconde avec du menu bois, ces matieres ne suffiroient pas pour les échauffer assez, & pour les faire boüillir, si elles étoient plus considerablement élevées au-dessus de l'âtre de leurs fourneaux. La seconde, que la grandeur de leurs fourneaux consommeroit une trop grande quantité de matiere, si on vouloit faire monter le feu si haut: au lieu que les trois autres étant échauffées avec du gros bois, & leurs fourneaux étant plus petits, à cause que les diametres des chaudieres qu'ils renferment, le sont aussi, il faut recompenser cette diminution du diametre du fourneau par son élevation, afin que la flamme qui sort du bois, ne soit pas étouffée, qu'elle environne bien tout le fond de la chaudiere qui paroît dans la capacité du fourneau, & qu'elle y agisse le plus fortement & le plus vivement qu'il est possible.

Ces proportions obligent presque toûjours d'augmenter la hauteur des bords des chaudieres avec des briques & des carreaux que l'on taille, & que l'on pose de maniere qu'en faisant le tour des bords elles en augmentent considerablement le diametre en l'évasant. On appelle cette augmentation un euvage. On fait ordinairement celui de la batterie, de pierre de taille, afin qu'il soit plus propre, & qu'y ayant moins de joints qu'à ceux qui sont faits de briques, il y ait aussi moins de danger que le mortier qui les joint, s'egrene en cuisant, & tombe dans le Sucre. On joint tous les euvages les uns aux autres depuis le mur du pignon jusqu'au petit mur interieur par un pavé de carreaux ajustez de maniere que le sirop qui échape de la batterie, tombe dans celle qui est à côté d'elle, & ainsi de suite jusqu'à la grande.

*Euvage pour augmenter la hauteur des chaudieres.*

Il y a des Sucreries, sur tout celles, où l'on ne travaille qu'en Sucre brut, où l'on pratique une dalle faite avec des carreaux, ou avec des pierres de taille, dans l'épaisseur du petit mur interieur qui renferme les chaudieres, dans laquelle on met leurs écumes, à mesure qu'on les enleve avec les écumoires. La pente qu'on donne à cette dalle, les fait couler, & les conduit dans un reservoir, ou dans une goutiere qui les porte à la Vinaigrerie

*Dalle ou dalot pour recevoir les écumes.*

M ij

C'est ainsi qu'on appelle le lieu où l'on fait l'Eau-de-Vie, qui à mon avis, seroit mieux appellé un Distillatoire. Mais cette maniere de dalle ne m'a jamais plû, & je l'ai ôtée de nos Sucreries, & de celles où j'ai été prié de faire faire quelques reparations, parce qu'elle rend toûjours le glacis mal propre, & sert de pretexte ou d'excuse aux Rafineurs & aux Negres, quand on les reprend du peu de soin qu'ils ont de tenir le glacis bien net. J'avois fait couvrir tous ceux de nos Sucreries avec des nappes de plomb, tous unis & sans dalle, & je faisois mettre les écumes dans des bailles, c'est-à dire, dans des especes de demi-seaux sans anse, de huit pouces de haut sur quatorze à quinze de diametre, que l'on tenoit à côté de chaque chaudiere, & que l'on vuidoit selon la qualité des écumes ou dans une goutiere qui les portoit à la Vinaigrerie, ou que l'on reservoit dans des canots, ou dans une chaudiere montée exprès & separée des autres, où on les faisoit cuire tous les matins, comme je le dirai en son lieu.

*Meilleure maniere pour tenir le glacis propre.*

Les glacis de cette sorte se nétoyent facilement, & il est d'une necessité absoluë d'y avoir l'œil, sans s'en rapporter beaucoup aux Rafineurs & aux Negres qui l'oublient souvent, ou le negligent aux depens du Sucre de leur Maître, dans lequel ces écumes retombent, & ne manquent jamais de le gâter. Rien au reste n'est plus aisé que de tenir le glacis propre, aussi bien que les chaudieres, puisqu'il ne faut que jetter une baille d'eau dans les chaudieres à mesure qu'on les vuide, la laver & frotter avec un balay, aussi-bien que son cuvage & son glacis, & retirer l'eau avec la cueïlliere, pour être assuré que le Sucre ne s'engraissera point, & ne contractera aucune mauvaise qualité, ni aucune ordure: sans que cette manœuvre consomme une demie-heure de tems en vingt-quatre heures, quand bien on la feroit cinq ou six fois.

Les chaudieres sont de cuivre rouge; leur épaisseur se regle par leur grandeur. Une chaudiere du poids de trois cent livres sera épaisse environ comme un Ecu sur le bord, & plus de deux fois autant dans le fond.

*Matiere & poids des chaudieres.*

Les batteries sont beaucoup plus épaisses; elles sont fondües, & tout d'une piece, au lieu que les autres chaudieres sont de plusieurs pieces battuës au marteau, & jointes ensemble avec des clous rivez à tête plate. Le prix des chaudieres, quand on les achete aux Isles, se regle comme celui des autres marchandises, selon le tems de paix ou de guerre, selon la quantité dont les Marchands s'en trouvent chargez, & selon que ceux qui les achetent, peuvent les payer comptant, ou en differer long-tems le payement. J'en ay acheté à quarante-cinq & à cinquante sols la livre, pendant que je les voyois vendre à d'autres jusqu'à quatre francs & davantage.

Quelques années avant que je partisse des Isles, on y avoit apporté des chaudieres de fer. Ceux qui en avoient acheté, disoient qu'ils s'en trouvoient bien. A la verité elles ont cela de commode qu'elles coûtent peu, qu'elles ne sont pas sujettes à se brûler, & que quand on arrête le Moulin le Samedy à minuit, on n'est pas obligé de les remplir d'eau, comme celles de cuivre, qui se brûleroient sans cette précaution. Mais elles ont aussi ces défauts, que quand elles sont échauffées, une cueillerée d'eau froide suffit pour les faire fendre, de sorte que l'on est contraint d'avoir toûjours une chaudiere de cuivre pour la grande ou premiere chaudiere, parce que c'est dans celle-là que tombe le jus des Cannes en sortant du bac ou du canot, où il a été reçû en tombant de la table.

D'ailleurs elles sont toûjours crasseuses; la graisse du Sucre & les écumes s'y attachent facilement, & ne s'en détachent

*Chaudieres de fer leur commodité & leurs défauts.*

qu'avec peine, & emportent avec elles les écailles qui tombent quand elles sont vuides & échauffées. En troisiéme lieu, elles sont totalement inutiles quand elles sont fenduës, & on ne peut ni les raccommoder, ni les employer à aucun usage.

Depuis mon départ des Isles on a mis en usage une espece de fourneau qui chauffe bien, & qui consomme peu de bois. Je n'ay pas vû ces nouveaux fourneaux, & ceux qui m'en ont parlé, n'ont pû m'en donner une idée assez distincte pour en faire ici la description. Je m'imagine pourtant que ce n'est qu'une correction, ou une extension des dimensions d'un fourneau qui servoit de cuisine dans un Vaisseau du Roi, dont je peux faire ici la description : la voici.

Cette machine, longue d'environ cinq pieds, large de deux, & haute de trois, étoit composée de plaques de fer. Son dessus qui étoit horizontal, étoit percé de cinq ou six ouvertures de grandeurs differentes, dans lesquelles s'enchassoient des marmites, des casseroles & autres instrumens de cuisine, si juste & si proprement, que la fumée du feu qui étoit dessous, ne pouvoit passer. L'un des bouts étoit ouvert de toute la largeur de la machine ; mais cette ouverture n'avoit qu'un

*1696.*

*Nouveaux fourneaux.*

*Fourneau d'un Vaisseau.*

pied de haut, & se fermoit avec une porte de fer. L'autre bout n'avoit qu'une petite ouverture vers le haut, garnie d'un tuyau pour laisser passer la fumée. Le plancher ou l'âtre n'étoit point parallele au-dessus de la machine, mais il montoit en maniere de rampe, & se terminoit à l'autre bout à un pied près de la superficie. On allumoit le feu un peu en dedans de la porte, & la flâme & la chaleur suivant la pente du plancher, se portoient tout le long, échauffoient tout ce qui étoit au-dessus d'eux, & comme le feu étoit renfermé, il operoit avec plus de vivacité & de force, de maniere qu'avec très-peu de bois on faisoit boüillir cinq ou six marmites. Le rôti se faisoit à la bouche par le moyen de quelques crochets de fer qui se tiroient, & qui servoient de landiers pour porter les broches. On avoit ménagé un four sous la rampe & quelques autres commoditez.

C'est peut-être sur ce modele qu'on a bâti les nouveaux fourneaux que quelques Habitans ont fait faire à leurs Sucreries, dont on m'a assuré qu'ils se trouvoient très-bien. Comme je ne les ai pas vûs, je n'en peux pas dire davantage.

*Noms des chaudieres à Sucre.* Pour achever l'article des Sucrerie il faut seulement dire le nom des chaudieres

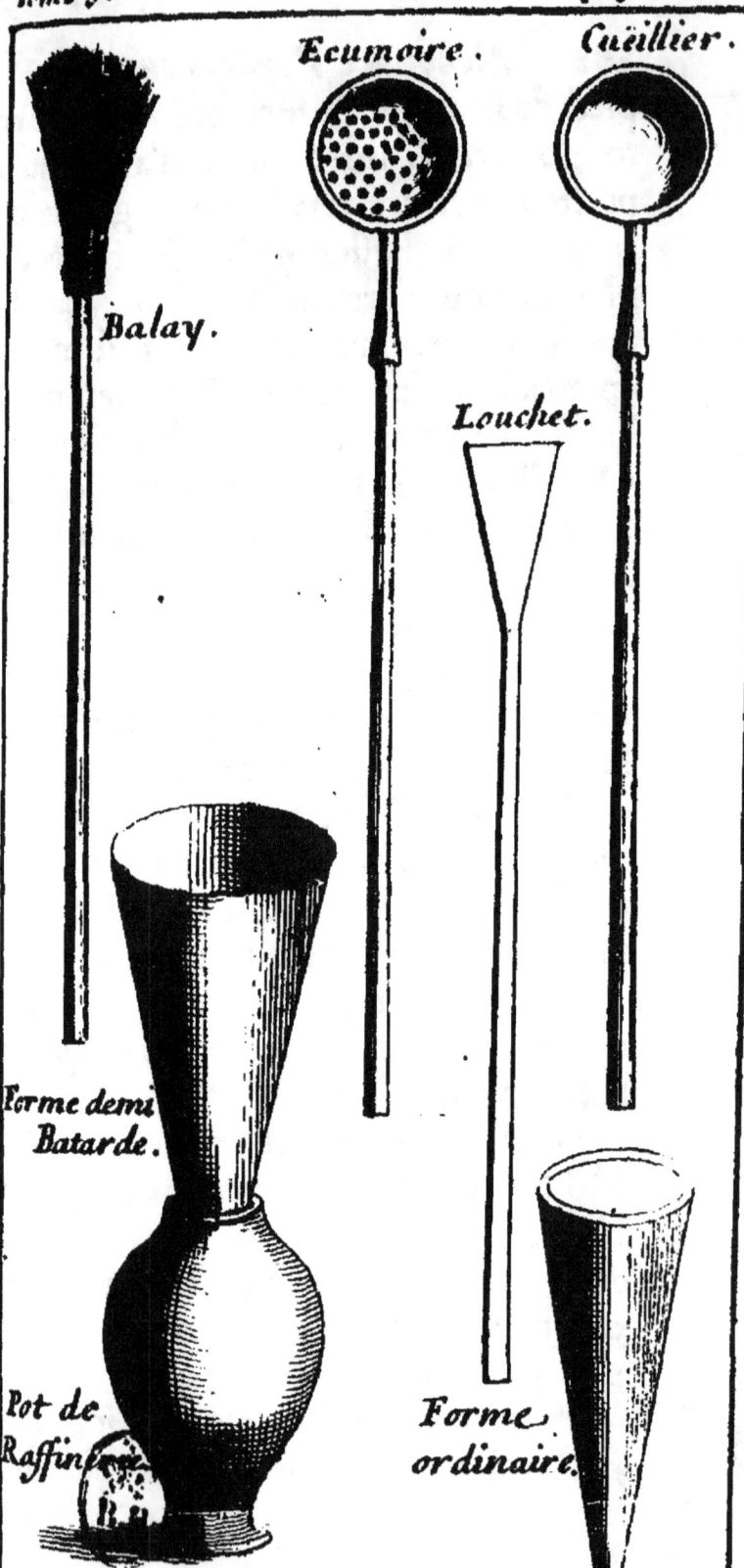

& des uſtencilles, qui ſont neceſſaires pour la fabrique du Sucre, & leur uſage.

Dans les Sucreries, où il y a ſix chaudieres, celle qui reçoit le jus des Cannes, en ſortant du bac ou du canot, où il a été d'abord recüeilli en tombant du Moulin, ſe nomme la Grande. Elle eſt en effet la plus grande de toutes. Celle qui eſt à côté de la grande, ſe nomme la Propre : on l'appelle ainſi, parce que le jus des Cannes ayant été écumé dans la grande, & ayant commencé à être purifié par la cendre & par la chaux qu'on y a mêlé, on le paſſe au travers d'un drap en le mettant dans cette chaudiere, du moins dans les Sucreries où l'on travaille en Sucre blanc, & comme il eſt épuré des plus groſſes ordures, & des écumes épaiſſes & noires, dont il s'eſt déchargé dans la grande, cette ſeconde chaudiere eſt plus nette & plus propre que la premiere.

La troiſiéme ſe nomme la Leſſive, parce que c'eſt dans celle-là que l'on commence à jetter dans le Veſou une certaine leſſive forte qui le fait purger, qui en amaſſe les immondices, & qui les fait monter à la ſuperficie, où elles ſont enlevées avec une écumoire.

La quatriéme ſe nomme le Flambeau. Le Veſou qu'on y tranſporte de la troisième, s'y purifie davantage, & comme il est reduit en moindre quantité, plus pur & plus clair, & que le feu qui est dessous cette chaudiere, est plus vif, il se couvre de boüillons clairs & transparents, qu'il n'avoit pas dans les autres chaudieres.

*Le Sirop.* La cinquiéme est appellée le Sirop. Le Vesou qu'on y met en sortant du Flambeau, y prend de la consistence & du corps ; il acheve de s'y purifier, & devient en sirop.

*La Batterie.* La sixiéme est la Batterie. C'est dans cette derniere chaudiere que le sirop prend son entiere cuisson, & qu'on lui ôte ce qu'il pouvoit encore avoir d'impureté par le moyen de la lessive & de l'eau de chaux & d'alun qu'on y jette. Lorsqu'il approche de sa cuisson, il jette de gros Boüillons, & s'éleve si haut qu'il sortiroit de la chaudiere, de sorte qu'on est obligé de l'élever en haut avec une écumoire pour lui donner de l'air, & pour l'empêcher de se répandre : & comme ce mouvement ressemble à des coups qu'on lui donneroit, on a donné le nom de Batterie à cette chaudiere où il se fait.

Dans les Sucreries qui ont sept chaudieres, on compte deux flambeaux au lieu d'un, le grand & le petit.

## Ustancilles de Sucrerie.

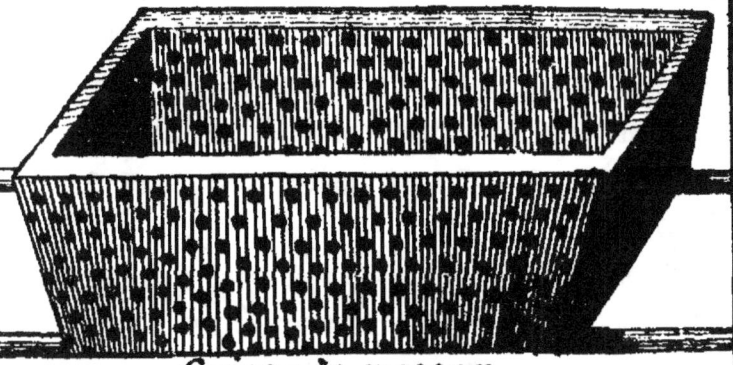

Caisse à passer.

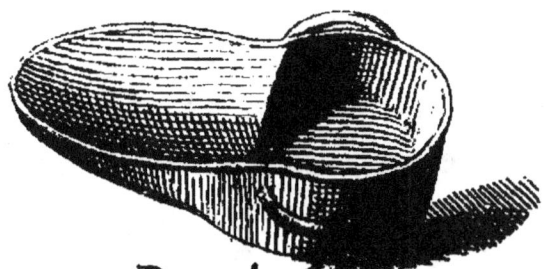

Bec de Corbin.

Bloc de Raffineur.

Dans celles qui en ont seulement cinq, on n'y compte point de lessive, la Propre en sert, & c'est dans cette chaudiere que l'on commence à jetter la lessive dans le Vesou après l'avoir fait passer au travers du drap.

Et dans celles où il n'y a que quatre chaudieres, la Propre sert en même-tems de lessive & de flambeau, & l'on y cuit & purifie le Vesou jusqu'à ce qu'il soit en état d'être transporté dans le sirop.

Les ustencilles des Sucreries consistent en rafraichissoirs, en becs de corbin, en cueïlliers, écumoires, caisses à passer, blanchets, barils à lessive, poinçons, couteaux à Sucre, pots, formes, bailles, canots, louchets, pagalles, & balais.

Dans les grandes Sucreries il y a d'autres chaudieres particulieres pour y cuire les écumes & les sirops.

Les rafraichissoirs sont de cuivre rouge, & ronds; leur fond est tout plat; leur diametre est depuis trois jusqu'à quatre pieds, & la hauteur du bord est depuis douze jusqu'à dix-huit pouces. Ils ont deux anneaux de cuivre mobiles, pour les porter où l'on veut. Dans les bonnes Sucreries il en faut au moins quatre, afin d'y mettre rafraîchir les sirops, quand on travaille en Sucre blanc.

*Les Rafraichissoirs.*

*Les Becs de Corbin.*

Les becs de corbin sont aussi de cuivre rouge. Je ne sçaurois mieux les dépeindre qu'en les comparant à une forme de chapeau, dont on auroit coupé les trois quarts du bord au ras du cordon, & dont le quatriéme restant seroit allongé & courbé comme un bec. Ils ont ordinairement un pied de diametre, huit à neuf pouces de profondeur; leur fond est plat; le bec excede la circonference de sept à huit pouces; ils ont une anse ou poignée immobile de fer ou de cuivre, attaché de chaque côté. C'est dans cet instrument qu'on met le Sucre en sortant du rafraîchissoir, pour le porter dans les formes, ou dans les canots, & le verser sans danger de le répandre à terre ou sur ses pieds, parce que le Sucre est conduit le long du bec jusqu'au lieu où on le veut mettre sans danger qu'il tombe.

*Les Cueïlliers.*

Les cueïlliers sont rondes à peu près comme la forme d'un chapeau; elles ont huit à neuf pouces de diametre, & six à sept pouces de profondeur; le haut du bord est garni en dehors d'un cercle de fer, qui après avoir environné toute la circonference, se termine en une queuë faite en douille, d'un pied de long, dans laquelle on fait entrer, & l'on clouë le bout du manche, qui doit être d'un bois droit & liant de cinq pied de long, & d'un pouce & demi de diametre. Les cueïlliers servent à passer le Vesou d'une chaudiere à l'autre : ainsi la longueur du manche y est necessaire pour puiser jusqu'au fond de la chaudiere. On s'en sert aussi pour prendre le Sucre dans le rafraîchissoir, & le mettre dans le bec de corbin. On les fait ordinairement de cuivre rouge aussi-bien que les écumoires.

L'usage des écumoires se voit assez, sans qu'il soit besoin de le dire. Elles servent à enlever les écumes, & les autres ordures, qui sont dans le Vesou, que la chaleur du feu, & la force de la lessive ont fait monter à la superficie. On leur donne depuis neuf jusqu'à douze pouces de diametre ; le dessous est fortifié d'une bande de fer qui l'environne, & qui enfin compose une queuë de quinze à seize pouces de long, dont le bout est ouvert en douille, pour recevoir le bout du manche qui est de même grandeur que celui des cueïlliers. Le diametre des trous, dont elles sont percées, est different selon la difference des chaudieres, ausquelles on les employe. Celles dont on se sert pour écumer la Grande, la Propre, & la Lessive, ont les trous beaucoup plus grands que ceux des autres chaudieres : leur diametre est depuis une ligne jusqu'a trois.

Chaque chaudiere doit avoir sa cueïllier, son écumoire & son balay. Ces instruments se mettent de travers sur des perches passées dans des supports qui sont cloüez aux sommiers de la charpente. Elles sont élevées de cinq à six pieds au-dessus des chaudieres, afin qu'on puisse commodément y prendre & y remettre ces instruments selon le besoin.

Les Balais.
On fait les Balais de feüilles de Latanice ou de Palmiste que l'on attache au bout d'un manche de six pieds de long. La longueur des balais est d'environ de neuf à dix pouces sur trois pouces de diametre.

La caisse à passer le Vesou.
La Caisse à passer le Vesou à quatre pieds de long sur deux pieds & demi à trois pieds de large. Sa profondeur est de quinze à dix-huit pouces. Son fond & les côtez, qui doivent être d'un bois liant, & qui ne teigne point ce qu'on y met, sont percez de trous de tarriere autant qu'on en peut mettre, sans les trop affoiblir, après avoir été assemblez à queüe d'hironde & bien cloüez. On attache aux deux bouts de son fond deux fortes tringles de bois de six pieds de long, pour la soûtenir sur le haut du Glacis entre la premiere & la seconde chaudiere. C'est dans

cette caisse qu'on étend le blanchet, sur lequel on jette le Vesou après qu'il a été écumé dans la grande, afin qu'en passant au travers de ce drap, il y laisse la graisse & les autres ordures grossieres, dont il pourroit encore être chargé.

Les blanchets sont faits d'un gros drap blanc d'une aulne de large ; on leur donne une aulne & demie de long, & pour les fortifier on les croise d'un angle à l'autre d'une bande de grosse toile de quatre doits de large ; on cout tout autour un lez de la même toile de la largeur d'un pied, afin de pouvoir tirer le blanchet de part & d'autre, pour faire passer le Vesou plus facilement, sans déchirer le blanchet comme il arriveroit, s'il n'étoit pas fortifié par cette bande croisée, & par ce tour de toile. Un blanchet ne peut servir que pour passer une chaudiere, après quoi il faut le laver, & le faire secher avant que d'y faire couler d'autre Vesou: car quand ils sont moüillez, il n'y peut rien couler, de sorte qu'on doit toûjours en avoir six dans une Sucrerie qui travaille raisonnablement. Il faut encore observer que quand les blanchets ont servi trois ou quatre mois, leur poil est brûlé, ils deviennent clairs & par consequent inutiles, parce que les ordures y passent aussi

*Les blanchets.*

facilement que le Vesou, de sorte qu'on est obligé de les changer, & de les employer à d'autres usages, dès qu'on en voit le milieu brûlé & dégarni de poil : & comme les extrêmitez le sont beaucoup moins, & presque encore neuves, l'économie qu'on en peut faire, est de couper le blanchet par le milieu de sa longueur, & de coudre ensemble les côtez opposez, qui en deviennent ainsi le milieu, ce qui en augmente la durée. Sur toutes choses il ne faut point de lezine en cela, parce qu'on n'employe ces blanchets que pour faire du Sucre blanc, où l'on ne peut trop prendre de précaution pour le purger, & pour le bien nettoyer. Quand les blanchets ne sont plus en états de servir, on les donne aux Negres & aux Negresses pour les aider à se couvrir, & pour enveloper leurs enfans.

*Economie qu'on peut faire sur les blanchets.*

Cette sorte de drap se vend aux Isles selon le prix courant des autres marchandises. Lorsque j'y étois, on les achetoit à raison de sept francs l'aulne.

*La Lessive.*

La lessive qu'on jette dans le Vesou pour le faire purger, est une des plus importantes parties de la science d'un Rafineur. On se sert ordinairement d'un baril vuide de viande ou d'autre denrée pour la faire. Mais lorsqu'on veut faire un vaisseau exprès pour cela, on lui donne la figure d'un cône tronqué, on lui donne trois pieds de haut & deux pieds dans son plus grand diametre, en diminuant jusqu'à six pouces pour le plus petit, au milieu du quel on fait une ouverture d'un demi pouce de diametre: on pose le bout de ce vaisseau sur une sellette percée à propos pour le recevoir commodément: au dessous du trou on met un vaisseau pour recevoir la lessive à mesure qu'elle coule.

Le Baril à lessive étant posé sur la sellette ou sur un trepied, on en bouche le trou avec une quantité de paille longue & entiere, après quoi on y met une couche composée des herbes suivantes, après les avoir broyées entre ces mains, & après les avoir hachées. *Baril à Lessive.*

Herbes à blé: c'est une herbe qui croît par touffes comme le blé qui est levé depuis deux ou trois mois, & à qui elle ressemble beaucoup. On arrache la touffe entiere avec sa racine qui est fort petite. *Herbe à blé.*

La seconde se nomme herbe à pique. Cette plante a une tige droite de la grosseur d'un tuyau de plume d'Oye, & de la hauteur de quinze à dix-huit pouces. Son extrêmité porte une feüille comme celle de l'ozeille pour la couleur & pour *Herbe à pique.*

la consistence, mais qui ressemble entierement au fer d'une Pique.

La troisième est la mal-nommée. C'est une petite herbe déliée, fine, & frizée à peu près comme les cheveux des Negres.

On met ces trois sortes d'herbes par portion égale, avec quelques feüilles & quelques morceaux de lianne brûlante. Cette lianne est une espece de lierre, dont la feüille est plus tendre, plus mince, & le bois plus spongieux que le lierre d'Europe. On écrase un peu le bois & les feüilles avant que de les mettre dans le barril. C'est avec ces quatre sortes d'herbes qu'on garnit le fond du barril jusqu'à trois pouces de hauteur; on les couvre d'un lit de cendre de pareille épaisseur, & l'on choisit la cendre faite du meilleur bois qu'on ait brûlé, comme sont le chataigner, le bois rouge, le bois caraibe, le raisinier, l'oranger, ou autres bois durs, dont les cendres & les charbons sont remplis de beaucoup de sel. On met sur cette couche de cendre une couche de chaux vive de même épaisseur, & sur celle-ci une autre couche des mêmes herbes, auxquelles on ajoûte une ou deux Cannes d'inde ou de seguine bâtarde, amorties au feu, & coupées par roüelles de l'épaisseur d'un Ecu. Cette plante vient sur le bord des

Françoises de l'Amerique.   283

1696.

taux marécageuses, sa tige est ronde d'un pouce ou environ de diametre ; sa peau est fort mince & fort verte ; le dedans est blanc, assez compacte, & rempli d'une liqueur extrêmement mordicante, qui fait une vilaine tache, & ineffaçable sur le linge & sur les étofes, où elle tombe. Sa feüille est tout-à-fait semblable pour la figure à celle de la Porée ou Bette, mais elle est plus verte & plus lisse, & ses fibres ne se distinguent presque pas ; on ne les met point dans la lessive. Toutes ces herbes sont extrêmement corrosives & mordicantes. On remplit ainsi le barril de cendre, de chaux, & d'herbes, par lits jusqu'à ce qu'il soit plein, & on le termine par une couche des mêmes herbes bien broyées & hachées. Quand on se sert de cendres qui viennent de sortir des fourneaux, & qui sont encore toutes brûlantes, on remplit le barril avec de l'eau froide ; mais lorsque les cendres sont froides, on fait boüillir l'eau avant que de la mettre dans le barril. On met un pot ou un autre vaisseau sous le trou qui est bouché de paille, pour recevoir l'eau qui en dégoûte, que l'on remet dans le barril, & que l'on fait passer sur le marc qu'il contient, jusqu'à ce que cette lessive devienne si forte, que la mettant sur la

*Qualité de la lessive.*

langue avec le bout du doit, on ne puisse pas l'y souffrir, & qu'elle jaunisse le doigt, comme si c'étoit de l'eau forte.

Lorsque les Cannes sont vertes, & par conséquent grasses & difficiles à purger, on ajoûte à ces herbes de l'antimoine crud, reduit en poudre. Cette drogue dégraisse admirablement le Sucre ; mais elle noircit la lessive, & rend le Sucre gris. On ne s'en sert ordinairement que pour le Sucre brut.

*Antimoine crud.*

Les poinçons dont on se sert pour percer le Sucre qui est dans les formes, sont de fer ou de bois ; ils sont de la longueur d'un pied & d'environ un pouce de diametre à leur tête qui est ronde & faite en bouton. On se sert de bois caraibe pour en faire, parce qu'il est roïde, & qu'il a les fibres longues & pressées.

*Poinçons.*

Les Couteaux à mouvoir ou à remuer le Sucre dans les formes, sont aussi de bois caraibe ; on leur donne trois pieds de long sur deux pouces de large depuis l'une des extrêmitez jusqu'à six ou sept pouces, pour servir de manche. Les couteaux ont cinq lignes d'épaisseur dans leur milieu, en diminuant vers les côtez, en façon de couteau émoussé.

*Couteaux à mouvoir ou à remuer.*

On s'en sert encore à prendre la preuve du Sucre, c'est-à-dire, pour connoître si le Sucre qui est dans la batterie à son entiere cuisson. Pour cet effet, on trempe le couteau dans la batterie, & après l'avoir retiré tout couvert de sirop, on le touche avec le pouce de la main droite, & dans le moment on appuye un peu le doigt du milieu de la même main sur la partie du pouce où est le Sucre qu'on a pris du couteau, On étend ensuite le doigt doucement, pour faire filer le Sucre qui y est attaché, & on remuë doucement le pouce pour faire rompre le filet ; plus il se rompt haut, c'est-à-dire, près du doigt, moins il a de cuisson, & plus il demeure long, plus il en a : c'est en ce point que consiste toute la science des Rafineurs. Car toutes les Cannes ne demandent pas le même degré de cuisson. Celles qui sont vertes, veulent une cuisson plus forte que celles qui sont justement dans le tems de leur maturité, ou qui l'ont passé. Le Sucre brut veut beaucoup plus de cuisson que celui que l'on doit blanchir, en le mettant sous la terre. Les jeunes Cannes ne demandent pas une cuisson si forte. Lorsque le Vesou est gras, & qu'il file, il est impossible de s'assûrer de sa cuisson par la preuve ordinaire ; on doit la chercher par la figure des boüillons qu'il jette, en le remuant avec la cuëillier. Si on le voit

*Comment on connoist le degré de cuisson du Sucre.*

bien perlé, c'est-à-dire, s'il fait beaucoup de petites bouteilles sur le dos de la cueillier, comme de la semence de perle, & de la même couleur, on conjecture alors qu'il a la cuisson qui lui convient : mais cette connoissance est beaucoup plus difficile, quand on l'a laissé passer son degré de cuisson, parce que pour lors il file, & ne se rompt point. Le seul remede qu'il y a, est de le décuire, ce qui se fait en jettant dans la batterie deux ou trois bailles de Vesou passé, ou d'eau boüillante, & recommencer à le clarifier de nouveau. En un mot, il y a souvent beaucoup à étudier pour trouver le veritable point de la cuisson d'un Sucre, parce qu'il est également dangereux qu'il en manque, ou qu'il en ait trop. Car s'il en a trop, le sirop ne peut se détacher du grain, & le Sucre ne blanchit jamais, & quand il n'est pas assez cuit, son grain n'étant pas formé tombe avec le sirop, & cause une très-grande perte.

*Formes de differentes especes.* Les Formes, dont on se sert aux Isles, se font dans le païs, ou viennent de France, & sur tout de Bourdeaux. Ces dernieres sont d'une terre blanchâtre, fort unies & fort lisses. Il y en a de deux sortes ; les ordinaires ont dix-huit à vingt pouces de hauteur : les grandes qu'on appelle bâtardes ont près de trois pieds de haut, & quatorze à quinze pouces de diametre. On sçait assez leur figure par celle des pains de Sucre qui en sortent. Le tour de la forme en sa plus grande circonference, est renforcé d'un ourlet de même matiere, & son bout pointu d'un autre, percé dans son milieu d'une ouverture de la grosseur du petit doigt, par lequel le sirop s'écoule, quand le Sucre ayant pris corps, & étant refroidi on ôte le tampon qui fermoit le trou, & on y enfonce le poinçon de la profondeur de sept ou huit pouces.

Les Formes qui se font aux Isles, sont d'une terre rougeâtre ; quand elles sont bien travaillées, elles sont assez unies & assez lisses, quoiqu'elles ne le soient jamais autant que celles de Bordeaux. Cela provient de la terre plûtôt que des Ouvriers; mais cela ne porte aucun préjudice au Sucre qu'on y met, qui ne laisse pas de bien travailler, & d'être fort uni. J'ay connu d'habiles Rafineurs qui les estiment plus que celles de Bordeaux. Les formes ordinaires faites aux Isles, ont vingt-six pouces de haut sur un pied de diametre. Les bâtardes ont plus de trois pieds de haut, & seize à dix-sept pouces de diametre, mais on n'en fait guéres de cette espece, parce que les ordinaires sont assez

*Formes des Isles.*

grandes pour servir aux usages, ausquels on employe les bâtardes.

Les pots que l'on met sous les Formes pour les soutenir, & pour recevoir le sirop qui en coule, sont proportionnez aux formes qu'ils doivent porter. Generalement parlant ceux de Bordeaux sont trop petits, & ne sont bons que pour les Rafineries, où le Sucre qu'on blanchit n'a pas beaucoup de sirop, au lieu que le Sucre qu'on fait aux Isles, & qu'on y blanchit, en ayant beaucoup, demande aussi de plus grands vaisseaux pour le contenir.

*Pots de Sucrerie.*

Les pots pour être bienfaits, doivent avoir le fond ou l'assiette large & unie, & le dessus de la bouche, qu'on appelle le collet, bien renforcé. Il faut éviter d'y mettre des pieds, comme en ont la plûpart de ceux de Bordeaux, parce que ces pieds étant postiches, se détachent aisément, & rendent ensuite le pot inutile.

Ceux qui se font aux Isles, ont quinze ou seize pouces de haut ; le diametre de leur ouverture est de quatre pouces & demi, ou environ ; leur fond en a le double, & leur ventre en a quinze ou seize.

*Prix des pots & des formes.*

Le prix des pots & des formes se regle selon leur besoin, ou plûtôt selon l'abondance ou la disette qu'il y en a aux Isles.

*Pour*

Pour l'ordinaire le pot & la forme dans le païs se vendent un Ecu de trois livres, pris sur le lieu où ils se font.

1696.

Avant que de se servir des formes neuves, il y a deux choses à y faire. La premiere est de les environner de trois cercles de lianne, l'un au-dessous du collet, & qui touche le cordon de leur grand diametre; le second vers le tiers de leur longueur, & le troisiéme cinq ou six pouces au dessus de leur extrêmité. Pour faire des cercles, on se sert d'une lianne grosse comme le petit doigt, qui est grise quand elle est pelée. On l'appelle lianne de persil; parce que sa feüille ressemble à celle du persil, mais elle est beaucoup plus grande. On la fend en deux, & on lui fait faire deux tours, dont le second cordonne le premier. Le Rafineur qui veut cercler une forme : (car c'est à lui à faire cet ouvrage,) la pose sur un bloc, & la met sur son plus grand diametre, afin qu'elle se tienne droite d'elle même. On l'appelle le fond de la forme, & le bout pointu se nomme la tête. Le bloc est un morceau ou tronc de bois de deux pieds ou environ de diametre, à qui on donne un pied d'épaisseur, afin qu'il ait plus de solidité. On le fait porter sur trois ou quatre pieds d'environ deux pieds de haut, sans com-

*Précaution avant de se servir des formes.*

*Maniere de mettre les cercles aux formes.*

Tome III.            N

1696. pter ce qui est entré dans le bloc, qui se trouve ainsi de trois pieds de haut. La forme étant posée dessus, on met le plus grand cercle sur la forme, où on l'enfonce à force avec le chasseoir & la chasse; le chasseoir est un coin de bois dur de huit à dix pouces de long sur trois pouces de large, & deux pouces d'épaisseur par le plus gros bout. Il y a à ce bout une poignée ronde, pratiquée dans le même morceau de bois, de cinq à six pouces de long, de sorte que le chasseoir a environ seize pouces de long. On le fait d'un bois pesant & dur, afin qu'il ait plus de coup, & qu'il dure davantage. On tient la forme de la main gauche, & le chasseoir de la droite, & en coulant son angle aigu le long de la superficie de la forme, on frappe sur le cercle qu'on chasse, & qu'on fait descendre également de tous côtez, en faisant tourner la forme avec la main gauche. Quand le cercle est entré de cette maniere, autant qu'on le peut faire enter avec le chasseoir. On prend la chasse de la main gauche, & l'appuyant sur le cercle en tournant tout autour, on frappe dessus avec le côté du chasseoir, jusqu'à ce que le cercle soit arrivé auprès du cordon de la forme. La chasse n'est autre chose qu'un morceau de douve de baril ou de barrique, de sept à huit pouces de long sur trois ou quatre de large. Si on se sert de douves plûtôt que d'autre chose, c'est parce qu'elles sont concaves, & qu'elles s'appliquent par conséquent mieux à la circonference convexe de la forme. On fait la même chose aux deux autres cercles, & on les fait toûjours plus petits qu'il ne faut pour l'endroit auquel on les destine, afin que les y faisant entrer avec toute la force dont ils sont capables, la lianne étant encore verte, & s'allongeant ils y demeurent plus fortement attachez quand elle est seche. La raison pour laquelle on met ces cercles, est pour empêcher les formes de se crever, quand on y met le Sucre tout chaud la premiere fois.

Lorsque les formes sont cassées, on en rassemble toutes les pieces, on les remet en leur place, & on les y fait tenir par le moyen des coupeaux dont on les couvre des cappes qui les tiennent en état, & des cercles qui les environnent. Les cappes sont des morceaux de goyavier aussi longs que les formes, refendus & dolez, de sorte qu'il ne leur reste que l'épaisseur d'une piece de quinze sols depuis un bout jusqu'à l'autre, qui est taillé de maniere qu'à un pouce de distance du bout on laisse toute l'épaisseur du bois, afin que cette

*Comment on racomode les formes cassées.*

élevation foûtienne le fil d'archal, dont on lie toutes les cappes enſemble. Cette élavation ſe nomme la tête ou le crochet de la cappe.

On aſſemble les cappes l'une auprès de l'autre autour de la tête de la forme, d'où eſt venu le nom de capper les formes, comme qui diroit leur faire un cap ou une tête; on les lie fortement avec un fil d'archal autour du bourlet qui forme la tête de la forme, & on a pour cela une tenaille ronde, avec laquelle on tortille les deux bouts du fil pour les arrêter. On diviſe enſuite toutes les queuës des cappes ſur la convexité de la forme, & particulierement ſur les copeaux qu'on a placez ſur les fractures, & on ſerre les cappes & les copeaux avec des cercles, qu'on met en auſſi grand nombre qu'il eſt neceſſaire pour les retenir. Quand la fracture eſt vers le fond de la forme, on ſe contente d'une demie cappe, c'eſt-à-dire, que le crochet de la cappe ſe met à la moitié de la hauteur de la forme, & pour lors on ne l'arrête pas avec un fil d'archal, mais avec un ſimple cercle de lianne ; mais quand il n'y a qu'une ſimple fente ou felûre, on ſe contente d'y appliquer un copeau avec des cercles. On ſe ſert de bois blanc pour faire des copeaux, comme eſt celui dont on fait les douves des barriques, on les polit avec le couteau courbé, ou à deux mains, & on le reduit à l'épaisseur d'une piece de quinze sols.

La seconde chose qu'il faut observer à l'égard des formes neuves, est de les faire tremper pendant deux ou trois jours dans les canots remplis d'eau, où l'on met le jus des Cannes, les gros sirops & les écumes, pour les y faire fermenter, & pour en faire ensuite de l'Eau-de-Vie. Cette preparation est si necessaire, que si on la neglige, le Sucre qui se met dans les formes, s'y attache si fortement, qu'il est impossible de l'en retirer que par morceaux, parce qu'il s'imbibe dans les pores de la forme, qu'il trouve vuides; ce qui n'arrive pas quand elle a trempé, parce qu'ils se trouvent pleins, & imbibez de cette liqueur. Après cela on les lave bien pour leur ôter l'odeur aigre & forte qu'elles ont contractée, & on les met tremper dans l'eau douce pendant douze ou quinze heures, avant que d'y mettre du Sucre : ce qu'on observe toutes les fois qu'on y en met, quelques tems qu'elles ayent servi. On fait la même chose aux pots, & on a soin de les laver, & de les renverser la bouche en bas, après les avoir lavez, chaque fois qu'on vuide le sirop

*Seconde observation touchant les formes.*

qui étoit dedans. Les Rafineurs ne doivent jamais manquer de mettre un cercle autour du rebord de la bouche du pot ; ce qui le conserve & l'empêche de s'éclater, quand il est chargé d'une forme pleine de Sucre.

*Capacité des formes.* Les formes ordinaires de Bordeaux peuvent tenir trente à trente-cinq livres de Sucre, qui étant blanchi & seché à l'étuve se reduit à vingt ou vingt-deux livres. Les bâtardes en contiennent le double ; mais comme on ne s'en sert que pour les Sucres de sirop qui sont bien plus legers que le Sucre de Canne, on ne peut pas déterminer au juste ce qu'elles en contiennent, quand ils sont blanchis, parce que cela dépend de l'habileté du Rafineur qui l'a travaillé, qui peut leur donner du grain, du corps, & du poids à proportion de son sçavoir, comme nous le dirons ci-après.

Les formes des Isles contiennent cinquante à soixante livres de Sucre, qui étant blanchi diminuë à proportion de sa qualité.

*Lampes & huile pour les Sucreries.* On se sert de lampes à deux lumignons dans toutes les Sucreries, & on y use indifferemment de l'huile de poisson, ou de Palma Christi. J'ai déja remarqué que quoique cette derniere coute davantage, il y avoit cependant plus de profit à s'en servir, tant parce qu'elle est exempte des bouës & des ordures qui se trouvent dans l'huile de poisson, que parce qu'elle dure davantage, & fait une lumiere plus vive & plus claire, ce qu'on ne peut trop rechercher dans une Sucrerie, où les fumées des chaudieres sont épaisses, & où l'on a grand besoin de lumiere pour cette raison, sur tout quand on travaille en Sucre blanc. On met une lampe entre deux chaudieres, outre celle du Rafineur qu'il porte où il en est besoin. Il n'est pas necessaire d'avoir tant de lumiere dans les Sucreries, où l'on ne travaille qu'en Sucre brut.

Le Sucre brut se porte du rafraichissoir dans des auges ou canots de bois, que l'on met à côté de l'espace que j'ai dit qu'on laisse devant les chaudieres. Ces auges ou canots se font d'une seule piece de tel bois que l'on veut, parce que n'étant pas exposez à la pluye, il n'y a pas de danger qu'ils se pourrissent. C'est dans ces canots que le Sucre acheve de se refroidir assez pour être mis dans les barriques. Et comme on a besoin de couteaux pour le mouvoir quand il est dans les formes, on a aussi besoin d'un instrument plus fort pour celui qui est dans les canots; on se

*Canots de bois qui servent de rafraichissoirs pour le Sucre brut.*

sert d'une pagalle un peu plus petite que celle dont on se sert pour nager en mer dans les canots, pour le remuer d'un bout à l'autre du canot avant que de le mettre en barrique, afin que le grain, & le sirop soient bien mêlez ensemble, que le grain qui est formé, se grossisse, ou qu'il aide à celui qui ne l'est pas encore.

**Louchets de fer leur usage.** On se sert aussi de louchets de fer de trois pieds de long, dont la pelle à quatre pouces de large sur six pouces de long, pour grater & faire tomber le Sucre qui s'attache en croute aux bords du canot, ce qui est ordinairement le plus gros grain.

Les ustencilles, dont on se sert aux fourneaux, sont très-peu de chose : ils ne consistent qu'en quelques perches, dont on se sert pour pousser le bois dans le fond des fourneaux, & pour l'y ranger comme il doit être pour bien brûler, & pour jetter beaucoup de flâme ; & d'un morceau de fer, long de deux pieds ou environ, dont un des bouts fait en douille, entre dans une perche, & l'autre qui est recourbé & plat de la largeur de deux pouces, sert à retirer les charbons, ou à faire tomber les cendres, qui demeurent sur les grilles.

Les fourneaux sont toûjours couverts d'un abavent en appentis, appuyé d'un côté contre le mur de la Sucrerie, sur des crampons de fer, qui l'en tiennent éloigné d'un pied & davantage, pour donner passage à la fumée. L'autre côté est porté sur des poteaux de bois, ou sur des piliers de maçonnerie ; sur lesquels on appuye la sabliere. On se sert d'esseutes ou de tuilles pour ces couvertures, & jamais d'ardoises, que la chaleur feroit éclater.

Voilà tout ce qu'on peut dire des Sucreries & de leurs ustencilles.

## DES DIFFERENTES espèces de Sucre.

On peut compter dix sortes de Sucres differens. Il ne faut pas s'imaginer que je mette cette difference, comme font les Epiciers, les Droguistes, & autres gens qui en vendent, dans le poids, ou dans la grandeur des formes, ou des pains, qu'on va acheter chez eux. Ceux qui en parlent ainsi, & qui se donnent la peine d'en écrire, font voir qu'ils sont mal informez ; & je dois charitablement les avertir qu'il est mieux qu'ils le vendent en Marchands Chrétiens, que d'en écrire la nature & les qualitez, comme a fait un Droguiste nommé Monsieur Pomet, qui a composé un gros Volume in folio de la nature de toutes les Drogues, d'une maniere à faire plaisir, mais qui ne met d'autre difference entre les Sucres, que celle qu'il a remarquée dans le poids des pains qui sont venus à sa Boutique : de sorte qu'on peut dire, que s'il ne connoît pas mieux les autres choses, dont il parle, qu'il connoît le Sucre & le Silvestre qu'il a pris pour la Cochenille, il devoit se dispenser de gâter tant de papier. Ce que je dirai dans la suite, lui fera reconnoître son erreur, & désabusera le Public.

J'ai dit qu'il y a dix sortes de Sucres differens. En voici les noms.

1. Sucre Brut, ou Moscoüade,
2. Sucre Passé, ou Cassonade grise,
3. Sucre Terré, ou Cassonade blanche.
4. Sucre rafiné, pilé, ou en pain.
5. Sucre Royal.
6. Sucre Tappé.
7. Sucre Candi.
8. Le Sucre de Sirop fin.
9. Le Sucre de gros Sirop.
10. Le Sucre d'Écumes.

Le Sucre brut ou Moscoüade est le premier qu'on tire du suc de la Canne ; c'est le plus facile à faire, & c'est de lui que tous les autres Sucres sont composez : Voici comme on le fait.

Les Cannes ayant passé au Moulin, &

leur suc, jus, vezou, ou vin, comme on dit en quelques endroits, étant dans le canot, ou dans la grande chaudiere, on en examine la qualité, pour le pouvoir gouverner comme il faut.

Si le vezou, ou jus est clair & blanchâtre, avec une petite écume au-dessus, de la même couleur, c'est une marque certaine qu'il est verd & gras.

Lorsqu'il est brun, visqueux, gluant, qu'en tombant de la table dans le canot, ou coulant dans la chaudiere, il forme une écume grise & épaisse, & qu'il a une odeur douce & comme aromatique, c'est un signe que ce jus est bon, chargé de matiere, facile à purifier & à cuire, & qui produira de bon Sucre.

Et quand le vezou est noirâtre & épais, qu'il a une odeur forte, tirant sur l'aigre; c'est une marque que les Cannes sont vieilles, & que bien qu'elles soient remplies de matiere sucrée, le vezou sera difficile à dégraisser, parce qu'il a déja passé le tems de sa maturité, & qu'il est cuit en partie par la chaleur du Soleil.

Les habiles gens connoissent ces differences en voyant les Cannes, ou tout au plus en les goûtant, & ils se reglent là-dessus pour gouverner leur vezou, depuis qu'il entre dans la grande, jusqu'à ce

*Differentes qualitez du suc de Cannes, & les manieres de le gouverner.*

qu'il sorte de la batterie.

Dans le premier cas, on met dans la cueïllier environ autant de cendre qu'il en tiendroit dans une pinte de Paris, & autant de chaux vive reduite en poudre. On emplit la cueïllier de vezou, & on dilaye bien ces matieres ensemble ; on verse le tout dans la grande par inclination & doucement, afin que s'il restoit quelque partie de la chaux qui ne fût pas bien cuite & dissoute, elle ne tombe pas dans la chaudiere, & on remûë avec la cueïllier tout ce mêlange dans la chaudiere, afin de bien mêler le tout ensemble.

L'effet que cela produit, est de dégraisser le vezou, en separant ses parties grasses & onctueuses de celles qui doivent composer le grain du Sucre, & les assembler à mesure que la chaudiere s'échauffe à la superficie en écumes d'autant plus grasses, épaisses & gluantes, que la chaux & la cendre ont aidé par leurs qualitez détersives & corrosives, à purger le reste du vezou, dont le grain doit être composé.

Dans le second cas, on ne mêle dans la grande qu'environ une chopine de cendre, avec un tiers de chaux, sur tout quand on travaille en Sucre blanc, parce que la chaux rougit le vezou, & par conséquent le Sucre qui en provient.

Dans le troisiéme cas, on met une pinte de cendre avec une chopine de chaux, & on a soin de mêler de l'antimoine dans la lessive, & de jetter dans la batterie, un moment avant que d'en tirer le Sucre, environ une chopine d'eau de chaux, dans laquelle on a fait dissoudre de l'alun. On est même souvent obligé dans ce troisiéme cas & dans le premier, de jetter de l'alun en poudre dans la batterie, pour achever de sécher la graisse du Sucre & sa verdeur. Je reviens à la fabrique du Sucre brut.

La cendre & la chaux étant mêlées dans la grande, le feu qui l'échauffe, fait monter l'écume au-dessus en une quantité d'autant plus considerable, que la cendre & la chaux ont trouvé le vezou disposé à se purger. On ne commence à écumer que quand la superficie du vezou est toute couverte d'écumes, & on l'enleve sans troubler la liqueur & avec diligence, pour ne pas donner le tems au vezou de boüillir avant que d'être écumé, parce que les boüillons qu'il fait rompent l'écume, & la font retourner, & se mêler de nouveau dans le vezou, de sorte qu'on ne peut compter d'avoir nettoyé une chaudiere comme il faut, quand on ne l'a écu-

*Quand il faut écumer.*

mée que quand elle boüilloit.

Il faut écumer promptement.

Après que le vezou de la grande a boüilli, & qu'il a été écumé environ pendant une heure, on le vuide avec la cueïllier dans la propre. On doit faire promtement ce travail, & plus on approche du fond de la chaudiere, plus on doit user de diligence, de crainte que le feu qui est dessous, n'agissant plus que sur le métail, ne le brûle. C'est encore pour l'empêcher qu'on répand de tems en tems avec la cueïllier du vezou au tour du dedans de la chaudiere. Dès qu'elle est vuide, on débouche le canot, où s'est rassemblé le vezou à mesure qu'il sort du Moulin, & on le fait couler dans la grande; on y mêle la quantité de chaux & de cendre, comme auparavant, & l'on réïtere cette operation toutes les fois qu'on la remplit.

Quand le vezou qui est dans la propre, commence à écumer, on enleve son écume avec soin; & lorsqu'il commence à boüillir, on y jette un peu de cette lessive que j'ai ci-devant décrite, pour aider à pousser à la superficie les ordures qui s'y trouvent. On continuë d'écumer la propre, jusqu'à ce que la grande ayant suffisamment boüilli, & étant bien écumée, & le canot plein de nouveau jus, on vuide dans le flambeau ou dans la leſſive, ſelon le nombre des chaudieres, le vezou qui étoit dans la propre, que l'on remplit en même-tems & avec diligence de celui de la grande, que l'on continuë de remplacer par celui qui s'eſt amaſſé dans le canot.

Le vezou étant dans cette troiſiéme chaudiere que l'on chauffe avec du gros bois, y eſt purgé avec plus de ſoin que dans les deux premieres, avec la leſſive. On n'y jette pas cette leſſive en grande quantité, mais à chaque fois ce qu'il en peut tenir dans une cueïllier à bouche, & en même-tems on éleve le vezou avec l'écumoire, afin qu'elle s'y mêle plus aiſément, & on écume le plus vîte qu'il eſt poſſible, ce qui vient à la ſupeficie. Auſſi-tôt qu'on s'apperçoit que l'écume ceſſe de venir, on y jette un peu de leſſive pour l'exciter, & quand on voit qu'il n'en vient quaſi plus, ou du moins que celle qui paroît eſt legere, on vuide cette troiſiéme chaudiere dans la quatriéme qui eſt le ſirop. Comme la quantité de vezou eſt diminuée par l'évaporation que le feu en a faite, & par les écumes qui en ſont ſorties, & que cette quatriéme chaudiere eſt plus vivement chauffée que la troiſiéme, le vezou y change de nature, il commence à s'épaissir, & à se convertir en sirop. C'est alors qu'il faut achever de le nettoyer promtement en y jettant de la lessive, & en l'écumant avec soin, avec une écumoire, dont les trous sont plus petits qu'à celles qui servent aux chaudieres precedentes.

Je croi qu'il n'est pas necessaire de repeter que le vezou de la troisiéme chaudiere étant passé dans la quatriéme, on vuide aussi tôt la seconde dans la troisiéme, & la premiere dans la seconde; & que la premiere est toûjours remplie par le jus qui tombe du Moulin dans le canot.

Lorsque les Cannes sont vertes & dures à cuire, il arrive assez souvent qu'il faut arrêter le Moulin qui fournit plus de jus qu'on n'en peut cuire. Mais quand les Cannes sont bonnes, la saison séche, & les fourneaux bien chauffez, tout ce qu'un Moulin peut faire, est d'entretenir, c'est-à-dire, de fournir du jus suffisamment pour six chaudieres.

Quand on juge que le sirop est presque entierement purifié, on le coupe en deux, c'est à-dire, on en verse la moitié dans la batterie que je suppose vuide, afin qu'il se cuise plus vîte. On y jette de la lessive pour en faire élever l'écume qui reste; &

à mesure qu'il cuit, on charge la batterie de ce qui est dans le sirop ; & comme la batterie jette de gros boüillons, & que le sirop qui y est contenu, s'éleve beaucoup, & en sortiroit par la violence de la chaleur du feu qui est dessous, on y jette de tems en tems de petits morceaux de vieux beurre ou de graisse, qui appaise les boüillons, & les fait baisser, & donne le tems d'écumer ce que la lessive fait venir à la superficie. On éleve souvent le sirop avec l'écumoire, afin de lui donner de l'air, & on passe le balai sur l'euvage & sur les bords, pour nettoyer l'écume, que les boüillons y ont laissée en s'élevant.

Quand le sirop qui étoit dans la quatriéme chaudiere, est entierement passé dans la batterie, & que par l'épaisseur & par la pesanteur qu'on y sent en l'élevant en l'air avec l'écumoire, on juge qu'il approche de sa cuisson, & qu'on a remarqué que le vezou étoit gras & verd, on jette dans la batterie environ une pinte d'eau de chaux, dans laquelle on a fait dissoudre de l'alun. La quantité qu'on y en met, se regle selon que le vezou est gras, dur à cuire & verd. Mais on n'excede jamais la pesanteur d'une once par pinte. On appelle eau de chaux, celle dans laquelle on a éteint une quantité de chaux

*Eau de chaux & d'alun qu'on jette dans la batterie.*

vive. On se sert pour cela d'un pot de rafinerie ; on l'emplit à moitié de chaux vive, & on acheve de l'emplir d'eau, que l'on remûë avec un bâton : on tire cette eau après qu'elle est reposée ; on la met dans un autre pot avec de l'alun, selon la proportion que je viens de marquer. Cette eau acheve de consommer & de dessecher toute la graisse qui restoit dans le vezou. Cependant quand on doute encore qu'elle ait produit tout l'effet qu'on en esperoit, un instant avant que de tirer le Sucre de la batterie, on y jette un peu d'alun en poudre, & après qu'on l'a remué avec la cuëillier, on en tire le Sucre, que l'on met reposer dans le rafraichissoir.

*Plâtre en poudre que l'on jette dans la batterie.*

Il y a des gens, qui au lieu d'alun jettent dans la batterie environ une livre de plâtre en poudre. Cette drogue fait grener le Sucre, & le fait paroître très-ferme, & très-luisant. C'est une insigne friponnerie, dont on ne s'apperçoit que dans la suite. Cette poudre réünit non-seulement le grain du Sucre, mais encore le sirop; elle l'amoncelle, & forme un grain épais, dur, brillant & pesant ; mais qui venant à se décuire, ou à être fondu pour être rafiné, ne donne plus qu'un Sucre sirotteux, foible, & presque incapable de soûtenir le rafinage. Il faut être habile dans la connoissance des Sucres, pour n'être pas trompé en achetant sur les lieux ces sortes de Sucres: car ils imposent par leur grain & par leur poids, qui sont les deux choses que les Marchands cherchent dans les Sucres bruts, parce que leurs connoissances ne vont pas plus loin.

J'ai fait faire exprès quelques batteries de Sucre de cette façon, pour apprendre à connoître cette supercherie, & je n'ai pû remarquer que deux choses, qui peuvent conduire à cette découverte. La premiere est le poids extraordinaire de ce Sucre, la seconde est la figure & la couleur de son grain. Ce qui lui donne un si grand poids est le sirop, qui loin d'en être separé s'y est comme congelé & condensé. Or il est certain que le même vaisseau rempli de sirop pesera quasi le double de ce qu'il peseroit s'il étoit rempli de Sucre, parce que le sirop est un liquide épais, dont toutes les parties sont contiguës, adhérentes, & sans aucun intervalle vuide entre elles. Le Sucre au contraire est composé de parties rondes ou approchant de cette figure, qui ne peuvent jamais être si unies ensemble, qu'elles ne laissent beaucoup de vuide entre-elles, qui n'étant remplies que d'air, rendent par consequent le vaisseau plein de Sucre incomparable-

*Moyens de connoître cette supercherie.*

ment plus leger que s'il étoit plein de sirop.

Quant à la figure du grain du Sucre, je viens de dire qu'il est rond, ou approchant de cette figure, au lieu que celui-ci est comme taillé à facettes, & c'est ce qui le rend luisant & reflechissant, à peu près comme on voit le Sucre candi, avec neanmoins cette difference que les parties du Sucre candi étant considerées, chacune en particulier, sont claires & transparentes, & que l'ôpacité qui se trouve dans le centre d'un morceau qui est un peu gros, ne vient que du grand nombre des refractions qui s'y font, qui empêchent toute la lumiere de se reflechir: au lieu que dans ce mauvais Sucre plâtré un grain étant brisé, ses parties deviennent opaques, & moins elles sont nombreuses, moins elles sont claires & luisantes.

Il y a encore une chose qui peut conduire à la connoissance de cette fraude, c'est une odeur de brûlé qu'il exhale, quand on l'approche du nez. Mais comme ce signe peut être équivoque, puisqu'il convient essentiellement à une autre espece de Sucre, comme je le dirai en son lieu, on peut se contenter des deux premieres, pour fonder un soupçon raisonnable qu'il y a de la tromperie dans un sucre, auquel on les remarque ; & pour achever de s'en convaincre, on peut en mettre un petit morceau dans le creux de la main, & l'humecter avec de l'eau tiéde, ou avec de la salive. On voit aussi-tôt qu'il se dissout, que le grain se sépare du sirop ; on sent en le remuant doucement avec le bout du doigt, la dureté du grain qui est au milieu d'une liqueur noirâtre, onctueuse & adherante, qui n'est autre chose que le sirop que le plâtre avoit amoncelé & comme congelé. Mais peu de Marchands sont capables de ces reflexions, & les Commis qu'ils employent, le sont encore moins qu'eux. Il leur suffit de voir un Sucre à gros grain, sec, & pesant, pour le préferer à un autre infiniment meilleur, dans lequel ils ne remarqueront pas ces trois qualitez en pareil degré.

*Instruction pour ceux qui achettent des Sucres bruts.*

Cette instruction servira à ceux qui font des achats de Sucre, pour n'être pas trompez par la reputation que certains particuliers ont de faire de plus beau Sucre que leurs voisins, quoique dans la verité ils ne doivent cette reputation qu'à la mauvaise pratique que je viens d'expliquer. Je reprens à present mon sujet.

Dès que le Sucre qui étoit dans la batterie, en est tiré avec toute la diligence possible, & qu'on y a mis une partie de celui qui étoit déja purifié dans le sirop, on remûë avec une pagalle le Sucre qu'on a mis dans le rafraichissoir, afin de répandre le grain également par tout ; puis on le laisse reposer jusqu'à ce qu'il se forme dessus une croûte de l'épaisseur d'environ un Ecu, selon que le Sucre est plus ou moins chargé de grain, & que les Cannes, dont il est provenu, sont bonnes ou mauvaises, cette croûte se fait promtement, ou elle demande du tems avant que de se former. Lorsque les Cannes sont bonnes, & que le Sucre est bien travaillé, elle se fait bien vîte, & en moins d'un demi-quart d'heure elle devient épaisse comme un Ecu, & continuë toûjours à s'épaissir, à mesure que le Sucre se froidit. Mais quand les Cannes sont vertes & aqueuses, ou quand le Sucre a été tiré de la batterie avant que d'être cuit suffisamment, la croûte ne se fait que quand il est presque refroidi. La croûte étant faite, on remûë une seconde fois ce qui est dans le rafraichissoir avec la pagalle, afin de mêler la croûte de dessus avec le grain qui s'est attaché aux bords, pour aider au reste à se former, ou à augmenter celui qui l'est déja. On porte ensuite ce Sucre dans les canots de bois qui sont destinez à le recevoir, pour l'y laisser rasseoir & refroidir assez pour être mis dans les barriques. On se sert pour le transporter, du bec de corbin. Celui qui doit le transporter, le tient des deux mains par les deux anses, le fond étant un peu appuyé sur sa cuisse. En cet état il pose le bec sur le bord du rafraichissoir, afin que celui qui le charge, c'est-à-dire, qui le remplit avec la cueïllier, ne répande rien dehors. Quand il est plein, il le porte au canot, en le soûtenant par les deux anses, & s'aidant un peu du devant de la cuisse où il l'appuye. Il faut le vuider doucement, de crainte que les grumeaux en tombant un peu de haut, ne fassent rejaillir le sirop qui conserve long-tems sa chaleur, & qui brûle d'une maniere très-vive les endroits où il tombe. Quand on a porté dans le canot tout ce qui étoit dans le rafraichissoir, on le remuë encore avec la pagalle, afin que le grain déja formé aide à celui qui est dans le sirop, à se former, ou le fasse grossir.

A mesure que l'on tire des batteries, & qu'on porte dans le canot, on recommence à faire ce que je viens de dire, observant de remûer le Sucre qui est dans le canot, à chaque fois qu'on en met de nouveau dessus, jusqu'à ce qu'il soit re-

*Comment on porte le bec de Corbin.*

froidi au point de pouvoir y tenir le doigt sans incommodité ; puis on le tranporte dans les barriques.

*Bariques dans lesquelles on met le Sucre, leur mauvaise qualité.*

Les barriques, dont on se sert pour mettre le Sucre brut, viennent la plûpart d'Europe en bottes. Les Marchands les font monter, & rendent barrique pour barrique à ceux qui leur livrent des Sucres. Elles sont ordinairement très-mal jointes, & encore plus mal cerclées. La raison que les Marchands ont de laisser ce premier défaut, est afin que le Sucre que l'on met dans ces barriques, trouvant des joints larges, ait plus de facilité à se purger de son sirop. Et la raison du second défaut est afin de diminuer le poids du bois, qui est ce qu'on appelle la tare, parce qu'on ôte dix pour cent sur le poids entier de la futaille pleine de Sucre, & qu'ainsi moins elle est chargé de bois, & plus les Marchands y trouvent leur compte.

Mais les Habitans remedient à ces deux défauts par deux ou trois moyens qui tournent à leur profit, & à la perte de l'acheteur, mais qui n'étant pas trop honnêtes, ne peuvent être mis en usage que par des gens qui n'ont pas une conscience fort timorée. Le premier est de couvrir avec de la terre grasse au dedans de la barrique

Françoifes de l'Amerique.

1696.

barrique tous les joints des douves & des fonds, & ils la mettent fi épaiffe, que le Sucre eft froid, & fon firop entierement congelé, avant qu'il ait pû fécher la terre, & fe faire un paffage pour s'écouler par ces fentes.

Defauts qui fe commettent en mettant le Sucre en barriques.

Le fecond eft d'enformer leurs Sucres, c'eft-à-dire, de le mettre dans les barriques, quand il eft prefque entierement froid, ou de les remplir à deux ou trois fois. Quand il eft trop froid, il eft certain qu'il ne purge plus, parce que le firop s'eft déja congelé avec le grain. Et quand on remplit les barriques à diverfes reprifes, le Sucre qui fe trouve au fond, s'étant refroidi & durci avant qu'on y en mette d'autre, il ne laiffe point paffer le firop de celui qu'on met par deffus, ni le fecond, le firop du troifiéme ; en forte qu'il n'y a que le premier qui a purgé, & que le firop de tout le refte, s'eft figé & condenfé ; ce qui rend une barrique extrêmement pefante.

Cette mal-façon, pour ne pas me fervir d'un autre terme plus odieux, eft difficile à connoître, à moins qu'on ne leve une douve de chaque barrique ; car alors on remarqueroit aifément les lits de firop. Mais les Marchands, ou leurs Commis ne font point la plûpart affez habiles, ni

Tome III.   O

assez portez pour le bien de leurs Commettans, pour faire cette diligence. Ils voyent de beau Sucre aux deux bouts de la futaille; son poids leur fait croire que c'est du grain tout pur, & ils s'en contentent, d'autant plus encore que ceux qui pratiquent ces sortes de supercheries, ont encore la malice, quand la barrique est pleine à deux pouces près du jable, d'achever de la remplir avec quelques cuëillerées de bon Sucre tout chaud, qu'ils appellent une couverture, qui humecte celui qui est dessous, y fait penetrer son sirop, & presente ainsi une très-belle superficie.

Le fond de la barrique doit être percé de trois trous, d'un pouce de diametre, suivant l'Ordonnance du Roi. Cependant l'usage à prévalu de n'en faire que deux, & l'on s'en contente. On fait entrer dans chaque trou le bout d'une Canne, un peu plus longue que la barrique. La chaleur du Sucre la fait resserrer, & le sirop en suivant la Canne, coule par le trou, qu'elle bouchoit d'abord assez juste, & tombe dans les cîternes. On doit ôter les Cannes avant que de foncer les barriques. On voit par les trous la qualité du Sucre qui touche le fonds, qui ne peut manquer d'être beau, parce qu'il a purgé, pendant que le reste de la barrique est

*1696.*

*Moyen pour connoître ces défauts.*

*Les bariques doivent être percées de trois trous.*

plein d'un sirop congelé, qui venant à se décuire pendant le voyage, gâte tout le reste du grain, & ne fait plus qu'une mauvaise marmelade qui n'est presque d'aucun usage.

Il y a des Sucriers qui changent les fonds des barriques qu'ils reçoivent des Marchands, & qui leur en substituent d'autres de bois de Riviere, ou de Chataignier, épais de plus d'un pouce, qui par leur pesanteur naturelle recompensent avantageusement la legereté des futailles, que les Marchands affectent de fournir aux Habitans.

Mais ces artifices de part & d'autre sont contre la bonne foi, & contre l'équité, qui doit se trouver dans le Commerce. J'en ay déja rapporté quelques-uns, j'en rapporterai encore d'autres, à mesure que l'occasion s'en presentera, afin que ceux qui s'en servent, les voyant exposez aux yeux de tout le monde, se desistent de les pratiquer, & que ceux qui ont interêt de s'en garder, comme les Marchands & leurs Commis, prennent les mesures que j'ai marquées, pour n'être pas trompez.

Rien n'est plus aisé que de faire de bonne marchandise. C'est à quoi un Habitant qui a de l'honneur & de la conscience, doit s'appliquer. A l'égard des mauvaises barriques, il n'y a qu'à n'en point recevoir qui ne soient bien conditionnées, & quand on ne peut pas faire autrement, on doit les faire rebattre par un Tonnelier, que les Habitans ont ordinairement chez eux, se faisant ensuite payer par les Marchands six livres de Sucre par barrique, tant pour cela que pour les cloux, qu'on employe à faire tenir les cercles qu'on met autour des fonds : car si on considere le tems que l'on perd à changer les fonds, on verra qu'il y a plus de perte que de profit, & que c'est une pure lesine ; mais c'est une étrange friponnerie, après en avoir changé les fonds, d'y mettre une trop grande quantité de terre grasse. Il s'est trouvé des gens qui ont poussé la chose si loin, que leurs barriques étant défoncées, on en a tiré plus de quarante livres de terre. On est obligé de mettre une couche de terre grasse sur les jointures, parce que sans cela le Sucre couleroit tout-à-fait par les jointures ; mais il faut que cette couche soit mise le plus legerement qu'il est possible. On doit aussi remplir les barriques entierement, afin que le Sucre venant à baisser en laissant écouler son sirop, elles se trouvent encore pleines à deux ou trois pouces au-dessous du jable,

*Comme on doit terrer & remplir les barriques.*

quand le Sucre s'est tout-à-fait purgé; & quand on veut les fermer ou enfoncer, il vaut mieux prendre du Sucre d'une barrique que l'on destine à remplir les autres, que de mettre de ces sortes de couvertures, dont le sirop ne pouvant pas penetrer jusqu'au fond pour sortir par les trous des Cannes, est contraint de s'imbiber dans le reste du Sucre, sur lequel on l'a mis, en risque de le gâter. En faisant ainsi, le Sucre se trouve égal d'un bout à l'autre des barriques. On peut en laisser lever les douves, sans crainte d'aucun affront, & l'on satisfait aux devoirs de sa conscience.

1696.

La barrique ordinaire de Sucre brut, faite & enfutaillé, comme je viens de dire, étant seche & bien purgée, doit peser six à sept cent livres, dont la tare étant diminuée à raison de dix pour cent, il reste cinq cent quarante, ou six cent trente livres de Sucre net.

*Poids ordinaires d'une barrique de Sucre brut.*

Il se commet encore une autre friponnerie dans le Sucre brut. C'est de jetter dans le rafraichissoir, aussi-tôt que la batterie est vuidée, un ou deux becs de corbin de gros sirop qu'on a tiré des citernes. Ce sirop étant épais & froid, fait congeler le Sucre qui est dans le rafraichissoir, & s'y incorpore, d'où étant trans-

*Friponnerie qui se peut faire dans le Sucre brut.*

O iij

porté dans le canot, & dans la barrique, quand il est presque congelé, il forme une masse dure & pesante, qui satisfait l'avarice du vendeur ; mais qui se décuitant bien-tôt, gâte le grain, où il a été incorporé, & cause un dommage considerable à celui qui a eu le malheur de l'acheter. L'odorat est le seul des cinq sens de nature, avec lequel on peut s'appercevoir de cette fourberie : car ce mêlange n'empêche pas le Sucre d'être sec & grené, quoiqu'il soit un peu brun ; mais il lui reste une odeur de sirop brûlé, que les bons connoisseurs sçavent distinguer sans peine, & que la couleur brune de ce Sucre les empêche de confondre avec le Sucre purement de sirop, qui souvent est aussi ferme, aussi grené, aussi pesant, & aussi jaune que le suc tout pur des Cannes.

*Moyen de la connoître.*

Voici ce que peuvent faire sans risque ceux qui veulent profiter de leurs gros sirops ; après qu'ils sont cuits, mis en forme, bien purgez & bien secs, on peut en jetter une forme dans la batterie un peu devant que le Sucre soit cuit ; on y jette une pinte, ou davantage, d'eau de chaux & d'alun, & on saupoudre d'alun en poudre la batterie dans le moment qu'on la veut tirer. Il est certain que ce mêlange

*Comment on doit employer les gros sirops.*

re porte aucun préjudice à l'acheteur, & fait que le Sucrier profite autant qu'il se peut de ses sirops, parce que le grain qui s'y trouve, s'incorpore avec celui qui sort du Sucre de Cannes, & les parties qui sont trop foibles pour se condenser, & pour devenir en grain, retournent en sirop, & tombent avec le sirop du Sucre. J'ay fait plusieurs épreuves de ce que je viens d'avancer, par lesquelles je me suis convaincu que le Sucre de Cannes, où j'avois fait mêler du Sucre de sirop sec & bien purgé, rendoit la même quantité de Sucre étant rafiné, que celui où je n'en avois pas fait mettre ; parce que dans cette hypothese il n'y a que le grain qui reste, lequel étant trop foible la premiere fois, s'étoit échapé, & s'étoit écoulé avant que d'avoir fait corps, & qui s'est assemblé & purifié dans une seconde cuisson, où on l'a aidé avec de l'eau de chaux, qui l'a dégagé des parties grasses & onctueuses, dans lesquelles il étoit embarrassé, & qui lui a donné lieu de s'unir, & de se ramasser en un corps.

En 1694. le Sucre brut ne valoit que quarante ou cinquante sols le cent en argent. On donnoit les billets de Sucre encore à meilleur marché. On le passoit en troc de marchandises sur le pied de soixante sols. Il demeura à ce prix jusqu'en 1696. dans lequel tems l'esperance d'une Paix prochaine obligea les Marchands à le rechercher, afin d'en charger leurs Vaisseaux dès qu'ils le pourroient faire sans crainte des Corsaires, & afin de donner du travail à leurs Rafineries de France, dont le nombre s'y étoit augmenté considerablement, & sur tout à Nantes : de sorte que vers la fin de la même année il vint jusqu'à quatre livres dix sols le cent. On le porta l'année suivante à cent sols, & on le vendit jusqu'à neuf francs dans le cours de l'année 1698.

La Paix de Ryswick & l'augmentation du Commerce ne furent pas les seules causes de l'accroissement du prix du Sucre. Pour le comprendre il faut reprendre la chose de plus haut, & sçavoir que depuis la Guerre qui avoit commencé en 1688. le petit nombre de Vaisseaux qui venoient de France, rendoit les marchandises si cheres, qu'une cargaison mediocre suffisoit pour charger trois ou quatre Vaisseaux de Sucre brut. La quantité qui s'en faisoit sans pouvoir en trouver le débouchement, l'avoit reduit au vil prix, dont j'ay parlé, & les Vaisseaux ne voulant laisser que le moins qu'ils pouvoient de leurs effets aux Isles, ne vouloient presque

Françoises de l'Amerique.   321

1696.

pas se charger de cette marchandise ; mais ils vouloient du Sucre rafiné, du Cacao, de l'Indigo, du Roucou, du Cotton, ou du Caret. Il n'y avoit pour lors à la Martinique que quatre ou cinq Rafineries, qui avoient un privilege pour rafiner les Sucres, & qui ne prenoient pas moins de sept livres de Sucre brut du meilleur qui se trouvât, & à leur choix, pour vendre quatre ou cinq mois après, une livre de Sucre blanc. On peut juger du grand profit de ces Rafineurs par ce que je viens de dire, & par l'experience que j'ay que deux livres & demie, ou trois livres de Sucre brut suffisent pour faire une livre de Sucre rafiné, sans compter les sirops, qui suffisoient pour payer les Barques qui alloient charger les Sucres, & pour tous les autres frais que les Rafineurs étoient obligez de faire : de sorte que les Habitans travailloient toute l'année pour enrichir les Rafineurs, & s'appauvrissoient de plus en plus. Cela fit enfin ouvrir les yeux à plusieurs Habitans ; les uns arracherent leurs Cannes, planterent de l'Indigo ; d'autres se mirent à cultiver le Cacao & le Roucou, & negligerent la fabrique du Sucre brut : & d'autres plus sages, & qui furent imitez peu à peu par un plus grand nombre, se

*Profit exorbitant des Rafineurs.*

*Origines des Sucres terrez.*

V

mirent à blanchir leurs Sucres, comme quelques-uns avoient vû qu'on le blanchissoit au Bresil, à Cayenne, & en quelques habitations de la Guadeloupe. On fit venir des Ouvriers de ces lieux-la, on en appella de France & de Hollande, de maniere qu'au commencement de l'année 1695. il y avoit déja plusieurs Habitans à la Martinique qui blanchissoient leurs Sucres, & les Rafineurs commencerent à marquer de pratique.

Le premier qui s'appliqua à cette Manufacture, fut un nommé Martin, qu'on appelloit le fol, pour le distinguer d'un autre de même nom, qui quoiqu'il parût avoir plus de sagesse, n'avoit pas eû l'esprit de commencer un pareil établissement, qu'on peut dire avoir été la source des grands biens, dont cette Isle s'est remplie.

Comme cette Manufacture étoit tout-à-fait opposée aux interêts des Rafineurs de France, ils obtinrent un Arrêt du Conseil du Roi qui augmentoit les droits d'entrée du Sucre blanc venant des Isles, de sept livres par cent, tellement que le Sucre blanc qui étoit pilé dans les barriques, terré ou rafiné, se trouva chargé de quinze francs par cent de droits d'entrée; & celui qui étoit en pain, de vingt-deux livres dix sols : on esperoit que cette augmentation de droits ruineroit cette Manufacture naissante. Et pour encourager les Habitans à reprendre la fabrique du Sucre brut, & pour donner par ce moyen de l'occupation aux Rafineries, on diminua de vingt sols par cent les entrées du Sucre brut, qui ne paya plus que trois livres, au lieu de quatre qu'il payoit auparavant. Mais il arriva tout le contraire de ce qu'on avoit projetté.

On regarda cet Arrêt comme une permission generale que le Roi donnoit à tous ses Sujets de faire du Sucre blanc. On se mit à en faire par tout. Les Vaisseaux de Bourdeaux trouvant un profit considerable à apporter des pots & des formes, en apporterent en quantité. On éleva des Poteries dans tous les endroits, où l'on trouva de la terre qui y étoit propre, & sans se mettre en peine qui payeroit les quinze francs d'entrée par cent, on fit une quantité prodigieuse de ce Sucre. Les Portugais nous aiderent encore à faire valoir cette Manufacture, parce qu'ayant trouvé des mines d'or, & des Rivieres qui en charient dans leur sable, ils occuperent une partie de leurs Negres à ce travail, & negligerent beaucoup leur Sucre; ce qui fit que beaucoup de lieux.

1696.

Raisons de la vente des Sucres blancs.

d'Europe qui se servoient du leur, eurent recours au nôtre, qui trouva par ce moyen un débouchement considerable tant du côté du Nord, que dans toute la Mediterranée, d'autant plus que les Provençaux voyans les grands profits qu'avoient faits les sieurs Maurellet Negocians de Marseille dans leur Commerce aux Isles, commencerent d'y envoyer leurs Vaisseaux chargez de marchandises de leur païs, qu'ils vendirent avantageusement, & firent des profits considerables sur les Sucres blancs, sur le Cacao, sur l'Indigo, & autres marchandises, dont ils se chargerent, qu'ils étoient assûrez de bien vendre dans toute la Mediterranée, & dans les Echelles du Levant, où les Turcs, qui s'accoûtumoient à prendre leur Caffé avec le Sucre, en faisoient une grande consommation.

C'est ainsi que s'est établie la Manufacture du Sucre blanc, & que le Sucre brut, dont on faisoit par consequent une assez petite quantité, est monté à un prix très-haut; ce qui rapportoit un profit si considerable aux Habitans, que si la Paix de Risvvich eût duré encore quelques années, les Isles seroient devenuës un second Perou. On doit être persuadé de cette verité, quand on sçaura qu'en 1700. 1701.

& au commencement de 1702. les Sucres blancs terrez ou rafinez ont été vendus quarante-deux livres le cent, & même jusqu'à quarante quatre livres : les Sucres bruts depuis douze jusqu'à quatorze livres, & les Sucres passez jusqu'à dix-huit livres.

Nous verrons ce que c'est que le Sucre passé, & ce qui en a fait naître la fabrique, après que j'aurai dit ce qui regarde le Sucre terré.

## DU SUCRE TERRÉ.

On appelle Sucre terré celui qui se blanchit au sortir des chaudieres sans être fondu une seconde fois, ni clarifié avec de œufs, comme est celui qu'on appelle Sucre rafiné.

Si la propreté est necessaire à toute sorte de Sucre, on doit dire, que c'est comme l'ame de celui-ci ; & si l'on doit employer de bonnes Cannes, quand on veut faire de bon Sucre brut, pour réüssir à celui-ci, il faut qu'elles soient dans toute leur perfection.

Lorsque le jus est dans la grande, on y met des cendres à l'ordinaire, mais peu ou point de chaux, parce que, comme j'ay déja remarqué, la chaux rougit le

1696.

*Conduite qu'il faut garder dans la fabrique de ce Sucre.*

Sucre. Après qu'il a été écumé dans la grande avec tout le soin possible, on le coule dans le blanchet en le passant dans la propre. Il faut que les blanchets soient bons, & qu'en mettant le vezou dans la caisse, on n'en laisse point tomber sur le glacis, ni sur l'euvage, parce qu'il tomberoit dans la propre sans avoir passé par le blanchet. Si la chaudiere est grande, ou si le vezou est beaucoup chargé, il engraisse beaucoup le blanchet, & ne le traverse que difficilement ; en ce cas il vaut mieux changer de blanchet, quand le vezou est à demi passé, & en mettre un autre bien lavé & bien seché ; sur quoi il faut observer de ne pas souffrir qu'on les étende sous l'appenti des fourneaux, ou devant leurs bouches pour les secher après qu'on les a lavez, car quoiqu'ils soient éloignez du feu, il ne laisse pas d'agir assez fortement sur eux, sur tout lorsqu'ils sont usés, & d'en brûler les poils & la laine, qui sont cependant ce qu'il y a de plus necessaire pour arrêter les ordures du Sucre. Il vaut mieux en avoir un plus grand nombre, afin qu'ils puissent secher à loisir au Soleil, à l'air & au vent. Je me suis servi d'un expedient qui m'a toûjours bien réüssi, sur tout dans nos Sucreries, où il y avoit six chaudieres : c'étoit de passer

*Précaution qu'il faut prendre pour les blanchets.*

deux fois le vezou ; premierement de la grande dans la propre avec une grosse toile de Vitré assez serrée, qui retenoit le plus gros de la graisse & des autres immondices, dont le Sucre est toûjours chargé ; & quand le vezou étoit bien écumé dans la propre, on le passoit dans la lessive par le blancher de drap, où il passoit plus aisément, & se trouvoit beaucoup mieux purifié. C'est dans cette chaudiere qu'on jette la lessive, dont j'ay donné ci-devant la composition, excepté qu'on n'y met point d'antimoine, parce qu'il grise ou noircit le grain du Sucre. Aprés qu'il a été bien lessivé, & bien écumé, on le passe dans le flambeau, & de-là dans le sirop, où l'on acheve de le purifier, & où il demeure jusqu'à ce que la batterie soit vuide. Pour lors on la charge du tiers ou environ de ce qui est dans le sirop, afin qu'étant en plus petite quantité, on puisse plus facilement achever de le purifier, & de le cuire plus promtement : car dans ce travail on ne peut trop pousser la cuisson du Sucre, sur tout aprés qu'il a été passé & lessivé. A mesure que ce qui est dans la batterie, approche de sa cuisson, on la charge de ce qui est dans le sirop, deux ou trois cueïllerées à la fois, jusqu'à ce qu'il n'y en reste plus qu'environ le quart de tout ce qui y étoit au commencement; alors on acheve de tout passer dans la batterie. On remplit ensuite le sirop de ce qui est dans le flambeau, & celui-ci de ce qui est dans la propre, & ainsi de suite, jusqu'au canot qui reçoit le vezou, à mesure qu'il tombe du Moulin.

Un peu avant que la batterie soit en état d'être tirée, le Rafineur envoye chercher le nombre de formes qu'il juge pouvoir remplir de ce qui en sortira. J'ay déja dit que quand elles sont neuves, on doit les faire tremper pendant quelques jours dans les canots de la Vinaigrerie pour les imbiber. Il suffit qu'elles l'ayent été une fois ; mais on est obligé de les mettre tremper dans l'eau douce pendant quinze ou vingt heures chaque fois que l'on veut s'en servir. On a ordinairement un grand baquet pour cet usage, ou quand on a la commodité d'un Moulin à eau, ou d'une riviere, on s'en sert pour les y bien laver & nettoyer, avant que de les apporter à la Sucrerie. Le Rafineur doit avoir soin de les examiner, non-seulement sur la propreté qui doit y être, mais encore pour remarquer s'il n'y manque point de cercle, & s'il n'y a point quelque nouvelle fente ou felûre, que le Sucre chaud qu'on doit y mettre, ne man-

*Precaution qu'il faut avoir pour les formes.*

quéroit pas d'augmenter, en la faisant crever aux dépens du Sucre qui couleroit à terre, & souvent le long des jambes de celui qui le verseroit dans les formes, ou qui le feroit mouvoir, lesquelles en seroient terriblement brûlées.

Les formes étant en bon état, on les tappe, c'est-à-dire, on bouche l'ouverture qu'elles ont à la tête, avec un morceau de linge, ou d'étofe, dont on forme un petit cône, dont on fait entrer la pointe dans le trou, & on applattit le reste à l'entour de la tête. On tient toûjours les tappes dans un pot, ou une baille, où elles trempent dans de l'eau nette. Après que les formes sont tappées, on les plante contre le mur, ou contre un petit balustre, qu'on éleve à côté du chemin qui est devant les chaudieres. Le bout qu'on a bouché, se met à terre, & on les arrange de maniere, que les bords de l'ouverture soient bien de niveau, & on les soûtient dans cette situation par d'autres formes que l'on pose sur leur fond pour les bien appuyer.

Quand la batterie est tirée, & qu'on a remué avec la cueïllier, ou la pagalle, le Sucre qui est dans le rafraîchissoir, on charge le bec de corbin avec la cueïllier; celui qui le porte & qui doit remplir les

*Maniere de remplir les formes.*

1696. formes, qui font plantées, partage dans toutes ce qu'il a de Sucre dans son bec de corbin : de sorte que si la batterie rend suffisamment du Sucre pour en emplir quatre formes, il met à peu près le quart du bec de corbin dans chacune, remarquant celle où il a commencé à mettre du Sucre, & celle où il a fini d'en mettre. Le bec de corbin qui suit, se partage de la même maniere, commençant à mettre dans celle, où l'on avoit fini de verser la premiere fois, & finissant par celle où l'on avoit commencé, & ainsi successivement jusqu'à ce qu'elles soient toutes remplies. S'il reste quelque peu de Sucre dans le rafraîchissoir, on le jette dans la batterie ou dans le sirop.

Au bout d'un quart d'heure, ou environ, selon la bonté du Sucre, il se forme une croute sur la superficie des formes : *Maniere de mouver le Sucre dans les formes.* quand le Rafineur la juge assez épaisse, il la rompt avec son couteau à Sucre, & remuë, ou pour parler en termes de Rafineur, il mouve tout le Sucre, il commence par le couper selon toute la hauteur de la forme, enfonçant le couteau jusqu'au fond, & le retirant plusieurs fois, il passe ensuite le plat du couteau tout autour des bords en dedans, pour en détacher le Sucre, & afin qu'il n'y ait pas un seul point dans toute la superficie concave de la forme, où le Sucre soit attaché, il recommence trois ou quatre fois ce manege, & donne encore quelques coups dans le milieu, & après avoir passé son couteau sur le bord de la forme pour en faire tomber le Sucre qui y étoit attaché, il le laisse dessus pour marquer que la forme n'a été mouvée qu'une fois.

Environ demie heure après on recommence le même manege, observant sur toutes choses de bien détacher le Sucre du dedans de la forme, parce que le Sucre qui n'est pas bien mouvé, s'attache à la forme, & on a de la peine de l'en détacher, ou bien il y contracte une tache de la couleur de la terre, dont la forme est faite. Quand les formes ont été mouvées deux fois, on ôte le couteau d'auprès d'elles, & on le remet auprès de la batterie, de crainte que le trouvant encore sur les formes on ne les mouvât une troisiéme fois, ce qui préjudicieroit au Sucre, qui ayant déja pris corps se trouveroit comme brisé par ce troisiéme mouvement. Ces deux mouvemens sont absolument necessaires, non-seulement pour aider au grain à se former, & à se répandre également par tout; mais encore pour déterminer la graisse du Sucre à monter à la superficie, à s'y rassembler, & à s'y congeler, parce qu'elle est plus facile à ôter de cette manière, que si elle étoit répanduë par toute la forme qu'elle empêcheroit de blanchir.

*Comment on débouche & perce les formes.*

Les formes demeurent en cet état douze ou quinze heures, après quoi on les leve du lieu où elles avoient été posées. Celui qui leve la forme, la prend entre ses bras, la leve, & l'appuye contre son estomach, le Rafineur, ou un autre étant un genou en terre, ôte la tappe qu'il remet dans l'eau pour s'en servir une autre fois, puis il enfonce dans le trou de la forme le poinçon de bois ou de fer, en frappant dessus avec un maillet ou chassoir, jusqu'à ce qu'il l'ait fait entrer de la longueur de sept ou huit pouces, puis il le retire, le trempe, & le nettoye dans un vaisseau plein d'eau qu'il a à son côté, pour en ôter le Sucre qui s'y trouve attaché : puis il le remet dans le même trou, & s'il juge à propos il l'enfonce davantage avec le chassoir, sinon il l'y remet, & l'en ôte deux ou trois fois, en le lavant chaque fois, afin d'humecter les environs du trou qu'il a fait dans le Sucre contenu dans la forme, pour déterminer le sirop à s'écouler par cet endroit.

Quand cela est achevé, celui qui tient

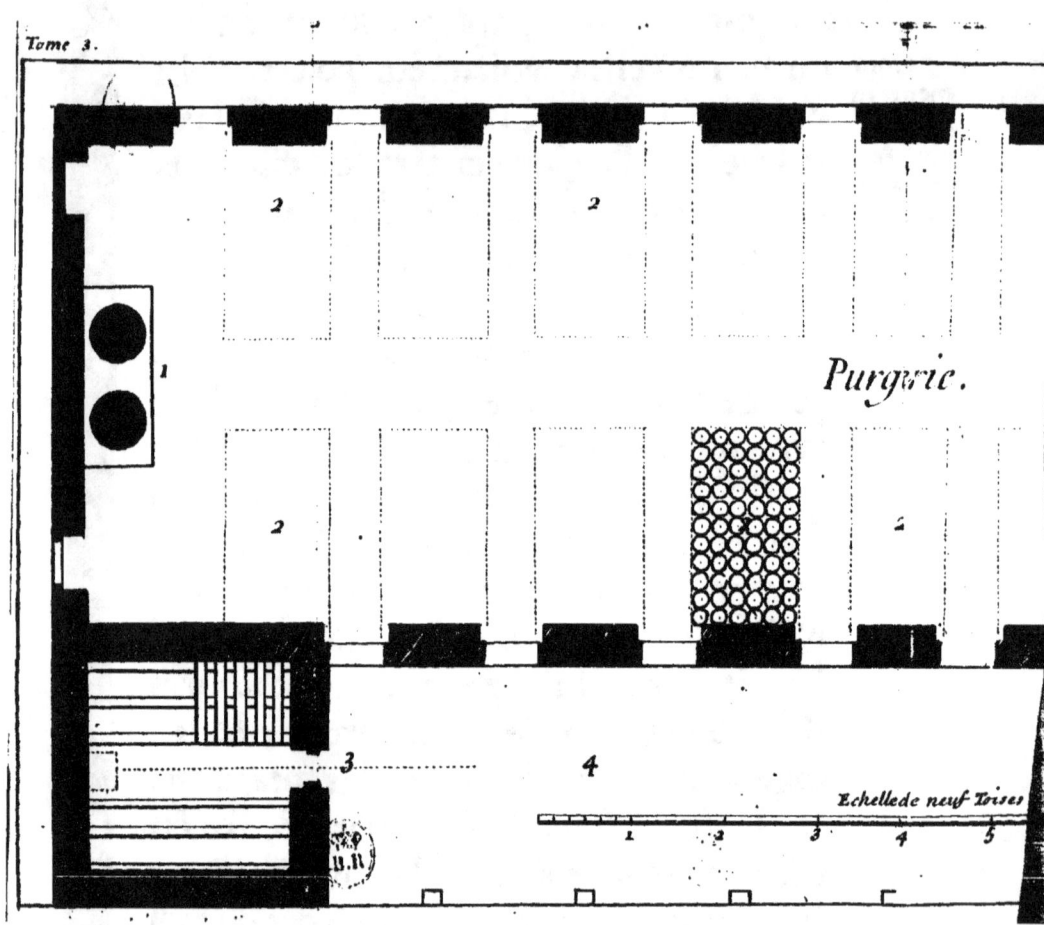

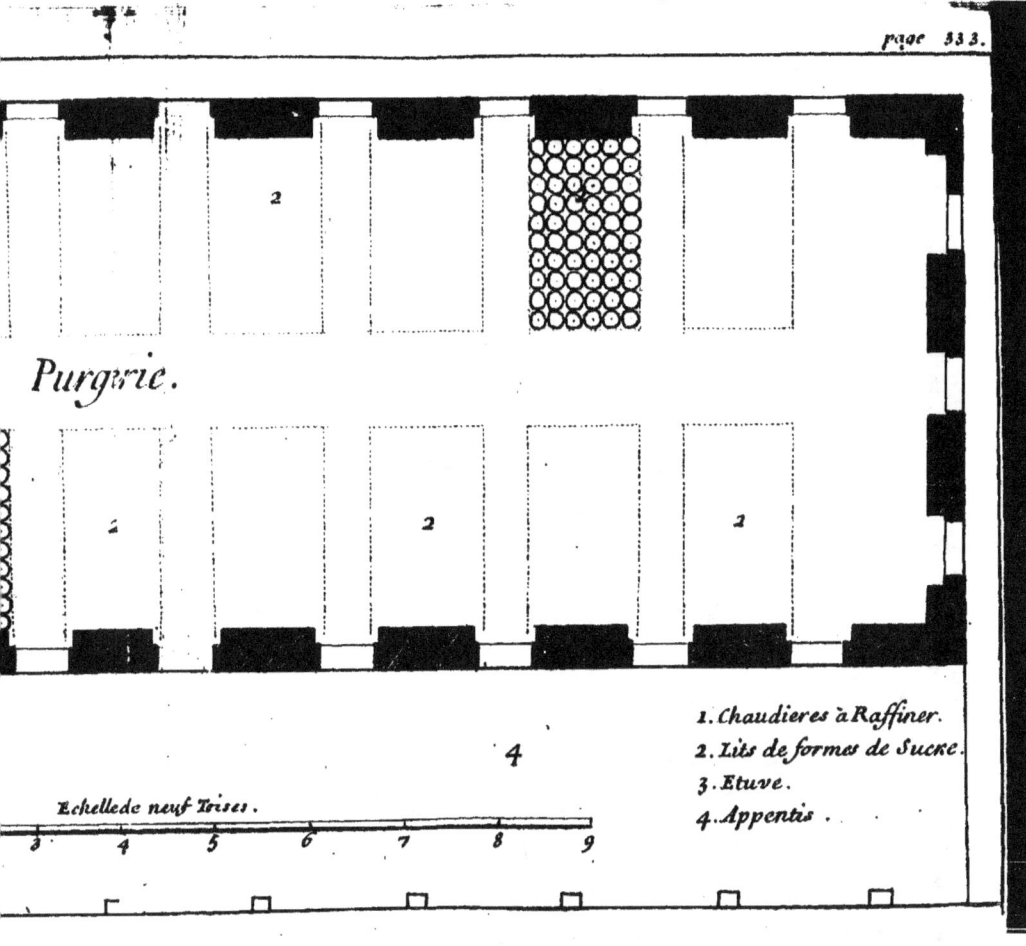

*Purgerie.*

1. Chaudieres à Raffiner.
2. Lits de formes de Sucre.
3. Etuve.
4. Appentis.

Echelle de neuf Toises.

la forme, la porte sur le plancher des cîternes, où un autre a préparé un pot pour la recevoir, & aide le premier à l'y poser le plus droit qu'il est possible. Les formes demeurent en cet état jusqu'au Samedy au soir, ou au Dimanche matin, tems destiné pour les porter toutes à la Purgerie. Ce lieu doit être separé de la Sucrerie autant qu'il se peut, parce que la fumée & les exhalaisons grasses des chaudieres se répandant de tous côtez, ne peuvent pas manquer de s'attacher au Sucre qui seroit dans une Purgerie attachée, ou trop près de la Sucrerie & le gâteroient infailliblement.

On fait ordinairement les Purgeries beaucoup plus longues qu'elles ne devroient être à proportion de leur largeur. Celle que j'avois fait faire au Fond de S. Jacques, avoit cent vingt pieds de long & vingt-huit pieds de large; elle pouvoit contenir dix-sept à dix-huit cent formes. Lorsqu'on fait un étage au-dessus, il faut avoir soin que les planches qui en composent le plancher, soient bien jointes, & même que les joints soient calfatez & brayez, afin que si quelque pot venoit à se renverser, ou à se casser, le sirop qui seroit répandu, ne gâtât point le Sucre qui seroit dans l'étage de dessous.

*Purgeries leur construction & leur usage.*

On doit percer les Purgeries d'un nombre d'ouvertures suffisant, ou de fenêtres, pour qu'il y ait beaucoup de jour, & ces fenêtres doivent se fermer avec des contrevents, afin qu'il y ait le moins d'air qu'il est possible, sur tout quand le Sucre est sous la terre, parce que l'air & le vent dessecheroient trop tôt la terre, & consumeroient l'eau qu'elle doit laisser filtrer peu à peu dans le Sucre, d'où sortant par le trou de la forme, elle emporte avec elle le reste du sirop. Il est bon qu'il y ait une ou deux chaudieres montées à l'un des bouts de la Purgerie, pour y cuire les sirops fins, & pour les rafiner, sans avoir la peine de transporter les sirops ou les Sucres qu'on veut rafiner à la Sucrerie. Lorsqu'on le peut, il est bon de pratiquer un appenti à l'un de ses côtez, pour y mettre les canots ou bacs, où l'on fait tremper la terre, dont on couvre le Sucre, ceux dont on se sert pour le piler au sortir de l'étuve, & les balances pour le peser. L'étuve, autant qu'on le peut, doit être au bout de ces appentis, afin qu'on y puisse aller à couvert, quand on y porte le Sucre au sortir de la Purgerie, & quand on l'en retire pour le piler.

*Maniere de locher le Sucre.* Lorsqu'on a rempli un assez grand nombre de formes pour faire une étuvée,

*Françoises de l'Amerique.*

1696.

c'est-à-dire, pour en remplir l'étuve, qui contient ordinairement cinq à six cent formes, on loche, c'est à dire, on visite le Sucre qui est dans toutes les formes. Pour cela on étend par terre un vieux blancher, sur lequel on renverse les formes sur leur fond, quand le Sucre y est adherant, ou parce que la forme n'avoit pas été bien lavée ou humectée, lorsqu'on l'y a mis, ou parce qu'en le mouvant à la Sucrerie on ne l'avoit bien détaché du tour de la forme, ou pour quelque autre raison qui fait qu'il ne quitte pas la forme de lui-même, ce qui est absolument necessaire pour en connoître la qualité, & pour lui donner la terre ; en ce cas on leve un peu la forme, & on frape de son bord contre la terre, afin que ce mouvement en fasse descendre le Sucre. Quand on sent qu'il est loché, on prend la tête de la forme de la main gauche, & la faisant un peu pencher on passe les doigts de la main droite sous le bord, & la levant en l'air on fait avec un doigt une marque au Sucre, afin que le Rafineur après en avoir vû la qualité puisse remettre la forme au même endroit & dans la même situation qu'elle étoit auparavant. Après que le Sucre est loché, & que selon sa qualité le Rafineur a déterminé de le terrer, ou de le refondre, s'il est mal fait, on plante les formes, c'est-à-dire, on les met bien droites chacune sur son pot, dont on aura auparavant ôté tout le sirop qui s'y étoit trouvé, & qu'on aura reporté à la Sucrerie pour l'y faire cuire avec les autres gros sirops de la semaine.

<small>Comment on connoist que le Sucre blanchira, ou non.</small>

On connoît que le Sucre est bon & qu'il blanchira bien, quand on voit qu'il est bien uni tout le long de la forme, d'une belle couleur de perle, & même plus claire; que la tête où le sirop s'est retiré, est bonne, un peu seche & brillante. Au lieu que quand il a des marques rougeâtres ou noires, en tirant sur le jaune, & que la tête est jaune & onctueuse, c'est une marque assûrée que le Sucre est gras & mal façonné, & qu'il ne blanchira point. Le plus sûr en ce cas est de le jetter dans la grande pour l'y refondre.

Lorsque la Purgerie est assez large, on laisse un chemin dans le milieu de toute sa longueur, afin de partager les lits des formes, dont les premieres plantées s'appuyent contre le mur. On observe de les planter bien de niveau, afin que la terre détrempée, dont on les doit couvrir, travaille à plomb & également par tout. On en fait d'ordinaire six rangs qui se touchent les uns les autres; c'est ce qu'on appelle un lit de formes; on laisse entre chaque

*Françaises de l'Amerique.*

chaque lit un sentier de la largeur du diametre d'une forme, qui sert à pouvoir passer entre les lits, pour travailler au Sucre. La raison, pour laquelle la largeur des lits n'excede pas le nombre de six formes, est afin de pouvoir toucher avec la main & travailler le Sucre, qui est dans la troisiéme, ce qu'on ne pourroit pas faire s'il y en avoit davantage : car chaque forme ayant environ quatorze pouces de diametre, il s'ensuit que trois formes rangées font une largeur de trois pieds & demi, qui est toute la distance où la main d'un homme peut atteindre pour travailler librement. Il est vrai qu'il seroit encore plus facile de faire ce travail, si les lits n'étoient composez que de quatre rangs de formes ; mais comme il faudroit un plus grand nombre de sentiers, cela emporteroit trop de terrain. La planche cy-jointe fait voir la disposition des formes dans une Purgerie.

Les formes étant plantées ou posées, on fait leur fond, c'est-à-dire, après avoir enlevé ce qu'on appelle la fontaine de la forme, on la remplit de Sucre en grain jusqu'à un pouce près du bord, reservant ce vuide pour contenir la terre qu'on doit mettre par dessus.

Pour entendre ce que c'est que les fon-

*Tome III.* P

1696.

Ce que c'est que les fontaines des formes.

taines des formes, il faut se souvenir que le Sucre chaud étant mis dans chaque forme, fait une croûte, & qu'après que cette croûte a été rompuë les deux fois qu'on l'a mouvée, il s'en fait une troisiéme qui est raboteuse & inégale, parce qu'elle est composée des pieces brisées des deux précedentes. Au-dessous de cette croûte il se fait un vuide de l'épaisseur d'environ un pouce, & quelquefois davantage, & sous ce vuide il se forme une autre croûte brune & presque noire, de l'épaisseur d'un pouce au milieu, qui va en diminuant vers les bords. Cette croûte est composée de la graisse du Sucre, qui étant plus legere que le grain, vient au dessus, s'y assemble & se congele, sans quasi s'attacher au Sucre qui est au-dessous d'elle, dont par consequent il est fort aisé de la separer. On ôte d'abord la premiere croûte qui est seche, de couleur d'ambre, & qui a le goût de Sucre d'orge ; on la met à part pour la rafiner ; c'est ce qu'on appelle la premiere fontaine, ou la fontaine seche. Mais pour la seconde, qui se nomme fontaine grasse, on la coupe par morceaux avec une petite tille de fer de quatre à cinq pouces de long sur deux à trois pouces de large, dont le manche de bois n'a pas plus de cinq pouces de long. On la coupe, dis-je, par morceaux, pour la lever plus facilement, & on la met aussi à part, ou pour la repasser dans le Sucre brut, quand elle est bien seche, ou pour la rejetter dans la grande, afin de profiter du Sucre qui s'y trouve encore mêlé avec la graisse. On foüille ensuite avec la petite tille, un pouce ou deux sous le lieu qu'occupoit la fontaine grasse, parce qu'il s'en trouve quelquefois une seconde, qu'il est absolument necessaire d'ôter, à cause qu'elle empêcheroit le passage de l'eau qui filtre au travers de la terre. Pendant qu'on foüille les fontaines, on rape avec un couteau à deux mains quelque forme du même Sucre, que l'on reduit en grain, & dont on se sert pour remplir le vuide qu'on a fait au fond de la forme en enlevant les deux fontaines. On remplit donc ce vuide jusqu'à un doigt près du bord, & on le rend ferme & bien uni en l'étendant, & en frappant dessus avec une truelle ronde de fer ou de cuivre, de trois à quatre pouces de diametre, afin que la terre dont on couvre cette surface, la trouvant ferme, unie & de niveau, travaille également par tout, sans faire de trou ; ce qui ne manqueroit pas d'arriver dans les lieux où la superficie ne seroit pas également forte & unie. C'est-là ce qui s'appelle faire

*Maniere de faire les fonds des formes.*

les fonds, à quoi un Rafineur ne peut apporter trop de soin.

On laisse les formes exposées à l'air durant trois ou quatre jours. Avant que de les couvrir de terre, afin que leur superficie se seche & s'affermisse un peu. On employe d'ordinaire sept ou huit formes de Sucre, & quelquefois jusqu'à dix, pour faire les fonds de cent formes.

Huit ou dix jours avant qu'on ait besoin de la terre pour couvrir le Sucre, il faut la mettre tremper. La meilleure, dont on se puisse servir pour cet usage, vient de Roüen ; elle est presque blanche, fine, déliée, douce, sans mêlange de pierre, ni de sable ; elle est assez grasse pour se tenir en pelottes un peu plus grosses que des balles de jeu de Paume. C'est ainsi qu'on la porte aux Isles, où je l'ay vû vendre vingt-cinq & trente Ecus la barrique. Il est vrai que c'étoit dans un tems de Guerre, où les risques étoient grands, le fret fort cher, & les assûrances considerables. Dans un tems de Paix on la peut avoir pour dix Ecus. C'est un prix raisonnable, pourvû qu'elle soit veritable : car quelques Marchands établis à Nantes, selon leur bonne & loüable coûtume, n'ont pas manqué de falsifier cette marchandise, & d'apporter une certaine terre mêlée de

*Terres propres à blanchir le Sucre.*

craye, qu'ils faisoient passer pour terre de Roüen. Il est difficile de connoître cette tromperie que dans l'usage ; mais comme la necessité est la mere de l'invention, voici les moyens que je trouvai pour arriver à cette connoissance, sans attendre que cette terre eût travaillé, & que par consequent il ne fût plus tems de la rendre au Marchand. Je pris un morceau de terre de Nantes, & un de terre de Roüen, que je pesai exactement ; je les mis tremper dans l'eau dans deux differens vaisseaux, après qu'ils furent bien dilayez & reposez, je versai l'eau par inclination avec toute la précaution possible. Je les laissai secher, & je remarquai deux choses dans la terre de Nantes, que je ne trouvai point dans celle de Roüen : la premiere, qu'elle n'étoit plus si blanche, parce que la craye qui y étoit mêlée, s'étoit dissoute & dissipée dans l'eau, & la terre étoit retournée à sa couleur naturelle. La seconde, qu'elle étoit beaucoup plus legere que quand je l'avois mis tremper. C'est ce que je ne trouvai point dans la terre de Roüen, qui avoit conservé entierement sa couleur, & son poids presque tout entier.

On ne laisse pas cependant de se servir de cette terre de Nantes, & d'une autre

*Moyen pour connoître la veritable terre de Roüen.*

à peu près semblable qu'on apporte de Bourdeaux, quoiqu'elles ne soient pas si bonnes que celle de Roüen, & qu'elles durent beaucoup moins. Au reste toute la bonté de la terre de Roüen, & des autres, dont on peut se servir pour couvrir le Sucre, consiste en trois choses. La premiere, de ne pas teindre l'eau qu'elles renferment ; la seconde, de la laisser filtrer d'une maniere douce & insensible ; & la troisiéme, de ne pas s'imbiber de la graisse du Sucre, qui ne manque jamais de s'y attacher, mais de la laisser dissiper à l'air, où l'on a soin de l'exposer après qu'on l'a levée de dessus le Sucre.

*En quoi consiste la bonté des terres dont on couvre le Sucre.*

On voit assez que les terres colorées & qui colorent les liqueurs, dans lesquelles on les détrempe, ne sont pas propres à cet usage, parce que l'eau qui en sortiroit, passant au travers des pores du Sucre, lui imprimeroient la couleur, dont elle seroit chargée.

On voit aussi que les terres grasses & fortes qui ne rendent point l'eau, ou qui la repoussent vers leur superficie, où l'air & la chaleur la dissipent & la font évaporer, n'y sont pas plus propres, non plus que celles qui étant sablonneuses laissent tomber en un moment toute l'eau dont on les a imbibées, qui passe au travers de leurs pores, comme dans un crible, sans s'y arrêter : & enfin que les terres maigres qui s'imbibent facilement de graisse & qui l'incorporent dans leurs pores, ne sont pas les meilleures, dont on puisse se servir, par la raison qu'elles durent peu, & que c'est une dépense qu'il faut recommencer trop souvent, quand d'ailleurs elles auroient les deux premieres qualitez que j'ay remarquées dans la terre de Roüen.

Nous avons dans nôtre Habitation de la Guadeloupe une terre grise, qui ne colore point l'eau, qui la laisse filtrer à loisir, & qui par consequent est très-bonne pour le Sucre, & nous épargne la dépense d'en acheter de celle de Roüen ; mais elle s'engraisse facilement, & il est difficile de s'en servir plus de trois fois. Nous nous en consolons facilement, parce que nous en pouvons prendre tant que nous voulons, sans qu'il nous en coute autre chose que la peine de la faire foüiller. Nous nous en servons avec succès, & en laissons prendre à tous ceux qui en ont besoin.

*Terre de la Guadeloupe.*

La terre dont on doit couvrir le Sucre, doit avoir trempé huit ou dix jours avant que d'y être employée. Il faut choisir pour cela de l'eau douce, la plus claire &

*Preparation de la terre.*

la plus nette. On se sert d'un bac, ou d'une cuve de maçonnerie, de neuf à dix pieds de long sur trois pieds ou environ de large. Quand on n'a pas cette commodité, ou qu'on ne veut pas faire cette dépense, on se sert d'un canot de bois. De quelque vaisseau qu'on se serve, de bois, ou de maçonnerie, il doit être à couvert sous un toit, parce que si le Soleil donne sur la terre pendant qu'elle est à tremper, il échauffe l'eau, fait fermenter la terre & la fait aigrir, ce qui la rend inutile à l'usage auquel on la doit employer.

La terre étant dans le canot, & n'en remplissant au plus que la moitié, on acheve de l'emplir d'eau. Au bout de vingt-quatre heures on en tire, & on jette l'eau qui surnage, & on met en pieces les morceaux de terre pour les aider à se dissoudre, après quoi on remplit le bac de nouvelle eau, que l'on change toutes les vingt-quatre heures, remuant & dilayant bien la terre chaque fois, jusqu'à ce qu'on voye que l'eau qui est sur la terre, demeure nette & claire, & ne soit plus verdâtre, comme elle étoit au commencement qu'on a mis détremper la terre.

Lorsque les fonds des formes sont en état de recevoir la terre, on ôte avec un coüy, qui est un morceau de calebasse, la plus grande partie de l'eau qui surnage, n'y en laissant dessus que trois ou quatre doigts. On remuë bien tout ce qui reste dans le bac avec la pagalle, & on le passe dans un petit canot qu'on met auprès du bac, au travers d'une passoire, c'est-à-dire, d'une grande chaudiere de cuivre percée de trous d'une ligne ou environ de diametre. La raison qui oblige de passer ainsi la terre trempée, est pour en separer les parties qui ne se trouveroient pas bien dissoutes; & pour en ôter les pierres & les ordures qui pourroient s'y rencontrer, à mesure qu'on la passe, on la porte dans des bailles à la Purgerie. Le Rafineur tient à la main une petite cueïllier de cuivre, contenant environ une pinte de Paris, qui est entourée d'un petit cercle de fer plat, qui se termine en douille, pour soûtenir un manche de bois de trois à quatre pieds de long. Il puise avec sa cueïllier dans les bailles, & remplit les formes jusqu'au bord. La consistence que doit avoir la terre, est telle, que faisant une trace dessus de la profondeur d'un demi doigt, cette trace ne doit se remplir que peu à peu, & à peu près comme la boüillie qui est prête à être cuite. Sa bonté intrinseque, & sa bonne préparation se reconnoissent, lors qu'étant mise sur les

*Maniere de terrer le Sucre.*

*1696.*

*Ce qu'il faut observer après qu'il a receu la terre.*

fonds elle ne bout point, & ne fait aucune bouteille, & qu'en y approchant le nez on ne se sent aucune odeur. Car lorsque l'un de ces cas arrive, c'est une marque certaine que la terre est échauffée, qu'elle est aigrie, & il y a du danger qu'elle ne gâte le Sucre, ou du moins qu'elle ne le travaille pas. Dès que la terre est sur le Sucre, on ferme toutes les fenêtres de la Purgerie, afin que l'air, ou la chaleur ne dessêche pas la terre, & on veille soigneusement pendant trois ou quatre heures, pour remedier aux accidents qui peuvent arriver au Sucre, lorsque la terre y vient d'être mise. Car si les fonds sont mal faits, c'est-à-dire, s'ils ne sont pas bien droits, ou s'ils ne sont pas également fermes par tout, toute l'eau qui est dans la terre, trouvant de la pente, coule de ce côté-là & penetre le Sucre, & le creuseroit d'un bout à l'autre, si on n'y remedioit. Dès qu'on s'apperçoit que la terre travaille en un endroit plus que dans un autre, ce qui se connoit par une petite concavité qui se forme sur la superficie de la terre; on prend du sable fin & bien sec, qu'on tient tout prêt pour cet effet, & on le répand dans ce creux & tout autour; il imbibe aussi-tôt & absorbe l'eau qui prenoit son cours par cet endroit. Quand la terre a travaillé trois ou quatre heures, il n'y a plus aucun accident à craindre.

On laisse cette premiere couche de terre sur le Sucre, jusqu'à ce qu'ayant distillé toute l'eau qu'elle contenoit, elle se soit tout-à-fait sechée, selon que le tems est sec ou humide, la terre en employe plus ou moins à se secher : il lui faut d'ordinaire neuf ou dix jours. Lorsqu'on voit qu'elle est seche, on la leve & on l'étend à l'air, le côté qui a touché le Sucre en haut, afin que l'air dissipe la graisse qui s'y étoit attachée, mais on se garde bien de l'exposer au Soleil, ni de la remettre tremper avant qu'elle soit tout-à-fait seche, parce que le Soleil feroit imbiber la graisse dans la terre, ou si on la metroit dans l'eau, elle fermenteroit & se pourriroit. Lorsqu'on veut se servir de la terre des Isles plus de deux fois, il faut enlever avec un couteau toute la graisse, & couper toute l'épaisseur de la terre, qui en a été penetrée, & faire secher le reste pour s'en servir une autre fois.

A mesure qu'on ôte la terre de dessus le Sucre, on en nettoye la superficie avec des brosses à longs poils ; elles sont rondes de quatre pouces de diametre ; les soyes en ont autant de longueur, & la poignée qui est perpendiculaire au manche, a cinq à pouces. On se sert de ces brosses pour ôter une espece de poussiere brune & grasse qui est sur la surface du Sucre, à peu près comme quand la neige a demeuré quelque tems sur la terre, & que les ordures qui sont en l'air, ont un peu terni sa blancheur, qu'on ne laisse pas de voir au travers de cette poussiere subtile.

*Travail des formes après la premiere terre.*

Quand on a nettoyé le dessus de la forme, on voit quelle sera la blancheur du Sucre qu'elle contient. C'est une erreur de croire qu'une seconde terre, ou une troisiéme augmentera le degré de sa blancheur. Ce que fait la seconde terre qu'on y met, est de blanchir la tête de la forme, parce que la premiere n'ayant pas poussé le sirop jusqu'au bout, la seconde acheve de le precipiter tout-à-fait; mais elle n'augmente jamais le degré de sa blancheur.

Les fonds étant bien nettoyez, on les fouïlle avec la petite tille environ à un pouce de profondeur, on les dresse de nouveau, on les applanit, & on les affermit avec la truelle; & au bout de deux ou trois heures on y met une seconde terre passée comme la premiere, en même quantité, avec le même soin & avec les mêmes précautions. On ferme ensuite les fenêtres de la Purgerie, & on laisse travailler cette seconde terre, autant que la première, sans la lever que quand elle est seche entierement.

Il y a des Rafineurs qui rafraîchissent cette seconde terre, après l'avoir un peu paîtrie, sans l'ôter de dessus le Sucre, en versant dessus une ou deux cueïllerées de terre claire. Ils appellent cela plumoter : ils prétendent par-là blanchir la tête de la forme autant que le fond. C'est une mauvaise manœuvre, & une perte considerable pour le Maître. Car quand il arriveroit que la tête de la forme deviendroit aussi blanche que le fond à force de plumoter, cela ne se peut faire que par la diminution de la hauteur de la forme ; de sorte que si cette tête qu'on prétend blanchir à cinq ou six pouces de haut, & quatre ou cinq pouces de diametre dans sa plus grande largeur, elle ne pourra jamais peser deux livres, qui ne sont pas à comparer à six ou sept livres de Sucre, dont la forme diminuera par l'endroit qu'elle a plus large, & cela uniquement pour contenter la vanité d'un Rafineur, qui veut dire par tout que le Sucre qu'il fait n'a point de tête ; pendant qu'il n'en est venu à bout qu'aux dépens de six ou sept livres de Sucre, qu'il a fait perdre à son Maître sur chaque forme qu'il a plu-

*Ce que c'est que plumoter le Sucre, abus de ce travail.*

motée. C'est pourquoi un Habitant un peu entendu dans ses affaires, ne doit jamais souffrir ces plumotages. Si le Sucre est bien fait, & si la matiere en est bonne, deux terres suffisent pour blanchir la forme d'un bout à l'autre. Si au contraire le Sucre n'est pas bien fait, ou s'il peche dans sa matiere, tous les plumotages du monde ne f-ront autre chose que diminuer sa quantité, & s'il arrive jusqu'au point de se blanchir, la tête ne le sera jamais qu'aux dépens du fond.

Lorsque le Sucre n'est pas de qualité à pouvoir blanchir d'un bout à l'autre, il vaut mieux couper cinq ou six pouces de tête avant que de le mettre à l'étuve, que de s'exposer à le vouloir blanchir en perdant sept ou huit livres du fond. Et puisqu'on doit rompre les formes pour les piler, & pour les mettre en barrique, qu'importe-t-il de les mettre entieres ou êtêtées à l'étuve ? D'ailleurs ces têtes ne sont pas perduës ; on les conserve pour les rafiner avec les fontaines seches, ou autres Sucres qui n'ont pas été bien blanchis.

La seconde terre étant seche, on la leve, & on l'expose à l'air comme la premiere, avant que de la remettre dans l'eau pour s'en servir une autre fois. On nettoye avec soin le dessus du Sucre avec la brosse, on gratte avec un couteau le tour du haut de la forme, pour en ôter la terre qui y est demeurée attachée, & pour rendre les bords en état de ne point gâter la forme, ou le pain de Sucre, quand on l'en tirera, & on ouvre alors les fenêtres de la Purgerie, afin que l'air & la chaleur y entrent, & aident au Sucre à se secher. On lui donne pour l'ordinaire encore huit ou dix jours pour cela : de sorte que si nous comptons qu'on a été trois semaines à faire six cent formes de Sucre avant que de les terrer, qu'elles ont demeuré trente jours dans la Purgerie, ou sous la terre, ou pour secher avant que d'être mises à l'étuve, où elles auront encore resté neuf ou dix jours, nous trouverons qu'une étuvée de cinq cent cinquante ou cinq cent soixante formes aura coûté deux mois de travail avant que d'être en état d'être vendues. Comme le travail est continuel, les étuvées se succedent les unes aux autres de trois semaines en trois semaines, quand on a un nombre de formes suffisant pour le continuer : deux mille ou deux mille quatre cent formes suffisent.

Pendant que le Sucre acheve d'égoûter son eau, qu'il s'essuye, & qu'il se seche dans les formes, on prépare l'étuve pour

*1669.*

*Travail du Sucre après les deux terres.*

*1696.*

*Etuve ses proportions & son usage.*

le recevoir. Ce bâtiment doit être au rez de chaussée ou de niveau avec la Purgerie, au bout des appentis ou de la Purgerie, afin qu'on y puisse aller à couvert. Une étuve pour contenir six à sept cent formes, doit avoir douze pieds en quarré dans œuvre. On donne deux pieds & demi d'épaisseur aux murailles. Il suffit que la porte ait six pieds de haut sur deux pieds ou vingt-six pouces de large entre les tableaux. On y peut faire de doubles ventaux, l'un qui s'ouvre en dedans, & l'autre en dehors, afin de tenir la chaleur plus resserrée. Vis-à-vis de la porte on place le coffres de fer, dans lequel on fait le feu. Ces coffre sont de fer fondu, long de vingt-six à trente pouces, leur largeur est de vingt à vingt-deux pouces, leur hauteur de vingt-quatre pouces, & l'épaisseur de deux pouces. Des six côtez, dont il est composé, comme sont tous les cubes, quatre sont de fer, & deux sont ouverts; sçavoir, celui du bout, & celui de dessous: le bout ouvert s'enchasse ou s'encastre trois

*Coffres d'une Etuve.*

ou quatre pouces dans l'épaisseur du mur, où il est scellé avec des tuileaux & de bon mortier. Les pieds droits, le seuïl & le dessus de la bouche ou entrée du fourneau s'y doivent joindre, & le vuide de dessous est appuyé sur les grilles où se met le bois : au-dessous est le cendrier, dont la bouche est sous celle du fourneau & de même grandeur. Le tour du bas du coffre en dedans de l'étuve est encastré dans un tour de pierre de taille, ou enfermé avec des tuileaux & de bon mortier, afin que le feu qui est dedans, ou la fumée ne puissent pas penetrer dans l'étuve. On l'élève ordinairement de quatre ou cinq pouces au-dessus de l'aire de l'étuve qui doit être carrelé. La hauteur depuis le plancher jusqu'au-dessus du chambranle de la porte se partage en trois par deux rangs de soliveaux de trois à quatre pouces en quarré, scellez dans le mur de chaque côté de la porte & du coffre ; ils laissent au milieu une espace vuide de quatre pieds de large. On cloüe sur ces soliveaux des lattes d'un pouce d'épaisseur sur deux pouces de large, qui doivent être espacées tant plein que vuide ; elles doivent être blanchies à la varloppe & d'un bon bois. C'est sur ces lattes qu'on met les pains de Sucre. Depuis le dessus de la porte jusqu'au haut de l'étuve on fait trois autres étages, à chacun desquels on donne deux pieds & demi de hauteur ; ils sont soûtenus par des soliveaux de trois à quatre pouces en quarré, scellez dans les murs, sur lesquels on cloüe des lattes, comme aux deux autres demi étages. On laisse un vuide de deux pieds & demi en quarré, qui répond au milieu du bâtiment, pour entrer d'un étage dans l'autre, afin d'y placer les formes de Sucre; & comme il pourroit arriver que le Sucre qui seroit au-dessus du coffre, venant à s'éclatter par la trop grande chaleur, tomberoit sur le coffre & pourroit prendre feu, & le communiquer au reste de l'étuve, comme il est arrivé plusieurs fois, on met des planches percées de trous de tarriere, au lieu de lattes en cet endroit-là. Le dessus de l'étuve à la hauteur des murs est couvert d'un plancher fait de bonnes planches, sur lequel on fait une maçonnerie de neuf à dix pouces d'épaisseur. On laisse au milieu du plancher une ouverture égale à celle qui perce les étages, qui se ferme avec une trape. Elle sert à donner de l'air & à laisser évaporer les premieres exhalaisons qui sortent du Sucre, quand il commence à secher, après cela on la ferme pour concentrer davantage la chaleur. Le haut de l'étuve est terminé par un comble de charpente, que l'on couvre d'ardoises ou d'essentes.

*Preparation de l'Etuve & manie-* Quelques jours avant qu'on mette le Sucre à l'étuve, on la nettoye, & on la chauffe, afin de dissiper l'humidité qui

Espadon

pourroit s'y être concentrée depuis la dernière fois qu'on s'en est servi, & pour la dissiper plus facilement, on laisse ouvertes la trape & la porte. Lorsqu'elle est bien seche, & que le Sucre qui est à la Purgerie, est en état d'y être mis, on loche les formes l'une après l'autre sur le bloc ; on porte à l'étuve celles qui sont blanches d'un bout à l'autre, & on coupe ce qui n'est pas blanc dans les autres que l'on destine à être rafinées. On met un Negre à chaque étage, & un à la porte : celui-ci reçoit les pains de Sucre à mesure qu'on les lui apporte, & les donne à celui qui est au premier étage, celui-là au second, & le second au troisiéme qui les arrange dans le troisiéme étage, & ensuite dans ceux qui sont plus bas. Lorsque les grands étages sont pleins, on remplit les petits ; & en cas de besoin on en peut mettre jusques sur les carreaux.

J'ay déja dit qu'on visite toutes les formes, afin que si les têtes sont noires, on puisse les couper pour les mettre à part, & pour les rafiner ; ou s'il y avoit quelques formes qui fussent encore moites, pour n'avoir pas égoûté toute leur eau, on les met sur les demis étages, ou sur le plancher, afin que venant à se rompre elles ne tombent point dans le milieu de l'étuve, ou sur d'autres formes qu'elles endommageroient, sur tout quand il arrive qu'elles se fondent & coulent en sirop.

On ne fait qu'un feu mediocre les deux premiers jours, de peur que la chaleur trop violente ne surprenne le Sucre dans ces commencemens. Pendant ce même-tems on visite souvent l'étuve pour voir l'état du Sucre, pour amasser celui qui tombe, ou pour redresser les pains qui penchent, & qui pourroient tomber; après ces deux jours on ferme la trappe, & on augmente le feu, de sorte que le coffre devient tout rouge. Huit jours & huit nuits d'un feu vif & continuel suffisent pour bien secher une étuvée de Sucre. Lorsqu'on le juge sec autant qu'il le doit être, on ouvre la trappe, & on choisit un jour chaud & sec pour le piler. On se sert pour cet effet de deux bacs, ou canots. Les bacs sont comme de grands coffres de dix à douze pieds de long, deux pieds & demi de large, & autant de profondeur, composez de madriers de deux pouces d'épaisseur, bien assemblez, & souvent enfermez dans un chassis qui se serre avec des clefs de bois. Quand on se sert de canots qui sont tout d'une piece, on leur laisse la même épaisseur par tout.

*Bacs & canots à piler.*

On enfonce les uns & les autres à moitié en terre, afin qu'ils soient plus fermes, & moins sujets à s'ouvrir par l'effort des pilons. On doit avoir soin de laver les canots la veille, & de les bien secher.

On commence par numeroter & tarer les barriques ou l'on doit mettre le Sucre, c'est-à-dire, qu'on pese les futailles vuides, au poids qui est pour l'ordinaire à côté des canots sous le même appentis, & on marque sur le fond de chacune ce qu'elle a pesé : c'est ce qu'on appelle la tare. On marque aussi le numero de la barrique, afin d'en tenir plus aisément le compte, & quand elles sont remplies & foncées, on les pese de rechef, & on marque au-dessous de la tare le poids net, c'est-à-dire, la quantité de Sucre contenu dans la barrique, la tare ou poids du bois étant ôté.

*Ce que c'est que numeroter, tarer les barriques.*

Les pilons dont on se sert doivent être de bois dur & pesant ; comme d'Acomas, de Balatas, de Savonettes, de bois Rouge, ou de bois de Fer. On leur donne huit à neuf pouces de hauteur sur cinq de diametre ; ils sont de figure cilindrique, percez dans leur centre pour recevoir un manche rond de six pieds de longs & d'un pouce de diametre.

*Pilons, leur matiere & leur forme.*

Les Negres & Negresses qui doivent

piler le Sucre, le rengent des deux côtez du canot. On y jette les pains peu à peu afin de les piler mieux, & plus aisément, & lorsque le canot est plein, on le foüille avec une hoüe de fer, & on prend avec des coüis le Sucre pilé pour le porter aux barriques, sur chacune desquelles il y a un hebichet, c'est-à-dire, une espece de crible fait de côtes de latanier, ou de roseaux refendus, ou on le met. Il y a une personne à chaque hebichet qui remüe, & qui fait passer le Sucre à travers, & lorsqu'il y en a, la hauteur de sept à huit pouces dans la barrique, ceux qui avoient pilé dans le canot se mettent trois à trois à chaque barrique, & pilent de toutes leurs forces le Sucre qui est dedans, afin d'y en faire entrer une plus grande quantité. On recommence à passer par l'hebichet, & à piler alternativement jusqu'à ce que la barrique soit pleine, un peu au-dessus du jable, & que le Sucre soit bien comprimé. On reconnoît qu'une barrique est bien foulée, qu'en la frapant avec le doigt, elle rend un son clair comme si c'étoit une piece de bois toute pleine & entiere.

Pour empêcher que les fonds des barriques ne sautent par l'effort des pilons, on a soin avant d'y mettre du Sucre, de

*Françoises de l'Amerique.* 359

clouër un cercle autour du jable, pour retenir les fonds, & les empêcher de tomber, s'il arrivoit que les cercles se lâchassent par la quantité de Sucre, qu'on fait entrer par force dans les barriques. Car plus le Sucre est sec, bien pilé, & bien pressé, mieux il se conserve dans le voyage, sans prendre d'humidité qui le feroit devenir gris. Une barrique bien foulée doit contenir six à sept cent livres de Sucre net.

1696.

Precaution pour empêcher les barriques de se défoncer.

Les morceaux qui n'ont pû passer par l'hebichet sont rejettez dans un autre canot, ou les Negres qui ont pilé dans les barriques, les pilent pendant que les autres passent par l'hebichet. Les Peres Jesuites de la Martinique avoient un petit Moulin composé de deux meules de pierre pour moudre les morceaux qu'on appelle des crotons. Cela avançoit beaucoup le travail ; mais pour peu que les meules s'égrenassent, elles gâtoient le Sucre, & c'est ce qui a empêché bien des gens de s'en servir.

Moulin à moudre les crotons de Sucre.

C'est ainsi qu'on met en barriques tout le Sucre qui sort de l'étuve, observant de ne travailler jamais la nuit, à cause que l'air étant pour lors fort humide, communique son humidité au Sucre, & le gâte. Car il est certain que plus il est sec,

& bien pilé, plus il doit paroître blanc. Il y a pourtant des cas qui obligent à chercher d'autres moyens, pour lui donner cette qualité, quand elle lui manque, dont j'ay été obligé de me servir plus d'une fois.

Je me trouvai un jour chargé d'une étuvée de Sucre de près de six cent formes, qui ne promettoit pas de donner dans la vûë des Marchands par sa blancheur. Un Capitaine à qui je le fis voir étant encore à l'étuve ne voulut jamais m'en donner plus de dix-sept livres dix sols du cent, pendant que le prix courant étoit vingt-deux livres dix sols. Je fis piler un peu de ce Sucre qui ne me contenta pas ; je m'avisai un jour d'en rapper un morceau, & je trouvai que la rappe lui donnoit tout un autre œil, parce que n'écrasant pas ses parties comme le pilon, il leur restoit quantité de petites superficies qui reflechissoient la lumiere, & qui par consequent augmentoient sa blancheur. Je fis quelques épreuves qui acheverent de me convaincre. Mais comme je craignois que mes yeux ne me trompassent, & qu'ils ne fussent pas de bons Juges, dans une cause où ils avoient interêt ; j'envoyai deux paquets de ce même Sucre, un pilé, & un rappé, à un de nos voisins très-bon connoisseur

noisseur en cette marchandise, & je le priai de me marquer le prix de chacun. Il les estima, & j'eus le plaisir de voir qu'il avoit estimé mon Sucre rappé vingt-trois francs, & celui qui étoit pilé seulement dix-sept. Il n'en fallut pas davantage pour me faire resoudre, à faire rapper près de six cent formes de Sucre, & quoique ce travail dût être long & ennuyant, je crus que je ne devois pas negliger de gagner cinq ou six francs par cent. J'achetai donc une douzaine de grages, dont je fis un peu rabattre les pointes, afin qu'elles fissent le Sucre plus fin, & j'occupai pendant quatre jours quinze ou seize Negres à rapper tout ce Sucre. Le même Capitaine étant revenu quelques jours après, & m'ayant demandé par raillerie, si je voulois l'accommoder d'une partie de Sucre gris ; je lui repondis que je n'en vendois que de très-blanc, & que j'en avois une partie qui contenteroit de plus difficile que lui. Il crut que je m'étois défait de celui qu'il avoit vû ; & quand je lui montrai mon Sucre rappé, il le trouva très-beau, & le prît sur le pied de vingt-deux livres quinze sols le cent. Quand nos affaires furent terminées, je lui dis que c'étoit le même Sucre, qu'il avoit vû, & je lui en fis apporter quelques pains qui restoient. Avec tout cela, il n'auroit jamais cru cette metamorphose, si je n'en n'avois pas fait faire l'experience en sa presence. D'autres gens ayant appris ce secret s'en sont servi avec le même succez.

## DU SUCRE PASSÉ.

*Origine de ce Sucre.* Ce Sucre doit sa naissance à l'augmentation des droits d'entrée dont le Sucre blanc fut chargé en 1698. Les Rafineurs de France achetoient le Sucre terré pour le refondre, & le mettre en petits pains qu'ils vendoient comme Sucre Royal. Mais cette augmentation emportoit presque tout le profit qu'ils pouvoient faire. Ils avoient éprouvé pendant la Guerre que les Sucres provenans des prises qu'on faisoit sur les Anglois, réüssissoient très bien au rafinage, parce qu'étant bien purgez, il n'y avoit plus qu'un beau grain ferme & bien préparé, qui diminuoit peu à la fonte, & qui étoit aisé à clarifier. Ils envoyerent quelques Marchands aux Isles, qui proposerent aux Habitans de faire du Sucre à la maniere des Anglois, & les y encouragerent par le prix considerable où ils le firent monter en peu de tems. Le profit étoit grand pour les uns & pour les autres. Les Habitans qui n'avoient point d'établissement pour blanchir leur Sucre, y trouvoient leur compte, parce qu'ils n'avoient point l'embarras de le terrer, de le secher à l'étuve, & de le piler pour le mettre en barriques. Les Rafineurs y gagnoient encore davantage, parce que ce Sucre passant pour Sucre brut, ils ne payoient qu'un Ecu par cent de droit d'entrée, quoiqu'il rendît à la fonte presque autant que le Sucre terré : car il ne doit y avoir aucune difference de l'un à l'autre, sinon qu'on met celui-ci dans des barriques percées, & garnies de deux ou trois Cannes, afin qu'il puisse purger plus facilement ; au lieu qu'on met dans des formes celui qu'on doit terrer.

J'ay fait faire quelques parties de cette sorte de Sucre, qui étoit plus de moitié blanc avant d'être livré aux Marchands ; mais je ne trouvois pas que ce fût un profit pour nous qui avions tout ce qui étoit necessaire pour le blanchir, & le vendre une fois autant ; outre qu'on perdoit les sirops fins, ce qui n'est pas si peu considerable, qu'on le doive negliger. Il est vrai, qu'on peut profiter des sirops qu'ils rendent, mais on ne peut jamais en faire d'aussi belle marchandise que de ceux qui sont reçûs dans des pots, qui sont toûjours bien plus propres, que les cîternes, quelque soin qu'on en prenne.

*Abus qui se glissèrent dans la fabrique du Sucre passé.*

Il y avoit nombre d'Habitans qui faisoient passer dans ce Sucre tous les sirops qu'ils avoient tiré de celui qu'ils avoient mis en forme pour être terré. C'est une supercherie : car il est certain que les Sucres de sirop, quelque bons & bien travaillé qu'ils puissent être, ne rendent jamais à la fonte, ce que rendent des Sucres tous purs de Cannes. Ainsi les Marchands, qui veulent éviter d'être trompez, doivent bien prendre garde de qui ils achetent, & s'y connoître un peu eux-mêmes. Ils se souviendront que l'odorat leur en enseignera plus que le goût, les yeux & les mains. Et les Habitans qui ont leur établissement en état de faire du Sucre blanc, doivent laisser cette Manufacture à ceux qui ne sont pas encore en état de blanchir, de peur de succomber à la tentation de faire passer leurs Sucres de sirop avec le Sucre de Cannes.

Il se glissa encore un autre abus dans la fabrique de ce Sucre, qui fut qu'au lieu de le passer dans un drap de laine, comme ils y étoient obligez, & comme on doit passer les Sucres qu'on veut blanchir, on se contentoit de le passer par une grosse toille. Il est vrai, que la toille emporte le plus gros des ordures, mais la graisse y passoit toute entiere, ce qui faisoit qu'il n'étoit guéres mieux préparé que le Sucre brut ordinaire.

Les Anglois à qui il n'est pas permis de blanchir leurs Sucres dans l'Amerique, ne se contentent pas de le passer par un drap, ils le mettent après qu'il est cuit dans des formes de bois qui sont en piramides quadrilateres, & quand il a bien purgé, ils le coupent par morceaux, le font secher au Soleil, & puis le mettent en barriques. C'est ainsi qu'on fabrique le Sucre à la Jamaïque, & en quelques endroits de la Barbade. Ce Sucre est très-beau, & très-aisé à rafiner. Il auroit été mieux de le faire de cette maniere aux Isles Françoises.

## DES SUCRES DE SIROP, & d'Ecumes.

Les écumes des trois premieres chaudieres sont portées à la Vinaigrerie ou Distilatoire, & servent à faire de l'Eau-de-Vie. On met à part celles du sirop & de la batterie. On les conserve dans un canot destiné à cela, & tous les matins on les fait cuire dans une chaudiere montée dans la Sucrerie, & destinée à cet usa-

Dans quel temps on cuit les écumes & les sirops.

ge. Tous les Lundis matin on fait cuire les gros sirops, c'est-à-dire, ceux que les formes ont rendus avant d'être portées à la Purgerie, ou d'avoir été couvertes de terre ; & quand aux sirops fins, c'est-à-dire, ceux qui proviennent du Sucre couvert de terre, on les cuit toutes les fois qu'on met le Sucre à l'étuve.

Il y a trois sortes de sirops qui s'écoulent du Sucre.

Celui qui coule des barriques de Sucre brut, & qui est reçû dans les cîternes. C'est le plus gros de tous. On s'en servoit seulement à faire de l'Eau-de-Vie, mais les Sucres étant devenus chers dans les années que j'ai marquées, les Marchands commencerent à l'acheter pour l'envoyer dans le Nord où l'on en use beaucoup, soit pour faire de l'Eau-de-Vie, ou autres liqueurs, soit pour mettre dans leur pain d'Epices ou autres choses de cette nature, de sorte qu'on le vendit, jusqu'à cent sols le cent. Les Rafineurs Hollandois & Allemans qu'on fit venir aux Isles, trouverent à l'employer encore plus avantageusement pour leurs Maîtres, en le reduisant en Sucre. Ils le clarifioient bien avec de l'eau de chaux, & lorsqu'il étoit cuit, ils le mettoient dans des barrils avec une Canne au milieu. Après qu'il avoit purgé

quinze ou vingt jours, ils le chargeoient
de six pouces de grosse terre grasse bien
détrempée, qui lui faisoit jetter le reste
de son sirop, & le rendoit propre à être
repassé en Sucre brut, auquel il ne pouvoit nuire, parce qu'il étoit bien sec, bien
conditionné, & parce qu'on trouve toûjours dans le fond des cîternes une quantité considerable de Sucre en grain qui s'y
forme, & qui s'y assemble à mesure que
le sirop y coule. Pour profiter de ces gros
sirops de cîternes, il faut laver avec soin
les cîternes à chaque fois qu'on en retire
les sirops. Cette laveure même n'est pas
inutile ; elle se porte dans les canots de la
Vinaigrerie, où elle aide à faire fermenter
la liqueur dont on tire l'Eau-de-Vie.

Le second sirop vient du Sucre terré.
On appelle gros ou premier sirop, celui
qui coule des formes dès qu'elles sont percées, & avant qu'elles ayent reçû la terre.
On le cuit tous les Lundis matin après
que les formes sont portées à la Purgerie.
Voici comme on le travaille. On en remplit à moitié la chaudiere qui est destinée
à le cuire, & on y jette neuf à dix pots
d'eau de chaux. On chauffe avec un feu
clair & vif, & on écume diligemment à
mesure qu'il s'éleve. Quelques Rafineurs
y jettent de la lessive, d'autres n'y en mes-

Sucre de gros sirop de forme.

Q iiij

tent point. J'ay remarqué que les premiers réüssissoient à merveilles, & que la lessive nettoyoit parfaitement bien leur Sucre; il est vrai qu'il donne un peu plus de peine, parce que la lessive le faisant monter, il faut être fort diligent à écumer, & à l'élever en l'air avec l'écumoire, pour lui donner de l'air, & l'empêcher de se répandre par-dessus les bords de la chaudiere. Cette peine me paroît bien recompensée par le beau Sucre qu'on retire, qui peut être terré seul, ou du moins qu'on peut rafiner avec les têtes des formes, les fontaines seches, & autres parties du Sucre, qui ne peuvent pas être incorporés dans le Sucre terré, & qu'on ne doit pas mêler avec le Sucre brut. Ce Sucre de sirop est d'un profit si considerable, qu'il doit suffire dans une Habitation bien reglée avec les Eaux-de-Vie pour la dépense & l'entretien du Maître, de ses Domestiques, de ses Negres, & de tout le reste de l'attirail d'une Sucrerie.

*Profit considerable qu'on retire de ce sucre.*

Le troisième sirop est celui qui tombe du Sucre après qu'il est couvert de terre. On l'appelle sirop fin, & il l'est effectivement, puisque c'est le sirop le plus subtil, qui étoit resté engagé entre les grains qui composent le Sucre, dont l'eau contenuë dans la terre la détaché, & la pré-

*Sucre de sirop fin.*

cipité dans le pot avec elle. On le cuit, & on l'écume comme le précedent.

Avant que ces sirops soient cuits, & prêts à tirer de la chaudiere, on prepare plusieurs rafraichissoirs pour les recevoir. Plus on a de rafraichissoirs, & plus on est sûr de réüssir, parce que ce Sucre veut être refroidi promtement, sans quoi son grain se convertit en une mousse épaisse qui ne fait point corps. Par cette raison les canots de bois ne sont pas propres à le recevoir, parce qu'ils s'échauffent facilement, & conservent trop long-tems leur chaleur.

On couvre tout le fond des rafraichissoirs de l'épaisseur d'un doigt de Sucre blanc, bien pilé, & bien sec. Lorsque le sirop est cuit, ce qu'on connoît au boüillon qu'il jette, ou à la preuve ordinaire; si la batterie est grande, on la partage en deux rafraichissoirs, & dès qu'elle y est, on remüe bien avec la pagalle pour incorporer le Sucre pilé qui y est, avec le liquide qu'on vient de mettre, afin que celui qui est déja fait, aide à celui qui ne l'est pas, à se former, & que le grain s'assemble & se grossisse. On saupoudre ensuite de Sucre sec & bien pilé toute la superficie de ce qui est dans le rafraichissoir de l'épaisseur d'une ou deux

Q v

lignes, cela aide encore à la formation du grain, & empêche le Sucre d'écumer ou plûtôt de mousser, ou de jetter de petits boüillons.

On laisse après cela reposer ces deux rafraichissoirs. Il se forme une croûte sur la superficie qui s'épaissit peu à peu.

La seconde batterie qu'on tire est mise dans deux autres rafraichissoirs quand on en a : sinon il ne faut pas se presser de la cuire, afin de donner le tems à la premiere de se refroidir. Lorsque le Sucre des deux premiers rafraichissoirs a fait sa croûte, & qu'une autre batterie est prête à être tirée, on coupe avec un couteau un petit quartier de la croûte de cinq à six pouces de diametre, & on cerne tout le tour des rafraichissoirs, afin que la croûte cesse d'y être adherente.

A mesure qu'on vuide la batterie avec les becs de corbin, on la porte dans les rafraichissoirs, versant doucement par l'ouverture qu'on a faire à la croûte, & comme elle n'est plus adherente au bord, elle s'éleve insensiblement à mesure que le sirop coule dessous.

Lorsqu'on a achevé de cuire tout le sirop, on rompt les croûtes, on mouve bien avec la pagalle tout ce qui est dans les rafraichissoirs, & on le porte avec les becs de corbin dans les formes destinées à le recevoir, observant de partager les morceaux des croûtes dans toutes les formes à mesure qu'on les emplit, comme j'ay remarqué ci-devant en parlant du Sucre de Cannes. Quand celui qui est dans les formes a fait corps, & qu'il est refroidi, on leve les formes, on les débouche, & on les met sur les pots. On les perce quand elles sont en état de l'être, on fait leurs fonds, & on les terre comme le Sucre de Cannes. Ce Sucre est aussi beau que celui dont il vient, il est même quelque fois plus blanc ; mais sa blancheur est plus matte, & n'a pas le lustre & le brillant du Sucre de Cannes.

J'ay vû des Rafineurs qui faisoient cuire les sirops qui sortoient de ces sirops-là, & qui en faisoient de gros Sucre, qui étant mis en barrils avec une forte terre, comme au Sucre de sirop de cîterne, le rendoit propre pour être repassé en Sucre brut, mais il lui communique une odeur de brûlé si forte, avec un goût amer, capables de faire passer toute la partie ou il est mêlé, pour Sucre de sirop, de sorte qu'il vaut mieux employer les sirops des sirops à faire de l'Eau-de-Vie.

*Les sirops des sirops ne sont bons qu'à faire de l'Eau-de-Vie.*

A l'égard des écumes qui se tirent du sirop & de la batterie, on doit les cuire tous les matins, ou du moins tous les deux jours, pourvû qu'il n'y ait point danger qu'elles s'aigrissent. On les met dans la chaudiere destinée à cuire les sirops, avec un quart d'eau, afin de retarder leur cuisson, & avoir le tems de les purger. Lorsqu'elles commencent à boüillir, on y jette de la lessive ordinaire, & on l'écume avec soin. Quand elles approchent de leur cuisson, on y jette de l'eau de chaux & d'alun, & quand on est prêt de tirer la batterie, on la saupoudre d'un peu d'alun en poudre. J'ay vû de ce Sucre mis en forme & terré qui étoit très-beau.

Lorsque les Rafineurs réussissent à blanchir ces Sucres d'écumes en perfection, c'est un chef-d'œuvre pour eux, qu'ils s'imaginent les couvrir d'autant de gloire, qu'un General d'armée l'est du gain d'une Bataille. Mais il faut prendre garde que sous pretexte de faire du Sucre d'écumes, ils n'enlevent avec les écumes une partie du Sucre qui est dans la batterie & dans le sirop ; parce que ce qui satisferoit leur vanité tourneroit au desavantage du Maître ; & sur cela, & sur cent autres choses, il faut avoir l'œil toûjours ouvert sur ces sortes de gens.

Il s'est vendu du Sucre de gros sirop de Sucre terré, pour Sucre brut, & même

*Françoises de l'Amerique.*

pour Sucre passé. C'est une tromperie: car il est certain que quand ces Sucres viennent à être fondus pour être rafinez, ils ne rendent jamais tant à beaucoup près que les Sucres de Cannes. La conscience veut qu'on les vende, pour ce qu'ils sont, afin que celui qui les achete sçache leur qualité, & l'emploi qu'il en doit faire: car la plûpart des gens ne sont pas assez habiles pour distinguer ces Sucres, d'avec ceux qui sont tout purs de Cannes, sur tout quand ils sont bien travaillez.

Il m'arriva un jour une affaire assez particuliere à ce sujet avec un Capitaine de Nantes nommé *** il m'avoit livré quelques marchandises pour le payement desquelles je devois lui donner du Sucre brut à huit francs le cent. L'ayant averti d'envoyer chercher son payement, il me dit qu'il y viendroit lui-même sans se fier à son Commis, parce que sçachant que je faisois du Sucre blanc, il avoit lieu de craindre que je ne fisse comme les autres, & que je ne lui donnasse du Sucre de sirop. Je lui demandai s'il étoit assez habile pour en connoître la difference, & comment il s'y prendroit, il me répondit, qu'il en sçavoit assez pour n'être pas trompé, & qu'il me le pardonnoit si j'en venois à bout; & que le grain & la pe-

*1696.*

Histoire d'un Capitaine Marchand de Nantes.

santeur étoient deux moyens infaillibles pour distinguer le Sucre de Cannes d'avec celui de sirop. Je me mis à rire, & je ne doutai point qu'il ne se trompât lui-même. Mais je ne crus pas lui devoir découvrir alors le secret qu'il ignoroit.

Il vint le jour que je lui avois marqué, & me dit que suivant nôtre marché je devois le laisser choisir. J'y consentis sans peine, je lui fis ouvrir le Magazin, où il y avoit environ quatre-vingt barriques de Sucre, parmi lesquelles il y avoit une partie de Sucre de sirop, que j'avois promis à un Marchand comme Sucre de sirop à raison de six livres dix sols le cent. Comme ce Sucre étoit bon, & beau, mon Nantois ne manqua pas de le mettre à part. Je lui dis qu'il se trompoit, & que ce n'étoit que du Sucre de sirop ; mais il voulut s'y tenir, en disant que si c'en étoit veritablement, je n'aurois pas la charité de l'en avertir, qu'au reste il n'avoit pas besoin de conseil. Il prit donc dix-huit barriques de Sucre de sirop, rebutant celles qui étoient de pur Sucre de Cannes, s'en tenant toûjours à son systême du poids & du grain pour distinguer ces deux sortes de Sucre. Il est vrai, que ces dix-huit barriques étoient d'un parfaitement beau Sucre, grené comme du sable, luisant, ferme, & transparent, & si pesant, qu'elles allerent à plus de onze mille livres net, c'est-à-dire, la tare défalquée. Quand nos comptes furent finis & signez, je commençai à me mocquer de sa prétenduë habileté à connoître les Sucres, & je l'assurai qu'il n'avoit pas une seule barrique de Sucre de Cannes, & que tout ce qu'il avoit choisi n'étoit que de sirop. Il soûtint le contraire, & de paroles en paroles, il me défia de gager dix-huit autres barriques de Sucre, contre les dix-huit qu'il avoit reçûës, & qu'on transportoit au lieu de l'embarquement. Je fus contraint d'accepter la gageure, nous l'écrivîmes & la signâmes, & nous nommâmes chacun un Rafineur pour Arbitre, qui pourroient choisir entr'eux un surabitre pour juger le different, supposé qu'ils ne s'accordassent pas tous deux. Comme il s'en trouva là de presens, le procès fut bien tôt jugé, & il le perdit tout d'une voix, & apprit à ses dépens qu'il n'avoit choisi que du Sucre de sirop, lorsqu'il pouvoit prendre du Sucre de Cannes. Il étoit très-mortifié, & il avoit raison : car c'étoit une perte considerable pour un Capitaine Nantois, qui faisoit son premier voyage en cette qualité, étant venu encore l'année derniere en qualité de Tonnelier. J'en eus pitié, je lui rendis son Sucre, dont une partie avoit déja été remise dans le Magazin; mais ce fut à trois conditions; la premiere, qu'il donneroit à déjeûner aux trois Juges, qui conduiroient chacun un ami; la seconde, qu'il donneroit une pistolle à mes Cabroüettiers, pour la peine qu'ils avoient de lui porter le Sucre, dont je lui faisois present; & la troisiéme, qu'il ne parleroit à personne de la gageure qu'il avoit perduë. Il accepta avec joye ces conditions, & s'en quitta au moins des deux premieres en galant homme; mais pour la troisiéme, il n'en fut pas tout-à-fait le maître: car soit qu'il le dît à quelque personne, soit que cela se fût divulgué par une autre voye, toute l'Isle le sçût bien-tôt, cela passa jusqu'en France, & par tout ou il y avoit quelque different pour le Sucre, on ne manquoit jamais de prendre le Capitaine *** pour Arbitre; parce que, disoit-on, il ne pouvoit manquer d'être très-habile en cette matiere, après avoir fait un si bon apprentissage. Après tout cela j'eus encore la charité de lui apprendre que la vûë & le toucher n'étoient pas les seuls sens qu'on devoit employer, pour connoître le Sucre, & qu'il falloit encore se servir de l'o-

*Maniére de connoître le Sucre de Sirop.*

dorat ; parce que le Sucre de sirop peut bien avoir les mêmes qualitez que le Sucre tout pur de Cannes, & même paroître plus beau ; mais il sent & sentira toûjours le brûlé. Toute l'habileté des Rafineurs ne peut aller, qu'à le faire sentir un peu moins. Je lui en fis faire l'experience en lui faisant sentir differens Sucres.

Voilà les quatre especes de Sucre qu'on tire des sirops & des écumes. Celui de sirop fin est le plus beau, celui d'écumes tient le deuxiéme lieu, celui de cîterne est le plus mauvais.

## DU SUCRE RAFINE'.

Le Sucre brut, le Sucre passé, les Fontaines seches, & les têtes de forme qui n'ont pas bien blanchi sont la matiere de ce Sucre.

Dans les Rafineries d'Europe, comme dans celles des Isles, il n'y a que deux chaudieres montées. Elles ont ordinairement quatre pieds de diametre, & deux pieds & demi de profondeur sans compter un euvage volant de sept à huit pouces, qu'on met, & qu'on ôte selon le besoin. Leur fond est plat & uni. Les fourneaux qui sont dessous ont leurs entrées

*Chaudieres de rafinerie.*

en dedans du bâtiment, où elles sont montées, & leurs soupiraux en dehors, ou dans quelque tuyau de cheminée. L'ouverture de leur entrée se ferme avec une porte de fer, afin que le feu n'incommode pas ceux qui travaillent.

De ces deux chaudieres, l'une sert à clarifier, & l'autre à cuire le sirop clarifié. Quelquefois on clarifie dans toutes les deux, & on cuit ensuite. Peu de gens font la dépense de ces sortes de chaudieres. Je n'en ai guéres vûs que chez ceux qui avoient des Rafineries exprès: tous les autres se servent de la grande pour clarifier, & de la propre pour cuire. Voici comme on s'y prend.

*Maniere dont on rafine le Sucre aux Isles.*

On pese la quantité de Sucre que l'on veut rafiner, & on le met dans la chaudiere à clarifier, avec la même quantité d'eau, c'est-à-dire, le même poids d'eau de chaux. On écume avec soin tout ce que la chaleur pousse en haut, & quand l'écume cesse de venir, on passe le sirop par le drap. Après cela on le clarifie, ce qui se fait en écrasant dans une bassine une ou deux douzaines d'œufs, blancs, jaunes & coques, que l'on mêle avec de l'eau de chaux, & que l'on bat avec des verges, pour la faire mousser. On jette une partie de ce mélange dans la chaudiee, & on remuë aussi-tôt avec la cueïllier pour le bien incorporer avec le sirop. La proprieté des œufs battus avec l'eau de chaux, est de rassembler la graisse & les autres impuretez du Sucre, & de les pousser à la surface de la chaudiere, d'où on les enleve avec l'écumoire, avec tout le soin & toute la diligence possible. Quand on voit que l'écume cesse de monter, on jette encore de ce mêlange d'œufs & d'eau de chaux, & on le recommence autant de fois que l'on voit que le Sucre en a besoin pour se purger, & se clarifier ; ce qu'on reconnoît aisément à la clarté, & à la transparence du sirop, pour lors on le passe par le drap une seconde fois ; & comme on clarifie toûjours une plus grande quantité de Sucre qu'on n'en peut faire cuire, on la partage en deux ou trois batteries afin qu'il cuise plus promtement: car il faut que le Sucre demeure sur le feu, le moins qu'il est possible, sans quoi il est difficile d'empêcher qu'il ne s'engraisse. Je ne sçai si les Rafineurs d'Europe passent deux fois leur sirop par le drap, mais c'est nôtre usage aux Isles, qui ne me paroît pas mauvais.

Ce qui est dans la batterie étant cuit, & la preuve prise à l'ordinaire, on le porte dans les rafraichissoirs, dont on a couvert les fonds d'un demi doigt de beau Sucre blanc, sec, & bien pilé. On partage une batterie en deux rafraichissoirs, on les mouve aussi-tôt avec une pagalle, & on saupoudre leur superficie avec du Sucre en poudre afin d'aider le grain à se former, & à faire une croûte sur la surface. Quand une seconde batterie est prête à tirer, on cerne avec un couteau la croûte tout autour des bords afin de l'en détacher, & on en enleve une piece de cinq à six pouces par où l'on verse doucement avec le bec de corbin le Sucre, à mesure qu'on le tire de la batterie, partageant toujours les batteries dans tous les rafraichissoirs, qu'on a preparez, selon la quantité qu'on juge devoir cuire.

Avant de finir la cuisson de la derniere batterie, on fait laver avec bien du soin, & de l'eau bien nette les formes dans lesquelles on le doit mettre, que l'on doit avoir mis tremper vingt-quatre heures auparavant. On les tappe, & on les plante à l'ordinaire, & quand la derniere batterie a été partagée dans tous les rafraichissoirs, on rompt la croûte, & on la mouve bien avec le grain qui s'est formé au fond, & on partage le tout également dans toutes les formes, c'est-à-dire, qu'on partage ce qui est dans un rafraichissoir en toutes

Françoises de l'Amerique. 381

les formes, & on continuë de vuider ainsi tous les autres, jusqu'à ce que les formes soient pleines.

Lorsqu'elles sont refroidies, on les perce, & on les met sur les pots. Après qu'elles ont purgé huit ou dix jours, on les perce de nouveau, on fait leurs fonds, on leur donne deux terres & les autres façons que j'ay marqués au Sucre terré, se souvenant toûjours d'apporter d'autant plus de diligence, & de circonspection à tout ce qui regarde ce Sucre, que sa matiere est plus chere, & que les negligences qu'on y peut commettre, portent un plus grand préjudice.

C'est une erreur de croire qu'il faille mesurer la cuisson du Sucre à la grandeur des formes dans lesquelles on le doit mettre. Je l'ai cru comme les autres avant que l'experience & le raisonnement m'eussent enseigné le contraire. J'ay vû à la fin que ce n'étoit qu'une subtilité des Rafineurs, qui pour rendre leur métier plus considerable, faisoient des misteres de toutes choses, afin de se faire valoir, & avoir de plus gros gages. Surquoi je dois dire que de tous les Rafineurs dont on se puisse servir, les meilleurs sont les Allemans ou les Hollandois. Ils sont naturellement propres, actifs, vigilans, attachez à leur

1696.

Bonnes qualitez des Rafineurs étrangers.

1696.

travail, & aux interêts de leur Maître, & comme ils sont accoûtumez à mettre tout à profit jusqu'à l'eau dont on lave les chaudieres, & où l'on met tremper les formes, ils tirent des Cannes, & de ce qui en provient, tout ce qu'on en peut tirer.

Il est vrai, que quand ils arrivent aux Isles, ils ne connoissent rien à la premiere cuisson du Sucre qui provient directement des Cannes; mais ils s'y font en peu de jours, & s'appliquent par une loüable émulation, à se surpasser les uns les autres, tant pour la beauté, que pour la quantité qu'ils tirent de la matiere qu'on leur met entre leurs mains.

J'en avois arrêté un en 1704. lorsque j'étois destiné pour être Superieur de nôtre Maison de la Guadeloupe, nommé Corneille de Jerusalem, il étoit d'Hambourg. Mais nos Peres ayant soûhaité que je fusse Superieur de la Martinique pour plusieurs raisons, & entr'autres pour faire achever Nôtre Bâtiment du Moüillage, que mon voyage à la Guadeloupe & à Saint Domingue avoit interrompu, le Religieux qui fut nommé Superieur à la Guadeloupe m'écrivit qu'il auroit de la peine à se servir de ce Rafineur, parce qu'il étoit Lutherien. Ce scrupule me fit

*Corneille de Jerusalem Rafineur.*

*Françoises de l'Amerique.* 383

1696.

plaisir: car j'avois envie de le mettre sur notre Habitation du Fond S. Jacques, & je ne sçavois comment m'y prendre. Je répondis aussi-tôt qu'il n'avoit qu'à me l'envoyer, parce qu'il m'étoit indifferent que le Sucre qu'il feroit fût Lutherien ou Catholique, pourvû qu'il fût bien blanc. J'écrivis en même-tems au Rafineur de venir, ce qu'il executa avec joye, & tout le monde fut content; & moi sur tout parce qu'il nous fit le plus beau Sucre que l'on pouvoit voir.

Les Rafineurs François n'approchent pas de l'exactitude, & de l'attachement que les étrangers ont à leur ouvrage. Comme leur naturel ne change pas, pour changer de climat, ils sont inconstans, negligeans, & trop adonnez à leurs plaisirs pour se captiver autant qu'il est necessaire, pour suivre pied à pied & infatigablement nuit & jour le travail d'une Sucrerie. *Mauvaises qualitez des Rafineurs François, & sur tout des Creolles.*

Mais les plus mauvais de tous sont les Corelles, c'est-à-dire, les François nez aux Isles. Ils sont d'une vanité insuportable, faineans au dernier point, adonnez au vin, & aux femmes, au jeu, & à d'autres débauches; si présomptueux, si menteurs, & si glorieux que j'ai vû des Habitans prêts à quitter les établissemens qu'ils avoient fait pour blanchir leurs Sucres, parce qu'ils ne pouvoient plus souffrir les inégalitez, les bizarreries, & les impertinences de ces sortes de gens. A les entendre parler ils sont impecables ; ce n'est jamais leur faute quand ils ont gâté une étuvée de Sucre. C'est la faute des Cannes, du bois, des blanchets, de la terre, de l'étuve ; de sorte qu'on est quelquefois obligé de les prier de ne se point fâcher, pour avoir la paix dans la maison.

J'en trouvai un de cette espece quand je pris le soin de nos biens en 1697. il avoit travaillé sous mon prédecesseur, qui n'avoit pas lieu d'en être content : mais qui n'avoit osé le renvoyer, parce que c'étoit le Superieur qui l'avoit placé chez nous. Je ne fis pas tant de ceremonies, dès que j'eus pris possession, je comptai avec lui, je le payai, & lui donnai son congé ; & j'écrivis au Superieur que cet homme ne m'accommodoit pas.

*Moyen de l'Auteur pour rendre les Rafineurs plus diligens.*

Il ne manqua pas de s'en presenter un grand nombre, qui s'en retournerent comme ils étoient venus, quand ils entendirent les propositions que je leurs fis, & entr'autres que leurs gages leurs seroient payez en Sucre, & non en argent comptant, & qu'ils prendroient pour
leur

leur compte tout le Sucre qu'ils gâteroient, au même prix que le plus beau auroit été vendu. Je n'en trouvai qu'un seul
qui fut assez hardi pour accepter ce parti.
Je lui promis trois cent écus de gages,
ma table quand je serois seul, son blan-
chissage, un cheval lorsqu'il sortiroit
pour les affaires de la maison, & quelques autres bagatelles. Je fus assez content des deux premieres étuvées qu'il fit;
mais comme je remarquai qu'il se negligeoit beaucoup, & que la suite ne répon-
doit pas au commencement, je l'avertis
d'y penser serieusement, parce que comme j'entendois de bien executer de ma
part le marché que j'avois fait avec lui,
je prétendois aussi qu'il l'executât de la
sienne. Il vit bien à la cinquiéme étuvée
qu'il couroit risque d'être renvoyé & payé
avec le plus mauvais Sucre, parce qu'il
avoit remarqué que je l'avois fait mettre
à part & contre-marquer, quand j'avois
livré le reste. Il voulut joüer au fin avec
moi, en me faisant presenter par des gens
apostez, des billets qu'il tiroit sur moi à
compte de ses gages. Je les endossai à payer
aux termes de mon marché que j'expli-
quai tout au long. Cette maniere d'agir
ne lui laissant plus lieu de douter, que je
n'eusse resolu de le mettre dehors, il crut

qu'il étoit de sa gloire de me prévenir. Il me demanda son congé qu'il eut sur le champ avec son compte en double, où il trouva les parties de mauvais Sucre contre-marquées & passées au même prix que le plus beau avoit été vendu. La seule grace que je lui fis, fut de lui faire present des futailles. Ce fut ainsi que je commençai à ranger à la raison ces petits Messieurs. Plusieurs Habitans suivirent mon exemple, & furent mieux servis qu'ils ne l'avoient été auparavant.

Comme la bonté & la beauté du Sucre brut consiste dans la grosseur de son grain, dans sa clarté, dans sa fermeté, qu'il soit bien purgé & bien sec, la beauté du Sucre blanc, tel qu'il puisse être, terré, rafiné, ou royal, consiste dans la blancheur, & la petitesse de son grain qui doit composer un pain uni, pesant, dur, & un peu transparant. Mais plus le Sucre a acquis ces qualitez par les differentes fontes où il a passé, moins il a de douceur.

Le Sucre terré simplement a beaucoup plus de douceur que le rafiné, & celui-ci que le Sucre royal ; & quoiqu'ils puissent avoir tous trois le même degré de blancheur, il est aisé de distinguer l'un de l'autre en les échauffant un peu dans les mains, & les portant au nez. Car plus le

Sucre approche de la Canne qui l'a produit, & plus il a une odeur douce approchante de celle du miel ou de la violette; & plus il s'en éloigne, moins il en a. Cette odeur est renfermée dans le sirop, & il est certain que le sirop a beaucoup plus de douceur, que le Sucre qui en est extrait : or comme il y a plus de sirop dans le Sucre brut que dans le terré, le premier a bien plus de douceur que le second. Le Sucre terré a plus de sirop, que le rafiné, & par consequent plus de douceur. Car toutes les fontes, les lessives, & les purgations par lesquelles on le fait passer, n'ont d'autre but que d'expulser le sirop, & de le separer du grain ; donc par consequent on diminue sa douceur, autant de fois qu'on le fond, & qu'on le travaille, & on pourroit par plusieurs fontes arriver au point de faire du Sucre plus blanc que la neige, & d'une dureté approchante de celle du marbre, mais qui n'auroit presque plus aucune douceur, & qui étant sur la langue, ne feroit qu'y exciter un leger picotrement, ou un chatoüillement à peu prés semblable à celui d'une très-petite quantité de sel. Le Sucre en effet n'est qu'un sel doux extrait du suc de la Canne.

## DU SUCRE ROYAL.

*Du Sucre royal.*

On abuse le public dans le Sucre qu'on lui vend sous le nom de Sucre royal, car s'il étoit veritablement royal, il seroit impossible aux Rafineurs & aux Marchands de le donner au prix qu'ils le donnent. Ils font passer pour Sucre royal, le Sucre rafiné mis en petits pains, depuis trois jusqu'à cinq livres.

La matiere du Sucre royal doit être le plus beau Sucre rafiné qu'on puisse trouver. On le fond avec de l'eau de chaux foible, c'est-à-dire, dans laquelle on a éteint très-peu de chaux, & pour le rendre encore plus blanc, & empêcher que la chaux ne le rougisse, on se sert d'eau d'alun. On le clarifie trois fois, & on le passe trois fois dans le meilleur drap, & le plus serré, & on le couvre de la meilleure terre & la mieux préparée, ou bien on se sert de la maniere que je dirai ci-après. Quand il est travaillé avec ces précautions, il est plus blanc que la neige, & tellement transparant qu'on voit l'ombre des doigts qui le touchent au plus épais du pain.

J'en ai fait faire quelquefois pour faire des presens; & une fois entr'autres pour désabuser certaines personnes qui prétendoient que ce Sucre n'étoit transparent qu'à cause du peu de matiere qui compose les petits pains où on le reduit ordinairement, & que la bonté de la terre contribuoit beaucoup à sa blancheur. Je fis mettre une partie de celui-ci dans des demies-bâtardes, qui me donnerent des pains de quarante-cinq & quarante sept livres, quand ils furent secs.

Je n'y mis aucune terre, mais je fis couper en rond selon le diametre des formes, des morceaux de grosse étoffe blanche, que je fis laver bien soigneusement, & les ayant fait imbiber d'eau bien claire & bien nette, je les fis mettre sur le Sucre, après que les fonds furent faits & dressez à l'ordinaire, comme lorsqu'on y met de la terre. Ces pieces de draps les unes sur les autres faisoient environ un pouce & demi de hauteur. On les changeoit tous les jours pendant huit jours ; elles produisirent sur ce Sucre le même effet que la terre y produit, c'est-à-dire, que l'eau qui en sortit, en se filtrant doucement, penetra toute la hauteur de la forme, & précipita avec elle, le peu de sirop qui étoit demeuré entre les grains. Je fis secher ce Sucre au Soleil de peur que la chaleur de l'étuve ne roussît la superficie de la forme, & je fis voir ce que j'avois promis, & ce que c'étoit que du Sucre veritablement royal. Il étoit d'une blancheur éclatante, dur, pressé & pesant comme du marbre, si transparant qu'on distinguoit les doigts au plus épais du bas des grosses formes, & qu'on pouvoit lire les caracteres ordinaires au travers du haut de la forme.

*Secret pour donner au Sucre l'odeur des fleurs.*

Je donnai à ce Sucre l'odeur de differentes fleurs. En voici le secret. On met les fleurs sous le drap moüillé dont on couvre le Sucre, & on les renouvelle, autant de fois qu'on change de drap. L'eau qui filtre du drap, s'empraint des corpuscules qui sont dans les fleurs, sur lesquelles elle passe, & les porte avec elle dans les pores du Sucre, où ils restent. Quand au lieu de drap, on se sert de terre, on met les fleurs sur la terre, & on les renouvelle autant de fois, qu'on voit qu'elles sont fannées, & que la terre a assez d'humidité pour attirer l'odeur, & la précipiter avec elle dans les pores du Sucre.

Douze cent livres de Sucre rafiné ne produisirent que cinq cent quarante six livres de Sucre royal, que je fis mettre en des formes de differens poids depuis quinze jusqu'à sept livres, outre les deux demiebâtardes, je donnai à toutes ces formes differentes odeurs de fleurs, qui réüssirent parfaitement bien.

En comptant le prix du Sucre rafiné qu'on employa à faire ce Sucre royal, les œufs & l'alun, il revenoit environ à vingt-un sols la livre, sans compter le travail. On peut juger par ce compte combien les Rafineurs d'Europe & les Marchands le devroient vendre, pour y gagner quelque chose.

## DU SUCRE TAPPE'.

C'est une invention dont les Sucriers qui sont voisins des Ports, ou des lieux ou les Vaisseaux moüillent, se servent pour se défaire de leurs Sucres ordinaires, qu'ils vendent sous le nom de Sucre royal aux Passagers, Matelots, & autres gens qui repassent en France, & qui veulent emporter avec eux de quoi faire des presens à leurs amis. On donne d'autant plus aisément dans l'erreur de croire que c'est du Sucre royal, qu'on le voit en petits pains depuis trois jusqu'à sept livres, qu'il est blanc, uni, pesant, & assez lustré, enveloppé proprement dans du papier bleu, & déguisé de maniere à passer pour Sucre royal, quoique dans la verité ce n'étoit que du Sucre terré.

*1696.*

*Maniere de faire le Sucre Tappé.*

La maniere de le faire est de raper le plus fin qu'il est possible du Sucre terré avant qu'il soit en état d'être mis à l'étuve. On en remplit peu à peu une forme, après qu'elle a été bien lavée, & sans lui donner le tems de se secher. A mesure qu'on y met le Sucre, on le bat avec un pilon, & quand elle est pleine & bien pilée, ou foulée, on la renverse sur une planche, pour en faire sortir le pain qu'on y a formé. On moüille la forme à chaque fois qu'on la remplit, & quand la planche sur laquelle on arrange ces pains en est remplie, on la porte à l'étuve pour les faire secher. On voit assez que ce Sucre ne peut manquer d'être uni, blanc & pesant, & que quand il est sec & revêtu de papier bleu, il doit paroître davantage. C'est aussi ce qui le fait vendre sur le pied de Sucre royal, c'est-à-dire, le double, ou le triple de sa valeur. Mais comme les parties de ce Sucre n'ont entr'elles aucune liaison naturelle, on les voit se separer & se reduire en melasse à la premiere humidité qu'elles sentent, & ceux qui l'avoient acheté trouvent n'avoir que de la cassonade blanche, au lieu du Sucre royal qu'ils croyoient avoir. Le moyen de connoître cette tromperie, est de regarder, si la tête de la forme est

*Mauvaise qualité de ce Sucre.*

*Moyens de connoître le Sucre Tappé.*

percée : car si elle ne l'est pas, c'est une marque assurée, que c'est du Sucre tappé. On peut encore se servir de l'odorat, il est difficile que ce sens y soit trompé, comme je l'ay fait voir ci-devant.

## DU SUCRE CANDY.

Ce Sucre se fait plûtôt avec du Sucre terré qu'avec du rafiné, parce qu'il doit avoir plus de douceur. On fait dissoudre le Sucre qu'on y veut employer dans de l'eau de chaux foible, & après qu'on la clarifié, écumé, & passé au drap, & reduit en un sirop épais, & d'une bonne cuisson, on le tire du feu. Mais auparavant on a soin de préparer les formes où l'on le doit mettre. On prend pour cet effet de mauvaises formes. On les traverse avec de petits bâtons, ausquels on fait prendre telles figures que l'on veut, comme de cœurs, d'étoilles, de couronnes & autres. On suspend ces formes dans l'étuve toute chaude, avec des vaisseaux dessous pour recevoir le sirop qui coule par l'ouverture du bas qui doit être bouchée d'une maniere à laisser filtrer le sirop peu à peu. Le Sucre étant donc au degré de cuisson qu'on lui doit donner, on le porte avec toute la diligence possible dans l'étuve bien

*Maniere de faire le Sucre Candy.*

couvert, afin que l'air ne le refroidisse point, & on le verse dans les formes qui sont préparées, pour le recevoir; après quoi on continuë à chauffer vivement l'étuve. Le Sucre s'attache alors par grumeaux aux petits bâtons dont la forme est traversée, & si amoncelle comme de petits éclats de cristal. Lorsqu'il est tout-à-fait sec, on casse les formes pour tirer ce qu'elles contiennent.

Nous ne faisons de ce Sucre aux Isles que pour l'usage des maisons, ou pour faire des presens. Lorsqu'on lui veut donner la couleur rouge, on jette dans la bassine un peu de jus de pommes de raquettes, & si on veut lui donner quelque odeur, on la répand en essence, en mettant le Sucre dans la forme.

*Etimologie du nom de Cassonade.*

Tout le Sucre qui n'est pas en pain s'appelle cassonade. On appelle cassonade grise, le beau Sucre brut, bien sec & bien seché; & cassonade blanche le Sucre terré, pilé, & mis en barriques. Le nom de cassonade vient du mot Espagnol *cassa*, qui veut dire caisse, ou coffre, parce qu'avant qu'on fît du Sucre aux Isles, tout celui qui venoit en France du Bresil, ou de la Nouvelle Espagne, étoit dans des caisses, d'où le nom de Sucre encaissé ou de cassonade lui est venu, qui est demeuré au Sucre que l'on fabrique aux Isles quoiqu'on ne se serve pas de caisses, mais de barriques pour le mettre & l'envoyer en Europe.

## PRODUIT D'UNE SUCRERIE.

Pour ce qui est de la quantité de Sucre qu'on peut faire par semaine dans une Sucrerie, il faut avoir égard à la qualité du terrain, des Cannes, de la saison, & de l'attirail de la Sucrerie où l'on le travaille. Il est certain qu'un Moulin à eau expedie beaucoup plus qu'un Moulin à Chevaux, & qu'une Sucrerie qui a cinq ou six chaudieres, fait bien plus de Sucre, qu'une qui n'en a que quatre. Il est encore certain que le terrain qui a servi, & sur tout aux basses terres où il est toûjours plus sec & plus usé, qu'aux cabesterres, produit des Cannes plus sucrées, plus aisées à cuire, & qui rendent bien davantage qu'aux cabesterres, où les Cannes, generalement parlant, sont toûjours plus aqueuses, plus dures, moins sucrées.

*Circonstances qu'il faut observer pour juger du produit d'une Sucrerie.*

La saison y contribuë encore beaucoup. Plus elle est seche, & plus les Cannes ont de substance épurée, & prête à se convertir en Sucre ; & quand elles se trouvent en leur maturité, elles rendent beaucoup plus, que quand elles n'y sont pas encore arrivées. Toutes ces circonstances font des differences si considerables, que j'ay veu quelquefois tirer cinq formes d'une batterie, & six semaines après, avoir peine à en tirer deux; tant il est vrai, que les circonstances ci-dessus mentionnées apportent un grand changement dans la fabrique, & dans la réüssite des Sucres, & qu'on ne peut pas juger par ce qu'on voit arriver un jour, une semaine, & même un mois dans une Sucrerie, de ce qui s'y doit faire dans le cours d'une année.

On peut cependant, en faisant une juste compensation des tems & des Cannes, approcher d'une quantité de Sucre, sur laquelle on peut compter avec quelque sorte d'assurance. Ainsi dans la supposition que je ferai d'un Moulin à eau, & d'une Sucrerie montée de six chaudieres, l'un & l'autre fournis d'un nombre de Negres suffisant pour les faire travailler pendant huit mois, c'est-à-dire, depuis le mois de Decembre jusqu'à la fin de Juillet; je dis qu'on peut compter sur deux cent formes par semaine, l'une portant l'autre, sans compter les Sucres de sirop & d'écumes qu'on fait dans le même tems sans arrêter le travail courant de la Sucrerie, lorsqu'on a une ou deux chaudieres montées pour cet effet dans la Sucrerie, ou dans la Purgerie. Si au lieu de Sucre blanc, on travaille en Sucre brut, on en peut faire vingt-trois à vingt-quatre barriques par semaine, qui étant évaluées à cinq cent cinquante livres pesant l'une portant l'autre, font la quantité de treize mille deux cent livres, sans compter le Sucre de sirop.

Or si on suppose trente semaines de travail à deux cent formes par semaine, ce sont six mille formes, qui étant évaluées à vingt-cinq livres pesant l'une portant l'autre, qui est le moins qu'elles puissent peser, elles produiront cent cinquante mille livres de Sucre, qui étant vendu à 22. liv. 10. s. le cent, font trente trois mille sept cent cinquante francs. Il faut ensuite compter le Sucre de sirop fin provenant de six mille formes, qui doit être de six cent formes, à raison de dix formes par cent ; mais comme ce Sucre est beaucoup plus leger, que celui de Cannes, & qu'il diminuë davantage sous la terre, je ne compterai les formes qu'à raison de dix huit livres pesant chacune, qui font encore huit mille quatre cent livres de Sucre, qui étant vendu au même prix, feront la somme de dix-huit cent quatre-vingt-dix francs. A quoi si on ajoûte mil-

*1696.*

*Supposition du travail d'une Sucrerie.*

le formes de gros sirop, & quatre cent formes de Sucre d'écumes, qui peseront au moins trente-cinq livres piece après qu'elles auront été purgées, on aura près de cinquante mille livres de Sucre de cette espece, qu'on pourra repasser avec du Sucre de Cannes en trois ou quatre semaines, & faire de cette façon plus de quatre-vingt mille liv. de Sucre brut, qui à raison de sept livres dix sols le cent, font encore six mille francs. Cette somme jointe aux deux autres ci-dessus fait celle de quarante-un mille six cent quarante francs, sans compter plus de trois mille francs qu'on peut tirer de la vente des Eaux-de-Vie, de sorte que voila près de quarante cinq livres tournois.

Je n'ay mis ici le prix de ces Sucres, & la quantité qu'on en peut faire, que dans un état très-mediocre, & comme j'ay déja remarqué, l'augmentation du prix du Sucre dans un tems de Paix surpasse de beaucoup ce qu'on y perd dans un tems de Guerre, puisque dans les années 1699. 1700. 1701. & 1702. le Sucre blanc s'est vendu depuis trente-six jusqu'à quarante-quatre livres le cent, le Sucre brut douze, & le Sucre passé dix-huit. D'où il est aisé d'inferer le revenu prodigieux qu'une Sucrerie produisoit dans ce tems-là. M.

Houel de Varennes a tiré de son Habitation de la Guadeloupe, où il n'y avoit qu'un Moulin à eau, & sept chaudieres montées plus de trente mille Ecus chacune de ces trois dernieres années. Cette Habitation ne pouvoit valoir que trois cent cinquante à quatre cent mille francs. C'étoit donc près de vingt-cinq pour cent qu'elle produisoit. Qu'on examine toutes les terres qui sont en Europe, pour voir si on en trouvera qui en approchent. On se trouve heureux lorsqu'une terre rend cinq ou six pour cent ; au lieu que celles des Isles rendent au moins quinze pour cent, & peuvent aller à vingt-cinq, comme l'exemple ci-dessus le fait voir.

Il est bon de sçavoir à present la quantité de formes, ou de barriques de Sucre qu'on peut tirer d'une piece de Cannes de cent pas en quarré. Plusieurs experiences que j'ay faites, & réïterées aux basses terres de la Martinique & de la Guadeloupe, m'ont assûré que quand les Cannes sont prises dans la belle saison, qu'elles sont dans toute leur maturité, & qu'elles ont été bien entretenuës, cent pas en quarré rendent cent cinquante formes ou environ, c'est-à-dire, quelquefois plus, & quelquefois moins, & que la même quantité de Cannes mises en Sucre brut,

*Produit d'une piece de Cannes de cent pas en quarré.*

rend depuis douze jusqu'à seize barriques de Sucre brut. Mais aux Cabesterres ce n'est pas la même chose, n'y dans les terres rouges & grasses : car quoique les Cannes y soient plus grandes, plus grosses, & mieux nourries, elles sont toûjours plus aqueuses, plus cruës, & moins sucrées : de sorte qu'il faut une moitié davantage de terrain planté aux Cannes, pour rendre la même quantité de Sucre.

J'ay remarqué que le pas d'arpentage de la Martinique étoit de trois pieds & demi, & par consequent plus grand que celui de la Guadeloupe qui n'est que de trois pieds. Cette augmentation ne doit rien changer au sistême que j'ai établi, parce que le terrain de la Martinique est communement parlant d'un plus grand rapport pour le Sucre que celui de la Guadeloupe.

On pourroit encore demander s'il y a plus de profit à faire du Sucre blanc, que du Sucre brut. Dans la supposition que j'ai faite, que la même Sucrerie fera deux cent formes de Sucre blanc, ou vingt-quatre barriques de Sucre brut par semaine, si nous mettons les deux cent formes à vingt-cinq livres piece, elles produiront cinq mille livres de Sucre qui a raison de 22. livres 10. sols le cent font mille

*S'il est plus avantageux de faire du Sucre blanc que du brut.*

cent vingt-cinq francs: & les vingt-quatre barriques de Sucre brut à cinq cent cinquante livres piece font treize mille sept cent livres de Sucre, qui étant vendu à 7. liv. 10. f. le cent, font mille vingt-sept livres dix sols. Il s'agit de sçavoir, s'il y a plus de profit à faire du Sucre blanc que du brut. J'avoüe qu'il paroît d'abord plus de facilité à faire du Sucre brut. On est exempt de faire les dépenses necessaires pour les formes, les étuves, les purgeries, & tout ce qui en dépend qui est considerable. On n'est point obligé de payer de gros gages à des Rafineurs, de souffrir leurs impertinences, & les pertes que leur negligence, ou leur ignorance causent souvent, tout cela est appreciable, & cependant je soûtiens qu'il est plus avantageux de blanchir son Sucre, que de le laisser blanchir à d'autres, qui assûrement ne le blanchiroient pas, s'ils n'y trouvoient un gros profit. Pour ce qui regarde les pertes que l'ignorance ou la paresse des Rafineurs peuvent causer, il n'y a qu'à se souvenir, & mettre en pratique l'avis que j'ai donné ci-devant. Les dépenses pour se mettre en état de blanchir ne se font qu'une fois, elles durent toûjours, ou on en peut continuer l'entretien à peu de frais, & le profit qu'elles produisent est continuel, & augmente tous les jours. D'ailleurs on se défait plus facilement du Sucre blanc que du brut, sur tout dans un tems de Guerre où il vient peu de Vaisseaux. On ne consomme pas plus de bois pour faire l'un que l'autre. On le transporte plus facilement, puisqu'il est en moindre quantité. Et enfin on voit par le compte que je viens de faire qu'il y a cent francs de profit par semaine qui est un pur avantage : car je prétends que les vingt formes de sirop fin qu'on fait toutes les semaines suffisent pour payer toutes les dépenses qu'on est obligé de faire pour blanchir : sans compter que l'on a encore les Sucres de gros sirop & d'écumes, qui vont à plus de cinquante francs, ce qui est un profit de plus de cinq mille francs par an. Je laisse à présent au jugement de tout le monde, si je n'ay pas eu raison de dire, qu'il est plus avantageux de faire du Sucre blanc que du brut ; à quoi je dois ajoûter que quand l'occasion se presente de faire avec avantage une grosse partie de Sucre brut, on la peut faire, au lieu qu'on ne peut pas faire du Sucre blanc, lorsqu'on n'a pas l'établissement necessaire pour cela. D'ailleurs le prix du Sucre blanc est souvent bien plus haut que celui du Sucre brut, toute

Françoises de l'Amerique. 403

1669.

propotion gardée, ce qui fait une diffe- rence confiderable, dont le profit n'eft point du tout à negliger.

On pese les barriques de Sucre avec la Romaine, ou avec des balances ordinai- res. La Romaine eft plus expeditive, mais elle eft fujette à de grandes erreurs; il faut être habile pour connoître fi elle eft bonne, & pour n'être pas furpris par ceux qui la conduifent en pefant : car il eft certain que fi on fait courir le poids du bout vers le centre, le poids emporte davantage, que fi on le fait avancer du centre vers le bout. *Maniere de peser le Sucre.*

Le plus fûr eft de fe fervir des balances ordinaires, & de poids de plomb bien étalonnez. Les poids de fer font fujets à s'alterer par la roüille, & à devenir trop legers, & fouvent on ne penfe pas à les faire étalonner ou on n'en a pas la commodité. Les baffins des balances doivent eftre des Madriers de bon bois, garnis de bandes de fer, avec des crochets, pour attacher les boucles des chaînes, ou des cordes qui les joignent aux extrêmitez du fleau. *Les balances font plus fûres que la Romaine.*

Lorfqu'on livre une partie de Sucre, le Marchand qui la reçoit, & celui qui la livre doivent écrire chacun en particulier le numero & le poids de chaque barrique, à mefure qu'elle fort du baffin de la balance; & si c'est du Sucre blanc, il faut encore écrire la tare ou le poids de la barrique qui doit y être marqué dessus. Lorsqu'on a achevé de peser toutes les barriques, ils confrontent leurs poids pour voir s'ils s'accordent, & puis ils font l'addition de toutes les tares, & de tous les poids. On soustrait le total des tares du total des poids, & on a le poids net du Sucre, qui étant multiplié par le prix dont on est convenu pour le cent de livres de Sucre, donne la valeur totale de la marchandise. Un exemple suffira pour éclaircir ce que je viens de dire, supposé donc qu'on ait livré six barriques de Sucre blanc à raison de 22. liv. 10. s. le cent on les écrit en cette maniere.

*Maniere de calculer le poids & le prix du Sucre.*

Françoises de l'Amerique.   405

| Numero des Barriques. | Tares. | Poids. 1696. |
|---|---|---|
| 4. | 49. | 698. |
| 5. | 51. | 712. |
| 6. | 47. | 685. |
| 7. | 53. | 704. |
| 8. | 55. | 717. |
| 9. | 57. | 693. |
| 6. | 312. | 4209. |

Poids du Sucre net.               312.

Prix.   3897.                     3897.
        22. l. 10. f. le $\frac{0}{0}$

    7794.              8 2. l. 10. fols.
    7794.              20.
    1948. $\frac{1}{2}$   fols 16 | 50.
    876. | 8 $\frac{1}{2}$.

                deniers 6 | 0 0.
Somme totale du prix du Sucre.
    876. l, 16. f. 6. den.

───────────────────────────

Les barriques ou l'on met le Sucre brut ne sont point tarées. On se contente d'ôter dix pour cent du poids entier du Sucre enfutaillé, pour le poids de la barrique. Ainsi si on suppose que les six barriques dont le poids est ci dessus, soient de Sucre brut, & qu'elles aynet esté

4209. liv. pour en avoir la tare, on écrit le même nombre en l'avançant d'une figure en cette manière.

$$4209.\text{ liv.}$$
$$420.$$
$$\overline{3789.}$$

& la souftraction étant faite, on trouve 3789. liv. de Sucre net, que l'on multiplie par le prix du Sucre, comme on a vû ci-devant pour le prix du Sucre blanc.

Les Marchands rendent ordinairement les futailles qu'on leur livre, à moins qu'on ne convienne autrement. Le Sucre blanc, & même le Sucre passé se doivent toûjours mettre dans des futailles neuves, ou du moins dans des futailles reblanchies. Lorsque le Sucrier les fournit, il les passe au Marchand sur le pied de quatre livres dix sols, ou cent sols piece. Le bois dont on les fait plus communement est un bois leger, un peu rougeâtre qui se fend mieux, qu'il ne se scie. Les Negres l'appellent bois à barriques, parce qu'on ne l'employe qu'à cet usage. Son veritable nom est Sucrier de montagne. Son écorce est brune & assez épaisse, lorsqu'elle est entamée, elle distille une huile qu'on appelle Baulme à Cochon, dont je parlerai dans la suite. L'aubier de cet arbre ne se distingue

*Sucrier de montagne arbre dont on fait les barriques.*

point du cœur. Sa feüille est tendre, longuette, douce, & assez déliée. Ce bois est sujet aux vers & aux poux de bois, comme tous ceux qui sont doux & tendres, c'est pourquoi il faut les abbattre non-seulement en décours, mais encore dans le tems qu'ils ne sont point en seve. Lorsqu'ils sont à terre, on les tronce avec le harpon de la longueur à peu près que doivent avoir les barriques, on les fend avec des coins, & on les dole à l'ordinaire, & on a soin de les emporter hors du bois le plûtôt que l'on peut, & de les mettre à couvert, parce qu'autrement l'humidité y feroit naître des vers, & les poux de bois les attaqueroient.

*Precaution pour conserver ce bois.*

Les Sucreries où l'on travaille en Sucre blanc, doivent toûjours avoir un ou deux Tonneliers. C'est un meuble dont on ne peut se passer. Car de s'attendre aux futailles des Marchands, ou de loüer des Tonneliers, c'est un manque d'économie & de prudence qui coûte bien cher, il vaut bien mieux en avoir chez soi & à soi, c'est-à-dire, qu'il faut faire apprendre le métier à quelque jeune Negre dans lequel on ait remarqué de l'inclination pour le métier, après quoi on n'en manque plus, parce qu'on lui en donne d'autres à instruire. Comme ils sont tous fort glorieux &

*Tonneliers necessaires dans une Habitation.*

superbes, ils se piquent de n'être pas au rang de ceux qui travaillent à la terre, & d'avoir d'autres Negres sous eux. Cela les oblige à apprendre le métier, & à le bien exercer ; outre les profits qu'ils ont à faire des cuvettes ou bailles, des barils à eau & autres ouvrages qu'ils font à leurs heures de loisir, & ce que les Marchands leur donnent en recevant une partie du Sucre quand ils trouvent les futailles bien foncées, & en bon état.

Les fonds des barriques se font d'un bois plus fort que les douves. Toute sorte de bois y est bon. J'ay trouvé qu'il valoit mieux les faire scier, que de les fendre, & qu'on avance bien davantage ; parce que quand on les fend, il faut encore les doler, ce qui ne peut pas se faire sans consommer du tems, qui est comme l'on sçait la chose la plus chere qu'il y ait, & sur tout aux Isles, où une bonne partie de l'application d'un Habitant doit être, de mettre à profit tous les momens, & de prévoir, & d'anticiper, s'il peut, tout ce qu'il doit faire.

*Liannes dont on fait les cercles.*

Les cercles dont on se sert sont des liannes appellées croces de chien. Elles ont pour l'ordinaire un bon pouce de diametre. L'écorce est brune, mince, adherente & unie. La feüille est une espece de cœur,

Françoises de l'Amerique.

1696.

cœur, elle est roide & épaisse. Cette plante jette d'espace en espace de petites branches de six à sept pouces de longueur, de la grosseur d'un tuyau de plume à écrire, toutes armées d'épines crochuës, assez longues, roides, fortes & aiguës, & comme ces branches sortent de tous les côtez, & que la plante même est fort longue, & fort flexible, on a toutes les peines du monde à s'en débarasser, quand on est une fois pris dans ces épines. On coupe ces liannes de la longueur necessaire pour faire les cercles, on les fend par le milieu, & on les passe sous le pied, pour leur faire prendre la courbure du cercle, & on en fait des paquets. Le meilleur cependant est de l'employer verte, & d'acrocher les cercles, plûtôt que de les lier avec de la ficelle, ou des aiguillettes de mahot, parce que le crocq tient davantage, & serre beaucoup mieux.

Crocq de chien.

Il y a encore une autre lianne dont on se sert pour faire des cercles, elle est plus spongieuse que le crocq de chien. Le dedans est rougeâtre, & l'écorce noire, & assez épaisse. Elle est plus flexible, & plus aisée à travailler que l'autre; c'est pourquoi les Ouvriers l'employent plus volontiers, mais elle dure moins; elle est sujette à se vermouler, & quand elle

Autre lianne à barriques.

Tome III. E

vient à sécher, elle casse très-aisément.

Il y a une remarque à faire sur les futailles, qui est de ne mettre jamais de Sucre blanc dans celles où il y a eu du vin rouge ; parce que quelque soin qu'on prenne de les laver, après les avoir laissé tremper, de les démonter pour racler toutes les douves, & leurs joints, & tous les endroits, où il pourroit y avoir encore quelque reste de teinture du vin, cela ne suffit jamais. La moindre humidité fait suenter le bois qui a été imbibé du vin qu'il a renfermé, qui ne manque jamais de teindre de la même couleur le Sucre qu'on y renferme, d'autant plus aisément, qu'il n'y a rien au monde plus susceptible de l'humidité que le Sucre. La raison en est si naturelle qu'elle saute aux yeux.

*Precaution qu'il faut prendre pour les futailles du Sucre blanc.*

## DE L'EAU-DE-VIE de Cannes.

L'Eau-de-Vie qu'on tire des Cannes est appellée Guildive. Les Sauvages & les Negres l'appellent *Taffia*, elle est très-forte, & a une odeur désagreable, & de l'acreté à peu près comme l'Eau-de-Vie de grain, qu'on a de la peine à lui ôter. Le lieu où on la fait se nomme la Vinaigre-

Françoises de l'Amerique. 411

tie, je ne sçai par quelle raison, on lui a donné ce nom qui ne lui convient en aucune maniere. J'ay déja remarqué qu'il seroit plus-à-propos de le nommer un Distilatoire ; mais il n'est pas aisé de changer ces sortes de noms, quand ils sont une fois en usage. Ce lieu doit être joint, ou du moins très-proche de la Sucrerie, afin que les écumes & les gros sirops y puissent être portez commodement, ou avec des bailles & baquets, ou par le moyen d'une goutiere. Dans les Habitations où il y a un Moulin à eau, il faut placer la Vinaigrerie de maniere qu'on y puisse conduire, avec des goutieres, l'eau qui échape de la roüe, tant pour remplir les canots, que pour rafraichir continuellement les couleuvres.

1696.

Distillatoire ou Vinaigrerie. Lieu où l'on fait l'Eau-de-Vie de Cannes.

Les ustencilles d'une Vinaigrerie consistent en quelques canots de bois, une ou deux chaudieres avec leurs chapiteaux & leurs couleuvres, une écumoire, quelques jarres, des pots & des bailles ou cuvettes.

Ustencilles d'une Vinaigrerie.

Les canots sont de differentes grandeurs, selon la capacité du bâtiment & du travail qu'on y peut faire. On se sert plûtôt de canots de bois tout d'une piece, que de bacs de maçonnerie, parce que les canots de bois, s'imbibent du suc qui s'est

Matiere des canots.

S ij

aigri dedans, ce qui aide considerablement à faire aigrir & fermenter celui que l'on y met.

*Matiere de l'Eau-de-Vie.*

On emplit les canots d'eau jusqu'aux deux tiers, & quelquefois jusqu'aux trois quarts, & on acheve de les remplir avec de gros sirop & des écumes. On les couvre avec des feüilles de balisier & des planches par-dessus, & au bout de deux ou trois jours, suivant la bonté des écumes ou du sirop, cette liqueur se fermente, bout, & jette au-dessus une écume assez épaisse, à laquelle s'attachent toutes les immondices qui étoient dans le sirop, ou dans les écumes. Lorsqu'elle a acquis le degré de force & d'aigreur qui lui est necessaire, ce qu'on connoît à sa couleur qui devient jaune, à son goût qui est très-aigre, & à son odeur qui est forte & penetrante, on la met dans les chaudieres, après avoir enlevé avec une écumoire toute l'écume & toutes les ordures qui étoient dessus.

*Chaudieres à Eau-de-Vie.*

Les chaudieres sont de cuivre rouge d'environ deux pieds & demi de diametre, sur quatre pied de hauteur. Leur fond est plat, il est percé à côté d'une ouverture dans laquelle on soude un tuyau avec un robinet ou champlure qui sert à vuider la liqueur qui reste après que les esprits en ont été extraits. Le haut de la chaudiere est en dôme avec une ouverture ronde d'un pied de diametre, & un rebord d'environ deux pouces de hauteur. C'est par cette ouverture qu'on charge la chaudiere, c'est-à-dire, qu'on la remplit de la liqueur qui a fermenté dans les canots. Elle est montée sur un fourneau de maçonnerie, dont la bouche est en dedans du bâtiment, & l'évent qui donne passage à la fumée est en dehors. La maçonnerie enferme la chaudiere, jusqu'aux deux tiers de sa hauteur.

Lorsque la chaudiere est pleine, on ferme son ouverture avec un chapiteau de cuivre rouge, qui doit s'emboiter bien juste dans le rebord du haut de la chaudiere, & on le lutte encore avec de la terre grasse: il est bon qu'il soit étamé, afin de n'être pas sujet au verd de gris. Il a un bec de dix-huit à vingt pouces de long qu'on fait entrer dans l'extrêmité d'une couleuvre de cuivre ou d'étain, qui est posée dans un tonneau fait exprès, bien cerclé de fer, placé proche de la chaudiere. Plus la couleuvre a de circonvolutions, & plus l'Eau-de-Vie est bonne. Le tonneau où est la couleuvre doit toûjours être rempli d'eau, pour la rafraichir, parce que les esprits que la chaleur

*Maniere de faire l'Eau-de-Vie.*

a fait élever de la chaudiere dans le chapiteau, circulant dans la couleuvre où ils ont été conduits par le bec du chapiteau qui y est joint & bien luté, l'échauffent extraordinairement, & se dissiperoient à travers les pores du métal, s'ils n'étoient reserrez par la froideur de l'eau. C'est pourquoi il est bon, qu'il en tombe toûjours de nouvelle dans le tonneau, qui doit s'écouler par un trou, qu'on y laisse au fond, tellement proportionné à la quantité qui y tombe, qu'il demeure toûjours plein. On met un pot de rafinerie, ou une grosse cruche à l'extrêmité de la couleuvre, pour recevoir la liqueur qui en sort. Lorsqu'on s'apperçoit que le feu ne fait plus élever d'esprits, & qu'il ne coule plus rien dans la cruche, on vuide la chaudiere par le robinet qui est au fond, & on la remplit de nouvelle liqueur.

La premiere liqueur qui vient d'une chaudiere, s'appelle la petite eau; en effet, elle n'a pas beaucoup de force. On conserve tout ce qu'on tire de petite eau pendant les cinq premiers jours de la semaine, & on en remplit une ou deux chaudieres pour la repasser le Samedy. L'esprit qui en sort alors est veritablement l'Eau-de-Vie, Taffia ou Guildive qui est très-forte, & très-violente.

Dans les Sucreries où il y a deux chaudieres à Eau-de-Vie, on en doit faire par semaine cent soixante pots ou environ mesure de Paris. On la vend ordinairement dix sols le pot, & quelquefois davantage, sur tout dans les tems où l'on ne fait pas de Sucre; & quand l'Eau-de-Vie de France, & les Vins sont rares & chers. Cette Manufacture rend un profit considerable à un Habitant: car quand on n'y travailleroit que quarante-cinq semaines par an, ce seroit toûjours soixante barriques d'Eau-de-Vie qu'on feroit, dont on en pourroit vendre au moins cinquante-quatre, le reste se consommant dans la maison : or cinquante-quatre barriques à cent vingt pots chacune doivent produire plus de mille écus qui suffisent pour entretenir d'habits, de viande, d'outils & autres necessitez, une troupe de cent vingt Negres, comme je le ferai voir ci-aprés. Quand on veut rendre cette Eau-de-Vie meilleure, & lui ôter l'odeur trop forte, & l'acreté qu'elle a, il faut avoir soin de bien laver les chaudieres & les couleuvres, & de suspendre dans le chapiteau un bouquet d'anis ou de fenoüil, & le renouveller à chaque fois qu'on charge la chaudiere.

*Quantité d'Eau-de-Vie qu'on peut faire, & son prix.*

## ETAT DES NEGRES qui sont necessaires dans une Habitation.

Il est bon d'être éclairci de la quantité d'Esclaves qui sont necessaires pour faire rouler, comme il faut, une Habitation capable de produire la quantité de Sucre dont j'ai parlé ci-devant. Ainsi dans la supposition d'une Sucrerie montée de six chaudieres, avec deux chaudieres à rafiner ou à cuire les sirops, il faut,

*Negres necessaires à une Habitation.*

| | |
|---|---|
| A la Sucrerie, | 6. |
| Aux fourneaux, | 3. |
| Au moulin, | 5. |
| Pour laver les blanchets, | 1. |
| A la Vinaigrerie, | 1. |
| Pour conduire quatre cabroüets, | 8. |
| Tonneliers, | 2. |
| A la forge, | 2. |
| A la Purgerie, | 3. |
| Scieurs de long Charpentiers, | 3. |
| Maçons, | 2. |
| Menuisier, | 1. |
| Charron, | 1. |
| Pour garder les bestiaux, | 1. |
| Pour avoir soin des malades, | 1. |
| Pour couper les Cannes, | 25. |
| Pour couper du bois à brûler, | 6. |

*Françoises de l'Amerique.* 417

Pour faire la farine, 2.
Commandeur, 1.
Domestiques pour la maison, 4.
Malades qu'on peut avoir, 7.
Enfans, 25.
Invalides ou sur-âgez, 10.

TOTAL. 120.

## EMPLOY DES NEGRES & Negresses cy-dessus.

J'ay dit qu'on devoit mettre à une Sucrerie autant de Negres qu'il y a de chaudieres montées : cela se doit entendre des Sucreries où l'on travaille en Sucre blanc. Celles où l'on ne fait que du Sucre brut, n'ont pas besoin d'un si grand nombre de Negres ; un homme suffit pour deux chaudieres. Mais les premieres pour être bien servies doivent en avoir autant qu'il y a de chaudieres, sans compter le Rafineur, & ce nombre n'est pas trop grand à cause qu'il faut être occupé sans cesse à écumer, à passer dans le drap, à laver & à porter les formes, à les planter, à les remplir, à passer le vezou d'une chaudiere à l'autre, & dès que le vezou est échauffé, & qu'il commence à jetter son écume, il ne faut pas songer à le laisser un moment sans écumer. J'ay vû très-souvent

*Six Negres à la Sucrerie.*

S v

que les six Negres & le Rafineur n'avoient pas un moment libre pour manger.

*Trois hommes aux fourneaux.*

On met trois Negres aux fourneaux quand il y a six chaudieres. Ce travail est rude, sur tout aux chaudieres que l'on chauffe avec des pailles, des bagaces & du menu bois. Lorsqu'on ne fait travailler que cinq chaudieres, on se contente de mettre deux Negres aux fourneaux. C'est trop peu, & j'ay toûjours remarqué que le travail étoit trop grand pour deux hommes. Car enfin, quelque force qu'ait un homme, le travail le surmonte bientôt, quand il est rude & continuel, & que les forces ne sont pas reparées par le sommeil & les alimens, & c'est-là justement ce qui se trouve dans le fait dont je parle.

*Trois à la Purgerie.*

La Purgerie a besoin de trois hommes. Il est vrai, qu'ils y sont inutiles dans de certains tems ; mais dès qu'on a travaillé trois semaines à la Sucrerie, ils ont de l'ouvrage de reste ; soit à faire les fonds, accommoder la terre, la porter sur les formes, l'en retirer, la nettoyer, la faire secher, mettre le Sucre à l'étuve, y entretenir le feu, cuire les sirops, accommoder les formes & autres choses, qui dépendent de la Purgerie. Lorsqu'il n'y a point de travail pour eux dans tout ce que je viens de dire, on peut les employer à couper du bois à brûler avec ceux qui sont destinez pour cela, qui viennent les aider à leur tour quand il faut piler le Sucre, avec les Ouvriers qui peuvent quitter le travail, sans que le travail de la Sucrerie souffre aucune interruption, c'est à quoi il faut bien prendre garde.

Il faut cinq Negresses au Moulin. Il est vrai, que dans beaucoup de Sucreries on n'en met que quatre, mais il est certain que le travail est trop grand pour quatre personnes ; sur tout lorsque les Cannes cuisent promtement, & qu'on a peine à trouver le moment de laver le Moulin, ou bien lorsque les cases à bagaces sont un peu éloignées. Car il arrive que pour n'avoir pas le tems de les tirer, & de mettre en paquets celles que l'on doit reserver pour être sechées & brûlées, elles jettent tout aux bestiaux pêle mêle. D'où il est aisé de conclure, que pour servir un Moulin à eau, d'une maniere que le travail soit bien fait, & qu'il ne soit pas au-dessus des forces des femmes qu'on y employe, il faut y en mettre cinq.

*Cinq Negresses au Moulin.*

On employe une Negresse pour laver les blanchets, balayer la Sucrerie, & autres semblables ouvrages. Le Rafineur doit bien prendre garde que les blanchets

*Une laveuse de blanchets*

soient bien lavez, échangées, sechez à l'air, ou au Soleil, & jamais dans les appentis des fourneaux, parce que le feu mange leur laine, & dès que la corde paroît, ils deviennent inutiles. On ne doit jamais les employer que quand ils sont secs, autrement le vezou ne passe pas. Cette Negresse aide encore à celle qui est à la Vinaigrerie, à porter les sirops & les écumes, à charger ses chaudieres, & à remplir les canots.

*Une femme pour faire l'Eau de Vie.*

On met plûtôt une femme, qu'on homme à faire l'Eau-de-Vie, parce qu'on suppose qu'une femme est moins sujette à boire qu'un homme. Comme cette regle n'est pas infaillible, c'est au Maître à choisir une des plus fidelles, & à veiller avec soin sur sa fidelité, afin qu'elle ne se démente pas à force d'être mise à l'épreuve. Pour les encourager à bien faire, & ne les pas exposer à la tentation de voler, je donnois un pot d'Eau-de-Vie à celle qui la faisoit, quand elle faisoit apporter au Magasin celle qu'elle avoit fait pendant la semaine dans la quantité, & la qualité requise. Une chose qu'il faut observer, est de n'en pas refuser aux Nègres, quand ils en ont besoin, & de ne permettre à aucun d'eux d'entrer dans la Vinaigrerie sous quelque pretexte que ce soit.

Une Sucrerie, comme celle dont je parle, ne peut se passer de quatre cabrouets, c'est ainsi qu'on appelle les charettes aux Isles, si on veut faire un travail qui soit continuel, sans être outré, & sans ruiner les bestiaux : trois cabrouets suffisent pour fournir un Moulin à eau. Le quatriéme est necessaire pour aider aux autres dans un besoin pressant, & ordinairement pour porter du bois aux fourneaux, & transporter les Sucres enfutaillez au Magasin, qui doit être toûjours proche du lieu de l'embarquement. Il faut huit personnes pour conduire quatre cabrouets ; sçavoir, quatre hommes & quatre enfans de douze à treize ans pour marcher devant les bœufs. Il faut huit bœufs pour chaque cabrouets, parce qu'on ne fait travailler chaque attelage qu'une fois par jour. Ce sont trente-deux bœufs, outre lesquels il est bon d'en avoir encore six autres pour remplacer ceux qui tombent malades, ou pour quelque travail extraordinaires.

*1696.*

*Huit cabrouetiers.*

Il y a quatre ou cinq choses à observer touchant les cabrouettiers. La premiere, d'empêcher qu'ils ne se donnent la liberté de mal traiter les jeunes enfans qu'on leur donne pour les aider. La seconde, qu'ils ayent soin de penser tous les jours leurs bœufs, les laver à la mer, leur ôter les

*Devoirs des cabrouetiers.*

tiques, & avertir le Maître ou le Commandeur, quand il est ecessaire de leur faire ôter les barbes, qui sont certaines excressences de chair, qui leurs viennent sous la langue, qui les empêchent de paître. Car les bœufs ne coupent pas l'herbe avec les dents comme les chevaux, ils ne font que l'entortiller avec la langue & l'arracher ; mais quand ils ont ces excressences, qui leurs causent de la douleur, ils ne peuvent appliquer leur langue autour de l'herbe, & deviennent maigres & sans force. On doit encore obliger les cabrouettiers d'apporter des têtes de Cannes sur leurs cabrouets, pour les donner à leurs bœufs après qu'ils ont dételé, & d'en apporter le soir une quantité suffisante pour tous les bestiaux qu'on enferme dans le Parc. C'est aussi à eux d'aider le Gardien à entretenir les lizieres, & à nettoyer le Parc, rien n'étant plus contraire aux bestiaux que l'ordure, & rien ne contribue davantage à leur santé & à leur embonpoint que la propreté du lieu où on les resserre pendant la nuit.

*Deux Tonneliers.* Il n'est pas possible de se passer de deux Tonneliers dans une Habitation. Quand on ne fait pas de Sucre, & que tous les Negres sont occupez à couper du bois à brûler, ils doivent y être avec les autres pour profiter des arbres qu'on abbat, qui se trouvent propres à faire des douves. Il faut qu'ils les fendent, & qu'ils les dolent sur le lieu, & qu'ils les fassent apporter à la maison à mesure qu'elles sont achevées, sans les laisser dans le bois le moins qu'il est possible, parce que les vers & les poux de bois s'y attachent aisément & les pourrissent. C'est-là le tems pour faire provision de douves pour tout le reste de l'année. On doit les mettre à couvert, les ranger les unes sur les autres, en les croisant par leurs extrêmitez, & les charger de quelques grosses pierres dont la pesanteur les tiennent en sujettion, de crainte qu'elles ne se cambrent, & ne se dejettent en sechant.

Quant aux cercles, les tonneliers doivent avertir le Commandeur quand ils en ont besoin, afin qu'il envoye des Negres leur en couper, sans qu'ils soient obligez de quitter leur travail.

Deux tonneliers qui ont leurs douves dolées, & leurs fonds sciez, doivent faire trois barriques par jour ; ce qui n'est un petit profit pour le Maître, qui vend chaque barrique sur le pied de cent sols : or quand on coteroit pour le prix du bois & la façon le tiers de cette somme, il est toûjours constant que chaque tonne-

1696.

lier apporteroit cent sols par jour de profit à son Maître, & qu'ainsi déduction faite des jours de Fêtes qu'ils ne travaillent pas, & du tems qu'ils employent à préparer leurs douves, ou à foncer les barriques lorsque l'on pile le Sucre, chaque tonnelier rendra deux cent barriques par an, qui font deux mille francs.

*Profit que les deux tonneliers font à leur Maître.*

Voilà un échantillon du profit que peut faire un Habitant qui a des Ouvriers à soy. Pour lors il faut qu'il vende tout son Sucre enfutaillé, cela fait souvent plaisir aux Capitaines, qui ont de la peine à trouver des futailles blanches, & il se défait avantageusement des siennes. Mais pour cela, il faut veiller sur leur conduite, & avoir toûjours l'œil sur ceux qui les commandent, sans se fier jamais à eux que de bonne sorte. Si un Habitant veut voir commodement le train de ses affaires, il doit faire faire des cases comme de grands hangars à la vûë de la Sucrerie, & y loger tous ses Ouvriers, afin que lui étant à la Sucrerie, où le Rafineur qui n'en doit jamais sortir, il puisse voir sans peine si ses Ouvriers travaillent.

*Deux Forgerons.*

On ne sçauroit croire l'incommodité & la dépense qu'il faut supporter lorsqu'on n'a pas une forge & deux forgerons. Car il faut avoir recours tous les jours au

Françoises de l'Amerique. 425

forgeron que l'on appelle Machoquet aux Isles, soit pour les houës, les serpes, les haches, les ferrures des roües de cabrouets, les œufs, les platines, & autres ouvrages necessaires à un Moulin. Un Habitant habile ne doit rien negliger pour avoir un Negre forgeron, on lui donne un jeune Negre pour être son apprentif, & pour les encourager l'un & l'autre, on leur laisse le profit de quelques petits ouvrages qu'ils font pour le dehors. Le profit qu'on peut tirer d'une forge va à plus de quatre cent écus par an, lorsqu'on a un bon Ouvrier, & qu'on a soin de le faire travailler pour la maison, & pour les voisins. Le charbon de terre est le meilleur; mais il manque souvent, sur tout dans les tems de Guerre. On en fait avec du bois d'oranger, de paletuvier, bois rouge, chataignier, ou autres bois dur. On en use à la verité davantage, mais il ne coûte rien que la peine de le faire, & il chauffe presque aussi-bien que celui de terre.

Le charron est absolument necessaire à cause de la quantité de roües que l'on use sur tout dans les lieux où les chemins sont pierreux & difficiles. Cet Ouvrier doit faire ses provisions de rais, de jantes & de moyeux, quand on fait le bois pour brû-

1696.

Un Charron.

ler, afin de profiter des carcaffes de bois épineux & autres, & après les avoir dégroffis, il doit les faire porter à la maifon, & les mettre à couvert fous les appentis. Quand l'Habitation eft fournie, on le peut laiffer travailler pour les voifins à tant par jour, ou par mois, & jamais à tant par paire de roües ; parce qu'il pourroit arriver qu'au lieu d'une paire, il en feroit deux, fans qu'il en revînt pour cela davantage à fon Maître. En 1698. on payoit fix Ecus de façon pour une paire de roües, fans compter le bois & la nourriture de l'ouvrier, & quand on ne fourniffoit ni bois, ni nourriture, on en payoit dix Ecus, fans la ferrure. Lorfque les jantes, & les rais font dégroffis, un ouvrier doit faire une paire de roües par femaine.

A l'égard des fcieurs de long, & d'un Charpentier, on en voit affez la neceffité. On a fans ceffe befoin de planches, de bois de cartelage, de dents de Moulin, & autres femblables dont on doit toûjours avoir une bonne provifion, pour les befoins imprévûs. Comme le métier des premiers eft facile, il eft bon de le faire apprendre à tous les Negres qui en font capables, afin de pouvoir faire marcher plufieurs fcies tout à la fois quand on eft preffé, & avoir

*Scieurs de long & Charpentier.*

toûjours de ces Ouvriers de rechange pour les empêcher de devenir insolens, comme ils ne manquent guére de le devenir lorsqu'ils se croyent necessaires. J'avois fait apprendre à scier & à équarir à presque tous les Negres de nos Habitations de la Martinique & de la Guadeloupe, & au lieu qu'au commencement que je fus chargé du soin de nos biens, je n'en trouvai que deux ou trois qui me tenoient pour ainsi dire le pied sur la gorge, je me faisois ensuite prier à mon tour, pour les mettre à la scie.

Deux scieurs qui ont leur bois équarri, doivent rendre quarante planches de huit pieds de long, sur douze à quinze pouces de larges par semaine. Comme cet équarissage étoit un prétexte pour ne pas rendre la quantité de planches que je devois avoir, lorsque le Negre charpentier étoit occupé à quelqu'autre ouvrage, je pensai à un moyen qui me tira de cet embarras, ce fut de faire mettre les pieces de bois sur le hourt comme on les avoit trouvées sans les équarrir, & pour empêcher que leur rondeur ne les fît tourner, je fis creuser l'endroit des queües, où elles étoient appuyées. On jettoit la ligne des deux côtez, & on enlevoit avec la scie une dosse, ou comme on parle aux Isles, une

*Invention de l'Auteur pour scier des planches.*

croute de chaque côté, après quoi on les renversoit sur le plat, on les alignoit à l'ordinatre, & on les mettoit en planches. Je remarquai qu'on avoit plûtôt levé les deux dosses avec la scie, qu'on n'auroit pû équarrir à la hache la moitié d'un côté. Nos Negres avoient de la peine à s'y faire au commencement, mais j'aplanis dans un moment toutes leurs difficultez, en leur abandonnant les quatre dosses qu'ils levoient sur chaque piece. Ce petit gain, à quoi ils sont fort sensibles, leur persuada que je ne leur faisois changer leur ancienne methode, que pour leur interêt particulier, & ils m'en eurent obligation. Ils vendent fort bien ces dosses ; j'eus la quantité de planches que je voulois avoir, & tout le monde fut content.

Comme il y a toûjours à faire aux Moulins à eau, on ne sçauroit s'imaginer combien on s'épargne de chagrin & de dépense, lorsqu'on a un Negre qui sçait assez l'art de charpenterie, pour remedier aux accidens ordinaires qui arrivent aux dents, aux bras, & autres parties d'un Moulin. Car les Ouvriers blancs de cette espece, sont assez rares, & leur petit nombre, & la necessité qu'on a d'eux, les rend chers & insolens au dernier point, de sorte que ce n'est pas une petite satisfaction, ny une petite épargne de pouvoir se passer de telles gens.

Après que les Anglois eurent brûlé nos Sucreries de la Guadeloupe en 1703. je fis faire un Moulin tout entier, une Sucrerie, une Purgerie, & une Etuve, & autres Bâtimens qui nous étoient necessaires sans y employer que trois ou quatre de nos Negres, dont le plus habile ne sçavoit tout au plus que faire une mortoise. Il est vrai, que je fus obligé de tracer & piquer tout l'ouvrage, & d'être sans cesse avec eux, mais enfin j'en vins à bout, & je surpris beaucoup les Ouvriers qui avoient accoûtumé de travailler pour nous, quand ils virent que je n'avois plus besoin de leurs services.

Quoiqu'un Menuisier ne soit pas si necessaire, il ne laisse pas d'être d'une grande utilité, & quand il sçait tourner, & qu'il est bon ouvrier, il rend mille services dans une maison. Lorsqu'on n'a pas d'ouvrage à lui donner, il n'en manque jamais chez les autres Habitans dont la plûpart aiment mieux se servir d'un Negre que d'un blanc, quand ils sont également habiles. Le moins qu'un tel ouvrier puisse gagner est un Ecu par jour, outre sa nourriture, & lorsqu'il a un apprentif ou com-

*1695.*

*Un ou deux Menuisiers.*

pagnon avec lui, cela va souvent jusqu'à cent sols.

Quand on a une fois des ouvriers dans une maison, c'est un tresor qu'on ne sçauroit trop estimer, & pour qu'il ne se perde pas, il faut avoir soin de leurs donner des apprentifs, & leur faire de tems en tems quelque gratification à proportion du travail qu'ils font, ou de l'avancement qu'on remarque dans ceux qu'ils instruisent.

Il ne faut pas un long discours, pour persuader un gros Habitant, qu'il a besoin de Maçons chez lui : il arrive tous les *Deux Maçons.* ours tant d'accidens aux fourneaux, aux chaudieres, & à d'autres endroits que l'on s'épargne de dépenses considerables lorsqu'on a des maçons chez soi, & quand on n'en a point à faire, on trouve toûjours à les loüer. Le moins qu'ils puissent gagner c'est cinquante sols par jour chacun avec leur nourriture.

Il est bon de distinguer toûjours les Negres ouvriers des autres, soit en leur donnant plus de viande, soit en leur faisant quelque gratification. Rien ne les anime davantage à chercher l'occasion d'apprendre un métier. Tel qu'il puisse être, il est toûjours d'une grande utilité pour une maison. Les profits que font les ouvriers, les attachent à leurs maistres,

& leur donnent le moyen d'entretenir leurs familles avec quelque sorte d'éclat, & le plaisir d'être au-dessus des autres contente extrêmement la vanité dont ils sont très-bien pourvûs. J'en ai vû qui étoient si fiers d'être Maçons ou Menuisiers, qu'ils affectoient d'aller à l'Eglise avec leur regle & leur tablier.

*Vanité des Negres.*

On doit mettre à la garde des bestiaux un Negre fidelle, & qui aime ce métier. Les Negres du Cap-Verd, de Sénégal, & de Gambie, y sont les plus propres, parce qu'ils ont chez-eux quantité de bestiaux qu'ils regardent comme leur principale richesse. Le Commandeur blanc ou Negre doit les compter tous les matins, avant qu'ils aillent paître, & le soir quand on les fait rentrer dans le Parc. Pour les moutons, les chevres ou cabrittes, ce sont les petits enfans qui sont chargez du soin de les garder sous la direction du Gardien du gros bétail.

*Un Gardien des bestiaux.*

On donne le soin des malades à quelque Negresse sage & intelligente, qui les serve diligemment, qui aille chercher à la cuisine ce dont ils ont besoin, qui tienne les lits, & l'infirmerie propre, & qui n'y laisse entrer autre chose que ce que le Chirurgien a ordonné. C'est une necessité d'avoir une infirmerie dans une Habitation,

*Une Infirmerie.*

outre que les malades y sont mieux soignez, & plus facilement que dans leurs cases ; c'est un moyen sûr de distinguer ceux qui le sont veritablement, de ceux qui le contre-font, ou par paresse, ou pour faire quelque ouvrage dans leurs cases.

*Vingt-cinq personnes pour couper les Cannes.*

Vingt-cinq personnes suffisent pour couper des Cannes, & entretenir un Moulin à eau, & six chaudieres, sur tout quand on a un peu d'avance du jour precedent, & que les Cannes sont belles, nettes, & bien entretenuës. Quand on n'a pas cette avance, à cause d'une Fête pendant laquelle les Cannes coupées auroient pû se gâter, on envoye couper des Cannes depuis le matin jusqu'à l'heure du déjeûné, à tous ceux qui devoient travailler à la Sucrerie, à la Purgerie, aux Fourneaux, au Bois, & au Moulin, de sorte qu'en moins de deux heures on ait assez d'avance pour mettre au Moulin, & avancer le travail sans le discontinuer. Comme c'est le plus aisé de tous les travaux, les femmes y font autant d'ouvrage que les hommes. C'est-là principalement qu'on les employe, aussibien qu'au service du Moulin, qui déshonoreroit les hommes, s'ils y étoient employez.

*Punition des Negres paresseux.*

Je me suis quelquefois servi de ce moyen pour punir des Negres qui étoient lâches & paresseux. Je les faisois mettre

Françoises de l'Amerique. 433

mettre à repasser les bagaces, qui est l'emploi qu'on donne à la plus foible des Negresses qu'on employe au Moulin. Il n'y avoit point de chagrin pareil au leur, ni de prieres & de promesses qu'ils ne me fissent, pour être ôtez de ce travail qui les couvroit de honte.

1696.

Afin de ne pas manquer de bois à brûler, & pour mettre à profit les branches des arbres que les charpentiers ne mettent point en œuvre, il est bon d'avoir toûjours cinq ou six Negres dans le bois. Ils en doivent faire chacun une cabrouettée par jour. Lorsqu'ils sont six, on en met quarre à hacher, & deux à fendre. Autant qu'il se peut faire, il faut qu'ils travaillent au voisinage des scieurs de long, afin que le maître, ou le charpentier voye plus facilement ce qu'ils font. Quand on a ce soin, on peut continuer à faire du Sucre pendant sept à huit mois, sans craindre de manquer de bois, pourvû qu'on ait seulement une avance de six semaines avant de commencer à faire du Sucre ; parce que ces six hommes remplacent continuellement celui qui se consomme. Depuis l'invention des nouveaux fourneaux on consomme beaucoup moins de bois, & ainsi on pourra employer ces six hommes à d'autres ouvrages. Ces mê-

Six coupeurs de bois.

Tome III. T

mes coupeurs servent encore à abatre & déblayer les arbres que le charpentier leur marque, afin de ne pas détourner le travail de la scie.

*Dux Negresses pour faire la farine de manioc.*

Quoiqu'on doive avoir une bonne provision de farine de manioc faite & serrée, avant de commencer à faire du Sucre, il est bon de remplacer celle que l'on consomme tous les jours pour n'en pas demeurer dépourvû. Il faut pour cela que le Commandeur fasse arracher tous les soirs une quantité de manioc suffisante pour faire une barrique de farine. Les Negres & les Negresses qui ne sont pas de garde pendant la nuit, c'est-à-dire, qui ne doivent pas entrer au service du Moulin, de la Sucrerie, ou des fourneaux, doivent grater & grager le manioc qui doit être cuit le jour suivant. Une Negresse assistée d'un enfant, ou de quelque infirme, pour passer le manioc par l'hebichet doivent rendre une barrique de farine par jour, c'est-à-dire, environ deux barrils & demi. Et afin qu'il ne puisse y avoir de fraude sur cet article qui est important & très-tentatif, il faut que les boëres à presser soient toûjours pleines, jusqu'à la marque qu'on aura faite, après avoir remarqué la quantité de manioc gragé qu'elles doivent contenir pour faire une barrique de farine.

Il y a bien des Habitans qui se servent plûtôt d'un Commandeur Negre que d'un blanc. Sans entrer dans les raisons d'économie, je croi qu'ils font fort bien, & je m'en suis toûjours bien trouvé. Il faut choisir pour cet emploi, un Negre fidele, sage, qui entende bien le travail, qui soit affectionné, qui sache se faire obéïr, & bien executer les ordres qu'il reçoit ; ce dernier point est aisé à trouver : car il n'y a point de gens au monde qui commandent avec plus d'empire, & qui se fassent mieux obéïr que les Negres. C'est au Maître à veiller sur ses autres qualitez.

Le Commandeur doit être toûjours avec les Negres, sans les abandonner jamais, son devoir l'oblige à presser le travail, & le faire faire comme il faut ; il doit empêcher le desordre, & appaiser les querelles qui surviennent entre les Negres, & sur tout entre les femmes, qui de quelque couleur qu'elles soient sont toûjours promtes, coleres, criardes, prêtes à se dire des injures, & à se prendre aux cheveux. Il doit visiter ceux qui travaillent dans le bois, pour pouvoir dire au Maître l'état de leur travail. C'est à lui à éveiller les Negres, & les faire assister à la Priere soir & matin, & faire, ou faire faire la

Catechifme à la fin de la Priere, les conduire à la Meffe les Fêtes & Dimanches, voir fi leurs maifons font propres, & leurs jardins bien entretenus; appaifer les differens qui naiffent dans les menages, faire conduire les malades à l'infirmerie, empêcher les Negres étrangers de fe retirer de jour ou de nuit dans les cafes de l'Habitation, donner avis au Maître de tout ce qui fe paffe, recevoir & bien entendre fes ordres, & les faire executer à la lettre. Il faut avoir cette confideration pour un Commandeur, de ne le jamais reprimender, & encore moins le frapper devant les autres Efclaves, parce que cela le rend méprifable, & lui fait perdre tout fon credit. Quand il a fait quelque faute fi confiderable, qu'elle merite abfolument qu'il en foit châtié, il faut avant toutes chofes le caffer de fon employ. On donne toûjours au Commandeur plus de vivres & d'habillemens qu'aux autres, & de tems en tems quelque gratification. On doit châtier feverement ceux qui lui défobéiffent, ou qui fe revoltent contre lui, & fans mifericorde ceux qui auroient la hardieffe de le frapper.

Je me fuis toûjours mieux trouvé des Commandeurs Negres, que des blancs. Cependant quand on eft contraint d'en avoir pour soûlager le Rafineur dans le quart de la nuit, il faut choisir un homme âgé, afin qu'il soit moins capable de causer du desordre avec les Negresses, & ne pas laisser pour cela d'avoir un Commandeur Negre, sans oublier d'avoir quelques espions fidelles qui rapportent tout ce qui se passe, sauf à prendre les voyes necessaires pour s'assurer de la verité de leur rapport. Dès qu'on s'apperçoit que les blancs que l'on a à son service ont quelque commerce avec les Negresses, le plus court est de les chasser aussitôt.

A l'égard des Domestiques qui servent dans la maison, ils ne sont point du tout sous la jurisdiction du Commandeur, à moins que le Maître ne le fasse venir, pour les châtier quand ils ont fait quelque faute. Quoiqu'ils soient bien mieux que les autres Negres pour les habits, & pour la nourriture, la plûpart aiment mieux travailler au jardin, c'est ainsi qu'on appelle les travaux ordinaires de l'Habitation, que d'être bien nourris & bien vêtus, & être resserrez dans la maison comme leur devoir les y retient.

Domestiques.

On prend de jeunes Negres de douze à treize ans les mieux faits, & les plus spirituels pour servir de laquais. On s'en sert ainsi jusqu'à ce que le Maître juge à propos de les mettre au travail, ou de leur faire apprendre un métier, qui est la meilleure chose, qu'on puisse faire pour eux.

## DEPENSE NECESSAIRE pour la nourriture, & l'entretien de cent vingt Esclaves.

Il faut supposer d'abord que l'on aura soin d'avoir du manioc en abondance, de sorte qu'il soit plûtôt en danger de pourir en terre, que d'être obligé de retrancher l'ordinaire que l'on doit donner aux Negres, ou d'acheter de la farine de manioc, qui est souvent fort chere, fort rare, fort difficile à trouver, & qu'il faut toûjours payer en argent comptant. On en donne trois pots mesure de Paris chaque semaine par tête à tous les Negres grands ou petits, excepté aux enfans qui sont à la mamelle, aux meres desquels on donne un demi ordinaire pour leurs enfans. J'avois coûtume de donner pour ces enfans-là deux livres de farine de froment par semaine avec du lait pour leur faire de la boüillie, & comme la farine de froment peut être évaluée avec celle de manioc, il faut compter trois pots par semaine pour chaque tête; qui font 360. pots ou sept bar-

*Vivres qu'on donne aux Negres.*

rils & demi par semaine. Le baril contient cinquante pots, qui multipliez par les cinquante deux semaines qui composent l'année, font trois cent quatre vingt-dix barrils par an. Ce seroit une grande dépense, si on étoit obligé d'acheter cette quantité de farine. Il est vrai, qu'elle est quelquefois à bon marché, & qu'on la peut avoir à cinq & six francs le barril. Mais je l'ai vûë, & j'ai été obligé de l'aller chercher à dix-huit francs argent comptant. Ce qui, outre l'incommodité du transport seroit une dépense de près de sept mille livres par an, qui iroit toûjours à plus de deux cent pistoles, quand même on la reduiroit au tiers. Il faut donc avoir soin de faire planter une si grande quantité de manioc, qu'on en ait trois ou quatre fois au-delà de ce qu'on s'imagine en devoir avoir besoin, & qu'on soit plûtôt en état d'en vendre que dans la necessité d'en acheter.

*Prix de la farine de manioc.*

A l'égard de la viande j'ay déja remarqué que le Roi a ordonné qu'on donnât à chaque Esclave deux livres & demie de viande salée par semaine. Cette Ordonnance n'est pas mieux observée que beaucoup d'autres, où par la negligence des Officiers qui devroient y tenir la main, ou par l'avarice des Maîtres, qui veulent tirer de leurs Esclaves tout le travail qu'ils peuvent sans rien dépenser pour leur nourriture ; ou souvent par l'impossibilité d'avoir des viandes salées dans un tems de Guerre, où le peu qu'on en apporte est toûjours à un prix excessif. Les gens raisonnables suppléent à ce défaut en faisant planter des patates & des ignames, & les leurs distribuant au lieu de viande, ou par quelqu'autre moyen dont on ne manque guéres quand on en veut chercher. De ces gens raisonnables le nombre est petit.

Il faut observer de ne leur donner jamais leur viande le Dimanche, ou les jours de Fêtes, parce qu'ils se visitent les uns les autres ces jours-là, & que pour regaler ceux qui les viennent voir, ils consomment dans un repas ce qui les doit entretenir toute une semaine. Il faut donc que le premier jour de travail de la semaine, le Maître ou le Commandeur fasse peser en sa presence, & partage en portions égales la viande qu'on leur doit donner. On arrange sur des planches tous les lots ou portions, & lorsque les Negres viennent pour dîner, les femmes vont au Magazin de la farine où on la leur distribue, & les hommes prennent la viande à mesure qu'on les appelle, tout de suite, & sans leur permettre de choisir. Un barril de bœuf salé doit peser cent soixante livres : pour ne se point tromper, il ne le faut compter qu'à cent cinquante. Or à deux livres par tête ce sont 140. livres, c'est-à-dire, deux barrils moins soixante livres, qui servent pour augmenter la portion des ouvriers, & de ceux qui travaillent à la Sucrerie, aux Fourneaux, & les Malades. Ces deux barrils par semaine font cent quatre barrils par an, dont le prix est different selon les tems de Paix & de Guerre, d'abondance ou de disette. On le vend quelquefois cinquante francs, & quelquefois dixhuit ou vingt. Je prends un prix moyen, & je mets le barril à vingt-cinq francs. Ce sera 2600. livres pour cet article.

Pour la boisson on ne leur donne que de l'eau, & comme elle n'est guéres capable de les soûtenir dans un aussi grand travail qu'est le leur, outre l'oüicou & la grappe qu'ils font pour leur ordinaire, les Habitans qui ont soin de leurs Negres leur font donner soir & matin un coup d'Eau-de-Vie de Cannes, sur tout quand ils ont fait quelque travail plus rude qu'à l'ordinaire, où qu'ils ont souffert de la pluye. L'Eau de Vie se faisant dans la maison, je ne compte rien pour cette dépense.

*1696.*

*Abus touchant la nourriture & entretien des Negres.*

Voicy quelques abus touchant la nourriture & entretien des Negres que les Gouverneurs & les Intendans devroient absolument retrancher. Le premier est, que quelques Habitans donnent à leurs Esclaves une certaine quantité d'Eau-de-Vie par semaine, qui leur tient lieu de farine & de viande. Il arrive de-là que les Negres sont obligez de courir tout le Dimanche, pour trouver à trafiquer leur Eau-de-Vie, & à l'échanger pour de la farine & autres vivres, & que sous ce pretexte, ils ne viennent souvent que le Lundy fort tard, & fort fatiguez. D'ailleurs ceux qui sont yvrognes boivent leur Eau de-Vie, & sont ensuite obligez de voler leur Maître ou les voisins pour vivre, aux risques d'être tuez, ou mis en justice pour leurs vols, que leur Maître est obligé de payer.

L'autre abus est passé des Espagnols & des Portugais, chez les Anglois & Hollandois, & de ceux-ci en quelques Habitations de nos Isles, quoique en petit nombre : c'est de donner le Samedy aux Negres pour travailler pour eux, & s'entretenir de vêtemens & de nourritures eux & leurs familles par le travail & le gain qu'ils font pendant ce jour-là.

Les Habitans qui suivent cette maxime

n'entendent pas leurs veritables interêts: car si leurs Esclaves peuvent s'entretenir par le gain qu'ils font ce jour-là, il est certain qu'ils pourroient les entretenir eux-mêmes, en les faisant travailler pour eux. Mais si ces Esclaves sont malades ce jour-là, ou qu'il fasse un mauvais tems qui les empêche de travailler, ou si étant faineans & libertins, ils passent le Samedy sans travailler, de quoi subsisteront-ils la semaine suivante? N'est-il pas clair qu'ils déperiront tous les jours, & que leur perte retombera sur leur Maître. Si cette raison d'interêts ne les touche pas, en voici une autre, qui fera peut-être plus d'impression sur leurs esprits, puisqu'elle est fondée sur l'obligation qu'ils ont comme Chrétiens, de fournir à leurs Esclaves, qu'ils doivent regarder comme leurs enfans, tout ce qui est necessaire à leur subsistance, sans les mettre par leur dureté, dans la necessité prochaine de périr de misere, ou d'offenser Dieu en dérobant pour vivre & pour s'entretenir.

Les habits des Negres ne consistent qu'en un calçon & une casaque pour les hommes; une casaque & une jupe pour les femmes. Ces casaques ne vont qu'à cinq ou six pouces au-dessous de la ceinture. On n'y employe que de la grosse toile de Bretagne appellée du gros Vitré, qui a un peu plus d'une aulne de largeur, qui coute en France quinze ou dix huit fols l'aulne, & que les Marchands vendent communément trente fols aux Isles, & quelquefois jusqu'à un écu.

Il y a des Maîtres raisonnables, qui donnent à chaque Negre deux habits par an, c'est-à-dire, deux casaques, & deux calçons aux hommes, & deux casaques & deux juppes aux femmes. Par ce moyen ils peuvent laver leurs hardes, & ne se pas laisser manger à la vermine qui s'attache aux Negres pendant qu'elle fuit les Blancs depuis qu'ils ont passé le Tropique.

D'autres Maîtres moins raisonnables ne leurs donnent que deux calçons & une casaque, ou deux juppes & une casaque.

D'autres qui le sont encore moins, ne leur donnent qu'une casaque, & un calçon, ou une juppe.

Et d'autres qui ne le sont point du tout, ne leur donnent que de la toile pour faire une casaque & un calçon, ou une juppe, avec quelques aiguillées de fil, sans se mettre en peine par qui ni comment ils feront faire leurs hardes, ni où ils prendront pour en payer la façon. D'où il arrive qu'ils vendent leur toile & leur fil, & vont presque nuds pendant toute l'année.

Quatre aulnes de toile suffisent aux hommes, & cinq aux femmes, pour leur donner à chacun deux habits. On donne encore trois aulnes de toile aux femmes nouvellement accouchées, tant pour couvrir leurs enfans, que pour se faire une pagne, c'est-à-dire, une espece d'écharpe d'une demie aulne ou trois quartiers de large, & d'une aulne & demie de long, dont elles se servent pour lier leurs enfans sur leur dos, quand ils sont assez formez, pour n'avoir plus besoin d'être portez dans un pannier, comme elles font, quand ils sont nouveaux nez.

Comme dans la supposition que j'ay faite de 120. Negres, il y a vingt-cinq enfans qui n'ont pas besoin de tant de toile que les autres, & que ceux qui servent à la maison sont habillez d'une toile plus belle, on peut tous les mettre sur le pied de quatre aulnes par tête, qui feront 480. aulnes ou tout au plus 500. aulnes, qui ne coûteroient que seize à dix huit sols l'aulne, si les Habitans la faisoient acheter en France pour leur compte ; mais comme tout le monde n'a pas, ou ne veut pas avoir cette commodité, & qu'on aime mieux acheter plus cher, que de risquer les effets sur mer, je la compterai à trente sols l'aulne, qui font sept cent cinquante livres, à quoi si on veut ajoûter cinquante francs pour quelques chapeaux, bonnets ou coëfes, que l'on distribue à ceux qui s'acquittent bien de leur devoir, ce sera huit cent francs pour cet article.

Mais ce n'est pas assez d'avoir soin des Negres quand ils sont en état de travailler, il faut que ce soin & cette attention se renouvellent, lorsqu'ils sont malades. L'interêt & la conscience y engagent également.

La premiere chose à quoi il faut penser est d'avoir un bon Chirurgien. Quand on est assez près d'un Bourg, ou de la demeure d'un Chirurgien, pour qu'il puisse venir commodément à telle heure qu'on en a besoin, on doit se dispenser d'en avoir un dans la maison. Car autant qu'on le peut faire, il ne faut avoir des Domestiques blancs que le moins qu'il est possible, puisque outre la dépense de bouche qui est considerable, & la sujettion où l'on est de les avoir à sa table, il arrive souvent qu'ils lient des intrigues avec les Negresses, qui causent de grands désordres, & quelquefois la mort des uns & des autres. Il vaut donc bien mieux quand on le peut se servir d'un Chirurgien de dehors, & l'obliger de venir à l'Habitation soir & matin, soit qu'il y ait des malades ou non, & toutes les autres fois que le besoin le demande. Les plus habiles n'ont jamais exigé que quatre cent francs par an aux Isles du Vent. A Saint Domingue ils sont sur un pied bien plus haut. C'est une erreur de s'en rapporter à eux pour les remedes; quand même ils s'y engageroient, on ne doit pas s'y fier. Il faut avoir un bon coffre de remedes dans la maison où le Chirurgien en prenne ce qu'il jugera à propos pour le besoin des malades, & toûjours en presence du Maître, ou de quelque personne de confiance, afin de lui ôter l'occasion de s'en servir pour ses autres pratiques. Un coffre fourni de tous les remedes necessaires peut coûter quatre cent francs, & durer plusieurs années; il faut seulement renouveller chaque année ceux dont le tems affoiblit la vertu, ou que l'on a consommez. Nos Chirurgiens pour la plûpart n'ont que du Theriaque & de la Gomme gutte, avec quelque préparation d'antimoine; ce sont, à ce qu'on dit, de bons remedes, mais qui ne sont pas propres à tous les maux, ausquels ils les employent, souvent pour n'en avoir pas d'autres, & peut-être encore plus souvent par ignorance. On peut donc mettre pour la dépense du Chirurgien & des remedes cinq cent francs par an. Et voir par le compte qui suit toute la dépense de l'Habitation, dans laquelle je ne comprens pas la farine de manioc, l'huile à brûler & l'Eau-de-Vie que l'on fait chez soi.

## COMPTE DE LA DEPENSE d'une Habitation fournie de 120. Negres.

| | |
|---|---|
| Pour la viande salée. | 2600. liv. |
| Pour la toile. | 800. |
| Pour le Chirurgien & remedes. | 500. |
| Pour les ferremens. | 300. |
| Pour les gages du Rafineur. | 1200. |
| Pour sa nourriture quand il n'a pas la table. | 350. |
| A un Commandeur blanc. | 600. |
| Au même pour viande salée. | 60. |
| Pour les blanchets, alun, antimoine, &c. | 200. |
| TOTAL. | 6610. liv. |

Revenu tant en Sucre blanc, brut, & Eaux-de-Vie.   44640. liv.

dont soustrayant la dépense ci dessus que

j'ay mise où elle peut aller dans plusieurs années, les unes portant les autres, on se trouvera avoir de reste la somme de ... 18030. liv. sur lesquels le Maître prenant l'entretien de sa famille & de sa table, il faut qu'il fasse de grandes dépenses pour n'avoir pas de reste tous les ans dix mille écus ; sur tout s'il a, comme je le suppose un peu d'économie, qu'on ait soin d'élever des volailles de toute espece, des moutons, des cabrittes, des cochons, & que la viande de boucherie se paye au Boucher, par les bêtes qu'on lui donne.

Une terre de trois mille pas de hauteur, sur mille pas de large, est suffisante pour faire une Habitation de laquelle on puisse tirer pendant plus d'un siecle le revenu que je viens de dire. Voici comme je la voudrois partager. Supposé que je fusse maître de choisir le terrain, je cherche- rois d'avoir une riviere à ma liziere, qui me separât de mon voisin ; & même, si cela étoit possible, une de chaque côté. Je laisserois en savanne toute la largeur du terrain depuis le bord de la mer, jus- qu'à la hauteur de trois cent pas. Si le ter- rain étoit à une cabesterre, où les vents d'Est qui regnent sans cesse, brûlent les savannes, je laisserois une forte liziere de grands arbres au bord de la mer de qua-

*Disposition & partage d'un terrain pour faire une Habitation.*

rante à cinquante pas de large pour couvrir la savanne, & la défendre du vent, & mettre les bestiaux à couvert pendant la plus grande chaleur; & lorsque ces commoditez ne se trouvent pas, parce que le terrain auroit déja été défriché, j'y planterois des poiriers. Ce sont les seuls arbres qui croissent, & qui resistent au vent. Outre la commodité qu'ils apportent en couvrant la savanne, & en servant de retraite au bétail, ils sont excellens pour une infinité d'ouvrages, & viennent fort vîte. On les doit planter avec simetrie, & en faire des allées; puisqu'il ne coûte pas plus de les planter de cette maniere, que sans ordre, & en confusion.

Si le terrain a quelque élevation vers le milieu de sa largeur, & un peu au-dessus des trois cent pas qu'on a laissez pour la savanne, il faut le choisir preferablement à tout autre pour y bâtir la maison du Maître. Elle doit être tournée de maniere que la face regarde la mer, ou du moins le principal abord, & que les vents ordinaires n'y entrent que de biais, pour n'y être pas insupportables, comme ils sont quand ils battent à plomb dans les fenêtres, qu'ils obligent de tenir toûjours fermées. Il est vrai qu'on y remedie en se servant de châssis de toile claire: car l'usage des vîtres, n'étoit pas encore introduit aux Isles en 1705. mais il est toûjours incommode d'être enfermé dans une maison, sans pouvoir joüir de la fraîcheur que l'air y apporte quand son entrée est bien ménagée.

Lorsque les bois étoient communs dans les Isles, toutes les maisons étoient de bois. On prétendoit alors qu'elles étoient plus saines, que si elles eussent été de maçonnerie: on a changé de sentiment depuis que les bois sont devenus rares, & très chers ; on a commencé à bâtir de maçonnerie, & on prétend qu'on s'en trouve mieux pour plusieurs raisons. En effet, ces maisons sont plus sûres, elles durent bien plus long-tems, il y a beaucoup moins de reparations à y faire, elles sont moins sujettes au feu, les ouragans n'y peuvent pas causer tant de dommage, & l'épaisseur des murs est plus en état de resister à la violence de la chaleur qu'on ressent pendant le jour, & au commencement de la nuit, & au froid piquant qui se fait sentir vers le point du jour, qui cause souvent des maladies dangereuses. Il est vrai, que les tremblemens de terre y sont plus à craindre que dans des maisons de charpente ; mais ils se font sen-

*Les maisons de maçonnerie doivent être preferées à celles de charpente.*

tir si rarement aux Isles, que c'est une pure terreur panique que de les apprehender.

La maison doit être accompagnée d'un jardin autant qu'il est possible, & avoir à côté, ou derriere elle les Offices, les Magazins, la Purgerie, l'Etuve, & dans une distance raisonnable la Sucrerie & le Moulin, afin que le Maître puisse voir commodement ce qui s'y passe, sans être incommodé du bruit qui s'y fait. Les cases des Negres doivent toûjours être sous le vent de la maison, & de tous les autres bâtimens, à cause des accidens du feu qui s'y peut allumer, & dont les flâmes pourroient être portées vers les autres bâtimens. Quoique ces cases soient très-peu de chose, on ne doit pas negliger de les bâtir avec ordre, un peu éloignées les unes des autres, separées par une ou deux ruës, dans un lieu sec & découvert, & avoir soin que les Negres les tiennent toûjours propres. On doit pratiquer le parc où l'on renferme les bestiaux pendant la nuit, à côté des cases des Negres. Par ce moyen ils en sont tous responsables, & ont interêt d'empêcher qu'on n'en dérobe aucun pendant la nuit. Car c'est une chose presque certaine, que les Negres étrangers ne viennent jamais faire un vol dans une

Françoises de l'Amerique.   453

1696.

Habitation sans l'aveu & le consentement de quelques-uns de ceux de la maison à qui ils ne manquent pas de faire part de leur butin.

Les meilleures de toutes les lizieres ou hayes, pour enfermer les Cannes, les jardins, les parcs, & autres lieux que l'on veut conserver, sont les Orangers communs, ou ceux de la Chine, & à leur défaut le bois immortel, ainsi que je l'ay expliqué dans ma premiere Partie.

*Bois propres pour faire les lizieres.*

J'ay dit ci-devant qu'il étoit plus commode d'avoir une riviere à côté de son terrain que dans le milieu, à cause des dégats que les rivieres font lorsqu'elles sont débordées. De quelque maniere qu'elle soit placée, il faut tirer un canal pour faire un Moulin à eau dans le lieu le plus commode, par rapport à sa situation & à la maison du Maître. Il faut encore ménager l'eau de maniere qu'après qu'elle a servi au Moulin, ou avant d'y arriver, elle passe à côté des bâtimens & des cases des Negres, où elle est d'un usage infini. Car rien n'est plus à souhaiter dans un établissement que la commodité de l'eau, soit pour arrêter les incendies, soit pour les besoins de la Sucrerie, de la Purgerie, de la Vinaigrerie, de la Cuisine, du Jardin, des cases des Negres, & des Negres

*Usage qu'on doit faire d'une riviere.*

mêmes, qui tous tant qu'ils sont aiment fort à se laver, & si par accident ils l'oublient, il faut les en avertir bien serieusement, n'y ayant rien qui contribue davantage à leur santé.

Tous les bâtimens, jardins, parcs & leurs dépendances peuvent occuper un espace de trois cent pas en quarré, qui étant pris au milieu de tout le terrain, les Cannes se trouveront des deux côtez, & au-dessus du Moulin, de maniere que les plus éloignées n'en seront qu'à quatre cent pas ou environ, ce qui sera une grande commodité pour le charroi, & pour le chemin que les Negres auront à faire pour se rendre sur le lieu du travail. Le terrain occupé par les Cannes sera de trois cent cinquante pas de large, de chaque côté de l'établissement, & de trois cent pas de haut, ce qui produira vingt-un quarrez de cent pas, & si nous en mettons quatre cent pas de haut au-dessus de l'établissement sur toute la largeur du terrain qui est mille pas, nous en aurons quarante autres quarrez de cent pas, qui feront cinquante-un quarrez de cent pas chacun, qui suffiront pour produire tous les ans plus de sept mille formes de Sucre, en prenant les Cannes les unes après les autres à l'âge de quinze à seize mois.

C'est une erreur de croire qu'on fait plus d'ouvrage en partageans ses forces, & faisant rouler deux Sucreries, que de n'en avoir qu'une dans le même terrain. Il ne faut prendre ce parti, que lorsqu'on y est absolument contraint, ou par la situation du terrain qui empêche qu'on ne puisse conduire commodement les Cannes au Moulin, ou lorsqu'on a tant de Terres & tant d'Esclaves qu'on peut faire valoir tout à la fois deux grands établissemens, & avoir l'œil également sur tous les deux. Lorsque ces deux choses ne nous obligent point à partager les forces, il vaut mieux les tenir unies, & avoir un plus grand nombre de chaudieres dans une même Sucrerie. Si un Moulin à eau ne suffit pas pour les entretenir, ce qui est assez difficile à avoir, il est plus à propos d'avoir un Moulin à chevaux à côté du premier, si le peu d'eau de la riviere, ne permet pas d'avoir un second Moulin à eau, afin que tout le Sucre se fasse dans une même Sucrerie, qu'un même Rafineur puisse tout conduire ; & que le Maître voye d'un coup d'œil tout ce qui se passe chez lui.

Outre le manioc & les patates qui sont dans les allées qui separent les pieces de Cannes, il faut destiner une quantité de terre au-dessus des Cannes pour ces deux choses, & pour le mil, les ignames, l'herbe de coffe, & autres choses dont on a besoin. Et ménager autant qu'il est possible les bois qui sont debout, se souvenant que quelque quantité qu'on en ait, on en voit toûjours la fin trop tôt.

A mesure qu'on coupe du bois pour brûler, si le terrain se trouve propre pour faire une cacoyere, il ne faut pas manquer d'en profiter. On verra par ce que je me reserve à dire du Cacao dans ma derniere Partie, le profit qu'on peut tirer de cette marchandise, & avec quelle facilité on la peut faire. Ainsi un Habitant qui auroit une Habitation comme celle que je suppose ici, peut en augmentant de quinze ou vingt Esclaves, le nombre de ceux qu'il a déja, entretenir cent mille arbres de Cacao, & augmenter son revenu de quarante mille francs tous les ans, quand même nous supposerions que cent mille pieds d'arbres ne produiroient qu'un peu plus d'une livre de Cacao par an l'un portant l'autre, & que le Cacao ne seroit vendu que sept ou huit sols la livre. D'ailleurs ces vingt personnes peuvent encore entretenir toute l'Habitation de farine de manioc en cultivant la cacoyere.

Si on s'étonne que j'ay laissé tant de terrain en savanne, on se souviendra que
pour

pour faire valoir une Habitation telle que je l'ai supposée, il faut au moins quatre cabroüets, qui demandent chacun huit bœufs, & qu'au lieu de six bœufs de rechange, dont j'ai parlé ci-devant, il feroit plus à propos d'avoir un attelage pour chaque cabroüet, ce qui feroit quarante-huit bœufs. Outre cela on ne se peut pas passer d'une vingtaine de vaches portantes avec leur suite, soit pour avoir du lait, soit pour remplacer les bœufs qui meurent, ou qu'on donne au Boucher : de sorte qu'on se trouvera avoir cent bêtes à corne qu'il faut entretenir toute l'année du produit journalier de cette savanne. Si on a un moulin à chevaux, c'est un nouveau nombre de bouches à nourrir. Il n'en faut pas moins de vingt-quatre pour le moulin, cinq ou six de rechange, quelques cavales & leur suite, & on trouvera encore cinquante chevaux qui mangent plus que cent bêtes à corne, parce que celles-ci ne mangent qu'une partie du jour, & les autres mangent jour & nuit. Il faut encore songer à entretenir un troupeau de moutons & de chevres, sans quoi on dépense beaucoup d'argent, & on est souvent mal servi ; sur quoi cependant il faut observer, que pour conserver les savannes, il ne faut pas souffrir que les moutons y paissent, parce que coupant l'herbe comme ils font jusqu'à la racine, ils l'empêchent de repousser, & leurs excremens la brûlent, & la font mourir. Il faut les faire paître sur les falaises au bord de la mer, où l'herbe qui y vient étant courte, seche, & salée, leur est infiniment meilleure, les engraisse mieux, & rend leur chair plus délicate, & plus savoureuse, que s'ils étoient dans la meilleure savanne. Il faut encore avoir soin de faire sarcler les savannes, si on veut les conserver, parce que les bestiaux sement par tout les graines des fruits qu'ils mangent, & sur tout des goyaves. Les coloquintes y font aussi un dommage très-considerables, aussi bien que beaucoup d'autres mauvaises herbes, & arbrisseaux qui couvrent, & qui font mourir la bonne herbe, si on n'a pas soin de les nettoyer souvent.

*Avis aux Habitans.*

Un Habitant qui veut faire valoir son bien comme il faut, ne sçauroit assez se mettre dans la tête, qu'il doit tout voir par lui-même, sans s'en rapporter à ses Commandeurs ou Economes. Il ne doit jamais entreprendre beaucoup de travaux differens à la fois; mais il doit les faire les uns après les autres, être toûjours en devant de son travail, c'est-à-dire, le prévoir long-tems avant qu'il le doive faire executer, ne l'abandonner point pour courir à un autre, parce que pendant ce tems-là, le premier se gâte, & c'est à recommencer. Ces pertes de tems sont irreparables, & d'une dangereuse consequence. Il ne doit jamais forcer le travail; il vaut bien mieux se contenter d'un travail mediocre & moderé, mais qui soit continuel, que de le pousser avec vehemence, & mettre sur les dents les esclaves, & les bestiaux, & être obligé de discontinuer. Une conduite sage & reguliere, fait trouver à la fin de l'année bien des travaux achevez, & les esclaves & les bestiaux en état de continuer. Il doit sur toutes choses se souvenir qu'il est Maître de ses esclaves, & qu'il est Chrétien. Ces deux qualitez lui doivent inspirer des sentimens de justice, d'équité, de douceur & de moderation pour eux, de sorte qu'il n'en exige jamais rien par la force & la violence des châtimens, quand il le peut faire faire par la douceur. Il doit avoir un soin continuel & tout particulier, de leur instruction & de leur salut, & ensuite de leur nourriture & entretien, soit qu'ils soient vieux ou jeunes, sains ou malades, en état de servir ou invalides.

Il doit autant qu'il est possible faire les provisions des choses necessaires à son Habitation dans les tems convenables, c'est-à-dire, lorsqu'il y a beaucoup de Vaisseaux, & que ces choses sont à un prix raisonnable. Il doit faire venir de France pour son compte celles qui ne se gâtent point sur mer, comme sont les farines, les toiles, les ferremens, les épiceries, les blanchets, les soûliers, chapeaux, & autres choses necessaires pour sa Maison & son Habitation, même le beurre, la chandelle, la cire, les médicamens. Selon les tems de Paix ou de Guerre, & que le fret est cher ou à bon compte; il doit faire venir les viandes salées, comme le bœuf, le lard, & autres choses semblables. Pour ce qui est du vin, eau-de-vie, huile, & autres liqueurs, il vaut mieux risquer de les acheter plus cher aux Isles, que d'en faire venir pour son compte, à moins d'avoir part dans un Vaisseau, parce qu'en ce cas, on seroit un peu plus sûr, que ce qu'on y auroit embarqué, seroit mieux conservé. Ce n'est pas l'affaire des Habitans de prendre interêt dans les Vaisseaux. J'en ai connu beaucoup, qui ont eu cette démangeaison, & tous s'en sont repentis : car bien loin d'y gagner, ils y ont perdu leur capital, & souvent quelque chose de plus.

Il y a très-peu de caves dans les Isles, & le peu qu'il y en a ne valent rien. Il vaut mieux se servir de celliers, qui ayent de petites fenêtres du côté du vent, pour donner de la fraîcheur, & qui ne soient point exposez au midi. Lorsqu'on n'a pas cette commodité, il vaut mieux mettre le vin en bouteilles dans le haut de la maison, il s'y conserve en perfection, pourvû que le soleil ne donne point dessus, & qu'il ait de l'air & du vent.

Les vins de France veulent être peu gardez dans les futailles. Ceux d'Espagne, de Madere, de Canaries s'y conservent tant qu'on veut, pourvû qu'on ait soin de tenir les tonneaux toûjours pleins. Les uns & les autres ne courent aucun risque de se gâter, si on les tire dans des dames-jeannes, qui sont de grosses bouteilles de Provence, qui tiennent depuis six jusqu'à seize & dix-huit pots mesure de Paris. On fait en Bretagne des bouteilles de moindre capacité, d'un verre beaucoup plus fort & plus épais. On s'en sert pour soûtirer les dames-jeannes, qu'il n'est pas sûr d'entamer, sans les vuider entierement en des bouteilles plus petites, bien pleines & bien bouchées, où les liqueurs ne se gâtent jamais. C'est ainsi qu'en usent les Anglois, que l'on doit regarder comme d'excellens modeles en tout ce qui concerne les boissons, parce que s'étant fait une étude particuliere de ce qui regarde une chose qui les touche de si près, ils ont acquis là-dessus des connoissances merveilleuses, & d'une étenduë infinie.

Lorsqu'on a quantité de bœuf & de lard en barils, il est necessaire pour les conserver, de les entretenir de bonne saumure, dont il faut les remplir à mesure qu'on remarque que celle qui y étoit se dissipe & se perd.

Le dernier avis que j'ai à donner à un Habitant, est de vendre ses Sucres, & ses autres denrées en argent comptant, ou en Lettres de Change bien assûrées, & de ne payer ce qu'il achete qu'en Sucre ou autre chose provenant du fond de son Habitation. C'est le secret de s'enrichir. Par ce moyen il aura le débit de ses denrées ; il vaut mieux qu'il lâche un peu la main en vendant argent comptant, que de se tenir trop roide, aux risques de laisser passer le tems de la vente, dans l'esperance de vendre plus cher. Il vaut mieux encore vendre comptant aux Isles, ou en Lettres de Change, que d'envoyer ses effets en France, parce que le fret, les entrées, les tares, les barriques, les droits des Compagnies, le Magasinage, les avances & les commissions emportent le plus clair du profit, & quelquefois même une partie du principal, & laissent le Proprietaire pendant un long-tems dans l'anxieté du sort de ses marchandises. Une autre raison encore, qui me porte à conseiller à un Habitant de vendre toûjours argent comptant ou en Lettres de Change, & de payer en marchandises, est parce qu'il est toûjours Maître de faire des marchandises sur son Habitation autant qu'il veut, ou du moins autant que sa terre le peut permettre; mais il n'est pas en son pouvoir de faire de l'argent, qui est la chose du plus grand usage, puisqu'on le convertit quand on veut en Terres, en Charges, en Rentes, en Maisons, & autres établissemens, ce qu'on ne peut pas faire si commodement avec des Magasins pleins de Sucre.

Voilà à peu près tout ce qu'on peut dire sur la Manufacture du Sucre, ou du moins ce que j'en ai appris pendant près de dix années que j'ai eu l'administration des biens de nos Missions, qui consistent en Sucre, Cacao, Coton, & autres denrées du païs, comme ceux des autres parties du monde consistent en blé, vin, huile & fruits; & comme ce seroit une injustice de vouloir nous faire passer pour des Marchands, parce que nous vendons ce que nous avons de trop de blé, de vin, d'huile, pour acheter ce qui nous manque; de même je laisse aux jugement des personnes sages, si ce n'est pas une tres-grande injustice, d'accuser les Religieux des Isles d'être des Commerçans, parce qu'ils vendent leurs Sucres pour acheter du pain, du vin, des toiles, des étoffes, & autres choses qu'ils ne trouvent pas dans le fond de leurs terres.

Quoique je n'aye rien negligé pour m'instruire sur cette matiere, ceux qui auront acquis plus de lumieres que moi, obligeront le Public de me les communiquer, afin que je lui en fasse part dans une seconde Edition de ces Memoires, s'il y en a une, dans laquelle je ne manquerai pas de faire connoître à qui on sera redevable de ce que je dirai de nouveau.

*Des Manufactures que l'on pourroit établir aux Isles, & des Marchandises que l'on y peut porter, & sur lesquelles il y a un profit considerable à faire.*

LES marchandises que l'on tire des Isles se sont reduites jusqu'à present au Sucre blanc & brut ; à l'Indigo, au Rocou, au Cacao, au Coton, au Tabac, à la Canifice ou Casse, au Gengembre, à l'écaille de Tortuë, aux Confitures, & à quelques Cuirs verds. J'ai parlé assez amplement de toutes ces marchandises dans les trois premiers Tomes, il n'y a que le Cacao & le Chocolat que j'ai remis au commencement du sixiéme Volume. J'ai écrit les bonnes & les mauvaises façons de ces denrées, leurs défauts, & la maniere de les connoître, pour n'y être pas trompé.

J'avoüe que voilà assez de marchandises pour faire le fond d'un Commerce très-considerable ; mais quel inconvenient y auroit il de l'augmenter encore ? Les revenus du Roi, & le bien de ses Sujets doivent-ils être renfermez dans des bornes aussi étroites, que s'il y avoit un danger évident à les accroître, en essayant la culture du Thé, du Caffé, du Senné, de la Rubarbe, du Poivre, des Epiceries fines, c'est à dire, de la Canelle, du Gerofle, de la Muscade, & l'établissement de plusieurs Manufactures, dont je parlerai dans la suite, & dont je montrerai l'utilité, & la facilité.

*Le Thé vient naturellement aux Isles.*

A l'égard du Thé, il croît naturellement aux Isles. Toutes les terres lui sont propres, j'en ay vû en quantité à la Basseterre, & aux Cul-de-Sac de la Martinique. On l'appelle Thé sauvage, parce qu'il vient sans culture; ce qui peut diminuer quelque chose de sa vertu.

C'est un arbrisseau de quatre à cinq pieds de hauteur, soûtenu par une maîtresse racine assez grosse, pour l'arbrisseau quelle soûtient accompagnée de plusieurs racineaux, qui s'étendent, & de quantité de chevelure. Le tronc n'a guéres plus d'un pouce ou d'un pouce & demi de diametre, du moins n'en ai-je point vû de plus gros. Il pousse quantité de branches droites, déliées, souples, & qui ont aussi bien que le tronc un peu de moüelle. L'écorce des branches est verte & mince; celle du tronc est plus épaisse & plus pâle. Toutes les branches & les rameaux qui en sortent sont extraordinairement chargées de petites feüilles fermes, dentelées, environ deux fois plus longues que larges, d'un beau verd, bien nourries, succulentes, & qui n'ont presque pas de queüe.

Sa fleur est un Calice composé de dix feüilles, les cinq exterieures sont vertes, & posées de maniere qu'elles soûtiennent les interieures dans le point de leur separation. Les cinq interieures sont blanches, délicates, refenduës jusqu'au milieu de leur hauteur. Elles renferment quatre étaminées, dont le chapiteau est semé d'une poussiere jaune ou dorée, au milieu desquelles est un pistis, qui a son sommet chargé de petites graines presque impalpables comme de la poussiere blanche. C'est de la base de ce pistis que le fruit sort; il est oblong, & composé de deux lobes, sur chacun desquels il y a une raineure. Il s'ouvre de lui-même, quand il est meur, & se trouve plein de très-petites semences ou graines rondes, grises, & assez fermes, qui étant semées levent facilement, & produisent l'arbrisseau, dont les feüilles & les fleurs sont ce qu'on recherche, & dont l'infusion dans l'eau chaude fait la boisson ordinaire des Chinois, & des Peuples voisins, dont les Européens se servent à leur imitation, & à laquelle il a plû aux Medecins d'attacher de grandes vertus, bien moins réelles pourtant que le profit qu'y font les Marchands qui le débitent.

Ces feüilles étant cuëillies, & exposées au Soleil, se sechent, & se roulent d'elles-mêmes ; ce qui n'est pas particulier au Thé de la Chine, comme le vulgaire se le persuade, puisqu'on le remarque dans toutes sortes de feüilles qui sont longues & délicates. Nôtre Thé Ameriquain a naturellement aussi-bien que celui de la Chine l'odeur de violette. Il est vrai qu'il m'a semblé qu'il l'avoit moins forte. Cela peut venir de plusieurs causes, comme d'avoir été cuëilli avant sa parfaite maturité, ou trop long-tems après que les feüilles étoient meures ; de n'avoir pas bien pris la saison & la temperature de l'air qui étoit convenable, de les avoir exposées au Soleil en les sechant, qui a fait évaporer par sa chaleur leur odeur naturelle, comme on voit qu'il arrive aux fleurs des Orangers, & des Citronniers, aux Roses, aux Jasmins, aux Tubereuses, qui ne rendent presque pas d'odeur, lorsqu'elles sont exposées au Soleil, au lieu qu'elles embaument l'air la nuit, le soir & le matin.

Dans le fond il est constant, que nôtre Thé a naturellement cette odeur, & qu'il ne sera pas difficile de lui en donner autant qu'à celui de la Chine, en recherchant avec un peu d'application le tems propre à le cueillir, & la maniere de le faire secher : car pour tout le reste, c'est assûrement la même chose.

Un Chirurgien d'un Vaisseau de Nantes, qui chargeoit au Cul-de-Sac de la Trinité de la Martinique, avoit amassé une partie considerable de Thé du païs, qu'il vendit très bien en France, sur le pied de Thé de la Chine. Tous ceux qui en avoient acheté, s'en loüoient beaucoup, & auroient toûjours demeuré dans les mêmes sentimens, si le Vendeur n'avoit pas eu à la fin l'imprudence de dire, que ce Thé venoit de la Martinique, & qu'il ne lui avoit coûté que la peine de le cueillir, & de le faire secher sur un linge au Soleil, en le remuant souvent, pour le faire secher plus vîte & plus également. Il n'en fallut pas davantage pour décrier sa marchandise, & pour y trouver des défauts qu'on n'y avoit point remarquez, & dont on ne se seroit peutêtre jamais avisé ; tant il est vrai que l'imagination préoccupée a plus de part que la raison dans la plûpart des jugemens que nous portons des choses.

J'ai usé plusieurs fois de ce Thé, & j'en ai fait prendre à des gens qui passoient pour de bons connoisseurs, qui cependant n'ont jamais pû distinguer celui de la Martinique d'avec celui de la Chine, quoique je les eusse averti, que des deux tasses qu'on leur presentoit, il y en avoit une de Thé des Isles. Toute la tromperie que j'y avois faite, étoit de l'avoir conservé dans une boëte où il y avoit eu de l'Iris de Florence, pour augmenter l'odeur de violette qu'il avoit déja, & le rendre plus semblable à celui de la Chine. Qui sçait si les Chinois, ou ceux qui le débitent en Europe, n'aident point par quelque artifice leur marchandise à rendre cette odeur?

Les Officiers d'un Vaisseau François, qui venoit des Grandes Indes, firent present à M. Robert Intendant de Marine à Brest, & alors Intendant aux Isles, d'un peu de la graine qui produit l'arbrisseau du Thé. Ces graines furent semées dans le jardin de l'Intendance, elles leverent facilement, & produisirent des arbrisseaux bien chargez de fleurs, de feüilles & de graines, dont il seroit aisé de multiplier assez l'espece pour fournir toute l'Europe & l'Amerique de Thé, sans en aller chercher si loin, & avec tant de risques & de dépenses.

M. de la Guarigue Savigni, Chevalier de S. Loüis, & Lieutenant de Roi de la Guadeloupe, qui joint à beaucoup de probité & de valeur une connoissance fort étenduë des simples & de leur culture, ayant eu de la même graine qui venoit à droiture de la Chine, & que l'on disoit être du Thé Imperial, la sema dans son jardin avec de grandes précautions pour qu'elle ne fût point emportée par les fourmis, ou gâtée par quelque accident. Elle leva heureusement & produisit des arbrisseaux fort beaux & fort chargez de feüilles, qui se trouverent être les mêmes en toutes choses, que nôtre Thé prétendu sauvage, qui vient par tout en abondance & sans culture; de sorte que les Esclaves de cet Officier ne purent s'empêcher de lui dire, qu'il les avoit fait beaucoup travailler pour cultiver un arbrisseau, dont ils pouvoient dans une journée lui en apporter de quoi charger un Navire.

On dira peut être que la graine venuë de la Chine s'est abâtardie aux Isles, comme il arrive au bled, aux pois, & autres graines que l'on transporte d'Europe en Amerique, comme je l'ai moi-même remarqué, au commencement de ces Memoires ; mais la réponse est aisée. Il est vrai que toutes les graines venuës d'Europe produisent d'abord fort peu de chose aux Isles ; mais ce peu étant mis en terre produit a merveille, & multiplie infiniment, tant pour la grosseur, que pour la bonté & la quantité de ce qui en provient. Quand on pourroit dire la même chose des semences du Thé venuës de la Chine, il faudroit dire que les créolles produiroient à coup sûr du Thé dans toute sa perfection : c'est ce qui est aisé d'éprouver, & faire ensuite les épreuves que j'ai marquées ci-devant sur le temps de la cüeillette des feüiles, la maniere de les faire secher & de les conserver pour les rendre semblables en toutes choses à celles de la Chine. On ira peut-être plus loin ; elles se trouveront meilleures, & je n'en doute point, pourvû qu'on puisse se défaire des préventions que l'on a pour ce qui est étranger, qui vient de loin, & qui est cher.

Nos Insulaires à qui il est difficile de rien reprocher sur le chapitre de la politesse & de la magnificence, prennent le Thé comme on le prend chez les Chinois de distinction. Ils ne mettent point de Sucre dans la tasse, mais prennent un morceau de Sucre candi dans la bouche qui fond lentement, & à mesure qu'on avale le Thé. Les esclaves qui le servent, ont soin de remplir la tasse autant de fois qu'on la laisse droite sur la soucoupe, il faut la renverser quand on ne veut plus boire : c'est la pratique de la Chine qui semble devoir accompagner la boisson qui en vient. Nous l'apprîmes aux Isles du R. P. Tachard, lorsqu'il y passa au retour d'un de ses voyages en 169...

J'ai eu vingt fois la pensée étant aux Isles de semer ou planter du Caffé, pour éprouver s'il y viendroit. Ce qui m'en a empêché, est l'erreur où j'étois encore alors, aussi-bien qu'une infinité de gens qui croyent qu'on fait passer les féves de Caffé par des lessives, ou par le four, pour faire mourir leur germe, à peu près comme on dit que les C... font de toutes les graines qu'ils donnent à ceux qui leur en demandent. J'avois aussi entendu dire la même chose du Gerofle & de la Muscade. Mais depuis mon retour en Europe j'ai esté pleinement desabusé, & j'ai sçû par de fort honnêtes gens qu'à l'égard du Caffé, on n'y fait point d'autre façon que celle que nous faisons aux Pois & aux Féves. On le laisse secher au Soleil jusqu'à ce que la cosse ou silique qui le renferme, s'ouvre d'elle-même, & que le fruit en sorte.

D'autres personnes m'aïant assûré qu'elles avoient vû germer & lever du Caffé qu'elles avoient semé à Paris, & me trouvant alors à Marseille, j'en cherchai du plus frais qu'il y eût, & sur tout de celui qui étoit encore renfermé dans la cosse; & en ayant trouvé environ trois livres, je les envoyai à nos Peres à la Martinique, afin qu'ils le semassent en des lieux differens & en des saisons differentes. Il y a apparence qu'ils en firent un autre usage, & qu'ils auroient été bien fâchez qu'il eût levé & produit un arbre dans le lieu où ils l'avoient planté. Ils ont bien fait d'en avoir usé de la sorte; car j'ai appris très-certainement depuis ce temps-là que le Caffé veut être mis en terre non-seulement aussi-tôt qu'on l'a tiré de sa silique, mais même dans le temps qu'on vient de la détacher de l'arbre. Cette condition rendroit la culture du Caffé impossible aux Isles, si les Hollandois n'avoient pas fait present au Roi défunt quelque temps avant sa mort, de deux arbres de Caffé qui sont actuellement au Jardin Royal, qui portent du fruit, qui étant semé avec la précaution que je viens de dire, produiront des arbrisseaux de leur espece. Il seroit très-facile d'en envoyer quelques-uns dans des caisses aux Isles, où ils multiplieroient immanquablement, & deviendroient le fond d'un très grand commerce.

Quelque temps avant de partir des Isles j'avois semé du Poivre dans une caisse pleine de terre : il en étoit levé quelques grains assez bien, dont les jets avoient plus de quatre pouces de hauteur quand je m'embarquai. Je recommandai la caisse à un de nos Negres, sans lui dire ce que c'étoit, esperant de trouver mes plantes en bon état à mon retour. Mais comme mon voyage a été plus long que je ne pensois, & qu'il y a peu d'apparence que je retourne aux Isles, j'écris ici ce que j'avois commencé, afin que ceux qui verront ces Memoires, puissent cultiver cet arbrisseau qui seroit d'un très-grand profit pour le Païs & pour le Royaume. Car pourquoi negliger de recüeillir chez nous, quand nous le pouvons, une chose que nous allons chercher avec beaucoup de risques & de dépenses chez les Etrangers ?

A l'égard des Epiceries fines, je suis persuadé qu'il n'est pas impossible de les cultiver dans nos Isles dès qu'on voudra faire les dépenses necessaires pour cela, &

ne se rebuter pas, comme on fait ordinairement, lorsqu'on trouve des difficultez dans le commencement, & qu'on ne réüssit pas du premier coup.

C'est un bruit commun à la Guadeloupe que quand les Hollandois chassez du Bresil, y furent reçûs, un d'eux plus curieux que les autres, y avoit apporté un Muscadier qu'il avoit mis en terre dans son Habitation, où cet arbre profitoit à merveille, & auroit infailliblement apporté du fruit, qui auroit servi à multiplier son espece, si un autre Hollandois en ayant eu connoissance, & jaloux de ce que les François alloient avoir ce tresor pour lequel ceux de sa Nation ont soûtenu tant de guerres, & fait tant de dépenses, ne l'avoit arraché pendant la nuit & brûlé. Quelque diligence que j'aye pû faire, je n'ai jamais pû sçavoir si cet Hollandois avoit apporté cet arbre des Indes Orientales, ou s'il l'avoit fait venir de semence au Bresil. Quoiqu'il en soit, je ne croi pas qu'il fût impossible de gagner quelqu'un des Gardiens des Isles où le Gerofle & la muscade naissent, pour en avoir quelques pieds, les cultiver pendant quelque temps à Mascareigne, ou dans les endroits où la Compagnie a des Etablissemens & des Compoirs, en étudier la culture, & puis en transporter l'espece dans nos Isles, où il seroit aisé de lui trouver un terrain propre, soit par sa nature, soit par son exposition au Soleil.

Quant à la Canelle, on peut voir ce que j'en ai dit dans ma seconde Partie, en parlant de la Canelle bâtarde, ou Bois d'Inde, car c'est la même chose. Jean Ribeyro Portugais, dans l'Histoire qu'il a donnée de l'Isle de Ceylan en 1685. la décrit d'une maniere, qu'il est impossible de ne pas reconnoître dans la peinture qu'il en fait, l'arbre à qui nos premiers François ont donné le nom de Bois d'Inde. C'est la même feüille, la même odeur, le même fruit. Il est vrai que les Bois d'Inde de nos Isles sont beaucoup plus grands & plus gros que les Caneliers de Ceylan. Il ne faut pas s'en étonner ; ils ont bien des années, & peut-être des siecles. L'écorce dont on les dépoüille, est plus épaisse, & a une odeur & un goût de gerofle, ce qui fait que les Italiens, à qui les Portugais en envoyent une quantité considerable pour la reduire en poudre, & en faire ce qu'on appelle l'épice douce, la nomment *Canella garofanata*, c'est-à-dire, Canelle geroflée. Peut-être qu'on ne trouveroit pas ce goût trop fort de gerofle dans les écorces de nos Bois d'Inde, si on se contentoit d'en dépoüiller seulement les plus petits & les plus jeunes, & de ne se servir que de la seconde écorce, ou écorce interieure, qui est toûjours plus fine & plus délicate & d'une odeur plus douce.

On sçait que les Portugais ont un grand nombre de Caneliers au Bresil, soit qu'ils en ayent apporté l'espece avec eux quand ils furent obligez d'abandonner l'Isle de Ceylan, soit qu'ils l'ayent fait venir depuis, soit qu'ils l'ayent tirée de la côte de Malabar, qui en est toute remplie, ou de la Chine, de la Cochinchine, des Isles de Timor & de Mindenaö, car cet arbre se trouve dans une infinité d'endroits. Il est sûr que les Caneliers viennent parfaitement au Bresil, & qu'encore qu'ils ne soient pas aussi parfaits que ceux d'une contrée de l'Isle de Ceylan, on ne laisse pas de s'en servir & de s'en bien trouver. Car il est bon de remarquer que toute la Canelle de Ceylan n'est pas également bonne; & il y a une difference très-grande entre celle qui croît depuis Ceyta Vaca jusqu'à Colombo, & celle qui vient depuis Grudumalé jusques à Tenevaré. Or comme un homme passeroit pour un ridicule, s'il ne vouloit boire que du vin de Champagne, & encore de celui qui est le plus excellent à quelque prix qu'il fût, & quelque peine qu'il fallût prendre pour en avoir, & qu'à son défaut il aimât mieux ne boire que de l'eau, de même il me semble qu'il est ridicule d'aller chercher à grands frais chez ses voisins ce qu'on peut avoir chez soi à bon marché, d'une qualité un peu inferieure à la verité, mais dont il n'y auroit qu'à diminuer la dose pour lui faire produire le même effet.

D'ailleurs est on bien sûr que les Hollandois, qui se sont rendus maîtres du Commerce de Ceylan, n'apportent que la Canelle excellente de Ceyta Vaca, & de Colombo, & qu'ils n'y mêlent point quelques parties de celle des autres endroits? La difference que l'on remarque entre les paquets, qui font une balle de Canelle, est quelquefois trop grande, pour ne pas donner lieu de croire qu'elle ne vient pas toute du même endroit. On ne sçait que trop, que la bonne foi des Marchands ne va pas jusqu'au scrupule.

Ainsi quand nos Insulaires François cultiveroient les bois d'Inde où les Canelles bâtardes qui croissent naturellement chez eux, qu'ils auroient soin de les abbattre dès qu'ils sont arrivez à une certaine grosseur en l'écorce devient trop épaisse, & trop materielle, qu'ils les dépoüilleroient seulement tous les trois ans, & qu'ils ne prendroient que la seconde écorce. Ne rendroient-ils pas un service considerable à leur Nation, en lui fournissant à bon marché une chose, que que les étrangers lui vendent si cher; & ne se feroient-ils pas à eux-même un revenu considerable d'une chose qui leur coûteroit si peu de travail & de dépense.

Que si après des experiences réïterées & faites avec sagesse & patience, on ne pouvoit pas rendre nos Caneliers naturels, aussi bon que ceux de Ceylan, ne pourroit-on pas cultiver de ceux du Bresil, où de ceux des Indes Orientales, que nos Vaisseaux nous apporteroient, & même des meilleurs de Ceylan, malgré toute la vigilance de ceux qui les gardent.

J'ai parlé de la Casse ou Canifice dans ma premiere Partie, où le Lecteur pourra voir ce que j'en dis, & se convaincre de l'inutilité qu'il y a d'aller acheter dans le Levant à prix d'argent une drogue que l'on peut avoir dans nos Isles en troc de marchandises; ce qui est le veritable & plus avantageux Commerce, sur tout la Casse des Isles étant meilleure, & la pouvant avoir toûjours recente.

1696.

Outre le Canificier qui est un très-gros arbre, nous avons un petit arbrisseau, qu'on appelle communement Cassier, quoique très-improprement: car il ne porte point de Casse, d'ailleurs il est foible, ne croît jamais à plus de deux ou trois pieds de hauteur, & ne porte de fruit que de très-petites siliques, qui renferment sa graine. Ce qu'il a de bon sont ses feüilles. Elles sont si semblables à celles du Senné en toutes leurs parties, qu'il est impossible de les distinguer du Senné qui vient du Levant, avec cet avantage qu'elles en ont la vertu en dégré superieur. Les gens sages, ne se servent point d'autre Senné dans nos Isles, observant seulement d'en mettre une dose plus petite dans les Medecines ou autres remedes dans lesquels on les fait entrer.

Senné.

On pourroit ne se servir en France que de la Casse & du Senné venant des Isles, on les auroit plus recentes, & à meilleur marché, que ce qui vient du Levant.

Quand on n'emploiroit l'écorce des paletuviers ou mangles d'eau salée qu'à tanner les cuirs, ne seroit-ce pas encore de quoi faire un bon Commerce? On le pourroit substituer dans presque toute

Tome III. X

l'Italie à certains glands qu'on appelle valonée, qu'on va chercher sur les Côtes de Dalmacie, aux Isles de l'Archipel, & dans les Echelles du Levant pour tanner les cuirs.

Il est certain, que si on vouloit planter des Oliviers dans nos Isles, ils y viendroient en perfection, & qu'ils rapporteroient plûtôt, & plus abondamment qu'en Europe, sans être sujets à la gêlée qui les fait mourir. Ces arbres n'empêcheroient point que le bêtail ne pût paître dans les savannes, où on les planteroit, au contraire, ils leur donneroient de l'ombre ; & puisque les Oliviers sauvages y croissent en perfection & sans culture dans les bois, & sur les bords de la mer, qui empêcheroit les Oliviers francs d'y venir ?

Un Habitant de la Martinique nommé le sieur d'Orange en avoit un auprès de sa maison, qui fut abattu par accident, & que l'on trouva tout chargé de fruit. Tous nos Habitans sçavent cela, & voyent bien le profit considerable qu'ils feroient sur l'huile qu'ils recueïlleroient chez eux ; mais leur indolence sur ce point, & sur quantité d'autres choses n'est pas pardonnable ; & quand ils devroient s'en fâcher, je ne cesserai jamais de la leur reprocher. Craignent-ils que l'huile qu'ils feroient chez eux ne porte préjudice à celle qu'on recüeille en Provence & en Languedoc? Mais tout le monde sçait, que ces deux Provinces n'ont jamais été en état de fournir celle qui est necessaire pour tout le Royaume, & que les Marchands sont obligez d'aller enlever les huiles d'Espagne, de Portugal, de la Côte de Gennes, du Royaume de Naples, de Sicile, & de plusieurs endroits du Levant, pour fournir aux besoins du Royaume. Quelle necessité, je vous prie, y a-t-il d'enrichir nos voisins, toûjours jaloux de nôtre bonheur, & souvent nos ennemis declarez, & d'aller acheter leurs denrées, quand nous les pouvons tirer de nôtre crû en assez grande quantité pour nous en fournir, & pour en transporter dans les endroits qui en manquent.

Le sieur Jacques du Roi étoit sur le point d'établir une Verrerie à la Martinique, lorsque la Guerre de 1688. survint. Ce fut ce qui l'empêcha d'executer son projet, qui n'auroit pas manqué de réüssir, puisque nous avons dans le païs tout ce qui est necessaire pour cette Manufacture. On sçait que les fougeres de toute espece n'y manquent pas, on trouve des cailloux blancs & autres tant qu'on en veut dans les rivieres, & le centre des Isles est rempli de bois, dont l'abattis donneroit lieu à faire des Cacaotieres, ou des plans d'autres arbres. Il est vrai que cette Manufacture ne trouveroit pas son débouchement en France, où il y a déja assez de Verreries établies; mais on ne laisseroit pas d'en retirer un profit considerable, non-seulement par la consommation qui s'en fait dans le païs, & qui augmenteroit bien davantage, mais encore par la quantité qu'on en pourroit transporter chez nos voisins de la terre ferme, où cette marchandise seroit bien venduë.

On trouve dans toutes nos Isles une quantité très-considerable de gommes de differentes especes. J'ai parlé de quelques-unes dans ces Memoires, & j'ai rapporté ce que je sçavois de leurs vertus, & des usages ausquels on les pouvoit employer; mais mes remarques n'ont pas été fort loin, parce que mes connoissances n'étoient pas fort étenduës. Le Medecin Surian, le Pere Plumier & autres, que la Cour a entretenu sur les lieux, auroient dû ne pas negliger cet article. Ce qu'il y a de certain, c'est que jusqu'à present personne ne s'est avisé de recüeillir ces gommes, & d'essayer d'en faire quelque Commerce. Est-ce indolence, ou ignorance, le Lecteur en jugera comme il le trouvera à propos.

Ce que j'ai remarqué dans mon voïage à la Souphriere de la Guadeloupe, fait voir que nous y avons abondamment du soufre & de l'alun. Je sçai que ces deux choses ne sont pas d'une fort grande consequence : cependant elles sont d'usage, on en consomme beaucoup. J'ai vû étant à Civita Vechia quantité de Barques de Provence & de Languedoc, qui venoient charger l'alun que l'on fait à deux ou trois lieües de cette Ville, & d'autres qui prenoient le soufre qui y étoit apporté de differens endroits des Terres de l'Eglise, & du Grand Duc de Toscane. Quelle necessité d'aller chercher chez les Etrangers, ce qu'on peut trouver chez soi ? J'ai étudié avec application tout ce qui regarde la fabrique de l'alun, j'espere en instruire à fond mes compatriotes dans un autre Ouvrage.

*Souffre & alun.*

J'avois remarqué étant chez les Espagnols, qu'ils font une prodigieuse consommation de Safran, ils en mettent dans presque tout ce qu'ils mangent, & ils ne sont pas seuls, les Italiens, & les Peuples du Nord aussi-bien que les

1696.

Safran.

Turcs, & les Asiatiques en usent aussi beaucoup. Ils prétendent que rien n'est meilleur pour la poitrine. Je les en croi sur leur parole : car je ne veux de procès avec personne. Ce que j'avois remarqué de la consommation de ce simple me fit venir la pensée d'en introduire la culture dans nos Isles, où il n'y a point de doute qu'il n'eût profité à merveille, & rapporté bien plus qu'en Europe. Ainsi me trouvant dans le Comtat d'Avignon à mon premier retour d'Italie, je m'instruisis de tout ce qui regarde cette plante, du terrain qui lui est le plus propre, de son exposition au Soleil, du tems de mettre les oignons en terre, de les lever, de leur maturité, en un mot, de tout ce qui pouvoit faire réüssir mon dessein. J'achetai environ cent livres de ces oignons que j'encaissai proprement, & que je fis charger avec d'autres choses que j'envoyois aux Isles ; & j'engageai un jeûne homme du Comtat, qui entendoit parfaitement bien la culture de cette plante, de venir avec moi à l'Amerique, pour donner commencement à cette nouvelle marchandise.

Je ne doute nullement qu'elle ne réüssît à merveille aux Isles, la chaleur du climat, la bonté du terrain, & la facilité qu'il y a à cultiver les plantes qui ont des oignons, me persuadent que ceux qui voudroient prendre ce soin, feroient des profits considerables, quand même pour en faire un plus grand débit, ils la donneroient à meilleur marché qu'elle ne se donne ordinairement, parce qu'ils pourroient faire deux recoltes par an, au lieu qu'on est heureux en Europe, lorsqu'on en peut faire une qui soit un peu bonne. Des raisons qui ne sont point de ces Memoires m'ayant retenu en Europe, mon projet n'a point eu de suite, & mes oignons ont été negligez. J'exhorte cependant mes compatriotes d'éprouver la culture de cette plante, il ne faut presque ni travail, ni dépense, & ils pourront faire un profit considerable.

On avoit commencé à élever des vers à soye à la Martinique, & quoiqu'on ait abandonné cette Manufacture par les plus mauvaises raisons du monde, il y a encore un très-grand nombre de meuriers blancs sur pied, qui semblent inviter nos Habitans à s'attacher de nouveau à ce riche commerce.

La Soye.

Le sieur Piquet de la Calle Commis principal de la Compagnie de 1664. avoit commencé à faire de la soye sur son Habitation, en la Paroisse de Sainte Marie à la Cabesterre de la Martinique. Il étoit Provençal aussi-bien que son épouse, & par consequent accoûtumez à cette manufacture. Il y réüssit le premier, & si heureusement qu'il fut en état d'envoyer des écheveaux de sa soye à M. Colbert, ce Ministre incomparable, si zelé pour la gloire de son Prince, & pour l'établissement des Colonies, qu'on l'en peut dire le pere. Ce Ministre ne manqua pas de faire voir ces nouvelles soyès au Roi, qui en fut si content, qu'il donna au sieur de la Calle une gratification de cinq cent écus, pour l'encourager à poursuivre cette Manufacture, & exciter les autres Habitans à l'imiter. Rien au monde n'auroit été plus avantageux au Royaume & à nos Colonies, puisque nous aurions trouvé chez nous ce que nous allons chercher chez les étrangers, qui s'enrichissent à nos dépens, au lieu que si nous voulions nous donner un peu de mouvement, nous les obligerions d'avoir recours à nous, & de nous apporter leur argent, pour avoir ce que nous allons chercher chez eux.

On avoit pourtant abandonné cette Manufacture avant que j'arrivasse aux Isles, & cela uniquement, parce que les fourmis & les ravets dont j'ai parlé dans ma seconde Partie, s'attachoient aux vers, aux cocons & aux œufs, & y faisoient du ravage. Mais on pouvoit, & on peut encore à present, & on le pourra toûjours quand on voudra, remedier à ces accidens, & comme on a trouvé le moyen de garantir bien d'autres choses des attaques de ces insectes, on pourra aussi en garantir les vers à soye, qui seront d'un rapport d'autant plus grand qu'il sera continuel, parce que les meuriers étant toûjours chargez de feüilles, on pourra faire éclore les œufs dès qu'ils seront faits, & avoir ainsi une recolte continuelle.

J'ai parlé du Coton dans un autre endroit, auquel je renvoye le Lecteur, afin qu'il y puisse voir avec quelle facilité on cultive l'arbrisseau qui le porte, le profit certain qu'il y a sur cette marchandise, & combien celui des Isles surpasse en beauté, longueur, finesse, & blancheur, tout celui qu'on apporte du Levant. Je pourrois remarquer ici en passant, que tous les étrangers nous donnent continuellement un exemple que nous devrions suivre, & que nous ne suivons point. Ils empêchent l'entrée chez eux des marchandises étrangeres, quand ils en fabriquent de pareilles, &

*Coton.*

qu'ils en font assez pour leurs besoins, ou pour faire rouler leur Commerce. Voilà le cas où nous sommes. Il est certain que nos Isles peuvent fournir plus de Coton que le Royaume, & les Etats voisins ou éloignez, où nous pouvons porter nôtre Commerce n'en peuvent consommer. Pourquoi donc en aller chercher chez les Turcs ? Il n'y auroit pour faire fleurir ce Commerce, qu'à défendre l'entrée du Coton étranger dans le Royaume, & l'on verroit bien tôt quel profit considérable il en reviendroit au Roi & à la Nation.

Mais nos Ameriquains pourroient encore porter plus loin l'avantage qu'ils retirent de leur Coton. Ils devroient le travailler chez eux, & puisqu'ils ont des métiers pour faire des hamacs, pourquoi n'en ont-ils pas pour faire des toiles ? ils y réüssiroient aussi-bien qu'aux Indes Orientales, ils ne manquent pas de couleurs pour les teindre, n'y d'industrie pour égaler, & même pour surpasser les Asiatiques. Ce travail occuperoit bien des femmes oisives, bien des Negres encore trop jeunes pour le travail de la terre, & bien des Negres surâgez, & quantité de petits Habitans & d'Ouvriers qu'on feroit venir de France. Que

*Toiles de Coton.*

s'il y avoit des raisons pour ne pas faire des toiles fines, du moins il n'y auroit aucun inconvenient à établir des Manufactures de grosse Cotonine pareille à celle dont on se sert dans la Mediterranée pour les voiles des Vaisseaux & des Galeres ; & comme on y employe le Coton du Levant, on pourroit y employer celui des Isles, & donner ces toiles à meilleur marché. Cet article est d'une grande consequence, & feroit le fond d'un Commerce qui occuperoit, & enrichiroit bien du monde.

Nos filles & femmes Creolles font des bas de Coton à l'aiguille, qui sont d'une finesse, & d'une beauté surprenante. Ceux de Coton blanc, que l'on fait teindre en écarlatte font honte à la soye, & ceux de Coton de Siam naturellement de couleur de musc sont d'une finesse & d'une douceur qu'on ne peut exprimer. Mais ce travail est long, & rend l'ouvrage fort cher. On pourroit l'abreger, & le donner à beaucoup meilleur marché, en introduisant dans les Isles les métiers dont on se sert si utilement en Europe.

J'ai fait la description du Fromager & du Coton qu'il porte. Jusqu'à present on ne l'a employé que pour garnir des robes de chambre, ou pour faire des oreillers. On dit même qu'il n'est pas permis d'en faire entrer dans le Royaume, parce qu'on le pourroit mêler avec le Castor dans la Fabrique des Chapeaux. Quel danger y auroit-il quand cela arriveroit, pourvû que les Chapeaux fussent également bons, l'inconvenient ne seroit pas grand, il porteroit peut-être un peu de préjudice à la Compagnie de Canada, & les Chapeaux seroient à meilleur marché. Mais sans entrer dans ce détail, on pourroit le filer : car quoiqu'il soit court, & extraordinairement fin, il est plus long que le poil de Castor, & puisqu'on file bien celui-ci, il me semble qu'on pourroit filer l'autre, & en faire des bas, des gands, des chaussons, & autres hardes qui seroient d'une chaleur, d'une legereté, & d'une délicatesse admirable. Je parlerai dans un autre Ouvrage de la Lana Sucida, qui croît dans certains coquillages que l'on trouve dans l'Etang de Tarente en Calabre, que l'on ne laisse pas de filer, & de mettre en œuvre, quoi qu'elle soit bien plus courte, & qu'elle paroisse bien plus difficile à s'unir ; c'est sa chaleur qui la fait estimer. Je suis sûr que le Coton de Fromager feroit le même effet, & que

*Françoises de l'Amerique.* 493

les ouvrages qui en seroient composez dureroient davantage, & seroient à meilleur compte.

Il ne s'étoit trouvé encore personne aux Isles, du moins jusqu'à mon départ, qui se fût avisé de faire tondre les moutons, & de profiter de leur laine. On laissoit ce soin aux halliers & aux épines, où ces animaux attachoient leurs toisons, & les y laissoient. Quoique ces laines ne soient pas des laines d'Espagne, elles ne laisseroient pas de valoir quelque chose, si on se donnoit la peine de les amasser, & de les employer. On en employe qui ne valent pas mieux, & peut-être beaucoup moins. Mais si on vouloit avoir des laines excellentes, quel païs au monde est plus propre pour élever les bêtes à laine ? Les pâturages y sont admirables, & si on vouloit s'en donner la peine, & porter aux Isles des brebis de race d'Espagne, nous aurions avant qu'il fût dix ans, tous nos troupeaux de moutons Espagnols, dont les laines fines & douces, fourniroient nos Manufactures de France, supposé qu'il ne se trouvât personne dans le païs qui voulût établir quelque Draperie. Je sçai que les Espagnols sont assez attentifs sur la sortie de leurs moutons ; mais je sçai aussi que chez eux,

1696.

Laines

comme par tout ailleurs, l'argent est une clef qui ouvre toutes sortes de serrures; & d'ailleurs la difficulté n'est pas si grande qu'on se l'imagine. Nos Vaisseaux qui trafiquent en Espagne en apportent tous les jours des moutons mâles & femelles. Je le repete encore, après y avoir bien pensé, je ne connois point de terrain plus semblable à celui d'Espagne, & par consequent plus propre à élever des moutons, & produire de belle laine, que nos Isles.

*Peaux & poils de Chevres.*  Nous avons des chevres en quantité dans toutes nos Isles, elles y viennent à merveille, & leur poil qui est très-beau est negligé aussi bien que leurs peaux. Il me semble que nos compatriotes devroient bien une fois en leur vie, revenir de l'assoupissement où ils sont sur leurs interêts, & profiter des moyens que Dieu leur presente de faire leurs affaires. Pourquoi laisser perdre le poil de leurs chevres? On le va chercher bien loin pour faire des étoffes, pourquoi ne le ramassent-ils pas? Et si leur industrie ou leur paresse ne leur permet pas de le mettre en œuvre, du moins ne devroient-ils pas le laisser perdre. Car ils doivent tous, ayant la plûpart des familles nombreuses, se bien inculquer ce principe d'économie, Rechercher les gros profits, & ne pas negliger les petits. Ce que je propose ici n'est pas si peu considerable, qu'on ne doive pas y faire attention.

Les peaux de chevres, des boucs, & des chevreaux ou cabrittons pourroient être passées dans le païs, ou envoyées vertes en France. Cependant on les neglige, & j'ai vû le tems qu'on negligeoit même celle des bœufs. Je parle des Isles du Vent: car les Boucaniers de Saint Domingue en usoient autrement, puisqu'ils ne tuoient les bœufs sauvages que pour en avoir les cuirs. Il est vrai qu'à present qu'on a établi des Boucheries dans bien des endroits des Isles du Vent, les Bouchers ont soin de ne pas laisser perdre les grands cuirs. Qu'on fasse un peu d'attention sur les peaux & sur les laines & les poils, & on verra que ces trois choses peuvent être d'un débit considerable, & le fond d'un très bon Commerce.

L'Isle de Sainte Croix, celles de Saint Martin & de Saint Barthelemy, la Grande terre de la Guadeloupe, & les montagnes qui sont au centre de la Guadeloupe & de la Martinique, la Grenade, & la terre ferme de Cayenne sont remplis de bois précieux que l'on neglige, & que l'on brûle sans discretion, & sans

1696.

prendre garde que tel arbre débité ou en planches, ou simplement troncé en billes, seroit bien vendu en Europe. On va chercher l'Ebeine bien loin, & nous en avons chez nous. Le bois de Bréfil, le Bréfillet, le bois jaune, & autres qui peuvent servir aux teintures, se trouvent par tous les endroits que je viens de nommer. J'ai vû vendre à Paris douze sols la livre le bois violet de la Grande terre de la Guadeloupe. Les Ouvriers s'en servoient à faire des tabatieres & des chaffes de rapes à tabac, & le prenoient pour de veritable Ebeine.

La Cochenille.

Qui empêche que les Habitans de Marie Galande & des petites Ifles ne cultivent la Cochenille? Combien y en a-t-il qui menent une vie languiffante & pauvre, parce qu'ils ne font pas en état de faire des Sucreries, des Cacaotieres, ou des Indigoteries, parce qu'ils n'ont pas affez d'Efclaves, ou parce que leur terrain n'eft pas propre à ces Manufactures, qui deviendroient riches & puiffans, en cultivant la Cochenille. Rien n'eft plus aifé, il ne faut ni de grandes Habitaaions, ni de bons terrains pour cela. La terre la plus maigre & la plus ufée eft la meilleure pour les raquettes ou figuiers épineux, & comme ces plantes portent du fruit deux fois l'année, on feroit deux recoltes de ces insectes si chers, & si précieux. Je sçai que peu de gens sçavent la maniere de les gouverner, de les faire mourir, de les secher, & autres choses qu'il faut sçavoir, pour bien conduire cette entreprise ; mais nous avons tant de Flibustiers qui ont été sur les lieux où les Espagnols font cette marchandise, & il est si facile d'y aller, & d'y demeurer sous quelque prétexte, & cependant examiner avec soin tout ce qui regarde la Cochenille, que ce n'est qu'une veritable indolence, & une paresse crasse, qui empêche nos Insulaires de se donner les mouvemens necessaires pour entreprendre la culture des plantes qui nourrissent la Cochenille.

J'ai parlé de la Poussolane dans d'autres endroits. Tout le monde est convaincu de son utilité. J'en ay découvert au Fort Saint Pierre de la Martinique, & je suis persuadé qu'il y en a dans tous les mornes de la Basseterre qui sont voisins de la mer. On en trouve en quantité à la Guadeloupe, où on la connoît sous le nom de ciment rouge. Cependant nos François la vont tous les jours chercher en Italie, l'achetent bien cher, & ont souvent de la peine a en avoir des étrangers pendant

*La Poussolane.*

que nous en avons dont nous ne sçavons que faire.

Pour n'en pas manquer en France, il n'y a qu'à ordonner à tous les Capitaines des Vaisseaux qui vont aux Isles, de jetter leur lest à la mer, & de se lester à leur retour, de Poussolane. Les Habitans sur les terres desquels ce sable se trouve, qui le tireront & feront conduire au bord de la mer, en retireront quelque avantage, & les Marchands en auront aussi du profit, puisqu'ils vendront une chose qui leur a tenu lieu d'une autre qui ne leur auroit apporté aucun gain. Par ce moyen la Nation sera exempte de recourir aux Etrangers qui ne manquent jamais de se faire tenir à quatre, dès qu'ils voyent que nous avons besoin d'eux, & on se trouvera en état de faire des ouvrages que l'on ne peut entreprendre faute de ce secours.

La Cour a envoyé aux Isles en differens temps des gens qu'elle entretenoit, & qui étoient destinez, les uns pour designer les plantes, comme le P. Plumier ; les autres pour les dissequer & en faire l'anatomie, comme le Medecin Surian ; d'autres pour des Observations Astronomiques, comme le P. Feüillée : tout cela est bon, & on ne peut que loüer l'attention du Prince & de ses Ministres; il seroit seulement à souhaiter qu'ils voulussent en avoir autant pour le Commerce & pour les nouvelles Manufactures que je propose ici, & pour celles qu'un plus habile homme que moi pourroit découvrir; car enfin les Manufactures font naître & entretiennent le Commerce, & le Commerce fait la grandeur du Prince, & les richesses de ses Sujets. Il seroit donc à souhaiter qu'on envoyât aux Isles des gens sages, habiles, desinteressez, & dévoüez au bien de leur Patrie qui examinassent attentivement non seulement tout ce que j'ai proposé, mais encore tout ce que le Païs leur offriroit; qui fissent les experiences necessaires pour faire réüssir ce qu'ils auroient entrepris, & qui mettant les premiers la main à l'œuvre, portassent les autres à les imiter: après quoi on pourroit attendre que le Prince encourageroit ses Sujets, ou par des recompenses, ou par les moyens qu'il a en main, pour favoriser les Manufactures qu'on auroit mises sur pied nouvellement, soit en les déchargeant de quelques droits d'entrées, soit en défendant l'entrée des étrangeres dans ses Etats, aussi-bien que leur usage, & commençant lui-même à ne se servir que de ce qui seroit du crû de son Païs & de l'invention de ses Sujets.

Je sçai qu'on ne manquera pas de m'objecter ici que mon Projet tend à ruïner tout le Commerce que nous avons avec les Etrangers, & que n'allant plus chez eux nous pourvoir de leurs denrées, ils ne viendront plus aussi chez nous enlever les nôtres; ce qui détruiroit en partie nôtre Navigation, & nous priveroit des profits que les Compagnies & les particuliers font dans le Commerce, qui n'est autre chose qu'un échange que l'on fait de ce qu'on a chez soi, avec ce qu'on trouve chez les Etrangers, & qui nous manquoit.

C'est dommage que l'on n'ait pas eu ces vûës dans le temps du Ministere de M. Colbert, on se seroit bien gardé d'établir des Manufactures de Glaces en France, de peur de faire tort aux Venitiens qui avoient cette Manufacture chez eux bien long-temps avant que nous songeassions à l'établir chez nous. Avec quelle conscience ce grand Ministre a-t-il pû les priver du profit immense qu'ils faisoient par le débit de leurs Glaces & de leurs Cristaux ? Mais on a découvert en France tout ce qui étoit necessaire pour la fabrique des Glaces : on y travaille infiniment mieux qu'à Venise : nos Glaces surpassent les leurs en grandeur, en poli, en netteté, & nous avons trouvé le moyen de les donner à bien meilleur marché qu'eux. N'importe, il ne falloit pas rompre l'ordre établi : de temps immemorial les Venitiens étoient en possession de faire des Glaces, & eussent-elles encore esté moins bonnes qu'elles ne sont, il ne falloit pas entreprendre d'en faire de meilleures en France, quand même tout le reste du Monde auroit dû souffrir de se trouver privé du fruit de nos travaux & de nos découvertes. N'est-ce pas une bonne raison ?

Par un raisonnement à peu près aussi juste il faudroit empêcher les Dieppois & autres Pêcheurs de Harang, de saler ce Poisson, & nous en aller fournir chez les Hollandois, parce que ces Peuples ayant trouvé les premiers l'invention de le saler, c'est leur faire tort d'imiter leur ouvrage, & les priver ainsi d'un profit qui paroît leur appartenir privativement à tous autres.

Par la même raison il ne falloit jamais songer à établir des Manufactures de Draps d'or & de soye, Tapis façon de Turquie & de Perse, parce que les Florentins & les Genois étoient en possession de faire ces étoffes, & que les Turcs & les Persans n'ont plus le débit de leurs Tapis depuis que nous nous sommes avisez d'en faire d'aussi beaux que les leurs, & peut-être plus beaux.

Enfin il falloit laisser aux Ouvriers de Nuremberg & autres Villes d'Allemagne le soin de fournir les quatre parties du Monde de Clinquaillerie, sans nous mêler de perfectionner leurs ouvrages, & empêcher par les Manufactures que nous avons chez nous le débit avantageux qu'ils faisoient des leurs.

Je pourrois pousser ce détail bien plus loin, & mettre dans un plus grand jour le ridicule du raisonnement de ces mauvais Commerçans : mais je croi que ce que j'en ai dit suffira à tout esprit raisonnable.

Mais si nous n'allons point chez les Etrangers, ils ne viendront point chez nous. Autre mauvais raisonnement. Nous avons des choses qui leur manquent, qui leur ont toûjours manqué, & qui leur manqueront jusqu'à la fin du Monde, & dont par consequent ils seront toûjours obligez de se fournir chez nous. Ce sont nos Bleds, nos Vins, nos Eaux-de-Vie, nos Sels, &c. Qu'ils cherchent tant qu'ils voudront, ils ne trouveront ces trois choses absolument necessaires chez eux, & surabondantes chez nous, que dans ce Royaume. Il faut qu'ils les y viennent chercher : c'est pour eux une necessité absoluë. N'a-t-on pas vû que pendant les guerres les plus allumées qu'il y a eu entre nos voisins & nous, ils ont été obligez de se servir du ministere des Nations neutres, pour se pourvoir de ces denrées, quand ils n'ont pû obtenir de Passe-ports pour les enlever eux-mêmes. Nous pouvons absolument nous passer de presque tout ce qui vient de dehors ; mais les Etrangers ne peuvent se passer des choses qui viennent chez nous. Faisons bien du Vin, du Ble, & du Sel, &c. Voilà le fond d'un Commerce immense & avantageux à toute la Nation ; & ce Commerce nous fournira un débouchement de toutes nos autres Manufactures tant du Royaume, que des Isles, avec cet avantage que nous ne serons point obligez de laisser sortir l'argent de chez nous, & que les Etrangers seront contraints de nous apporter le leur.

Le déperissement de nôtre Marine n'est point du tout à craindre. Quand les Provençaux cesseroient d'envoïer leurs Bâtimens pour enlever les Bleds, les

Huiles, les Laines, & les Drogues des côtes de l'Asie & de l'Afrique, ils ouvriroient un Commerce avec l'Amerique qui seroit bien plus considerable & plus avantageux ; & ces Peuples qui se verroient privez de l'argent comptant qu'on leur apporte de France, se mettroient enfin à la raison, & traiteroient les François comme ils traitent les autres Nations, & prendroient de nos Marchandises en échange des leurs ; car c'est ainsi que les Anglois & les Hollandois commercent avec eux. Ainsi bien loin que la Marine du Levant souffrît quelque diminution, elle s'augmenteroit considerablement par le nombre des Bâtimens qu'elle envoiroit en Amerique, & par le Commerce qu'elle auroit dans la suite au Levant, où l'on porteroit à droiture les Sucres & les autres Marchandises qu'on en tireroit, & qui seroient propres aux Asiatiques. Je ne dis rien de celle du Ponant, on voit assez qu'elle augmentera toûjours à proportion du Commerce qu'elle fera en Amerique. Je croi avoir remarqué en quelque endroit que l'on avoit vû dans une seule année près de cent Bâtimens étrangers chargez de Tabac dans nos Ports. Si l'on remettoit sur pied dans nos Isles la culture

ture de cette plante, n'augmenteroit-on pas d'autant de Bâtimens le Commerce que l'on y fait, & nos Isles devenant tous les jours plus peuplées, ne seroit-ce pas une necessité absoluë d'y envoïer un plus grand nombre de Vaisseaux. Ainsi bien loin que nôtre Marine souffrît quelque chose, les gens qui sont un peu au fait de ces sortes de choses, comprendront aisémement que nôtre Commerce augmentera à proportion de la quantité & de la diversité des choses que nous serons en état d'envoyer, ou de vendre aux Etrangers, & par consequent de faire fleurir nôtre Marine plus qu'elle n'a jamais fait. A quoi je dois ajoûter que l'abondance de nos Marchandises nous mettant en état de les donner à meilleur marché que les autres, nôtre Commerce s'établira sur les ruïnes du leur, & nos Ports deviendront les entrepôts du Commerce de presque tout le Monde.

Ne craignons pas de manquer de moyens d'entretenir ce Commerce, la fecondité des terres du Royaume & de celles de l'Amerique qui en dépendent, est admirable; il n'y a qu'à les bien cultiver pour en retirer tout ce qu'on voudra; & l'industrie de nos François, leur habileté dans les Arts, & leur penetration dans tout ce qui peut faire fleurir le Commerce, n'ont besoin que d'être excitées & reveillées de l'assoupissement où ils semblent être depuis quelque temps, pour produire des effets si extraordinaires, qu'on n'ose pas seulement se les imaginer.

Deux choses peuvent empêcher ou retarder l'execution des projets que je viens de faire pour nos Isles de l'Amerique. La premiere est la nonchalance ordinaire à tous nos Insulaires, vice qui se communique aisément aux Européens qui viennent s'établir parmi eux. La douceur & la fécondité du climat les y portent : contens d'une mediocre fortune, & joüissant à l'aise, & sans le partager avec personne, de ce que le Païs produit presque naturellement, & de ce qu'ils retirent du travail de leurs esclaves, ils croupissent dans une lâche & molle oisiveté. Le jeu & la bonne chere sont presque les seuls exercices qui partagent leur temps, ou les seules choses qui troublent, ou qui interrompent un peu la tranquillité de leur paisible repos. Point d'émulation pour perfectionner ce qu'ils ont trouvé établi avant eux, ou pour chercher quelque chose de nouveau qui puisse augmenter leurs revenus, & faire honneur à leur Nation, & lui être de quelque utilité.

La seconde est la négligence de ceux qui sont chargez des affaires publiques. Il est à naître qu'il s'en soit trouvé quelqu'un assez intelligent, ou assez bien intentionné pour porter les Habitans à ouvrir quelque Commerce nouveau, ou à établir quelque nouvelle Manufacture, ou du moins qui les ait encouragé & protegé dans les desseins qu'ils ont eus, & qui ait fait valoir auprès du Prince & de ses Ministres, les projets qu'on leur a presentez. Il faut croire que la multitude & la diversité des soins attachez à leurs Charges les distrayent, & les empêchent de faire attention sur bien des choses qu'ils regardent ordinairement comme petites & de peu de consequence, parce qu'ils n'y voyent pas un profit present; ce qui ne vient que parce qu'ils n'en penetrent pas l'importance, & peut-être la necessité, & encore moins la facilité qu'il y a à les faire réüssir. Cependant ces choses petites dans leurs commencemens peuvent devenir très grandes dans la suite, & faire le fond d'un Commerce considerable, qui ne manqueroit pas d'augmenter les revenus du Roi en même-temps que ceux des particuliers.

Il n'y a pas long-temps que les Marons & les Châtaignes étoient inconnus dans le Nord. Un Marchand Limosin s'avisa d'en porter pour cent écus à la Foire de Bordeaux ; & il les vendit d'abord si avantageusement, qu'il en fit venir en toute diligence une assez grande quantité qu'il vendit encore mieux ; ce qui a toûjours continué depuis ce temps-là, & a donné un débouchement si considerable à ces fruits, que ce qu'on regardoit avant ce temps-là comme une bagatelle, est devenu le fond d'un très-bon Commerce & très-avantageux pour les Provinces où l'on cultive les Châtaigniers. Ils viendroient en perfection aux Isles ; & comme ils n'y seroient pas sujets à la gelée, comme en France, ils pourroient suppléer quand les autres manqueroient. On peut raisonner de même d'une infinité de choses que l'on peut tirer de ces heureuses & fertiles terres.

Mais il faut que je donne un avertissement à ceux qui voudront commencer les épreuves, & établir les Manufactures dont j'ai parlé dans tout cet article & dans les autres endroits de cet Ouvrage, c'est de se souvenir que les commencemens sont toûjours rudes & difficiles, & que comme il a fallu beaucoup de patience, de dépense, de tems, de soin & de travail, pour porter les Manufactures, les Arts, les Sciences, & le Commerce au point de perfection où nous les voyons aujourd'hui en France, il faut aussi qu'ils s'attendent aux contretemps que les premiers inventeurs des choses ont éprouvez. Mais ils doivent à leur exemple ne se point rebuter pour les difficultez qu'ils pourront rencontrer: ils doivent tenter differentes voyes, employer differens moyens, travailler sans relâche & avec courage, jusqu'à ce qu'ils soient parvenus au but qu'ils se sont proposé.

Mille experiences nous ont appris que ce qu'on ne trouve pas dans un temps, se presente souvent de lui-même dans un autre; que les graines, les plantes & les arbres qui ne réüssissent pas dans une terre, font souvent merveille dans un terrain tout voisin. La saison, la disposition du temps, les accidens imprevûs, ou irremediables, & beaucoup d'autres circonstances contribuent infiniment à faire réüssir ou écheoir les entreprises qui paroissoient les mieux concertées. Mais la patience, la vigilance, le travail & les reflexions font surmonter toutes sortes de difficultez telles qu'elles puissent être. C'est beaucoup demander à nos François de l'Amerique ; mais il faut esperer que leur interest les aidera à vaincre la repugnance qu'ils ont pour le travail, sur tout quand il est un peu de longue haleine.

*Des Marchandises propres pour les Isles, & sur lesquelles il y a un profit considerable à faire.*

A L'égard des Marchandises qu'on peut porter d'Europe aux Isles, il faut se persuader que tout ce qui se consomme par la bouche, est d'un debit infini, que quelque quantité qu'on en porte, on n'en a jamais rien rapporté, & que quand les choses ont été bonnes, les Marchands y ont toûjours fait un profit raisonnable, & ordinairement très-considerable.

Je mets sous le titre de Marchandises qui se consomment par la bouche, le Bœuf & le Lard, les Farines, toutes sortes de Poisson salé, les Jambons, les Langues de Bœuf & de Cochon, les Saucissons de France & d'Italie, toutes sortes de Fromages tant François qu'Etrangers, les fruits secs de toute espece, les Huiles d'Olive & à brûler, le Beurre & autres provisions de ce genre ; la

Cire & la Chandelle ; les Vins François & Etrangers, les Eaux-de-Vie, les Liqueurs, & generalement tout ce qui peut flater le goût, & servir à la bonne chere & aux plaisirs de la table Après quoi on ne doit pas oublier les remedes de quelque nature qu'ils puissent être, bons, mauvais, ou inutiles. Nos Esculapes qui les achetent, ont soin de s'en défaire à un prix d'autant plus haut, qu'ils sont moins connus : ils en sçavent sur ce chapitre autant pour le moins que les Apotiquaires de Paris.

Le Bœuf salé d'Irlande est le plus estimé, & avec raison ; car il est certain qu'il est toûjours le meilleur, le plus gras, le plus dessossé, & le moins sujet aux friponneries, pourvû qu'il n'ait point été refait dans un certain Port que la charité m'empêche de nommer, où l'on en est venu jusqu'à cet excès, de mettre dans les Barils des têtes de Bœuf toutes entieres avec les jambes & les pieds, & même au lieu de Bœuf, de la chair de Cheval avec les pieds encore tous ferrez.

Les Marchands ont assez soin de faire visiter les Sucres qu'ils reçoivent, & de faire faire des Procés verbaux, quand ils y trouvent quelque défaut ; la condition devroit être égale, & les Intendans

& Juges qui font fur les lieux devroient veiller plus qu'ils ne font fur les malverfations des Marchands, les en punir feverement, afin que leur exemple retîne leurs femblables dans le devoir. On me pardonnera bien ce petit avis: car puifque j'ai eu foin d'enfeigner aux Marchands à connoître les défauts des marchandifes des Ifles, il me femble qu'il eft jufte d'empêcher que les Habitans ne foient trompez dans celles qu'ils achetent, & l'unique moyen pour cela eft la vifite des marchandifes avec la confifcation & l'amende quand elles fe trouvent défectueufes.

Les meilleurs lards viennent de la Rochelle auffi-bien que les farines. Les Marchands de cette Ville font accommodans, & on s'eft toûjours loüé de leur droiture, de leur fidelité, & de leurs manieres. Les Normands y ont fait tout le Commerce pendant un grand nombre d'années, & on peut dire, que ce font eux qui ont peuplé les Ifles, de forte qu'il y a très-peu de familles qui ne foient Normandes, ou defcenduës d'autres familles Normandes; de-là on doit conclure que nos Infulaires ne manquent ni d'efprit, ni d'adreffe, & que les uns & les autres, c'eft-à-dire, les Marchands qui viennent de ce païs-là & nos Habitans n'ont pas oublié la simplicité naturelle à leur Nation. C'est un plaisir de les voir traiter ensemble, les Peuples moins rusez y trouvent infiniment à profiter.

Les meilleurs ferremens comme hâches, serpes, hoiies, toute sorte de fer travaillé, & les armes viennent de Dieppe. La poudre qu'on appelle mal-à-propos de Cherbourg, car on n'y en a jamais fait, a toûjours passée pour la meilleure, & a été long-tems l'unique dont nos Boucaniers se servoient. Les Normands portent encore aux Isles des toiles & des dentelles de toute espece, des chapeaux, des ouvrages d'ivoire, des draps, & comme ils sont voisins de Paris, qui est la source intarissable des modes, ils sont aussi toûjours les premiers, ou du moins ils le peuvent être, qui en portent l'usage dans nos Isles.

Les meilleurs vins François viennent de Bordeaux & des environs. On sçait que tous les vins qu'on charge à Bordeaux, ne sont pas des vins de Grave où de Gravier, & qu'il y en a infiniment davantage qui sont de Palus, c'est-à-dire, de ces endroits bas & gras, qui donnent des vins épais & durs, si recherchez des Peuples du Nord. C'est à ceux qui les achetent à les prendre, pour ce qu'ils font après les avoir bien goûtez, sans s'arrêter aux titres pompeux que les Marchands leur donnent: car ces Marchands font Gascons, & joüissent aussi-bien que les Italiens du privilege d'amplifier autant qu'ils veulent tout ce qu'ils disent. Surquoi il faut remarquer que quand ces vins communs, c'est-à-dire, ces vins de Palus font bien choisis, & qu'ils ont passé la mer, ils se dépurent, & font infiniment meilleurs aux Isles que dans le païs qui les a produits.

On ne peut croire la consommation de vin qui se fait dans les Isles. Je n'ose rapporter ce que les Fermiers du Domaine du Roi m'en ont dit, de crainte qu'on ne me soupçonne d'exageration. Il est très-certain, & tous ceux qui connoissent le païs, en conviennent, que quelque quantité que les Flottes en apportent, s'il se passe deux ou trois mois sans qu'il vienne des Vaisseaux, on est presque par tout réduit à l'eau.

Les vins de Bordeaux, de Cahors, & autres de ces côtez-là, ne font pas les seuls que l'on porte aux Isles. On y en porte de Provence, de Languedoc, d'Italie, d'Espagne, de Madere, de Canarie, de Portugal. J'y ay bû des vins du Rhin, du Necre, de Moselle, & des vins de Bourgogne & de Champagne, qu'on avoit fait venir en bouteilles C'est le moyen le plus sûr de conserver ces deux derniers.

A l'égard des eaux-de-vie, & de toutes sortes de liqueurs, tant de France que des païs étrangers, la consommation qui s'en fait passe l'imagination : tout le monde en veut boire, le prix est la derniere chose de quoi on s'informe. Il suffit que toutes ces boissons soient bonnes pour en avoir un débit prompt & avantageux.

Les bonnes eaux-de-vie viennent de Nantes, de Cognac, d'Andaye, d'Orleans, & de la Rochelle. Il vient quantité de liqueurs & de vins, de liqueurs de Provence & de Languedoc, de la cire en cierges & en bougies, des fruits secs, de l'huile d'olives, du savon, des capres, des olives, des pistaches du Levant, des fromages de Roquefort, de Parmesan & d'Auvergne, & une infinité d'autres denrées pour la bouche, tant pour le necessaire que pour le plaisir, & quelque quantité qu'on en apporte, tout est enlevé, & les Magasins les mieux fournis sont vuidez dans un moment.

Quant aux choses qui sont necessaires pour l'entretien des Habitans, ou pour leur plaisir, ou la fourniture de leurs Habitations, on trouve toûjours à les vendre promptement, & avec profit. On compte parmi les choses necessaires à une Habitation, les chaudieres de cuivre & autre matiere, & les autres équipages des Moulins, des Sucreries, des Rafineries, des Vinaigreries, où Distilatoires, & des outils pour tous les métiers qui sont établis aux Isles.

Ce qui est necessaire pour l'entretien des Habitans ne peut jamais être apporté en trop grande quantité, trop bien choisi, trop à la mode, ou trop riche, & trop cher. Les toiles les plus fines, les plus belles mousselines, & les mieux travaillées, les perruques les plus à la mode, les chapeaux de castor, les bas de soye & de laine, les soûliers, les botines, les draps de toute espece, les étoffes de soye, d'or & d'argent, les galons d'or, les cannes, les tabatieres & autres semblables bijoux; les dentelles les plus fines, les coëffures de femme de quelque prix qu'elles puissent être, la vaisselle d'argent, les montres, les pierreries, en un mot, tout ce qui peut servir à l'habillement des hommes, à l'ameublement & ornement des maisons, & sur tout aux parures des femmes; tout est bien vendu cherement & promptement : car le sexe est le même par tout le monde, c'est-à-dire, vain, superbe, ambitieux ; les Marchands n'ont point à apprehender de n'être pas bien payez de ce qu'elles prennent chez eux pour leur usage particulier. Quand les maris sont un peu difficiles sur ce point, elles ont toutes naturellement des talens merveilleux pour les mettre à la raison, & quand cela manque, elles sçavent en perfection faire du Sucre, de l'Indigo, ou du Cacao de Lune, avec quoi elles contentent les Marchands, qui accoûtumez à ces manœuvres, leur prêtent la main, & leur gardent religieusement le secret.

On appelle Sucre ou Indigo de Lune, celui qu'on fait enlever la nuit par des Esclaves affidez, & que l'on vend, ou pour avoir de l'argent pour le jeu, ou pour payer les choses qu'on a achetées à l'insçû des maris, ou des peres, ausquels il est inoüy qu'on ait jamais dit le veritable prix des choses qu'on a achetées. Je connois des femmes & des filles de ce païs-là, qui pourroient faire leçon publique de la fabrique du Sucre de Lune.

A propos d'étoffes d'or, je me souviens qu'étant au Fort-Saint Pierre de la Martinique vers la fin de 1704. il y arriva un Marchand de Lion, qui croyant faire un gain considerable, avoit porté à Cartagene en terre ferme beaucoup de ces étoffes d'or & d'argent, qui se fabriquent à Lion & à Marseille: il esperoit en tirer du moins quatre ou cinq cent pour cent de profit. Il avoit été trompé: Messieurs les Espagnols ne s'étoient pas trouvez d'humeur à lui donner soixante, quatre-vingt, & cent écus de l'aune de ses étoffes, de sorte qu'après avoir rodé assez long-tems la côte de Cartagene & de Caraque sans rien vendre, il étoit passé enfin à la Martinique avec sa Cargaison toute entiere.

Il vint chez nous, & m'apporta quelques pieces de ces belles étoffes, croyant que je les acheterois, pour faire des ornemens d'Eglise. Je les vis, elles me plûrent beaucoup, mais je lui dis, que nous n'étions pas dans l'habitude d'acheter des ornemens d'Eglise, & qu'il y avoit bien des années que nous nous reposions de ce soin sur nos Flibustiers, qui se chargeoient d'entretenir nos Eglises sans qu'il leur en coûtât rien, n'y à nous aussi. En effet, ils ont toûjours eu une attention extrême dans les pillages des Villes, où dans les prises des Vaisseaux, de mettre à part ce qu'ils croyent convenir aux Eglises, & d'en faire present à celles des lieux où ils font leurs armemens. Ils apporterent autrefois à la Tortuë tous les ornemens & les vases sacrez de l'Eglise de Marecaye, & jusqu'aux cloches & au coq de cuivre, qui étoit à la pointe du clocher. Ils ont toûjours continué d'en user de même, & leur pieté répondant à leur bravoure, nous avons toûjours eu de quoi entretenir nos Eglises sans rien acheter, quand elles se sont trouvées dans des lieux frequentez par les Flibustiers.

Cette declaration chagrina fort le Marchand Lionnois, il ne lui convenoit point du tout de repporter sa Marchandise en France, où il n'auroit peut-être pas été en état de la payer. Son embarras me fit pitié, je pensai un peu à ce que je pourrois faire pour lui, & je lui dis de me laisser deux de ses pieces d'étoffes, & que si quelqu'un venoit lui en demander, de n'en montrer que deux ou trois, comme s'il n'en avoit pas davantage.

Je m'en allai sur le soir en une maison de nôtre voisinage, où je sçavois bien que je trouverois bonne compagnie de Dames, & je fis porter avec moi ces deux pieces. Je feignis qu'on m'avoit prié de chercher quelque belle étoffe, pour faire un jupon à une nouvelle mariée, que j'avois eu le bonheur de trouver ces deux pieces, sur lesquelles je les priois de me déterminer pour le choix que j'en devois faire, parce que je ne m'entendois pas assez à ces sortes de choses.

On peut croire que ces étoffes furent bien regardées, mais on vouloit sçavoir pour qui elles étoient destinées ( car la curiosité est par tout naturelle au sexe, ) & je n'avois garde de les satisfaire sur ce point. Elles passerent en revûë toutes les filles à marier, qui étoient dans le quartier, & dans tout le reste de l'Isle, sans que je disse rien, ni pour approuver, ni pour désapprouver ce qu'elles pensoient ; enfin elles en nommerent une, qui demeuroit au Cul-de-Sac Marin, c'est-à dire, à vingt bonnes lieües du Fort Saint Pierre : je fis un petit soûris, qui leur fit croire que c'étoit pour celle-là, & aussi tôt j'eus le plaisir de les entendre raisonner tout de leur mieux sur la famille, les biens, les qualitez, & la beauté de cette pauvre fille, qui ne pensoit à rien moins qu'à se marier, & à mettre un si beau jupon. La conclusion de tous leurs discours fut, que si une telle faisoit porter des jupons d'étoffe d'or à sa fille, elles en pourroient bien porter aussi, & en faire porter à leurs enfans : & sur le champ, elles vouloient se partager les deux pieces, sans s'informer du prix, ni s'embarrasser comment je pourrois m'acquitter de ma prétenduë commission. J'eus toutes les peines du monde à les retirer de leurs mains, aussi déterminé sur le choix, que j'en étois peu en peine : car elles ne purent jamais s'accorder. Quand je les eus mis en si bon train, je leur dis le nom du Marchand, en les avertissant, que si elles en vouloient avoir, il falloit qu'elles se pressassent, parce qu'il en avoit très-peu, & qui étoient peut-être déja retenuës.

C'en fut assez, je n'étois pas encore arrivé au Convent, qu'elles étoient déja chez le Marchand. Il suivit mon conseil, il en montra peu, & c'étoit toûjours les dernieres pieces qu'il leur saloit à merveille, & dès ce même soir, il en vendit cinq ou six. Il vint le lendemain matin me remercier du service que je lui avois rendu, & en peu de jours il se défit très-avantageusement de toute sa marchandise.

Il n'y a que les Livres dont jusqu'à present, on n'a pas fait un grand commerce dans nos Isles. On recherchoit les armes avec plus d'empressement, un bon fusil, une paire de pistolets d'un bon Maître, un coutelas de bonne trempe, étoit à quoi pensoient nos anciens Habitans ; semblables aux Lacedemoniens, ils sçavoient faire des actions de valeur, prendre des Gallions à l'abordage, forcer des Villes sans Canon, défaire des Nations entieres, mais ils ne sçavoient pas écrire leurs faits héroïques. Les choses sont à present changez ; quoique nos Creolles & autres Habitans n'ayent point dégeneré de la bravoure de leurs ancêtres, ils ont donné dans le goût de tout le reste du monde, ils veulent paroître sçavans, ils lisent tous, ou veulent paroître avoir lû, ils jugent des Sermons, des Plaidoyers, quelques-uns, & entre les autres Mr.... font des Harangues. Déja la plûpart de nos Conseillers ont étudié en Droit, se sont fait recevoir Avocats au Parlement de Paris, il y en a même un qui est Docteur en Droit : les femmes s'en mêlent aussi, & au lieu de s'en tenir à leur quenoüille, & à leur fuseau, elles lisent les gros Livres, & se piquent d'être sçavantes : j'en connois une qui explique Nostradamus aussi-bien pour le moins que le Ministre Jurieu expliquoit l'Apocalypse. On a érigé plusieurs Sieges de Justice, tous bien garnis de Procureurs, de Notaires, de Sergens, & autres semblables suppôts de Justice. Les Chirurgiens qui joüoient autrefois les trois grands Rôles de la Medecine, sont à present renfermez dans les bornes de leur état, il y a des Medecins & des Apoticaires. Nous avons en quantité des Arpenteurs, des Ingenieurs, des Botanistes, des Astronomes: nous avons même des Astrologues & autres semblables gens inutiles ou nuisibles au Public, il faut des Livres à tout cela; car quoique la plûpart n'y entendent rien, ils veulent paroître sçavans, il leur faut pour cela des cabinets de Livres, qui pourront avec le tems se changer en Biblioteques; c'est ce qui me fait dire qu'un Libraire bien assorti y feroit parfaitement ses affaires, sur tout s'il étoit homme d'esprit & accommodant, & qu'outre les Livres, sa Boutique fût encore garnie de papier de toutes sortes, d'écritoires les plus à la mode, de cire d'Espagne, de cachets riches, & bien gravez, de lunettes d'approches & autres especes, & de toutes ces galanteries que l'on vend au Palais. Il pourroit s'attendre, que sa Boutique, grande, propre & fraîche, seroit toûjours remplie des gens oisifs dont le païs ne manque pas, & le rendez-vous des nouvelistes, & de tous ces gens dé'œuvrez, qui reglent les devoirs & les interêts de tous les autres, pendant que tout est en desordre chez eux. Mais qu'importeroit au Libraire, pourvû qu'il vendît bien ses Livres, & ses autres assortimens.

Je passe plus loin, & la situation des affaires dans nos Isles me fait croire qu'un Imprimeur y est necessaire. Car enfin tant de gens qui lisent, liront-ils toute leur vie sans rien écrire ? N'auront-ils pas la démangeaison de devenir Auteurs ? M. * * créolle de la Martinique, Docteur en Droit, & Conseiller au Conseil Souverain de cette Isle, nous a déja donné des Romans Espagnols de sa façon, & peu s'en est fallu qu'il n'ait composé une Histoire generale de Saint Domingue, sur les Memoires qu'un Missionnaire avoit dressez : d'ailleurs il est Poëte, riche, & aime peu l'embarras des affaires ; il écrira sans doute, & sera bien-aise de faire imprimer ses Ouvrages sous ses yeux. On peut tout esperer de son genie, & on doit tenir pour assûré, que beaucoup d'autres l'imiteront : ainsi sans être Prophete, & sans vouloir pénétrer dans l'avenir, il me semble déja voir une foule d'Auteurs sortir de nos chaudieres à Sucre, & de nos Barriques de Cacao.

D'ailleurs on fait à present des procès par écrit, & par consequent, il faut des Factums : or quelle grace auront des Factums écrits à la main, à combien de fautes & de ratures ne seront-ils pas sujets ? Quelle dépense ne faudroit-il pas pour en donner à tous les Juges, & à tous ceux qu'on a interêt d'instruire de la bonté de sa cause ?

Il aborde un très-grand nombre de Vaisseaux aux Isles, & souvent bien plus que dans des Ports de mer des plus considerables du Royaume, où on a soin d'instruire le Public par des affiches, & par des billets, de l'arrivée des Bâtimens, de l'état de leurs cargaisons, du tems de leur départ, & du lieu où ils doivent aller ; tout cela s'imprime, & est d'une très-grande commodité pour les Negocians. On en feroit de même aux Isles, & on s'en trouveroit bien. Je le repete donc, il y faut établir une Imprimerie ; & pour peu qu'elle soit bien fournie, & le Maître habile & diligent, je lui réponds qu'il fera une fortune considerable.

Voilà un abregé des choses que l'on

peut porter aux Isles, & s'enrichir par leur vente; mais il faut que les Marchands se mettent en tête de n'y envoyer que ce qu'il y a de plus beau en Europe. Ce n'est plus le tems d'y porter de la verroterie ou des babiolles, nos sauvages mêmes n'en font plus de cas. Il faut tout ce qu'il y a de plus beau, de plus riche, de plus nouveau, de meilleur goût sans s'embarrasser du prix, c'est l'unique moyen d'avoir un prompt débit, & un profit considerable.

Les Marchands qui voudront faire un Commerce avantageux, doivent avoir un Associé, ou un Commis resident en quelqu'une de nos Isles. La Martinique est la plus propre pour cet effet de toutes les Isles du Vent. Il faut avoir soin que les Magasins soient toûjours remplis, & toûjours assortis, afin d'être en état de débiter ses marchandises sans se presser, & quand on trouve l'occasion plus favorable, & les remplir de Sucres bien conditionnez, & autres marchandises du païs, afin que les Vaisseaux arrivants, ils n'ayent qu'à décharger promptement ce qu'ils ont apporté d'Europe, & recharger sur le champ les marchandises qu'ils trouveront dans les Magasins. Par ce moyen ils feront deux voïages dans la même année, & ne se consommeront point en frais & gages d'Equipages, leurs cargaisons seront mieux venduës, & leurs retours mieux choisis. C'est de cette maniere que Messieurs Maurellet de Marseille, & quelques autres Marchands ont fait des fortunes considerables dans le Commerce de l'Amerique. Mais il faut pour cela avoir toûjours un fond d'avance, & ne pas attendre le retour d'un envoi, pour songer à en faire un autre. Il faut avec cela mettre à la conduite des affaires un Associé ou un Commis qui soit sage, homme d'honneur, de bonne conscience, qui soit poli & accommodant, qui connoisse, ou du moins qui s'étudie à connoître le païs, c'est-à-dire, les marchandises qui s'y fabriquent, & les Habitans, qui soit attentif à ses affaires, qui voïe tout par lui-même, sans s'en rapporter le moins qu'il est possible, à ceux qui sont employez sous lui, & sur tout qui n'ait point de passion violente, ou d'attachement pour le vin, le jeu, & les femmes.

Je souhaite que les Habitans des Isles & les Marchands qui y trafiquent, profitent des lumieres qu'un long séjour dans le païs, & les emplois que j'y ay eus m'ont procurées, & qu'ils se servent des biens qu'ils pourront acquerir par ces moyens comme de vrais Chrétiens doivent faire.

*Fin de la Troisiéme Partie.*

# TABLE
## DES MATIERES
*contenuës dans la troisiéme Partie.*

### A

ABus touchant la nourriture & entretien des Esclaves aux Isles de l'Amerique, 442

Accidens qui peuvent arriver aux Negres, qui servent les Moulins à Sucre, 205

Allettes ou Ailettes des Tables des Moulins à Sucre, 186

Anglois. Ils font passer au Moulin les Negres & Caraïbes qu'ils veulent faire mourir, 208

Arbre de Moulin à Sucre, grand Rolle ou Rouleau. Sa description, & ses proportions, 191

Avis de l'Auteur aux Habitans, 458

L'Auteur est élû Procureur Syndic de

leur Maison de la Martinique.

## B

Bagaces. Cannes qui ont passé au Moulin. Leur usage, 201

Balais de Sucrerie. Leur forme, & leur matiere, 278

Balancier de Moulin. Sa matiere, sa forme, sa grandeur, & son usage, 249

Balisier. Espece de Bananier sterile. Sa fleur, son usage, son utilité, 116

Bananier, ou Plantain. Description de cette plante, & de son fruit 104. Sentiment des Espagnols sur ce fruit 105. Differens usages qu'on en fait 111. Bananiers ou Plantains de Saint Domingue, 108

Barriques. Futailles où l'on met le Sucre. Leur matiere, grandeur, poids, 312

Bacs & canots à Sucre & à terre. Leur matiere, grandeur, forme, & usage, 356

Becs de Corbin. Instrumens de cuivre, pour porter le Sucre chaud, leur forme & grandeur, & la maniere de s'en servir, 276

Blanchets. Gros draps, dont on se sert pour passer le vesou, 279

Blanchets. Remarque sur leur matiere,

## DES MATIERES.

& la maniere de s'en servir, 226
Bois, ou arbres abattus. Maniere de les brûler, pour nettoyer le terrain parfaitement, & sans danger, 47
Bois d'Acomas. Arbre de ce nom, son utilité, & ses usages, bois de Balatas, 9
Bois Caraïbe. Sa description, 7
Bois, ou arbre Epineux de deux especes. Leur description, usage & bonté, 7
Bois, de Palmiste, ou Angelin de deux especes, 10
Bois de Riviere ou Resolu, 11
Bois de Montagne, ou Bois doux, 12
Bois Immortel. Sa description, sa culture, & son usage, 94
Bois Lezard, ou bois d'Agouti, 4
Bras de Moulin. Leur nombre, leur matiere, forme & usage, 192

## C

Cabroüets ou Charettes, leur grandeur. Cabroüettiers ou Chartiers, 421
Cainnimitier, arbre fruitier. Sa description, & usage de son fruit, 39
Caisses à passer le Vesou ou Jus de Cannes, 278
Calebassier, arbre qui porte les Calebasses. Sa description, son utilité, &

Z ij

ses usages, 57
Calebasses d'herbes. Leur differences d'avec les Calebasses d'arbre, 62
Calebasses Douces. Leur usage, 63
Canelier, ou Pommier de Canelle. Arbre fruitier. Troisiéme espece de Cachiman, 93
Canelle des Isles, ou Canelle bâtarde appellée improprement Laurier aromatique, 477
Cannes à Sucre. Refutation du sentiment, touchant leur origine prétenduë, 120
Cannes à Sucre. Elles viennent naturellement aux Isles de l'Amerique 123. Aux environs de la Riviere d'argent ou de la Plata 125. Sur la Riviere de Janeiro, & aux embouchures du Missisipi, 126
Cannes à Sucre. Leur difference d'avec les Roseaux secs 131. Les qualitez qu'elles doivent avoir, & leur description 132. Terrain qui leur est propre 134. Remarque sur la premiere coupe des Cannes 138. Préparation & distribution du Terrain 141. Maniere de les planter 146. Tems propre pour les planter 148. Tems ou âge pour les couper, 15
Cannes. Quand elles doivent être re-

plantées ou rechauffées 169. En quel tems elles fleuriffent, & comment 170. Comment on les coupe 171. Comment on les met en paquet 174. Quelle quantité on en doit couper 175. & en quelle faifon, 176
Canne d'Inde ou Seguine bâtarde. Sa defcription, & fon ufage, 282
Carapat ou *Palma Chrifti*. Arbriffeau qui porte des amandes dont on fait de l'huile. Maniere de tirer l'huile, & fes proprietez, 80
Cedra. Liqueur odoriferente. Maniere de la faire, 52
Choix, qu'on doit faire pour un nouvel établiffement, 45
Chou de Cocotier. Sa bonté, 67
Chou de Datrier excellent, 77
Chats. Ils ne valent rien aux Ifles. On fe fert de Chiens à leur place, pour prendre les Rats, 160
Chaflis de Moulin. Sa grandeur, fa forme, fa matiere, fa conftruction, 181
Chaudieres à Sucre. Leurs noms, leur nombre, matiere, grandeur, & ufage, 264
Chaudieres de fer. Leur commodité, & leur incommodité, 270
Canots de bois, qui fervent de rafraîchiffoirs, 295

Chirurgien, Officier necessaire dans une Habitation. Avis sur cet article, 436

Cocotier, ou Cocos, ou Palmier. Arbre fruitier. Sa description, & sa culture. Usage de son fruit, de son bois, & de ses feüilles, 64

Cocos Epineux. Description de l'arbre, & du fruit qu'il porte, 72

Petits Cocos de Terre Ferme, 73

Cochenille. Description de cet Insecte. Commerce considerable qu'on en pourroit faire aux Isles, 496

Cochons & Negres, dangereux ennemis des Cannes. Deux Histoires sur ce sujet, 161

Cœur de Bœuf. Espece de Cachiman, appellé par les Espagnols *Guanabo Pintado*, Arbre fruitier. Sa description, & ses usages, 92

Colique. Remede à ce mal, & aux coups du Soleil, 61

Coffre de fer d'une Etuve. Sa figure, & la maniere de le poser, 325

Comble des Moulins ronds. Leur figure, grandeur, & matiere, 222

Compte du revenu, & de la dépense d'une Habitation, 448

Conditions. Suivant lesquelles on obtient les Concessions des Terres vacantes, très-judicieuses, & très-

DES MATIERES. 535
mal obſervées, 44
Conceſſions des Terres vacantes, comment on les obtient, 43
Coroſſolier, Cachiman, ou Guanabo, ou Momin, arbre fruitier. Sa deſcription, & uſage qu'on fait de ſon fruit, 86
Coüis. Eſpece de Sebille, faite d'une moitié de Calebaſſe, 59
Couteaux à mouvoir le Sucre dans les Formes, leur matiere, forme & grandeur, 284
Coutume mauvaiſe des Habitans dans l'abattis des arbres, 46
Cuilliers à Sucre. Leur nombre, grandeur, matiere, & uſage, 276
Cîternes pour recevoir, & conſerver les ſirops du Sucre, 258

### D

Dalle ou Dallot. Petit canal pour recevoir & conduire les écumes hors du glacis des chaudieres, 267
Damoiſelle. Piece de bois platte, qui ſert à retenir le bout de l'arbre des Moulins à Sucre, 192
Dattier. Eſpece de Palmier, qui porte des dattes. Sa deſcription, & uſage qu'on fait de ſon fruit aux Iſles, 73

Z iiij

Défaut du Sucre mis en Barrique ou enformé mal à-propos, 315
Dents de Moulin, leur nombre, grandeur, matiere, figure & usage, & la maniere d'y remedier quand elles viennent à se rompre, 193
Dépense necessaire pour la nourriture, & entretien de cent & vingt Esclaves, 438
Disposition & partage d'un Terrain, pour faire une Habitation, 449
Durand, Sergent exploitant. Son procès avec un Habitant, au sujet d'un Asne qui portoit son nom. 230

### E

Eau-de-Vie de Cannes. Autrement Guildive ou Taffia. Sa matiere, ses qualitez, & le profit qu'il y a à en faire, 410
Ecumoires de Sucrerie. Leur nombre, grandeur & matiere, 277
Embasses. Pieces de bois plattes, qui renferment un collet de fonte, pour contretenir les Rolles d'un Moulin, 185
Emploi des Negres d'une Habitation, 417
Epoque ou tems auquel les Espagnols,

les Portugais, les François, & autres Européens ont commencé à faire du Sucre en Amerique, 129

Etat & nombre des Esclaves necessaires dans une Sucrerie, 416

Etuve. Lieu où l'on met secher les Formes de Sucre. Ses proportions, & sa construction, 352

Euvage. Elevation de pierre ou de carreaux, pour augmenter la hauteur, & la circonference des chaudieres à Sucre, 267

## F

Figues des Isles, que les Espagnols appellent Bananes. Description de la Plante qui les porte, & des fruits, avec les differens usages, ausquels on les employe, 114

Fontaines des Formes de Sucre. Ce que c'est, & ce qu'on en fait, 358

Formes à Sucre. Leurs differentes especes, leur matiere, grandeur, bonté, ou mauvaises qualitez. Maniere de les cercler, de s'en servir, de les racommoder. Observations sur celles qui sont neuves, 288

Formes neuves. Précautions qu'il faut prendre avant de s'en servir, 328

Fourneaux des Sucreries. Leur forme, grandeur, matiere & construction, 260

Fourneau à l'usage d'un vaisseau. Sa description, 271

Friponneries que l'on peut faire dans le Sucre brut, & moyen de les connoître, 317

## G

Goutieres, qui composent le canal qui conduit l'eau sur la Rouë des Moulins. Leur forme & matiere, 243

## H

Habitations nouvelles, 43

Harnois des Chevaux, qui font tourner le Moulin. Leur matiere, & leur forme, 215

Hauteur, quantité, & chûte de l'eau necessaire, pour faire agir la grande Rouë d'un Moulin, 240

Herbe à Pique, & Herbe à Blé. Leurs descriptions, & leurs usages, 281

Histoire d'un Capitaine Nantois, qui se trompa lui-même en achetant du Sucre, 373

## DES MATIERES.

### I.

ICaques, espece de pommes. Description de l'arbre & du fruit, 40
Instruction pour ceux qui achetent des Sucres, 309
Invention de l'Auteur pour rendre du Sucre plus blanc, 360
Jonc à costelettes ou Scirpe. Sa description, & son usage, 19

### L

LAmpes de Sucrerie. Leur nombre, forme & matiere, 294
Lanterne de Moulin. Voyez Roüet ou Roüe de rencontre, 246
Lianne appellée Mibi. Sa description, & usage qu'on en fait, 15
Lianne de Persil, 21
Lianne à cordes, ou Lianne d'arbre, 24
Lianne à Serpent, 26
Lianne Laiteuse, 29
Lianne à Concombre, 35
Lianne Brulance, 282
Lianne appellée Crocs de Chien, 408
Lianne à Barriques, 409
Lessive dont on se sert pour purger le Sucre. Sa composition, 280

Lizieres ou Hayes. Arbres ou Arbrisseaux qui y sont les plus propres, & la maniere de les faire, & de les entretenir, 49

Louchets, petites pesles de fer étroites. Leurs usages, dans les Sucreries, 296

## M

Malnommée, Herbe. Sa description, & son usage, 282

Maniere de couvrir les maisons avec des têtes de Cannes ou de Roseaux, 16

Maniere aisée de se purger, & sans frais, ni secours d'Apoticaire, 101

Maniere de servir, ou de donner à manger au Moulin, 200

Maniere d'arrêter le mouvement des Moulins à eau, 245

Maniere de monter les chaudieres à Sucre sur les fourneaux, 263

Maniere de faire la Lessive pour purger le Sucre, 282

Maniere de remplir les Formes du Sucre, de le mouvoir, & de le déboucher ou de taper, 330

Maniere de Locher le Sucre, & la raison de ce travail, 334

Maniere de planter les Formes, 337

Maniere de faire les Fonds, 339

DES MATIERES. 541

Maniere de piler le Sucre qui sort de l'Etuve, 357

Maniere de peser le Sucre, & de calculer son prix, 403

Manufactures qu'on pourroit établir aux Isles, 465

Manufactures de toile de Coton, de Draps, de Verres, de Souffre, d'Alun, & autres choses, 489

Marchandise d'Europe qu'on peut porter aux Isles avec un profit considerable, 510

Medicinier, de trois especes. Description, & usages du fruit, & des feüilles, 97

Mibi, Lianne ainsi appellée. Son usage, 15

Moulins à Sucre, 177

Moulins à Vent ordinaires, & à la Portugaise, 178

Moulins droits ordinaires, ronds & tournez par des Chevaux, 181

Moulins à Sucre dont on se sert en quelques endroits du Bresil, 226

Moulins couchez. Leur construction, utilité, & incommodité. Histoire sur ce sujet, 229

Moulins à Eau, droits, & couchez, 234

Moulin projetté par l'Auteur, 253

## N

Negres necessaires à une Sucrerie, 417

Noix de Serpent. Description de l'arbre qui les porte, & la maniere de s'en servir, 31

Noyaux des dattes venuës aux Isles, ne levent, & ne poussent point, 75

Nombre des Negresses necessaires pour servir un Moulin à Sucre, 202

Noms, nombres, grandeurs, matiere, & usages des chaudieres à Sucre, 273

## O

Observation sur le mouvement des Moulins à Sucre, 224

Oeufs & Platines de Moulin, 183

Olives des Isles, appellées Olives sauvages. Histoire sur ce sujet, 84

Oliviers. Ils viendroient en perfection aux Isles, 83. 482

Oranges aigres ou sures, 51

Oranges douces, 53

Oranges de la Chine ou de Portugal, *ibidem.*

Oranges de la Barbade, ou Chadecques, 54

Origine des Orangers, 50
Origine des Sucres Terrez & Paffez, 321

## P

PAlma Chrifti. Voyez Carapat, 78
Paniers à prendre les Rats. Leur figure, leur matiere, & la maniere de s'en servir, 159
Partage du tems dans une Sucrerie, 210
Partage du tems dans une Habitation, 213
Plante pour les yeux. Sa description, & son usage, 37
Platines & Oeufs de Moulin. Leur figure, matiere, & usage, 183
Pivots de fer, des Tambours de Moulin, 189
Platre en poudre, dont quelques Sucriers se servent pour tromper les Marchands, 306
Poinçons de fer & de bois, pour percer le Sucre, qui est dans les Formes, 284
Poids ordinaires des Barriques de Sucre brut & blanc, 317
Pomet, Marchand Droguiste, s'est trompé au sujet du Sucre, & de bien d'autres choses, 297
Plumotter le Sucre. Mauvaise pratique

des Raffineurs, 349
Pilons dont on se sert pour piler le Sucre. Leur forme & matiere, 357
Pouffolane. On en pourroit tirer considerablement de la Guadeloupe, 497
Preneur ou Chasseur de Rats très-necessaires dans une Habitation. Précaution qu'il faut prendre sur cela, 157
Précautions pour empêcher les arbres des Moulins de se gâter, 235
Produit d'une Sucrerie. Comment on en peut juger, 395
Purgerie. Lieu où l'on met les Formes de Sucre pour les blanchir. Sa construction & ses mesures, 333

## R

Raffineurs Hollandois, Flamands, & Allemands, meilleurs & plus vigilans que les François, & sur tou que nos Creolles, 383
Raffineur Allemand, nommé Corneille de Jerusalem, 38.
Raffineur negligent ou ignorant. Comment corrigé par l'Auteur, 38.
Rafrachissoirs, Vaisseaux dont on se sert dans les Sucreries & Raffineries, 275
Rats. Ils font de grands désordres dans les Cannes, 156
Remarque

# DES MATIERES.

Remarque sur la coupe des arbres, 13
Remarque sur la quantité d'eau necessaire à un Moulin, 241
Robert. Intendant des Isles, 3
Grande Roüe des Moulins à eau, 236
Roüës à Palettes, ne sont point en usage aux Isles, 239
Roüe de rencontre ou Roüet. Sa forme, sa construction, son usage, 246
Roüe appellée Balancier. Son usage, & sa construction, 249

## S

Safran, soye & souffre, dont on pourroit faire un negoce considerable aux Isles, 485
Scirpe. Espece de Jonc. Son usage, 19
Sentiment des Naturalistes sur les Dattiers refuté, 74
Serres de bois & de fer, pour affermir les pivots des Tambours, & des arbres des Moulins à Sucre, 187
Sirops de Sucre. Usage qu'on en fait, & qu'on en peut faire, 318
Soin extrême qu'il faut avoir, de tenir les Moulins & les Sucreries bien propres, 217
Sucres de dix sortes, 298
Sucre Brut ou Moscoüade. Maniere de

le faire, 299

Sucres. Leur prix en 1694. tems & raison de leur augmentation, 319

Sucre Terré. Ce que c'est, & sa fabrique, 325

Sucre Passé. Son origine, sa fabrique, son prix, & sa qualité, 362

Sucre d'Ecumes. Sa fabrique, 365

Sucre de Sirop de trois especes, 367

Sucre Raffiné. Sa fabrique, 377

Sucre Roïal. Sa fabrique. Tromperie qu'on fait à ce sujet, 388

Sucre Tappé. Ce que c'est, & sa mauvaise qualité, 391

Sucre Candi. Sa matiere & sa fabrique, 393

Sucrerie, lieu où l'on fabrique le Sucre. Sa disposition, grandeur, & construction, 255

Sucrier de Montagne, ou bois à Barrique, arbre dont on fait les Futailles, 406

Superstition des Ouvriers des Isles sur la coupe des arbres, 14

# T

Table de Moulin à Sucre. Sa description, sa matiere, & ses proportions, 184

# DES MATIERES.

Tables volantes ou Etablis, qui accompagnent la Table du Moulin, 198
Table de Moulin, de l'invention de l'Auteur, 216
Tambours des Moulins. Leur nombre, forme, grandeur, matiere, usage, & maniere de les monter, 187
Terre propre à blanchir le Sucre. Ses differentes especes, sa préparation, & maniere de s'en servir, 340
Thé naturel des Isles. Sa desctiption, 466
Tonneliers Negres. Profit qu'ils rapportent à leurs maîtres, 422
Travail d'une Sucrerie, rude, difficile, & qui demande beaucoup de vigilance, 209

## V

Vinaigrerie ou Distillatoire. Lieu où l'on fait l'Eau-de-Vie de Cannes. Ses utensiles, & la maniere de faire cette liqueur, 411
Vin de Corossol ou de Cachiman, 89
Utilité des Ouvriers Esclaves dans une Habitation, & le profit qu'on en retire. 424

*Fin de la Table des Matieres de la troisiéme Partie.*

www.ingramcontent.com/pod-product-compliance
Lightning Source LLC
Chambersburg PA
CBHW060503230426
43665CB00013B/1369